世界是這樣思考的

寫給所有人的全球哲學巡禮

HOW THE WORLD THINKS

A GLOBAL HISTORY OF PHILOSOPHY

專文推薦

全世界哲學思想的大織錦

陳瑞麟

朱立安．巴吉尼是知名的「哲普作家」，他已經寫了很多暢銷全球的哲普書，例如《你以為你的選擇真的是你的選擇：關於自由意志的哲學思考》、《吃的美德：餐桌上的哲學思考》，這些書甚至不是純粹的「哲普書」，而是有別於學院哲學、具哲普風格、好讀又引人深思的哲學專著。現在，巴吉尼挑戰「世界哲學」，以他的寫作功力，可以想像這幅「世界哲學思想大織錦」的富麗堂皇。

接到商周編輯寄來一疊厚厚的書稿之時，我很擔心不能如期讀完並寫出推薦專文。不過，打開書稿開始閱讀之後，發現自己不由自主地被巴吉尼的鮮活敘述拉著跑，彷彿在他的導遊下一起旅行世界各大文化，神遊古往今來的智慧結晶。這趟思想之旅，也讓我回想起研究生時代「苦讀」印度哲學的往事，當年似懂非懂、囫圇吞棗地嚥下的那些既陌生又奇怪的概念，油然浮上心頭……此番重新接觸印度哲學，卻令人驚豔無比，更不用說還有大篇幅的中國哲學，以及較陌生的日本哲學、伊斯蘭哲學、甚至非洲哲學、美洲與澳大利亞的原住民思想等等。讀完後的思想飽足感，久久不散。

第一章起，巴吉尼以他參與印度哲學會議的經歷開場，描述西方哲學訓練之下的他如何地坐立難安，會議冗長而拖時間，開幕歌頌高官政要，而且「任何的談話都是在證明主講者的學識淵博，他們的主要任務似乎只是作為某個傳統哲學學派的傳聲筒」。更糟的是，「會議裡瀰漫著對於西方文化和哲學強烈的敵意，一方面是由於它明顯的缺點，另一方面則是它相對於印度文化的倨傲優越感」。巴吉尼描述他在這場會議中感受到的文化震撼，但是他並未馬上為西方哲學辯護，他設想「人們或許會以社會學角度去解釋印度哲學會議的這個特徵……但是這個觀點忽略了整個哲學的背景」。他相信，「如果我們要認真地把他們當成哲學家來看待，就必須探究他們的思考模式除了社會學的理由外，是否還有哲學上的理由。」第一章揭櫫的這種態度，構成了巴吉尼討論全球各大文化哲學的基調。

以一種包容且同理的心態，這本書不僅摘錄、詮釋各大文化的經典文本與經典名言，還針對各文化哲學中最重要的概念與思想的特徵，記錄作者自己親身接觸的經歷，並與當代的哲學研究者對話，加上針對不同文化哲學觀念的比較分析，而不只是同情地理解異文化觀念，還能真正欣賞那些看似奇特、怪異、荒謬的觀念，甚至為之辯護，更反過來反省西方哲學與西方文化中的問題，這些都是本書引人入勝的因素——用白話來說：這本書實在既營養又好讀。

對一本好書來說，寫作心態、技巧與策略只是部分因素，重點仍在於內涵。本書內容分成四大部分，分別對應了西方哲學傳統四個最基本的哲學議題。第一部「世界如何認知」對應著知識論問題，第二部「世界如何存在」對應著形上學問題，第三部「在世界裡的我們是誰」對應著自我的問題，第四部「世界如何生活」對應著倫理學問題。可是，不同的文化會採用不同的概念、方法、態度去回答那些問題。例如，對西方哲學來說，要認識真實世界不能透過直覺或信仰，但是對印度和伊斯蘭而言，後兩者才是認知世界的恰當管道。類似地，西方人重視個體性的自我，但是佛教卻強調「無我」，中國的儒家、日本文化和伊斯蘭文化則強調「在關係中的我」。

值得一提的是，巴吉尼並不是一昧區辨其他文化哲學與西方哲學的觀念差異，他也十分關心差異中的共同目標和想法，例如「無我」並不是沒有自我，而是沒有一個獨立永存的、稱作「自我」的實體（靈魂）。在這一點，筆者印象特別深刻的是，巴吉尼告訴我們在藏傳佛教中，「記憶、知識、信仰或所謂的人格」並不會透過轉世而延續，能延續的只是過去行為留下來的業習，事實上，這種「無我的自我觀」也在西方哲學、甚至當代神經科學中變成主流觀點。同樣地，在「世界如何生活」這一部分，巴吉尼比較了儒家和亞里斯多德的德性倫理學，發現他們在很多想法上互相呼應。類似的精彩比較不勝枚舉，筆者在此僅能點到為止，其他曼妙風光，就有待讀者自行領略。筆者想說的是：這本書不只是一本「哲普書」，還是一本「世界哲學」、「比較哲學」的導論書，卻完全沒有一般「導論書」的一板一眼。

這本精彩好書之所以精彩，實在不能不歸功於譯者林宏濤的翻譯功力與學識底蘊。他不僅遊刃有餘地駕馭本書討論各大文化哲學中，層出不窮、令人眼花撩亂的觀念術語，還以大量的「譯按」為讀者補充中文的相關著作，沒有深厚的思想學術功力難以做到。甚至在一些作者缺乏批判的地方（例如談到中國政府在西方各大學成立的「孔子學院」），也以「譯按」提醒讀者留意。可以說，本書（中譯本）不僅是巴吉尼原著的忠實翻譯，還是譯者林宏濤增補後的優秀成果。

筆者最後想特別提出本書最有價值的地方，也許不在於作者以生花妙筆導覽各大文化的哲學思想，而在於本書最後一章「場域感」中提出的多重視角和使用多重視角的三種方法：第一，「把不同視角組合起來，以提供相較於單一視角更加豐富的資訊」；第二，以多重視角觀之，可以把種種難題「拆開來看」，從而更加客觀地理解它；第三，多重視角提醒我們「不管是理解世界或建構規範，都不會只有一種正當的方式」。讀者如果覺得有道理，何不「學而時習之」？

本文作者為中正大學哲學系講座教授

遍歷寰宇哲學，讓我們有機會挑戰我們視為理所當然的信念和思考模式。

我們越是明白他人的思考方式，

對於我們自以為擁有的知識就不再那麼確信不疑，

而那總是更開闊的理解的第一步。

目錄

導論

人類歷史有個難以解釋的驚奇：幾乎在同時間，在世界不同的角落，各自綻開了書寫的哲學。早期的《奧義書》（*Upaniṣads*）[1]（印度哲學的奠基文本，作者不詳）約莫成書於西元前八到六世紀之間。中國第一個偉大的哲學家孔子，生於西元前五五一年，而在古代希臘，先蘇時期（pre-Socratic）第一個重要的哲學家泰利斯（Thales of Miletus）[2]，則生於西元前六二四年。傳統上也認定佛陀大約出生於西元前六世紀，雖然現在學者認為他直到西元前四八〇年才出生，大約和蘇格拉底同時期。

這些早期的哲學家對於世界各地獨特文化的發展影響甚巨。他們的價值觀和教義形塑了人們不同的信仰與生活方式，以及如何思考關乎所有人的「大哉問」。大多數人執持潛移默化得到的哲學假設（assumption）而不自知，我們渾然不覺關於自我的本質、倫理、

1 譯按：奧義書，梵語「近坐」之意。其目的在教以他人不知之祕密教義。其總數說法不一，大約在二百五十種左右，區分為正統奧義書和新奧義書。現存的奧義書全集一般收錄約五十種。見：高楠順次郎、木村泰賢《印度哲學宗教史》頁229-246，台灣商務，1971。

2 譯按：泰利斯（624?-546? BCE），希臘七哲之一，主張水是宇宙本源或根本物質。見Jonathan Barnes, *The Presocratic Philosophers*, pp.5-16。另見《古希臘羅馬哲學資料選輯》頁1-6，仰哲，1987。

知識的起源、生命的終極目標之種種假設，深植於我們的文化和思考架構當中。哲人影響的證據甚至植根在世界偉大遺蹟的結構裡，我們可以視之為現存的書加以解讀，也可以說是建造者的哲學表現。北京的紫禁城是依據儒家原則建造而成，格拉納達的阿罕布拉宮（Alhambra）融合了伊斯蘭的思想，而巴黎左岸咖啡店的個人日常則見證了存在主義的哲學觀點。

哲學的世界觀被文化吸收的歷程，有時候叫作沉積（*sédimentation*）。「如果可以揭露或展開我在任何時候所謂我的理性或觀念裡的預設（presupposition），」二十世紀法國哲學家梅洛龐蒂（Maurice Merleau-Ponty）[3]說：「我們應該總是會看到各種沒有外顯的經驗，大抵上由過去和現在構成的，一整個『沉積的歷史』，它不僅和我的思想的『生成』有關，更決定了它的『意義』。」（原注1）正如河床經過沖刷而漸漸累積沉澱物，價值和信念也會「沉積」在各個文化裡。而一出生就棲居在那些文化裡的人們，心裡沉積著那些價值和信念，使得我們把這個累積誤以為是個永恆不變的河床。我們的思想和經驗順著心智的河道汩汩而流，未曾注意到它們是如何被疏導的。比較哲學（comparative philosophy）的價值就在於，藉由揭露他人的不同假設（你也可以說是他們的哲學沉澱物），我們自己的假設也會水清魚現。

然而，儘管世界各地的哲學傳統森羅萬象，我研究了三十多年的西方哲學（完全基於西方正典文獻），始終被視為普遍哲學，是對於人類知性的終極探究。至於「比較哲學」，亦即對於兩個以上的哲學傳統的研究，則完全落到探討人類學或文化研究的人們身上。興趣缺缺者以為，比較哲學或許有助於理解印度、中國或穆斯林世界的思想文化，但是無助於探討人的境況的問題。

其實西方哲學相當褊狹，我們甚至可以說它已經巴爾幹化了（Balkanized，指分裂割據）。我住在曼徹斯特的時候，在當地兩所大學同時選修了大四哲學研討課，兩棟教學大樓分別位於對街，距離不到半英里。由於一個系著眼於歐陸哲學，另一個系則強調英美哲學，我幾乎是唯一跨街修課的學生，雖然他們都說哲學的共同祖先上溯自笛卡兒（René Descartes）、斯賓諾沙（Baruch Spinoza），乃至於古希臘。

那成了讓我有點尷尬的事。一直到幾年前，我對於西方哲學以外的思想幾乎一無所知，所謂的**西方**哲學，是指從古希臘一路到歐洲和美洲大學的傳統。然而，不管是我的博士學位證書，或是我就讀的大學系所名稱，上面都有個名不副實的語詞：哲學。

遲至最近，我才著手探究世界其他地方的偉大古典哲學家，遊遍各大洲和他們神交。那是我一生中最滿載而歸的知性之旅。我發現，對一個文化的哲學傳統理解越深，對那個文化的體會就越深。借用辛巴威的哲學家塔魯沙里拉（Joram Tarusarira）[4]的比喻，理解

3 譯按：梅洛龐蒂（1908-1961），法國現象學家，著有 *Phénoménologie de la perception* (1945), *Le Visible et l'invisible* (1964)。

4 譯按：萊比錫大學非洲研究所博士，格羅尼根大學宗教、衝突及和平研究中心助理教授。

一個民族的哲學架構，就像是理解他們心智所操作的軟體：「如果你不懂他們的軟體，雙方就始終會有對話理解上的隔閡。」這些隔閡說明了為什麼那麼多非洲援助計畫都無疾而終。「如果援助要有成效，你就得和人民打成一片；如果要永續發展，你就得和人民打交道。可是我們的計畫大多只是救火揚沸而已，因為規畫者對於該民族的宗教和哲學一無所知。」

這個軟體的比喻相當貼切，但是古代哲學經典和一個民族的「民俗哲學」之間的關係，顯然沒有那麼簡單。學者深入分析和開展的種種觀念，固然反映了一般的文化，其形式卻也比較簡單、含混而籠統。好比說，大多數美洲人和歐洲人都主張個人自由和自由權的價值，卻不是很清楚他們的哲學家如何證成和解釋這些概念。千千萬萬印度人在生活上信守「業」（karma）的原則，對於闡述這個概念的繁複經論卻都不甚了了。中國老百姓都主張和諧的重要，但是對於分析和描述「和」這個概念的儒家和道家典籍，也只是略知皮毛罷了。然而探賾鉤沉的學術和現實生活之間必然有個關係，這就是為什麼和諧、自由和業在世界各地所扮演的角色如此南轅北轍了。

即使我們強烈懷疑這些哲學觀念在民間流傳當中遭到沖淡和歪曲，仍然有必要去探討這些概念如何為各個文化創造一個思考、解釋和證成的修辭空間。一個美國政客歌頌自由，是因為他的文化重視自由的價值，正如中國人死命要為他們的和諧辯護。世界哲學裡強調的概念，往往是當地文化所重視的價值，因此，對哲學的理解至少打開了一扇文化之窗。

哲學的重要性不僅限於理解各個民族，更包括理解他們的歷史。在著眼於重要人物的作為或是經濟社會力量的西方史學裡，這個觀點是有點不合時宜了。不過直到十九世紀中葉，人們仍然認為哲學和宗教信念是一個時代的社會政治劇變的主因。觀念不僅占一席之地，而且可能會要人命。「以前有個叫盧梭（Rousseau）的傢伙，他寫了一本裡頭只有觀念的書，」十九世紀蘇格蘭哲學家和散文家湯瑪斯・卡萊爾（Thomas Carlyle）[5]對一個質疑者說：「而該書第二版就以那些起初嘲笑他的人們的皮做封面。」（原注2）

歷史學家約拿單・以色列（Jonathan Israel）[6]認為我們必須重新重視歷史裡的各個理念。「如果不提到激進啟蒙運動（Radical Enlightenment），」他主張說：「就無從解釋法國大革命，甚至說不上來那是怎麼一回事。」（原注3）以色列說啟蒙運動是「心智的革命」（原注4），對於歷史以及歷史變遷而言，大抵上是正確的。「雖說哲學本身是個文化現象，但是它不僅可以理解一個文化，更會改變一個文化，」哲學家湯瑪斯・卡蘇里斯（Tomas Kasulis）[7]說。（原注5）

5 譯按：湯瑪斯・卡萊爾（1795-1881），蘇格蘭史學家、文學家、社會評論家，著有《英雄與英雄崇拜》（*On Heroes, Hero-Worship, and The Heroic in History*），認為偉人的作為在歷史裡扮演關鍵角色。他的《法國革命史》（*The French Revolution: A History*）是狄更斯《雙城記》的靈感來源。

6 譯按：約拿單・以色列（1946-），英國史學家，研究領域為荷蘭史、啟蒙運動時期以及歐洲猶太人歷史。

7 譯按：湯瑪斯・卡蘇里斯（1948-），俄亥俄州立大學比較研究及東亞語言文學教授，專攻日本哲學。

卡蘇里斯提醒我們，觀念不僅重要，它們更會不斷演化。人們創造新的思考形式，以解釋我們不斷變動的想望，說出我們的不滿。我們在談到「傳統」時，很容易忽視或低估了這些變動。人們始終會想要找到恆久的連續性，使所有事物一以貫之。於是，中國抗議作家許知遠[8]表示：「將此刻的事物，與過去的情景或是平行的事物聯繫起來時，人們可以獲得理解的連續感與整體感，但是，人們也經常被表象迷惑，忽略事物內在的複雜性，在貼上一個標籤後，沉浸在自以為是的理解中。」[9]（原注6）如果說《易經》是中國最古老的經典，那麼否認變易在傳統裡的重要性，就成了笑話一則。我們必須注意到文化內部的不連續性，也要留心在時空上相去甚遠的社會之間驚人的共通性。例如說，卡蘇里斯認為歐洲黑暗時代的主流思考模式可能比較接近現代東方國家的思考模式。（原注7）

對於哲學傳統的正確理解，並不會抹滅長久以來的一切發展和差異，反而會明白任何發展和異議不會平白無故地出現。各種觀念和哲學，都有著持續形塑的歷史。除非我們理解觀念以及它們所處的時代，否則很難提出任何因應新時代的新觀念。比方說，西方國家的民主不能直接出口或強加於擁有不同歷史和文化的國家。民主如果要擴展，就必須入鄉問俗。所以說，比較哲學所探討的，不是宛如博物館文物似的一成不變的哲學，而是動態的系統。正確地說，它不僅讓我們認識到現在和過去，也能預見潛在的將來。

哲學和它所處的文化之間的關係錯綜複雜，我們很難釐清孰因孰果。是孔子塑造了中國人的心靈，或者是中國人的心靈塑造了孔子？就像所有問題的答案一樣，很可能兩者皆是，而且很難說孰輕孰重。「一個文化會反映或採納一個哲學或是一個哲學流派，同時也會影響到哲學據以成形的框架，」卡蘇里斯說。（原注8）對我們而言，只要明白這其中關係密切就夠了，而與我一起討論的每個學者也都認為，理解一個文化的哲學傳統，有助於我們更全面地理解那個文化。

我的哲學之旅也使我相信，如果我們不了解別人，就沒辦法了解我們自己。在藝術和文學裡，這已然是老生常談了。小說、戲劇和電影，讓我們在想像中認識到他人的生活、思考和感受，也使我們自己的心胸和識見更加開闊。哲學傳統亦復如是。世界越來越小，這種自我理解也越加重要。如果說文化要能夠交會而不是相互衝突，那麼我們就不只要理解別人和我們有什麼不同，更要理解我們和別人有什麼不同。

我們不敢說花個幾年時間就可以窮究整個世界的哲學，更不敢說一本書就可以讀通它。我一直有個卑微的願望，就是我們必須先搞清楚**我們需要理解什麼，才能開始去理解**。探尋這個哲學的起點，就像是在一座民俗主題公園裡找個暗門，好讓我們看到真正的事物。日本人或許會叫作「入門」（nyūmon）。所謂的入門，其實就是個入口處，好比說東京大學的赤門。入門有雙重角色，既劃定一個空間的邊界，也邀請訪客進入。（原注9）許多

8 譯按：許知遠（1976-），北京大學計算機系畢業，單向街書店創辦人之一，為許多報刊撰稿，著有《偽裝的盛世》、《極權的誘惑》、《抗爭者》等作品。

9 譯按：許知遠《偽裝的盛世》頁152，八旗文化，2012。

日本作家會撰寫入門之類的作品。就字義而言，它也可以用來形容這本書的功能。在介紹某個人的時候，你不會知道關於他的一切，只是有個機會認識他而已。所以說，這部入門作品也只是更深入的探究的序曲，是一個更長的、開放性的、隨興的計畫的第一步。

在認識他人時，我們要注意避免過度強調其中異同的陷阱。我們共同的人性，以及亙古不變的生命問題，意味著我們可以以他人的思考和實踐為借鏡或者認同他們，不管他們乍看下有如蠻貊。另一方面，思考的差異也可能既深層且不易察覺。如果我們率爾認為我們可以從他人的觀點去思考，那麼很可能只是以自己的另一種觀點去思考罷了。時常聽人說要站在別人的立場去思考（穿上別人的鞋），但是穿上別人的鞋並不等於進入他們的心靈。如果說我們眼前這片風景其實是他人的家，我們就不能只是想像從一個陌生的觀點去看待它們，而是要真的去體會它們在別人眼裡的形象。

這本書是一部世界哲學史選輯，它試圖發掘現在世界的思考模式的潛在地基。這個考古學的隱喻還有另一個向度。我們在最後才會談到世界哲學更加明顯而實際的面向，那是因為如果要解釋這些哲學，就必須了解它們的基奠。其中最根本的問題，即世界是如何思考的：我們如何證成信念（belief）並且主張它們是知識（knowledge）。這是第一部的主題。在第二部，我們要探討世界關於形上學和宇宙論的信念：也就是世界的運行方式以及它的構成。在第三部，我們會看到，對於人性的看法，關於我們如何認識自我，世界各地的哲學有多麼南轅北轍。唯有審視哲學如何理解知識的基礎、世界的結構以及自我的本質，我們才能解釋它們對於「我們應該如何生活」的思考，那是第四部的主題。

我不敢說我對於以下要介紹的所有思考形式有多麼熟諳。在這個計畫裡，正因為我不是每個傳統的專家，反而使我受益匪淺。「局內人就像魚缸裡的魚，」許知遠說：「看不清楚他的周遭環境，即使那些環境在別人眼裡一目瞭然。」（原注10）相較於搜索枯腸地深入探究、卻因而見樹不見林的人，保持一定的距離，反而更能看到整個輪廓。

我在寫作時自比為哲學記者。記者的工作是要對某個主題有足夠的認識，才能找到懂得最多的人、問對問題，並且就他們的回答加以解說。這正是我的工作，根據專家的評注博覽典籍，訪談數十名學者，披沙揀金，找出哪些知識對於理解世界哲學最有助益，而不只是背誦他們如頭條新聞一般的學說。他們許多人的名字都出現在書裡，除此之外，還包括我讀過其作品的其他專家。除非有另外說明，我所引述的都是相關主題的近代或當代的專家。我在對話裡的評論，則不在注釋裡贅述。我在本書各處也會引述每個傳統的經典，它們往往以無比優雅的詞藻鋪陳觀點，使我們得以直接邂逅這些豐富的文學。

在十七世紀，笛卡兒在其《方法導論》裡說：「我在旅程中認識到，那些觀點和我們大異其趣的人們，並不因此就是外邦人或原始民族，有些人和我們一樣重視理性，或是尤有甚者。」[10] 我希望現在不會有人如此蘧然而覺。不過笛卡兒有個結論至今仍然很中肯，那就是，不管我們住在哪裡，「真正說服我們的，顯然不是知識，而是習俗和先例。」遍歷寰宇哲學，讓我們有機會挑戰我們視為理所當然的信念和思考模式。我們越是明白他人的思考方式，對於我們自以為擁有的知識就不再那麼確信不疑，而那總是更開闊的理解的第一步。

10 譯按：中譯另見《方法導論・沉思錄》頁77，錢志純譯，志文，1984。

前言　從軸心時代到資訊時代的歷史概述

哲學誕生於西元前八到三世紀之間，十九世紀德國哲學家雅斯培（Karl Jaspers）[1]把該時期叫作「軸心時代」（Axial Age）。那是從對世界的神話理解方式到我們現在對於世界更理性的理解方式的漸進過渡時期。（原注1）理性的理解並沒有完全取代初民的信仰，也沒有拋棄他們的價值和基本原則。雖然世界觀是因應冷靜的理性的要求才形成的，卻不一定受它支配。

印度、中國和希臘的古代哲學大相逕庭，卻也有相當顯著的共同特徵。它們都以一個基本假設為起點，也就是萬物為一。任何解釋人類生活的說法，必須也能夠解釋整個宇宙、自然以及超越界。正如後來十四世紀的奧坎的威廉（William of Ockham）[2]提出的「奧坎剃刀」原則，沒有必要地增加實體存在的假設，那是不理性的。你以簡單的解釋為起點（萬物都有個簡單的原理支配它們），直到行不通了，才會提出疊床架屋的複雜架

1 譯按：雅斯培（1883-1969），德國哲學家、精神科醫師，有神論存在主義的代表人物。著有*Nietzsche* (1936), *Existenzphilosophie* (1938), *Einführung in die Philosophie* (1950)。

2 譯按：奧坎的威廉（1287-1947），英格蘭方濟會修士，士林哲學家和神學家，唯名論者。

構。因此早期的哲學家都心照不宣地遵循一個理性原則。

再說，唯有宇宙是可以理解的，理解宇宙的計畫才說得通。如果我們認為有形形色色的機制和原理支配著實在界的不同部分，而它們彼此沒有任何關連，那麼這個宇宙就沒有那麼容易理解。假設某種統一性，是任何認真嘗試系統性理解的先決條件。

相較於現在，人類知識的統一性在軸心時代尤為顯著。我們所謂的人文或科學，在古代希臘人眼裡都屬於哲學研究的一部分。在中國或印度，對於知識也沒有涇渭分明的劃分。隨著人類的探究日積月累，知識之樹枝葉扶疏，但是它們基本上仍然屬於同一株樹。

它們還有另一個共通點，那就是認為對於世界的充分解釋必須是合乎理性的。引人入勝的故事和神話是不夠的：我們必須訴諸知性以支持我們的觀點。理性（reason）——意即合理性（rationality）——基本上就是提出「理由」（reasons），然後加以檢驗、判斷、評估、接受或拒絕。（原注2）人類總是有各種理解世界的方式，但是直至哲學的黎明，他們才認真地為這些理解提出理由並且為它們辯護。

印度、中國和希臘的哲學傳統

我們看到的早期哲學，便是從傳說的、權威的神話，轉向經得起理性檢驗的系統性解釋。大致而言，他們只是促使古老神話不斷地演化，而非創造全新的典範（paradigm）。

學者們一般會把印度的哲學發展分為四個時期。軸心時代之前的吠陀時期，大約是在西元前二千五百年到六百年間，拉達克里希南（Sarvepalli Radhakrishnan）[3]和查爾斯·摩爾（Charles Moore）[4]將之形容為「在黑暗中摸索的年代，在當時，宗教、哲學、迷信和思想糾纏不清而衝突不斷」。（原注3）有四部主要的吠陀本集被正統派視為天啟文學（śruti）：《梨俱吠陀》（*Ṛgveda*）、《夜柔吠陀》（*Yajurveda*）、《沙摩吠陀》（*Sāmaveda*）和《阿闥婆吠陀》（*Atharvaveda*）。[5]

接下來的時期（約500/600 BCE-200 CE），則有《摩訶婆羅多》（*Mahābhārata*），《薄伽梵歌》（*Bhagavad Gītā*）是其中一部。[6]《薄伽梵歌》和《奧義書》及《梵經》（*Brahma Sūtras*）[7]是印度正統哲學的「三趣入」（prasthāna-traya），這個時期的學說雖然還沒有成立系統哲學的作品，「卻為往後的印度哲學發展形式定了調，即使大同小異。」（原注4）其中的

3 譯按：拉達克里希南（1888-1975），印度哲學家和政治家，印度獨立後第一任副總統，一九六二年當選印度總統。著有*Indian Philosophy* (1923-1927), *Eastern Religions and Western Thought* (1939), *Recovery of Faith* (1955), *Religion in a Changing World* (1967)。

4 譯按：查爾斯·摩爾（1901-1967），美國哲學家和歷史學家，夏威夷大學比較哲學教授，和拉達克里希南共同編著《印度哲學資料彙編》（*A Sourcebook in Indian Philosophy*, 1957）。

5 譯按：另見《印度哲學宗教史》頁39-55。

6 譯按：印度史詩《摩訶婆羅多》描述般度五子和俱盧族不和而致使印度境內兵燹不斷，凡十八篇十萬頌。其中《薄伽梵歌》記錄黑天和阿周那的對話，論及宗教和哲學思想。

7 譯按：《梵經》（450BCE-200CE），印度吠檀多派的根本聖典，又稱《吠檀多經》（*Vedānta-sūtra*）、《根本思惟經》（*Sarīraka-sūtra*）。相傳為跋多羅衍那（Bādarāyana）所著，共計四篇十六章五五五頌。另見木村泰賢《梵我思辨：木村泰賢之印度六派哲學》頁312-315，釋依觀譯，臺灣商務，2016。

主要觀念則是認為：「梵」（Brahman），也就是無限的、不變易的、普遍的靈魂，是究竟實相。而個別的自我，「我」（ātman），只是妄執其為獨立存在的幻相。我們的究竟目標是要破除自我而回歸到梵。在這個時期裡，諸如瞿曇仙人（Gotama）、波爾尼（Pānini）[8]以及佛教最偉大的論師龍樹（Nāgārjuna）[9]等思想家，各自開展出汪洋浩瀚的論理。

在印度各派哲學當中，主張吠陀聖典的有效性的學派稱為**正統**（āstika）。否認其權威的學派則被視為**非正統**（nāstika）。儘管到了十二、三世紀，這成了學派的標準分類法，但是我們不清楚他們的哲學從什麼時候開始以這種方式判別，也不知道這種劃分有多麼明確。[10]姑且論之，正統學派有正理派（Nyāya）、勝論派（Vaiśeṣeka）、數論派（Sāṃkhya）、瑜伽派（Yoga）、彌曼差派（Mimāṃsā）以及吠檀多派（Vedānta）；[11]至於非正統的學派，則有佛教、耆那教（Jainism）、遮盧婆迦派（Cārvāka）[12]、阿耆毘伽派（Ājīvika）[13]和不可知論（Ajñana）[14]。

在中國，由於缺少描述諸神或諸天界的宗教文化，相較於印度，其新興哲學的自然主義色彩就比較濃厚。孔子（551-479 BCE）的學說是以文化的秩序規範、紹述聖王以及傳統為其基礎。至於另一個主要的傳統，也就是道家，則強調與自然的和諧，其基本經典《道德經》成書於西元前四至三世紀之間。

相反的，希臘就必須遷就它的諸神。由於神話裡往往把諸神描繪成如人類一般的英雄，在凡間和人類往來，於是不難以同樣適用於人神的原理去解釋整個宇宙。

印度、中國和希臘這三個哲學傳統，仰賴不同的知識來源。只不過在希臘，由於創造了邏輯，系統性的理性才得以充類至盡。印度的哲學家則強調聖人澄靜默觀的知識以及吠陀聖典的啟示。在中國，歷史和現實生活的經驗是真理的判準。佛陀抉擇中道，認為經驗是我們唯一能夠依賴的證據，而對於「究竟」實相的種種臆想，都只是無益戲論。不過他和正統的印度思想一樣，都認為日常生活的經驗只是夢幻泡影，而必須破妄顯真。在希臘，理性的力量是舞台的主角，正如蘇格拉底（Socrates）的格言所說的，我們必須遵循論證的結果，「由討論的趨勢決定我們的終點。」（原注5）對於正確的哲學思考方法，每個古代傳統都有它自己的觀念。

8 譯按：印度著名文法家，生於西元前四至三世紀。《大唐西域記》卷二：「人壽百歲之時，有波爾尼仙，生知博物，愍時澆薄，欲削浮偽，刪定繁猥，遊方問道，遇自在天，遂申述作之志。自在天曰：『盛矣哉！吾當祐汝。』仙人受教而退，於是研精覃思，採摭群言，作為字書，備有千頌，頌三十二言矣。究極今古，總括文言。」

9 譯按：印度大乘佛教中觀學派之創始人，又稱龍猛、龍勝。西元二、三世紀，為南印度婆羅門種姓出身。龍樹大力弘法，廣造大乘經典之注釋書，樹立大乘教學之體系，使大乘般若性空學說廣為傳布全印度，著作等身：《中論頌》、《十二門論》、《空七十論》、《迴諍論》、《六十頌如理論》、《大乘破有論》、《大智度論》、《十住毘婆沙論》、《大乘二十頌論》、《菩提資糧論》、《寶行王正論》、《因緣心論頌》、《菩提心離相論》等。

10 譯按：關於印度哲學宗教之分期，見《印度哲學宗教史》，頁383-394。書中將後吠陀的學派時代分為四個潮流：正統婆羅門的潮流；有神論的潮流；哲學的潮流（六派哲學）；非吠陀的潮流。

11 譯按：關於六派哲學之詳細闡述，見《梵我思辨：木村泰賢之印度六派哲學》。

12 譯按：即順世派，佛教中的六師外道之一，「為古印度婆羅門教之支派，主張隨順世俗，倡導唯物論之快樂主義，與阿耆毘伽派同為古印度自由思想之代表學派。」（佛光大辭典）

13 譯按：佛教中的六師外道之一，主張宿命論，認為苦樂不由因緣，而是自然產生的。

14 譯按：以珊闍耶毘羅胝子（Sañjaya Belaṭṭhiputta）為首的懷疑論，即佛教中的六師外道之一，不承認認知有普遍之正確性，而主張不可知論，且認為道不必修，經八萬劫自然而得。

軸心時代產生了許多根本經典，它們成為當代許多傳統的核心。現在的印度哲學家仍然在研究吠陀聖典，中國哲學家研究孔孟，西方哲學持續探討柏拉圖和亞里斯多德的作品。卡佩曼（Joel Kupperman）[15]說：「有些國家，尤其是中國和印度，他們的若干哲學經典不僅是其後哲學的根基，更影響了整個文化。」（原注6）對於大多數西方人而言，古代希臘哲學家不過是若干人名而已；但是印度的吠陀聖典和中國的經典，卻是這些國家家喻戶曉的作品。

哲學的轉向與發展

如果說，哲學的第一個時期是若干大陸不約而同地由神話轉向對於宇宙更加理性的理解，那麼各地區之後的旅程則是大異其趣。在西方國家，哲學不進反退。中世紀哲學的重大挑戰在於如何調解基督宗教的信仰以及理性的要求。哲學所要回應的不再是民間神話，而是系統神學裡由教會權威決定的信理。這個時期最重要也最有影響力的哲學家，應屬十三世紀的聖多瑪斯（St Thomas Aquinas）[16]。正如上古時期，哲學並不和主流宗教文化對立，而是和它的教義唱和。自然神學（natural theology）為信仰提供一個理性的證成（justification），而二元論的主張，尤其是心物二元，和基督宗教強調屬靈的死後生命勝過屬血氣的世俗生命不謀而合。

在中東和北非，情況同樣錯綜複雜，最終的權威不是俗世的哲學，而是宗教。在伊斯蘭哲學所謂的黃金時期，也就是西元八到十三世紀之間，哲學家（falasīfa）譯注許多古代希臘經典，尤其是亞里斯多德的作品。（這對亞里斯多德的哲學傳到西方世界而言相當重要，他的地位崇高到人們直接以「哲學家」稱呼他。）在這個時期裡，諸如阿維森納（Avicenna, Ibn Sīnā）[17]和亞味羅（Averroes, Ibn Rushd）[18]之流的哲學家，和伊斯蘭神學（kalām）思想家如安薩里（al-Ghazālī）[19]展開激烈的學術論辯，脣槍舌劍之後，後者占了上風，使得伊斯蘭哲學不再獨立於神學之外。

在印度，情勢又更加複雜。哲學的意圖轉向古代「修多羅」（sūtras，契經）的詮釋。修多羅在梵文裡有「絲線」的意思，指涉一種書寫文類，以短文體「貫穿攝持」難解的教

15 譯按：卡佩曼（1936-），美國康乃迪克大學哲學教授，著有 *Six Myths about the Good Life: Thinking about what has Value* (2006)。

16 譯按：聖多瑪斯（1225-1274），中世紀士林哲學家，出生於義大利南部，是天主教最偉大的神學家，著有 *Summa Theologiae, Summa contra Gentiles*。

17 譯按：阿維森納（980-1037），即伊本・西那，中世紀波斯哲學家、醫學家、自然科學家、文學家，阿拉伯和波斯地區的亞里斯多德學派代表人物，著有《醫典》、《治療論》、《知識論》等。另見第・博雅《回教哲學史》頁 165-176，台灣商務，1971。

18 譯按：亞味羅（1126-1198），即伊本・魯世德，西班牙地區伊斯蘭哲學家，大量註解柏拉圖和亞里士多德的作品，著有《不一致的不一致性》、《醫藥通論》。另見《回教哲學史》頁 267-280。

19 譯按：安薩里（1058-1111），或作加扎利，波斯裔伊斯蘭神學家、法理學家、哲學家，是遜尼派伊斯蘭思想史上的重要人物，懷疑論的先驅，著有《哲學家的矛盾》。安薩里是繼伊斯蘭教先知穆罕默德之後最有影響力的穆斯林，對於穆斯林哲學家及基督教中世紀哲學家影響甚巨，包括聖多瑪斯。另見《回教哲學史》頁 194-206。

義，尤其是吠陀聖典裡的教義。[20]在西元世紀初的修多羅時期及其後的論師時期形成了許多經釋，以理性分析和證成去探究他們的教義。誠如拉達克里希南所說的，「論師們嘔心瀝血地以理性去證明信仰不假思索地接受的東西。」（原注7）

其時在吠檀多學派內部也出現一個重要的分裂。商羯羅（Ādi Śaṅkara）[21]創立不二吠檀多派（Advaita Vedānta），主張「不二論」[22]，認為個別的我只是迷妄邪智的幻相，萬物在本質上都是梵的一部分。然而，諸如羅摩拏遮（Rāmānuja）[23]和摩陀婆（Madhva）[24]之流的論師則駁斥他的理論，而主張二元論，認為自我為實有，而梵則是個別的神，即毘濕奴（Vishnu）。雖然不二吠檀多派一直是主流哲學派別，但是有神論的吠檀多派顯然在民間更加盛行。

在遠東，哲學的進展比較穩定。由於沒有宗教權威的不斷增長，思想的演化也得以拾級而上，這也是中國思想和歷史非比尋常的連續性的另一個例證。自北宋（960-1127 CE）至清朝（1644-1911）之間，新儒家（理學）吸收道家和佛教思想，重振且修正了儒家學說。

中期的哲學發展說明了哲學如何受到範圍更大的文化發展的局部影響。其中最顯著的負面效應，就是整個世界的古代傳統裡幾乎聽不到女性的聲音，直到現在才有所改變。二〇〇八至〇九年間，女性在英國大學哲學系的教席占比不到五分之一；在美國和澳洲的比例也差不多。（原注8）

到了近代時期，西方國家的地緣政治力量使其哲學的影響無遠弗屆。科學的成長，以及西方國家自十七世紀啟蒙運動以來強調的自主性，使得早期哲學方興未艾的自然主義更加順理成章地把宗教和神話思想的餘緒自哲學主流中剔除。世界哲學的許多發展都是對西方思想的一個回應，卻沒有得到後者同等的回報。風行草偃的哲學思潮呼籲具體的行動，在許多人眼裡，那是對於故步自封的傳統哲學的一個挑戰。在印度，實踐吠檀多運動（Practical Vedānta movement）[25]和甘地（Mahātmā Gandhi）都受到馬克思以及功利主義者彌爾（John Stuart Mill）的鼓勵，以對社會正義的關懷去平衡傳統上對於靈修的強調。在中國，歐洲的馬克思主義和達爾文主義，加上美國的實用主義（pragmatism），影響了鼓

20 譯按：「當記述時，專用名為修多羅之短文體，故其結果，教科書即名為修多羅，即經書也。在吠陀文學史上，此種風氣名為修多羅時代。修多羅（sūtra；線）一語由siv（織）字而來，言在簡單語句之中，統括教義之大綱，宛如以線穿花或珠者。」（《印度哲學宗教史》頁303-4。）

21 譯按：商羯羅（788-820），印度中世紀最偉大的論師，生於印度南部，為婆羅門種姓，吠檀多學派代表人物，主張「梵我一如」，他大量註解聖典，創建教團，振興婆羅門教，為婆羅門哲學之集大成者。著有《梵經注》、《薄伽梵歌注》、《我之覺知》、《問答鬘》、《五分法》等。另見《梵我思辨：木村泰賢之印度六派哲學》頁342-354。

22 譯按：又作「不二一元論」（Advaita）。另見摩訶提瓦《印度教導論》頁145-154，林煌洲譯，東大，2002。

23 譯按：羅摩拏遮（1017-1137），印度吠檀多派哲學家，著有《吠陀聖典綱要》，旨在闡述奧義書精義，駁斥吠檀多派中其他學者之主張。另見《梵我思辨：木村泰賢之印度六派哲學》頁357-368。

24 譯按：摩陀婆（1197-1276），中世印度宗教改革家，注釋梵經，反對商羯羅的不二論，而倡導二元論，主張最高神異於個人我，個人我雖得解脫，亦不能與神同一。

25 譯按：「實踐吠檀多」由印度哲學家辨喜（Swami Vivekananda, 1863-1902）提出，強調在行住坐臥中實踐吠檀多思想。

吹君主立憲的維新派康有為，也啟發了中國共產黨第一位領袖毛澤東。在此同時，也興起排斥西方思潮的運動，尤其是日本京都學派的拒斥個人主義。

西方國家主導全球議題的力量，也反映在「哲學」一詞及其許多譯名上，直到最近，它才被用來指涉所有這些分歧的傳統。例如，日本直到十九世紀才有「哲學」一詞；明治維新打破日本兩百五十年來禁止外國人入境、日本人出境的鎖國政策，自此之後，人們才開始討論起西方哲學的觀念，創造「哲學」這個語詞，意為「哲人之學」。（原注9）中國也是約莫在這個期間有了「哲學」這個譯名。[26]

由此產生了一個難題，也就是到底什麼才算是「哲學」。由於一開始的定義太狹隘了，你不得不排除其他傳統大多數的思想，而「哲學」變成只是它在你的文化裡的翻版。於是，理查．羅逖（Richard Rorty）[27]主張說，「哲學家」對於「哲學」的學院派褊狹定義只是要挑起爭端，意圖排除他們的家族不熟諳的戰場。（原注10）但是如果定義太寬鬆，那麼什麼東西都可以叫作哲學了。

我不想限縮哲學的範圍，寧可接受一個更為寬鬆的範疇，正如維根斯坦（Ludwig Wittgenstein）[28]所說的「家族相似性」（family resemblance）的概念。[29]我們沒辦法提出一個嚴格的規則，決定什麼是哲學、什麼不是，但是我們可以看到有一套共有的特徵，如果一個思想傳統具有足夠多的特徵，那麼它就可以叫作哲學。只要人們有系統地潛心探究世界的本質、自我、語言、邏輯、價值、人類的福祉、知識的來源和證成、人類理性的本質和侷限，那麼他們就是在從事哲學思考。如果僅僅以神話或信理去處理這些問題，那麼它就是宗教和民間傳說，而不是哲學。如果人們協議以經驗性的方法去回答問題，那麼他們的探究就是科學，而不是哲學。這兩端和哲學的界限並沒有那麼明確，卻已足以讓我們釐清其範圍，而我們所謂世界的偉大哲學傳統的確是其中的一部分。但是沒有任何一個傳統可以說它就是全部，而以它自己對於哲學的定義去排擠其他傳統。哲學的本質是什麼就是個哲學問題，當然也會有一番論辯。

在文化和歷史的脈絡下理解哲學

除了偉大的古代傳統，在若干文化裡，他們的哲學思考往往是口耳相傳的，而沒有一個於史可徵的思想家作為其原創者。在這種情況下，問題最明顯。我會把它們叫作「口傳哲學」（oral philosophies）。這類的思想是否構成「哲學」，或者只是神話或「民間信

26 譯按：現代漢語中的「哲學」是沿襲自日語的外來語。
27 譯按：理查・羅逖（1931-2007），美國分析哲學家，著有 *Philosophy and the Mirror of Nature* (1979), *Contingency, Irony, and Solidarity* (1989)。
28 譯按：維根斯坦（1889-1951），奧地利哲學家，二十世紀最重要的思想家之一。研究領域為語言哲學、數理邏輯和心智哲學。著有 *Tractatus Logico-Philosophicus* (1922), *Philosophische Untersuchungen* (1953)。
29 譯按：「家族相似性」是指一個語詞可以指涉不同的事物或狀態，它們沒有共同的性質，卻同屬一個家族。例如「遊戲」可以指涉各種性質迥異的活動，而在它們之間找不到共同的特徵。維根斯坦反對「本質主義」（essentialism）的意義理論。

仰」，在學術界裡莫衷一是。不管最後的答案是什麼（我會在下文探討），這些傳統包含了太多和哲學息息相關的東西，而無法忽視其家族相似性。更重要的是，它們都是某些觀照和理解的方式的來源，足以挑戰或補充偉大的書寫傳統。

撇開西方的興起及其沉重的影響不說，無論世界的哲學和文化在我們的全球社會裡如何焦不離孟，我們仍然可以清楚看到若干世界哲學傳統，它們都擁有獨特的性格。這些傳統內部的種種觀念並不是各自獨立的。它們是一個更大的整體的各個部分，是相依相待的信念網路，雖然有時候彼此會扞格不入。每個系統都會有這種一般性的性格。

然而我們不能因為這些獨特的性格，就不假思索地犯了「本質化」（essentialising）的錯誤：以為每個文化都有個獨特而異質的本質，而為其所有成員共享。這會誇大了一個社會內部的相似性，以及不同社會之間的差異性。例如，「不管非洲人有什麼共同點，我們並沒有共同的傳統文化、語言、宗教或概念語彙，」阿皮亞（Kwame Anthony Appiah）[30]說道，身為出生於英國的迦納裔美國人，他很清楚文化認同的複雜性。「許多非洲社會和非洲以外的傳統社會之間的共同點，往往不亞於他們自己的社會。」（原注11）

然而我們不必因為擔心以偏概全的主張，就避免任何的概括化（generalisation）。例如，拉摩斯（Mogobe B. Ramose）[31]或許會同意阿皮亞的說法，但是他也說：「我們可以提出一個有說服力的哲學論證說，在非洲原住民之間，有個『家族氛圍』，也就是某種哲學的親緣性，雖然有各種變異。」（原注12）只要不被誤認為是全稱述句（universal statement），概括化是完全正當而準確的。「男人通常比女人高」，這個概括化語句為真；「所有男人都比所有女人高」，這個全稱述句為偽。嚴格說來，主張說不同的哲學傳統之間有個一般性的特徵，並不是說該傳統裡的每個思想家或學派都擁有該特徵。概括化可以有許多例外，就像山區也會有平原，或者說嚴肅的人可能也很會搞笑。我試圖以「往往」、「通常」之類的語詞去提醒這個問題，然而若是通篇如此，未免令人生厭，所以只能請讀者把這個重要的聲明謹記在心。（原注13）

另一個必須避免本質化的重要理由在於，幾乎沒有任何一種思考方式是某個文化獨有的。不管你的文化背景是什麼，當我們談到自主、和諧和洞見之類的觀念時，你大概都知道它們的意義及重要性為何。或許在意義的調性上會有若干差異而使你摸不著頭緒，但是那並不難修正。你會注意到的重大差異，反倒是不同的文化裡對於某個觀念的重視程度，「一個文化傳統傾向於強調、增長和保存我們的哪個人性面向，」卡蘇里斯說：「在某個文化裡站到台前的，在另一個文化裡很可能退居幕後。」（原注14）

哲學傳統和語言有很多共同點。我們只能以一個特定的語言溝通：人類並沒有一個普世語言。但是那並不意味著我們可以躊躇滿志地認定只有一種語言（我們自己的語言）能

30 譯按：阿皮亞（1954-），迦納裔美國哲學家，出生於英國，專攻道德哲學、語言哲學和心智哲學、非洲思想史。

31 譯按：比利時魯汶大學哲學博士，南非大學哲學教授。

夠表達真理。我們可以學習其他語言，拓展我們的理解，而不必放棄我們的母語。正如有些人可以說兩種或多種語言，我們在文化上也可以是雙重或多重取向的，採擷多個哲學傳統。（原注15）社會心理學的研究告訴我們，多重文化的心智有許多優點，而雙重文化的人們在創意上也總是更加突出。（原注16）

今日有種種跡象顯示，人們漸漸注意到要增進自己對於各國文化的認識。中國崛起成為全球超級強權，使得解釋中國的價值和文化的書籍一時洛陽紙貴。西方國家的學者也漸漸對其他哲學感興趣，雖然基礎還很薄弱。人們認識到若干共通性，例如佛教和英美哲學裡關於自我的觀念。在東亞的大學裡，對於當地的哲學和西方哲學的興趣旗鼓相當。我們看到的，似乎沒有那麼多對立，沒有那麼多一較高下，更多的是想要領略其中的智慧。

莉亞・卡爾曼森（Leah Kalmanson）的一席話鼓舞了我，而她的靈感來自於後殖民主義學者查卡拉巴提（Dipesh Chakrabarty）的作品。她說：「我們在讀亞里斯多德時，我們讓他活在兩個時代裡。他活在他的時代裡，而我們在一個文化和歷史脈絡下理解他，也忠實呈現他的思想。於是，他可以對現在的我們說話。但是我們卻不會那麼對待西方國家以外的文本。」我希望我們可以閱讀世界哲學經典，讓它們活在兩個時空裡。如果我們忘了它們是在何時何地寫成的，那麼我們就注定要誤解它們。但是如果我們不知道它們所說的東西如何適用於此時此地，那麼我們也注定要浪費或扭曲它們。

第一部

世界如何認知

How the World Knows

在荷蘭馬斯垂克（Maastricht）的一所國際學校裡，兩個聰明早熟的青少年在解答他們出給同學的謎題。他們承認他們的答案不敢說百分之百符合事實。但是他們可以保證，「根據網路」，一切都是正確的。

我們的知識的根據是什麼？我們憑什麼自詡我們的信念是真的？這是最根本的哲學問題。而對一整個世代而言，答案可能是「網路」，這聽起來很嚇人。過度倚賴維基百科是一回事，畢竟那終究只是一個誠實度評價頗高的網站罷了；然而把整個網路（由無數五花八門的網站構成的大雜燴）當作真理的權威，未免太過鹵莽輕率了。

衡諸歷史，人們通常不會把他們的信念視為哲學論理。一般而言，人們會接受他們周遭的信念，只有少數人會想要全盤加以推翻。巴維爾在波蘭克拉科夫（Krakow）長大，而普里提出生在印度德里（Delhi），相較於任何神學的理由，這個事實或許更能解釋為什麼巴維爾相信復活的基督，而普里提相信業。

不過，在社會的層次上（若非個人的層次），我們總是會認為若干信念的證成比其他理由更有說服力；也就是說明為什麼接受某些命題為真、駁斥其他命題為偽的理由。每個文化都有個內隱的（implicit）、街談巷議的知識論（epistemology），正如每個哲學都有其外顯的（explicit）知識論，而這些正式的和非正式的知識論都彼此有所關連。

引用網路作為知識來源的國際學生，說明了庶民的知識論和廟堂上的知識論是有關的。學生們不假思索地以為網路是可靠的真相資料庫，背後其實有一整個關於知識的本質的假設，我們今日視之為理所當然，但是在歷史的另一個時空裡的其他人，或許會不以為然。學生們對於網路的信任反映了一種文化：自若干世紀以來，把知識理解為由不同領域的專家集體生產的東西。在他們的認知裡，真正的知識是由最新的、真的事實構成的，可以列入清單與蒐集而成。只要有完整的紀錄，任何有時間和資源的人都可以挖掘到他們想要的知識。真理並不專屬於菁英階級，它已經民主化了。

一般人並不是一直都被認為有能力靠自己去發現和理解真理。人們的探賾鉤沉也不是一直都被認為是知識唯一正當的來源——以前神啟往往被認為還比較可靠一點。而且「最新的」也並不一直被認為是種優點。其實，許多傳統至今仍然主張說，古代的聖哲、先知和預言家所開顯的人性真理，才是最深刻的。

這個梗概指出了日常生活的思考模式如何深植於哲學傳統的肥沃土壤當中。如果我們要了解為什麼人們相信他們正在做的事是對的，就必須先探討他們所處的哲學傳統認為什麼樣的知識來源才是有效的。

第一章「知微者所見。」

洞見[1]

對於習慣了現代西方學術座談會的儀式和傳統的我而言，第九十屆印度哲學會議（Indian Philosophical Congress）是個很陌生的遭遇。其中有些差異是在量的方面，而不是質的問題。會議沒辦法準時結束，主講人的談話總是超過預定時間，那都是學術界的怪癖，只不過誇張了點。但是在若干方面，這次的會議和西方國家的座談會迥然不同。

受邀學者和名人政要備受禮遇，開幕儀式長達兩個鐘頭，大部分的時間都在歌頌高官顯要（大多數是男性），其中有些人還遲到，使得開幕延後了半個鐘頭。大會逐一歡迎每個來賓，為他們披上金色披肩，一排穿著優雅紗麗的年輕女學生捧著托盤，主席接過托盤上的禮物，一一致贈來賓。整個會議充斥著向來賓致敬的儀式，幾乎每個主講者的開場白都是向「台上台下聲望卓著的學者」致謝，言談中不時出現「謙卑」之類的語詞，彷彿是對於驕傲的現實世界的言語矯正（verbal corrective）。

主辦單位的阿諛奉承和聽眾的心不在焉形成強烈的對比，他們不時聊天、走進走出或玩手機。主講者講完了，聽眾才敷衍地鼓掌致意，整個會場的掌聲零零落落。會議的規則似乎是每個人都必須講話，但不必認真聆聽，只要眾人都得到必要的接待且座無虛席就行了。

在歐洲和美洲，我會期待會議的主旨在於提出言之有物而自出機杼的論證。然而在印度哲學會議裡，任何的談話都是在證明主講者的學識淵博，他們的主要任務似乎只是作為某個傳統哲學學派的傳聲筒。誠如一位受邀主講者所說的，「在這裡，思想家並不重要，智慧才是重要的。」一個佛教學者的講座更像是在說法，宣說一個就連對於佛教所知無幾的我都耳熟能詳的教理：只要在行住坐臥間清淨身語意，就會有個正命的生活。（我聽說翌日《印度日報》的評論對於該篇論文讚不絕口。）同樣的，一個耆那教學者歌頌耆那教高僧阿查亞．圖爾西（Acharya Tulsi）[2]；「甘地哲學與和平講座」則盛讚甘地是個哲學家、政治家、聖人，為更道德的世界指出一條道路；有一、兩位學者鼓吹「不二吠檀多」；還有個學者歌頌濕婆悉檀多派（Saiva Siddhānta）[3]。每一場演講終了之前，主持人都會總結座談，稱讚主講人議論風生、條分縷析、博學多聞、深入淺出。沒有人會發問，當然也不會有論辯。當代印度哲學的這種面貌，不僅使少數與會者感到沮喪，也激怒了印度以外的許多學者。一個住在印度的哲學家告訴我說，印度的哲學都只是陳陳相因而了無新意。有個外國的主講人對我抱怨說，現在印度所謂的哲學，大部分只是在報導而不是在思考。諷刺的是，他開的課程正是在歌頌他的指導教授。

會議裡也瀰漫著對於西方文化和哲學強烈的敵意，一方面是由於它明顯的缺點，另一方面則是由於它相對於印度文化的倨傲優越感，我甚至擔心如果我有什麼質疑的話，那是

1 譯按：本章所謂的insight，一般譯為「洞見」或「洞察」，例如郎尼根（Bernard Lonergan, 1904-1984）的知識論；在比較哲學當中，一個哲學語詞很難有一對一的譯名，在印度和東方傳統裡，或許可理解為「悟入」、「見地」、「親證」，意指一種直觀的認知，但是它的涵意會隨著各傳統的背景而有所出入。在本章譯為「洞見」，以呼應印度哲學裡的「見」（darśana）、日本哲學「見性」裡的「見」，雖然意義可能各自不同。

2 譯按：阿查亞．圖爾西（1914-1997），印度耆那教領袖，隨行運動（anuvrata movement）的發起人，創辦耆那教毘濕婆巴拉提學院（Jain Vishva Bharati Institute）。

3 譯按：十三世紀南印度濕婆派哲學體系，以二十八部《濕婆阿笈摩》為聖典。主張濕婆是至高無上的實相，個人的靈魂和濕婆具有相同的本質。另見《印度教導論》頁171-181。

不是因為我的優越感在作祟。他們提到使我無地自容的西方種族主義和殖民主義歷史。有個主講者對聽眾說，約翰・彌爾據說是個偉大的自由主義者，卻嘲笑印度和亞洲是沒有文明的黑暗大陸。但那句話其實是他父親詹姆斯・彌爾（James Mill）說的，他在一八一七年的《英屬印度史》（*History of British India*）裡談到「積弱不振而半開化的印度民族」以及「印度神話」的「無知、含混和夾纏不清」（原注1），不過那並不重要，因為主講人還有太多其他例子可以拿來說嘴。「在白種人身上，人性的成就可謂登峰造極，」康德（Immanuel Kant）在一八〇二年時寫道：「黃皮膚的印度人頑梗不化。黑人更是等而下之，至於美洲人則是最低等的人種。」（原注2）比他早一點的休姆（David Hume）的種族主義也只是程度有別而已：「我往往會懷疑黑人以及其他人種天生就比白人劣等。」（原注3）

然而，對於當代西方文化的排斥，大多只是根據有選擇性的道聽塗說。一個主講人表示，美國遭遇水災之後都會發生搶劫案件，而印度清奈（Chinnai）在水災之後，寺廟立即開放賑濟災民。還有個主講人提到一個哈佛哲學系學生自殺的事件，用來證明西方思想的虛無主義，以及「它無法對實在界有個全體主義的認識的驚人缺點」。

人們或許會以社會學的角度去解釋印度哲學會議的這個特徵。可能有人會說，相較於西方國家，印度社會比較傳統而且階級分明，再加上殖民的歷史，我們必須據此去理解他們對於傳統的服從和捍衛，以及仇視西方國家的說法。但是這種觀點忽略了整個哲學的背景。既要解釋印度哲學家的哲學思考，卻又對他們的哲學視而不見，那只會把他們化約成人類學的奇珍異品。如果我們要認真地把他們當成哲學家來看待，就必須探究他們的思考模式除了社會學的理由以外，是否還有哲學上的理由。

西方人對他們自己的文化的要求，當然也僅止於此。西方國家的哲學會議裡的若干怪狀，無疑是習俗和禮節的緣故，例如說會議的晚宴總是盛大隆重卻又難吃得要命。但是如果要解釋為什麼哲學家要提出論證並且加入冗長的問答，你就必須知道這其實和他們所堅持的哲學理念有關，也就是每個思想家都必須以嚴謹的論證去證成他們原來的推論。換句話說，要解釋人們如何實踐其哲學，你必須解釋這樣的實踐想要體現什麼理想。那麼，印度哲學家論述其想法的方式背後的理想是什麼呢？

哲學是一種觀看

印度哲學裡有個傳統用語，或許是個線索：**見**（darśana），字根是dṛś，「看見」的意思。**見**既是指哲學，也是指看見、觀看。（原注4）它之所以具有這雙重意思，是因為在印度，哲學被認為是一種觀看。例如說，在吠陀本集裡有古聖哲（ṛṣi，仙人、聖人），意思就是先知。（原注5）他們相信正見不是取徑於推論，而是要學習如何**觀看**（ānvīkṣikī）[4]，使我們得以**直證**（sākṣāt-kāra，直接知覺）實相。（原注6）這有助於解釋為什麼西元八世紀的

4譯按：ānvīkṣikī 其實是指論理學、邏輯，有時也叫作因明、因論，而非作者所謂的觀看。

印度思想巨擘商羯羅（有時候也叫作商羯羅阿闍梨〔Śaṃkarācārya〕）會交替使用**幻**（māya）和**無明**（avidyā）這兩個語詞。無明就是沒辦法如實觀看，換言之，觀看和認知是同一回事。

整個印度古代哲學的歷史都在強調某種深微的知覺，認為**現量**（pratyakṣa）是知識的有效來源。雖然**現量**的原意是指感官知覺，不過後來也意指任何直證，不管是感官的、靈性的或知性的。（原注7）所以《奧義書》說，「不以善辯才，不以富思力，不以多學聞，**自我**（Ātman）（大我或普遍的我）而可得」，「唯有知微者，以深微妙智，於是而得見。」[5]（原注8）這種觀看不是一般的感官知覺。「不可以眼見，亦非語言攝，不由餘諸天，苦行或事業；唯由智清淨，心地化純潔，靜定乃見彼，無分是太一。」[6]（原注9）

拉達克里希南也贊同對於古代印度傳統的這個描述。先是談到正統學派，他說：「理性的位階低於直觀。邏輯推論沒辦法領悟整個生命……印度哲學強調靈性高於單純的邏輯，認為僅僅奠基於邏輯或科學的文化或許很有效率，但是無法啟迪人心。」（原注10）他更加一語中的地說：「哲學引領我們到那應許之地的大門，但是沒辦法讓我們登堂入室；唯有洞見或心領神會才有辦法。」（原注11）

我們不要率爾以為**所有**的印度哲學都是一種由禪定得到的神祕主義洞見。有許多印度哲學學派致力於羅列描述他們認為有效的**量**（pramāṇa）（知識來源）[7]。儘管每個學派對於**量**的理解各異，但是無論他們批駁或支持，基本上有六種**量**。雖然僅僅列舉其名並無法了解其中含意，仍然可以大致上明白，印度哲學其實不僅止於神祕主義的洞見。這六種量是：**現量**（pratyakṣa）（知覺）、**比量**（anumāna）（推論）、**譬喻量**（upamāna）（比較或譬喻）、**義準量**（arthāpatti）（假言推論）、**無體量**（anupalabdhi）（由無法知覺其存在而證明其非有）、**聲量**（śabda）（某方面的權威的教示）。[8]其中，比量和現量一樣，幾乎無所不在，這說明了對於許多學派而言，論理形式和洞見一樣，都是印度哲學裡不可或缺的元素。

查爾斯．摩爾提醒我們，西方或印度本地在論述印度哲學時，往往過度強調直觀、權威以及對於論理的懷疑。要矯正這些誇大之辭，就必須認知到直觀並沒有凌駕所有其他知識來源之上，而只是一個涵攝人類所有能力的認知系統裡的基本元素之一。薩夏那（S. K. Saksena）[9]說，知識的來源「既不是感官，也不是理性，更不是直觀，而是整個人」。

5 譯按：中譯見《五十奧義書》〈羯陀奧義書〉頁329、333，徐梵澄譯，中國瑜伽出版社，1986。

6 譯按：中譯見《五十奧義書》〈蒙查羯奧義書〉頁664。

7 譯按：見《梵我思辨》頁253：「pramāṇa是由梵語mā的語根所成，一般意指尺度或標準。……是故此語也可用於意指分辨吾人知識真偽之標準……最後終將吾人認識活動之樣式稱為量。」

8 譯按：正理派主張有四量，彌曼差派增立義準量和無體量，後來佛教唯識宗立為古因明六量。見《梵我思辨》頁253-256；《印度教導論》頁108-116。其中「聲量」或稱為「傳承量」、「聖教量」；「無體量」或譯為「不可得量」、「無得量」。「量論在探究『確立正知之作具』上，最重要即考察量者、所量、量果（又稱量知）等三要素。量之種類，於印度各教派中看法不一，統括之，共有現量、比量、聖教量、譬喻量、義准量、無體量、隨生量、想定量、傳承量、身振量等十量諸說，其中佛教自古即用現量、比量、聖教量、譬喻量等四量。」（佛光大辭典）

9 譯按：印度音樂社會學家、哲學家、美學家。

(原注12) 差別在於，相較於世界的其他傳統，在許多學派裡，**現量**的角色重要許多。

現量和**聲量**關係緊密。《正理經》（*Nyāya Sūtra*）[10]把**聲量**定義為「可信賴者之教示」。(原注13) 我們之所以相信哲人們的聖言，正是這兩種量共同作用的結果，因為他們有獨一無二的能力，可以知覺到實相。誠如薩爾馬（Deepak Sarma）[11]所說，聖典被認為是有效的知識來源，因為「它們以聖哲的現量為根基」。(原注14)

有時候，這些能力是超自然而非比尋常的。關於商羯羅（不二吠檀多派的始祖）的若干傳記，都提到他和一個梵志以及他的妻子辯論的故事，他認為他們應該捨離俗世生活與婚姻。那個妻子指出，商羯羅是在捨離他不曾經驗過的生活，於是商羯羅以神通進入甫駕崩的阿摩盧王（Amaruka）的身體，使他復活，並且和諸婇女淫戲娛樂。事後，他回到自己的身體，以他的親身體驗證明他的主張。[12](原注15)

至高無上的知識來源，也就是偉大聖哲的**聲量**，往往勝過任何智者的**現量**，而後者又勝過任何最具說服力的理性論證。商羯羅對於「捨棄聖典的種種論辯」相當不以為然，認為那只是「一己之見」而「沒有正當依據」。我們也不能信任「迦毘羅（Kapila）[13]或羯那陀（Kanâda）[14]等聖哲及其他諸派始祖」的論理，因為他們的說法相互矛盾。(原注16)

任何被認為證入甚深洞見的人，總會受到世人的尊崇和禮敬。奧義書（upaniṣad）的字根就反映了這點：近（upa）、下（ni）、坐（sad），意為近坐或侍坐；一群弟子坐在導師身旁聆聽他開示真實法義。(原注17)《摩奴法典》裡有一段話強調挑戰導師是邪惡的行為：「誹謗老師（即使所言屬實），死後變驢；誣蔑老師者變狗；未經許可而使用老師的物品者變為蛆，嫉視老師者變為蟲。」[15]（原注18）注意「即使所言屬實」：即使你的導師是錯的，還是不能誹謗他。這樣的尊崇未免太極端了。

根據我在印度哲學會議的經驗，對於聖哲的尊崇在現在的印度裡仍然很重要。我認識一群學者，他們是羅摩旃陀羅・巴尼卡（Dr Ramchandra Pralhad Parnerkar）[16]的信徒，他們熱情地對我說，巴尼卡的思想把吠陀哲學和西方哲學、主觀和客觀、心與物，都熔為一爐。他們極力鼓吹他的「普那瓦」（Poornawād）哲學，也送了我一本同名的書。內文的前頭有若干彩色照片，包括作者以及「我們的靈性導師」，他的兒子和接班人毘濕奴・巴尼卡（Adv. V. R. Parnerkar），以及他的父親維摩提・巴尼卡（Vedmurti Prahlad Guru Ganesh Guru Parnerka），那本書就是題獻給他父親。這些照片幾乎就是在歌頌書裡的幾個偉人。

---

10 譯按：《正理經》是正理派教典，又稱《尼夜耶經》，相傳由瞿曇仙人所撰，詳述正理派的十六句義。見《梵我思辨》頁241-245；《印度教導論》頁109。《正理經》中譯見沈劍英《因明學研究》，東方出版中心，2002。

11 譯按：德帕克・薩爾馬（1969-），凱斯西儲大學（Case Western Reserve University）教授，專攻印度教和印度哲學。

12 譯按：據十四世紀吠檀多學者馬達瓦（Mādhava）的《商羯羅傳》（*Śaṅkaradigvijaya*）記載，商羯羅和彌曼差派大師曼達那彌濕羅（Maṇḍanamiśra）論戰，後者落居下風，於是他妻子以男女之事挑戰商羯羅，商羯羅要求百日之後答辯，於是以神識進入剛去世的國王身體，和嬪妃們嬉戲百日，熟諳男女之事，終於贏得辯論。

13 譯按：數論派初祖。

14 譯按：勝論派始祖。勝論派是印度最重要的自然哲學學派，把宇宙萬有區分為六到十個範疇加以解說。

15 譯按：中譯見《摩奴法典》頁39，馬香雪譯，臺灣商務，1998。

16 譯按：巴尼卡（1916-1980），印度新興宗教思想家。

會議中對於主講人的尊崇，使我們的對談變得很困難。不管我提出什麼問題，他們都以為我是做球讓他們說教。我們的交流與其說是問答，不如說是提詞讓雙方各說各話。這種服從權威也不限於學術會議的場合。蜜拉・班度（Meera Baindur）[17]對我說，認為洞見是對究竟實相的直接體驗，這個想法在印度文化裡一直是主流，它反映在一句俗話上：「你要吃了糖才知道它是什麼味道。」印度有許多導師據說都曾經直接體驗過梵。他們都被視為是可以信賴的權威，人們甚至往往為此容忍他們的行為。「其中有許多根本是盲從，」班度說。二〇一二年，「有個傢伙被逮到在房間和一個女演員做愛，他們被人偷拍下來而見了報。」他辯稱只是像神一樣實現她的願望，而他的名聲似乎沒有受損。只要一個導師獲致大師（swami）的地位，也就是被眾人認可的印度教導師，那麼僇辱就不及於其身。正如《勝論經》（*Vaiśeṣika-sūtra*）所說的，「聖人與大成就者之正見，惟生於法（正行）或白業。」（原注19）其邏輯似乎是說，要成為一個大師，就必須有洞見；唯有成就善法者才會有洞見；因此一個大師必定是成就善法者，不管他們的行為是否相違。

班度的話有幾分權威性，因為她也當過好幾年的大師，不過她強調她「不是那種大師」。許多人以為她也有神通，有一次有個人跑來找她說：「大師，請為我解說。妳來到我的夢裡，賜予我恆河聖水（gangajal），接著我為一尊迦尼什（Ganesh）[18]神像獻花，他立刻變身為黑天（Krishna）。妳是怎麼辦到的？」她說她什麼也沒做，那只是一個夢而已。「這就是為什麼我沒有成為受人歡迎的導師，只能回學校教書。」

她有許多信徒相信夢是實在的。正理派主張說，夢裡的東西是實有的，因為它們也都被知覺到，而**現量**則是**正量**。（原注20）只有極端的唯物論和經驗主義的遮盧婆迦派（即順世派，他們在印度哲學裡經常是個局外人），才把**現量**侷限為感官知覺，認為那是唯一有效的知識來源。（原注21）因此，遮盧婆迦派對聖哲之流嗤之以鼻，宣稱說：「吠陀的三個作者是：小丑、流氓和惡魔。」（原注22）

哲學與修行和宗教

在其他的學派裡，**現量**也非常的重要。以吠檀多派為例，它是印度哲學裡最重要的學派。而其支系不二吠檀多派的根本聖典之一，就是商羯羅的《梵經注》。商羯羅寫道，儘管「**比量**有其地位」，「但不能誤以為**比量**可以單獨成立，而應該視**比量**為**現量**之附屬。」（原注23）

但是我們如何才能得到**現量**？有時候，它就像是個不知道從哪裡來的天賦。《瑜伽經》（*Yoga Sūtras*）說：「神通自在或許自然而得（也就是說，可能是因為宿世因緣而與生俱來的能力）。」如果你的根器不夠，不妨服藥草（oṣadhi）（包括靈酒和迷幻藥物）或是持咒

17 譯按：印度馬尼帕爾人文科學研究所（Manipal Centre for Humanities）助理教授。
18 譯按：印度教象頭神，為智慧之象徵。

（mantra），也會得到相同的效果。然而**現量**大多是諸如苦行（tapas）或等持（samadhi）（一種使修行者進入類似神遊物外的境界的禪修）之類的修行的結果。（原注24）

其他學派一般都會強調長時間的修行。「聖人與大成就者之正見，惟生於法（正行）或白業，」《勝論經》說。（原注25）其中主要的修行就是靜慮，使人由定生慧，擺脫一般的知見。「靜慮（dhyāna）誠大於心者也，」《奧義書》說。[19]（原注26）關於靜慮是什麼，各學派言人人殊，但是都會強調要「調身」。關於靜慮的種種教法都仔細說明坐法和調息。蘇・漢彌頓（Sue Hamilton）[20]表示，這或許是印度哲學在西方人眼裡最陌生的特徵。（原注27）前述特徵在《瑜伽經》裡尤其清晰可見，它成書於西元三世紀，但是其一般性原則至今仍然被許多瑜伽學派奉為圭臬。

在印度以外的地方，瑜伽往往只是被視為一種運動以及放鬆身心的技巧。它在《瑜伽經》裡的基本定義聽起來是要安頓人的心，「瑜伽是中斷一般心識的活動」。[21]（原注28）然而，心靈的安頓並不只是為了要放鬆。其基本原則在於，我們在行住坐臥之間，總是被感官誤導，而且心為形役，被塵世的事務搞得團團轉。一旦止息了這些活動，我們不僅重拾平靜和自在，更得以看到諸法實相。（原注29）世界往往像是從列車上模糊的玻璃窗看出去的樣子，透過修行，我們可以讓時間慢下來，如實觀照世界。無論是正統派或非正統派，這都是他們共同的觀點。有個佛教學者對我說：「心識的力量是不可思議的。如果你的思慮廓然澄清，就會增長內心直觀的能力，那是一切智的根源。」

所有古代聖典都會提到身體的修行，以成就靜慮和洞見。在《奧義書》裡，我們所要追尋的洞見就是**梵我合一**。為此，它提出「瑜伽六支」的行位，包括了「調息、制感、靜慮、執持、觀慧、等持」。[22]（原注30）《薄伽梵歌》也清楚描述了瑜伽的身體加行：

> 於潔淨的場所安置堅固靜坐的位子，既不太高也不太低，於其上鋪陳庫薩草、布和鹿皮。端坐其上，心靈專精集中於一點，控制心靈和感官，藉由瑜伽的修煉來淨化他的自我。身體、頭部和頸部保持端正，坐穩不動，將心靈從外在世界回收而專注集中在鼻尖上。……哦，阿周那，飲食過量或完全不吃不喝，或是睡得太少或是常在睡夢中，皆非瑜伽修煉之道。[23]（原注31）

印度有個流行的信仰，認為這種修行不僅會得到洞見，更會成就種種神通。在《瑜伽經》裡，靜慮的成就不勝枚舉，而不只是得到「對於極微、幽隱而遙遠的事物的知識」。透過執持，你會認識到「各個世界、星宿之散布甚至是大象的力氣」。有如神蹟一般，「當你

19 譯按：中譯見《五十奧義書》頁202。
20 譯按：國王學院神學系宗教研究教授，著有 *Indian Philosophy: A Very Short Introduction*。
21 譯按：或譯為「瑜伽是約束心識的流轉。」（Yogascitta vritti nirodhah.）
22 譯按：關於瑜伽六支，見《五十奧義書》〈彌勒奧義書〉頁427。
23 譯按：中譯見《薄伽梵歌》頁117-118，希瓦難陀譯，中國瑜伽出版社，1999。

觀想喉輪，便能止息飢渴。」「當你觀想自己聽得到遠方的聲音，便能獲致天耳通。」（原注32）一直在現在，這種信仰仍然顛撲不破，尤其是在印度鄉下，他們認為聖人都擁有若干法術。

撇開神通不談，洞見的觀念，不管是**現量**或**聖言量**，顯然是個歷久不墜的觀念。那麼理性在其中究竟扮演什麼角色？答案有一部分和歷史淵源有關。儘管最早的吠陀時期和史詩時期與系統性哲學扯不上邊，不過還是確立了若干重要的教義，而聖典時期和論師時期也有許多哲學作品為它們提出了理性的解釋。

我們可以比較一下後期印度哲學以及中世紀歐洲的自然神學（natural theology）。在歐洲，信仰和理性同樣被認為可以和諧一致，不過理性並不是要為信仰奠立根基，而只是要解釋它。當時的哲學大抵上都只是護教學（apologetics）：為啟示的真理提出理性的證成。直到十七世紀都是如此，以理性推論出和基督教信理相悖的理論的哲學家會受到迫害，即使他們支持基督教的上帝的存在。笛卡兒的命運便是如此，他的作品在一六六三年被天主教會列入禁書目錄（*Index Librorum Prohibitorum*），該禁書目錄直到一九六六年才廢除。

長久以來，印度一直盛行著護教學的精神。印度哲學會議資深講座教授賽巴斯提安（C. D. Sebastian）[24]說：「不二論哲學的主旨在於為其天啟真理駁斥所有可能的懷疑和批判，並且證明其合理性……對於經驗事實的邏輯思考再怎麼盈箱累篋，都沒辦法得出否定所有事實的結論。究竟實相的本質只能由聖典開顯，也唯有信仰才能夠領略它。」（原注33）

在印度，哲學和宗教並沒有涇渭分明的界野。（我們在下文會看到，這在其他傳統裡亦然。）印度哲學會議主席夏瑪（L. N. Sharma）在致詞時說：「**見**（darśana）是哲學和宗教的交會點，而它也涵攝了兩者。認為**見**不是哲學的人，只是證明了他們對於**見**的本質一無所知。」（原注34）會議的主講人不時提及宗教主題，其中有個主講人的論文題目是「印度哲學：哲學和宗教的理想結合」，她當然是在對信徒傳教。

另一位講座教授巴第亞（Chandrakala Padia）[25]也同意，在印度，宗教和哲學是混合在一起的，這也是印度思想獨特的地方。這種混合顯示宗教滲透到社會各個角落。「我們不能奪走一個人的宗教情感，」巴第亞說。「那是個根深柢固而無意識的活動。」印度固然有俗世的憲法，但是它並不像法國或美國那樣實施政教分離。相反的，它自始至終都是個宗教議題。在人身法的領域裡，例如婚姻之類的問題，每個宗教都可以依據自身的律法行使之，於是穆斯林的生活就可以以伊斯蘭教法（sharia）為依據。

支持哲學和宗教密不可分的人往往會主張說，兩者並沒有任何矛盾或衝突，它們是完全和諧一致的。「哲學和宗教的世界並不是在不同的軌道上轉動，」拉達克里希南說：「印度思想堅信宗教命題必須以理性為根基。」（原注35）

少數人（大多是在印度以外的地方）則是直言不諱地挑戰哲學和宗教的互依互存。喬

24 譯按：印度孟買科技研究院人文社會科學所教授。
25 譯按：印度高等研究院主席。

治・維克多（P. George Victor）[26]在會議裡公開說：「我們是在宣傳神學，像哲學一樣教授神學。」他堅持說，我們必須把哲學從神學裡抽離出來，以反駁認為印度哲學根本不是哲學的批評。其他受邀的主講人私底下說，印度哲學會議是個反哲學的會議，它代表對於印度哲學的一種思考方式，思欲印度哲學和西方哲學分庭抗禮，強調它和宗教的深層關係，而和唯物論的、俗世化的西方國家形成對比。

對於局外人而言，主張宗教對於印度哲學有多麼重要的論證，實在是很難說得通。一方面，如果強調印度哲學的宗教本質，很可能會讓人聯想到關於印度靈修的老舊刻板印象。然而如果否認兩者之間的關聯，就會和大多數印度哲學家的說法牴觸，而把外國人的模型套在印度哲學上。不管是把印度思想排除在西方人所認知的哲學之外，或者是把它形塑成西方人所認知的哲學，都會被指控是殖民主義心態。無論是在印度或是西方國家的歷史裡，宗教和哲學一直是密不可分的。雖說在西方國家，兩者已經漸行漸遠；在印度，它們仍然關係緊密。但是俗世的思想家對於印度哲學仍然是興致勃勃，正如他們對於諸如聖多瑪斯和笛卡兒之類的基督教哲學家的興趣。

印度哲學的弔詭在於，儘管它植根於古代聖典的權威，但是數個世紀以來，論師們的經注詮釋推陳出新、自出機杼，使得哲學昂首闊步地向前邁進。摩爾說：「把他們叫作論師，真的是太客氣了。」（原注36）「他們認為他們的觀點是吠陀所應許的，即使有些扞格不入，他們也會以別出心裁的解釋去印證它，」他和拉達克里希南說。「此外，吠陀聖典汪洋浩瀚，

論者可以任意擷取章句以作為其權威來源，也因而有創新思考的空間。」（原注37）

印度哲學會議另一位講座教授辛哈（R. C. Sinha）認為，世人對於印度哲學的許多偏見，都是來自於對於創新的誤解。「創新寓於詮釋之中，」他說。他回想起倫敦大學亞非學院的一次國際佛學會議，其中有個教授宣稱印度哲學已死，因為在商羯羅之後，論者只知道拾人牙慧、陳陳相因而已。「我對他解釋當代印度思想裡的創意有多麼蔚然可觀，」辛哈說：「創新不只是指在原來的事物上建構一個系統，它更意味著對於古代思想、印度思想的詮釋。這也是一種創新。」當代印度哲學家莫不熟諳西方和印度思想，也都致力於這種詮釋性的創造。例如說，跋陀阿闍梨（K. C. Bhattacharya）便創造了一種調和康德哲學和吠檀多哲學的新哲學。

商羯羅本身就是個寓創新於忠實詮釋之中的典範。雖然他被認為是個有創造力的偉大思想家，但是他說自己只是在闡述吠陀聖典裡既有的理論（原注38），而以吠陀印證他的觀點，因為「那是直接記載在聖典裡的」。（原注39）他也遮除了對於吠陀的創世理論莫衷一是的種種解釋，「因為創世說或類似的主題根本不是聖典所要教示的。」（原注40）吠陀聖典裡有太多的哲學元素，哲學家們幾乎可以根據它們編造出任何說法。

26譯按：安德拉大學（Andhra University）哲學和比較宗教學教授。

洞見是知識的根源

印度思想對於**現量**的重視的確獨樹一格，但是它絕對不是唯一在理性之外賦予敏銳的知覺一席之地的傳統。就算是在西方哲學裡，這個看法也不陌生。西方哲學之父亞里斯多德在西元前四世紀時就寫道：「應該重視那些富於經驗的人、老年人和明智的人們的意見和主張，這些意見和主張雖未經過證明，但其重要性決不低於那些通過證明的。因為通過經驗，人們長上一雙看得正確的眼睛。」[27]（原注41）所謂的**明智**（phronēsis），它的標準翻譯是**practical wisdom**（實踐的智慧），那是隨著經年累月的經驗而增長的判斷技巧。（中國古代哲學家孟子所說的**智**，也是類似的概念。）（原注42）phronēsis一詞不是亞里斯多德自創的，它有可能是古代希臘普遍重視的東西。後來的西方哲學演變到強調客觀而可以分解成各個步驟的論理形式，因而忽略了實踐的智慧。諷刺的是，整個邏輯哲學是以亞里斯多德為基礎而建造起來的，到頭來卻排除了實踐的智慧這個觀點。

雖然智者的洞見並沒有正式成為西方哲學裡的**量**，但是我認為它一直是個未被承認的重要角色。我覺得西方哲學裡有許多重要轉折並不是透過論證，而是憑藉著敏銳的觀察。例如，當十七世紀的笛卡兒說，他唯一無法懷疑的東西是他自身的經驗，他並沒有提出任何論證，那只是他的觀察而已：「有我，我存在。」[28]（原注43）你在懷疑自己的經驗時就是在肯定它，因為事實上就是**你**在懷疑。

然而，這種洞見和**現量**之間的主要差別在於後者要求某種信任。當西方哲學家使用他們的洞見時，他們會要你以相同的方式自己去觀察。在印度哲學會議裡，有個資深學者對我解釋說，在印度哲學裡亦然，「任何人都可以開展他自身的能力，獲致自己的見地，尤其是對於超越界的事物，直接證入諸法實相。」但是在這之前，你必須信任聖哲，才知道自己是否依於正道。如果你沒辦法像見地者那樣觀照事物，那麼他會告訴你說，你的智慧開展得還不夠，必須下功夫修習幾年再說。

就此而言，印度人的洞見簡直是厚顏無恥的菁英主義，而西方人的洞見則是堅定的平等主義。但孰是孰非不是那麼絕對。如果說根器銳利或見多識廣的人的洞見勝過其他人，那差不多像是在說有些人在彈奏樂器、設計橋樑或從事科學研究上面優於其他人，並沒什麼好驚訝的，因為他們在外在的見聞以及內在的技巧上面都下過苦功。如果說每個人的洞見都一樣深刻，聽起來反而沒有那麼可信。

在西方國家以外的其他傳統裡，對於洞見的重視尤為明顯。羅伯．卡特（Robert E. Carter）[29]就西方國家和日本做過一個比較，前者往往會認為哲學「完全是大腦的事情」，

---

27 譯按：中譯見《尼各馬科倫理學》頁133，苗力田譯（《亞里士多德全集》第八卷），中國人民大學出版社，1994。

28 譯按：《沉思錄》的上下文是：「所以在深思過一切事物之後，就必然會得到這個命題：『有我，我存在。』不論我表示出來，或只在心裡默想，它都必定是真實而可靠的。」中譯見《方法導論．沉思錄》頁176，錢志純、黎惟東譯，志文，1984。

29 譯按：加拿大特倫特大學（Trent University）哲學系榮譽教授。

而後者則假設「知識也是一種體驗，必須透過**實踐**去獲致和磨鍊，而不僅是依賴理性」。（原注44）在歷史裡，不管是武術、花藝、射箭、書法或茶道，都有助於某種證道，那是透過身體力行而不是推論獲致的。（原注45）即使是現在高度科技化的日本，這種感悟力仍然相當受重視。日本神戶的白鶴酒造資料館為參觀者展示清酒的傳統釀造方法。在繁複的工序中，其中有一道工序是蒸米（掛米），使酒造米外硬內軟。影片的旁白解說特別指出，雖然現代釀酒是個高科技的作業程序，「直到現在仍然以相同的方法檢查蒸米的程度。清酒的釀造所涉及的不只是科學和理論。人的直覺和經驗扮演著重要的角色。」

許多日本哲學家同樣強調人的洞見的重要性。二十世紀初的京都學派哲學家西田幾多郎[30]在其著作裡提到**見性**，他表示，透過純粹的經驗，一個人可以直證世界的本來面目：「所謂的經驗，就是認識事實之本然，完全放下自己的妄計執見而如實觀照。」這是「不摻雜任何知見」的經驗。（原注46）「這個**見**不是藉由分析得到的知見，而是對它的現觀，猶如對於眼前對象的知覺。」

這個說法顯然和**現量**很相似。其中一個差別在於，在日本哲學裡，知覺主要是感官的（aesthetic）、俗世的，而不是精神性的、彼岸世界的。西田幾多郎寫道：「窺見實在界的真實本質的是藝術家而不是學者。」（原注47）日本哲學對於禪詩的重視可以為證。以松尾芭蕉[31]的俳句為例：

閒寂古池旁，
青蛙跳進水中央，
撲通一聲響。

西田幾多郎認為，俳句喚起了水花濺起的聲音，卻不是真的要摹擬它。詩的作用在於它向讀者傳達了青蛙躍入水中的純粹經驗，相較於人們視若無睹的感受，它或許更加鮮活生動。（原注48）武內義範[32]對這首俳句則有不同的詮釋，他說俳句喚起的不是水的聲音，而是水花濺起打破的闃寂。有一首中國古詩也有類似的效果：「鳥鳴山更幽。」[33]（原注49）（這或許是西元十八世紀白隱慧鶴禪師[34]著名的公案「隻手之聲」背後真正的含意：它正是要人們觀照寂靜和空性。）（原注50）雖然詮釋各異，但是他們有個更重要的共同點：他們都相信詩的目的是使人見性，照見法爾如是，然而那是透過感官而非理性。誠如鈴木大拙所說

30 譯按：西田幾多郎（1870-1945），日本哲學家，京都學派的開創者，著有《善的研究》（1911）、《哲學的根本問題》（1933）。
31 譯按：松尾芭蕉（1644-1694），日本江戶時代前期一位俳諧師的署名，本名為松尾藤七郎，以俳諧連歌著稱，被譽為日本「俳聖」。
32 譯按：武內義範（1913-2002），京都大學榮譽教授，西田幾多郎門生，著有《教行信證的哲學》（1931）。
33 譯按：出自王籍的《入若耶溪》：「艅艎何泛泛，空水共悠悠。陰霞生遠岫，陽景逐迴流。蟬噪林逾靜，鳥鳴山更幽。此地動歸念，長年悲倦遊。」
34 譯按：白隱慧鶴（1685-1768），日本臨濟宗中興之祖，現代臨濟宗之父，有《白隱禪師全集》傳世，所著之「坐禪和讚」亦為後世各禪院普遍誦習者。

的，「我們必須接受一個事實，那就是知性有時而窮，我們內心經驗到的事物或事實是它所不能及的。」（原注51）「參公案正是要打破理性加諸自我的桎梏，」森舸瀾（Edward Slingerland）[35]說：「那正是所謂的『心齋』。」（原注52）

這種洞見和知性的理解有個重要的差別，那就是它打破了**能知**和**所知**之間的樊籬。「要理解世界，你就必須用自己的手抓住它，或者說你就是它，」鈴木大拙說。（原注53）西田幾多郎對此的解釋是，「見性中的見，不是二元論的或二分法的，因為觀看的客體和主體之間再也沒有分別，因為見者即所見，所見即見者，兩者完全合而為一。」（原注54）西田幾多郎認為，泯除主客二元是日本哲學的特點。「日本人嚮往的，」卡特說：「是和所有事物以及事件合而為一，」（原注55）打破知與行之間的分別。西田幾多郎在晚期作品裡透過「行動的直觀」的概念探討這個想法，我們用以直指世界核心的感知，與其說是透過反省，不如說是行動。的確，完全的覺知不僅是知性的，它更是行動中的經驗。（原注56）

當代日本哲學家小林康夫[36]把這些經驗向度形容為日本思想的「美感」性格，而對比於中國對於義、禮和儀式等等倫理面向的重視。「日本哲學思想的迷人之處」在於，它所探討的是對於俯拾皆是的事物的感動。「最重要的東西不在彼處，而就在你眼前，」他對我說。「重要的是去感受它，而不是以概念去掌握它。概念總是指涉彼處的某物，那太抽象了。」

時間是很好的例子。「時間不會以概念的形式呈現在我們眼前，而只是感覺到櫻花謝了太匆匆之類的。我們在這個意義下發現了時間的真理。但是我們不能把這個美感予以概念化。」

獲致這種純粹的經驗，意味著接受了理性和語言的限制。京都學派的哲學家田邊元[37]以「懺悔道」（metanoetics）解釋它，也就是放棄以自力或理性去認識世界的可能性。[38]他形容自己當時如何領悟到它的重要性：「我以滿懷的羞慚失望，放下一切，謙卑地臣服於自身的無力。突然間，我得到了不同以往的證悟！我的懺悔不期然地把我拋回我的自心，而捨棄了外境。」（原注57）值得注意的是，他是以自傳的形式描述的。在一個強調第一人稱經驗的哲學文化裡，這種第一人稱的寫法是很自然的事，但是對於強調第三人稱的客觀性的西方傳統而言，或許會很陌生。

田邊元認為他的經驗很類似親鸞[39]的體悟，親鸞在十三世紀創立了淨土真宗（淨宗），是日本最盛行的佛教宗派。淨宗是淨土信仰的一個宗派，認為只要稱念佛號（南無阿彌陀佛）就可以見性成佛。在修行時，行者必須斷除以為可以自力證道的妄念；相反

35 譯按：森舸瀾（1968-），英屬哥倫比亞大學亞洲研究教授。

36 譯按：小林康夫（1950-），東京大學名譽教授，專研現代哲學。

37 譯按：田邊元（1885-1962），日本京都學派第一代哲學家，一九一八年受聘至京都大學，和西田幾多郎共同成立京都學派。

38 譯按：關於「懺悔道」的闡述，見：吳汝鈞《純粹力動現象學續篇》頁239-279，台灣商務，2008。

39 譯按：親鸞（1173-1263），日本淨土真宗開祖。京都人，俗姓藤原，敕諡「見真大師」。又師入於法然門下後，獲法然許可，而娶妻惠信尼，是為真宗帶妻制之起源。其子女善鸞（義絕）與覺信尼均著稱於世。所著除教行信證外，另有淨土文類聚鈔、愚禿鈔、入出二門偈頌、一念多念文意、唯信鈔文意及其他讚類。（佛光大辭典）

的，必須假借「他力」才能往生淨土。[40]（原注58）

日本哲學裡所呈現的洞見，其根基遍及整個亞洲，上溯自印度佛教的源頭。日本禪源自中國禪宗，屬於大乘佛教傳統。卡蘇里斯說，根據大乘佛教的觀點，「般若（prajña）（智慧）超越了分別（vikalpa）知見，而相較於依虛妄分別而生起的計執，親證諸法實相則重要得多。」（原注59）

西方人認為那些沒有哲學的傳統，大多強調洞見是知識的根源，這或許不只是個偶然。西方哲學的自我形象大抵上不會認為哲學家是什麼聖人或導師，如先知一般洞悉宇宙深邃的奧祕。這使得他們忽略了一個事實，那就是所有好的哲學家都必須有某種洞見。歷史上有無數聰明絕頂而博學深思的哲學家，他們比任何人都擅長破解對方的論證，那卻無助於建構他們自己的學說。他們欠缺的不是更有系統地分析的能力，而是看出問題的關鍵的能力。如果只有洞見而沒有分析和批判，就是類似信仰的直覺；但是如果只有分析而沒有洞見，就是空洞的智力遊戲。世界的哲學家不僅提出他們的洞見，更談到如何獲致洞見的種種觀念，如果我們能夠以同情但批判的角度去探討它們，應該會獲益良多。

40 譯按：日本淨土宗的開祖是源空法師（1133-1212），他偏取易行、淨土、他力念佛等三者，倡言專修念佛，主張往生淨土之安心（信心）、起行（以念佛為主之五正行）、作業（四修）等修行，並強調稱念佛號之重要，否定戒律與造寺之功德，但是仍重視持戒。該宗派之流傳受到朝野貴賤之支持而開枝散葉。（佛光大辭典）

第二章「彼也語言自之返。」

言語道斷[1]

在日本神戶市中心的生田神社，穿著入時的年輕人夾雜在訪客間，展演簡單的神道教儀式，自從神道教在西元三世紀創立以來，那一直是人們熟悉的場景。穿過象徵聖俗之間的界碑的鳥居之前，不是所有人都記得要彎腰鞠躬，但是每個人都會到手水舍前祓禊，那是一種潔淨身心的儀式。用右手舀一勺水，倒一點水在左手上，再換左手舀水倒在右手上。然後右手舀水到左掌上，用清水漱口，不可直接以勺子就口。潔淨完畢，他們就準備要參拜神舍裡供奉的稚日女尊。

神壇前，他們首先投擲香油錢，然後拉繩搖鈴參拜。他們會二拜二拍手，意味著有幸謁見女神以及對她的敬意。接著一拜之後禱告。再一次拍手後，雙手合十片刻，默念感謝之情，然後最後一拜結束。

我很納悶那些神情肅穆的信徒是否真的信仰這位女神。但是或許這個問題問錯了。我是在基督宗教文化裡長大的，對我而言，宗教信仰主要就是認同一大串教義。我小時候上過天主教教堂，在禮儀上要不斷唸誦尼西亞信經，開頭是：「我信獨一上帝，全能的父，創造天地和有形無形萬物的主……」結尾則是：「我望死人復活；並來世生命。阿們。」然而在神道教的神社裡，整個儀式是無言的，即使是默禱致謝，也只是一個感覺，而沒有什麼想法。由於神社的訪客不必信仰任何東西，問他們到底信仰什麼，或許是模糊了焦點。

教義的主張沒有那麼重要，這有助於說明日本宗教融合的性格，一般人都說日本人「生下來的時候是神道教信徒，接著依據儒家思想生活，命終時則是佛教徒」。例如說，有一次我去參觀京都清水寺，寺址內神道教的地主神社一點違和感都沒有，我過了半晌才搞清楚它們不屬於整個寺院結構。而日本的訪客也兩個地方都參拜。

不可說的真理

相較於基督宗教，日本的宗教沒有那麼強調教義的問題，部分是因為他們相信對於實在界的純粹知識是來自於直接經驗，因此大多數的基本真理是沒辦法以語言去掌握的。它們是言語道斷的，也就是不可說的。這是東亞的共同觀念，尤其是在中國的道家。道家在中國文化裡根深柢固，至少上溯到西元前四世紀，第一位偉大的道家導師老子據說留下了《道德經》五千言，成為道家的根本經典。對於道家而言，老子是否真有其人，既不知其詳亦無關緊要。道家的另一部重要作品《莊子》，則是以若干世紀後的一個哲學家為名。每個哲學派別都有它的**道**，道家和儒家兩者的**道**，最大的差別在於它強調自然和無為，而不是規範和禮法。

在中國，道家往往會指出語言無法把握**道**的真正意義，它是離言絕慮，玄之又玄的東西。「明道若昧，進道若退，」這是《道德經》典型的弔詭說法。（原注1）它說：「知，不

1 譯按：《大方廣華嚴經》卷五：「不以陰數為如來，遠離取相真實觀，得自在力決定見，言語道斷行處滅。等觀身心無異相，一切內外悉解脫，無量億劫不二念，善逝深遠無所著。」

知，上；不知，知，病。」（原注2）因為**道**是言語道斷的，所以最好是在實踐中理解它，而不是透過思考：

> 視之不足見，聽之不足聞，用之不足既。[2]（原注3）

西元前三世紀的《呂氏春秋》在提到**道**時說：「不可為名，彊為之謂之太一。」[3]（原注4）《道德經》也有類似的句子：「強為之名曰大。」（原注5）這兩段文字都說「勉強」使用語言，言下之意是最好完全不要用到語言文字。「知者不言，言者不知。」（原注6）

如果說道家有些弔詭的述句聽起來像是在開玩笑，那應該不是偶然的事。道家很喜歡**幽默**，也時常詼諧**逗趣**，卡佩曼說，那是其來有自的：「因為天下是非無定所，你不會有個究竟的真理，對於任何事物也不會有個究竟的『說法』，或是和世界的究竟和解；莊子的哲學似乎就是讓人有自嘲的能力。哲學並不是要讓人『各是其所是而非其所非』的。」（原注7）

《莊子》裡有一段妙不可言的話，以典型的揶揄語氣說明語言的侷限：

> 荃者所以在魚，得魚而忘荃；蹄者所以在兔，得兔而忘蹄；言者所以在意，得意而忘言。吾安得夫忘言之人而與之言哉！[4]（原注8）

道家既不信任語言，更懷疑前人的哲學經典，《莊子》裡說那是「糟魄」。[5]在一段文字裡，有個名叫輪扁的車匠，以他的技術為例，對齊桓公解釋這點。

> 臣也以臣之事觀之。斲輪，徐則甘而不固，疾則苦而不入，不徐不疾，得之於手而應於心，口不能言，有數存焉於其間。臣不能以喻臣之子，臣之子亦不能受之於臣，是以行年七十而老斲輪。古之人與其不可傳也死矣，然則君之所讀者，古人之糟魄已夫！（原注9）

輪扁沒辦法以語言或是表演把他的技術傳授給他人。下一代的人只能在悉心的教導下重新學習這個技術。同理，道家主張說，哲學的智慧也不能以文本傳遞。聖人一生開展的智慧只能跟著他進棺材。輪扁說：「古人和他不能傳授的東西都已經灰飛煙滅了，大王你現在讀的，只是古人留下的廚餘而已。」這個故事也暗喻著實踐比理論重要得多：輪扁以

---

2 譯按：作者可能誤植出處，應該是《道德經》第三十五章。

3 譯按：見《呂氏春秋．仲夏紀．大樂》：「道也者，至精也，不可為形，不可為名，彊為之謂之太一。故一也者制令，兩也者從聽。先聖擇兩法一，是以知萬物之情。」

4 譯按：見《莊子．外物》。成玄英疏：「筌，魚笱也，以竹為之，故字從竹，亦有從草者，蓀荃也，香草也，可以餌魚，置香於柴木蘆葦之中以取魚也。」荃或作筌。蹄是捕兔的工具，因為是用來繫絆其腳，故曰蹄。成玄英又說：「夫得魚兔本因筌蹄，而筌蹄實異魚兔，亦猶玄理假於言說，言說實非玄理。魚兔得而筌蹄忘，玄理明而名言絕。」

5 譯按：見《莊子．天道》。

他的技術依於道，遠勝過博覽群經的桓公。

相較於中國其他諸家學說，道家更強調言語道斷，雖然儒家也時常談到語言的侷限。孔子也說過：「天何言哉？四時行焉，百物生焉，天何言哉？」[6]（原注10）然而，儒家只是認為不必多談關於究竟實相的問題，不知生焉知死，我們不必為了幸福的生活而去煩惱那些問題。但是遇到重要的事，仍然要予以正名。在一個著名的段落裡，孔子說如果他要到衛國作官，他首先要做的事就是「正名」[7]，使它們回歸正確的意思和用法。國君要像個國君的樣子，人子要像人子的樣子。人民才知道他們該做什麼。雖然他只提過那麼一次，但是「正名」從此成為中國哲學裡的重要觀念。（原注11）

語言和理性是知見桎梏

日本原生宗教神道教之所以沒有開展出什麼系統哲學的傳統，部分的原因也和言語道斷有關。十八世紀的神道教詩人賀茂真淵[8]寫道：「根據原則明確界定事物，那是把它們當作死的東西。」（原注12）此即為什麼我們需要詩：讓我們試著了解沒辦法以語言準確把握的東西。於是，神道教學者富士谷御杖[9]寫道：「當我沒辦法以直接的語言或隱喻傾訴我的想法，卻又不吐不快，那麼我就有了寫詩的必要。」（原注13）

至於禪宗，則可以說把語言的侷限提唱得淋漓盡致。禪宗源自西元七世紀的中國，到了十二世紀，在日本成立本土的禪宗。關於禪宗成立的神話，要上溯到世尊拈花的故事。[10]（原注14）那是唯一不以任何言說開創的宗教或哲學傳統。佛教經典裡也多處可見要人們捨棄佛的教法，甚至說「逢佛殺佛」。[11]至道無難禪師（1603-1676）的說法就沒有那麼暴力：「世尊之教法大謬矣，況乎依於其教法。」教法的謬誤在於沒有任何文字可以把握真理，即使是佛陀所說的亦然。破除謬誤的最好方法就是不立文字。西元二至三世紀佛教哲學家龍樹（Nāgārjuna）說：「若我宗有者，我則是有過；我宗無物故，如是不得過。」（如果我有提出任何命題，那麼我就有邏輯錯誤；但是我並沒有提出任何命題，因此我並沒有什麼過失。）[12]（原注15）

文字猶如「以手指月」。「如人以手指月示人，彼人因指當應看月，若復觀指以為月體，此人豈唯亡失月輪，亦亡其指。何以故？以所標指為明月故。」[13]（原注16）文字最多只

6 譯按：見《論語．陽貨》。
7 譯按：見《論語．子路》。
8 譯按：賀茂真淵（1697-1769），日本詩人，江戶幕府中期「國學三大人」之一。
9 譯按：富士谷御杖（1768-1824），日本江戶幕府中後期國學家。
10 譯按：見《聯燈會要》卷一：「世尊在靈山會上，拈花示眾，眾皆默然，唯迦葉破顏微笑。世尊道：『吾有正法眼藏，涅槃妙心，實相無相，微妙法門，不立文字，教外別傳，付囑摩訶迦葉。』」世尊拈花的故事最早可以推到北宋年間的禪林。
11 譯按：語出《鎮州臨濟慧照禪師語錄》：「欲得如法見解，但莫受人惑。向里向外，逢著便殺：逢佛殺佛，逢祖殺祖，逢羅漢殺羅漢，逢父母殺父母，逢親眷殺親眷，始得解脫，不與物拘，透脫自在。」
12 譯按：見龍樹《迴諍論》。
13 譯按：見《大佛頂首楞嚴經》卷二。

是助我們超越文字，到那個在我們和世界之間再也沒有任何文字的地方，而我們只是如至道無礙禪師所說的「只管看，只管聽」。（原注17）

在禪裡頭，語言和理性都是知見桎梏。「語言是知見的產物，而知見是我們的知性對於世界加加減減的東西，」鈴木大拙說。（原注18）語言加諸世界上的，是它在世界外層添加了一層膜，而它使世界減損的，是模糊了它的豐富意義。「意義和判斷都是抽取自源初經驗裡的部分，相較於現實的經驗，它們在內容上貧乏許多，」西田幾多郎說。（原注19）弔詭的公案的目的之一，諸如「風作何色」[14]或「無一可做時可做什麼」之類的，都是要提醒我們文字的捉襟見肘，而看起來很優美的句子其實是無意義的。「覺得禪是很蠢的東西的人，仍然被困在語言巫術的魔咒裡，」鈴木大拙說。（原注20）

禪師雖然呵斥文字，卻也留下了許多文字。許多人認為這個弔詭是個有瑕疵的妥協。夢窗疎石[15]說：「若是沒有寫下隻字片語，指引眾人之路就會隱覆。於是禪宗勉強傳下古德文字，雖然非其所願。」（原注21）柏拉圖或許基於類似的理由，才會決定寫下蘇格拉底的對話錄，雖然蘇格拉底自己不願意留墨於羊皮紙上，因為他認為僵化的文字永遠無法取代哲學的實踐。[16]不過就算禪師真的著書立說，他們也會謹慎而儉省地選擇他們的文字。嘉指信雄[17]認為，這證明了他們對文字既尊敬又懷疑的態度。他告訴我一句源自中國的日文熟語：「以心傳心。」[18]像道元這麼偉大的禪師，他在落筆為文時，正是試圖以文字傳心。

你可以說因為日本人極為敬重文字，他們的詩人和思想家才會如此言簡意賅，不支不蔓。他們與其說是不信任語言，不如說是尊敬它。佛教真言宗一位年輕僧人前田直樹說：「雄辯是銀，沉默是金。」（原注22）但是該宗派既然名為「真言」，那麼真言宗裡的沉默就不應該有貶抑語言的意思。

日本對於語言的敬重，也反映在神道教的「言靈」信仰上面。[19]由這個信仰衍生出不吉祥的諧音語詞的迷信。例如說，因為四音似死，而被認為是不吉祥的數字。東亞各個地區都可以看到類似言靈的說法，認為語音有種力量，而若干諧音字也會被認為有吉凶的含意。在中國和韓國，四也音似死，而會盡量避免使用，韓國的旅館房間就沒有四的數字。在中國，數字三則是吉利的，因為它音似生。

---

14 譯按：東京法雲寺法秀圓通禪師語。見《五燈全書》卷八十七：「上堂：寒雨細，朔風高，吹沙走石，拔木鳴條，諸人盡知有。且道：風作何色。若識得去，許你具眼，若也不識，莫怪相瞞。」

15 譯按：夢窗疎石（1275-1351），日本鎌倉時代末期至室町時代初期臨濟宗禪僧，人稱夢窗國師，著有《夢中問答集》。

16 譯按：蘇格拉底對於書寫的態度，見《費德羅篇》278C-E：「如果他們的作品是依據真理的知識寫成的，在受到指責時能為自己辯護，能證明自己的文章無與倫比，那麼他們不應當使用現在那些來自他們文章類型的名稱，而應當使用一個能表明他們的高尚追求的名號……若我們稱他為『愛智者』或類似的名稱，倒和他們很相稱，而且也比較好聽。」中譯見《柏拉圖全集》第二卷，王曉朝譯，人民出版社，2003。另見孫有容《論美，論愛：柏拉圖費德羅篇譯註》，商周出版，2017。

17 譯按：京都大學哲學系教授。

18 譯按：出自《六祖壇經．行由品》：「昔達磨大師，初來此土，人未之信，故傳此衣，以為信體，代代相承。法則以心傳心，皆令自悟自解。」

19 譯按：相傳上溯自西元二世紀，《古事記》：「吾雖惡事一言，雖善事一言，皆以言斷之神。」日本言靈派學者高橋殘夢、中村孝道主張，人從口中發出聲音後，就會有靈的存在，透過文字跟聲音結合後產生力量。

想當然耳，佛教既源自印度，在佛教極力抨擊的婆羅門教傳統裡也可以看到言語道斷。在《奧義書》裡，梵是神妙莫測的：

「此」非所思得，是有「此」思人。
思「此」而有得，其人不知「此」。
識者不知「此」，不識乃識「此」。[20]（原注23）

究竟的真理（本體）不僅超越語言，更是理性認知所不能及的。「迦吉！毋過事窮詰矣！庶使汝頭不墮也！汝誠已過度問及天神，固所不當窮究者也。迦吉！毋過於窮詰也。」[21]《奧義書》訓誡說。（原注24）「超越的我」是「不可量……不可理推，不可思議。」[22]（原注25）

《奧義書》和《覺頭陀歌》（*Avadhuta Gīta*）都把梵形容為「非此非彼」（neti neti），或許最能清楚說明梵的言語道斷。《奧義書》另一個段落說，梵是「彼也語言自之返」。[23]（原注26）蘭普拉薩德（Chakravarthi Ram-Prasad）[24]說，不二論者尤其強調這點，他們「主張說，語言不能及於梵；它是言語道斷的。」（原注27）

西方哲學也可以很東方

對於語言的侷限的深刻領悟，以及提醒人們不要把世界實相和我們的概念範疇化混為一談，這是亞洲各地哲學的強項。在我的經驗裡，西方國家的人往往認為所有知識的界限都是個侮辱而必須跨越它。未知的領域正是挑戰人們「朝著沒有人到過的地方勇敢邁進」。但是在其他地方，人們不僅接受人類的種種限制，甚至歌頌它。在印度哲學會議裡，杜凡・錢德爾（Duvan Chandel）引用現代印度最偉大的詩人泰戈爾的詩說：「真理愛它的界限，因為它在那裡遇見了美。」（原注28）那是個在印度迴響了許多世紀的心聲。

言語道斷的態度會產生一個重要而難解的問題：如果說世界不同於我們對它的名言施設，那麼我們是否可以如實見到它？許多東方傳統認為我們可以。我一直無法相信這點。即使我們可以知覺到沒有概念框架的實在界，它還是會被我們的知覺和認知器官框架住。你可以摘掉語言的鏡片，但是我們仍然必須透過人性的濾鏡獲得關於世界的經驗。主張說

20 譯按：中譯見《五十奧義書》〈由誰奧義書〉頁233。
21 譯按：中譯見《五十奧義書》〈大林間奧義書〉第三分第六婆羅門書，頁543。（作者所引出處有誤。）
22 譯按：中譯見《五十奧義書》〈彌勒奧義書〉頁427。
23 譯按：中譯見《五十奧義書》〈泰迪黎耶奧義書〉頁427：「彼也語言自之返，用此心思亦不至。人知大梵阿難陀，更無何者為可畏。」
24 譯按：蘭卡斯特大學（Lancaster University）比較宗教及哲學教授，著有 *Divine Self, Human Self: The Philosophy of Being in Two Gita Commentaries* (2013)。

我們可以完全捨棄人類特有的經驗方式而看見實在界或是和它合而為一，那是前後矛盾的。不會有任何一個看法是不從任何一個地方或是從每個地方觀看的：每個看法都必須有個觀察點。完全捨棄人的知覺，世界就不再是人的世界，也就不再是我們所認識或能認識的世界了。

我對於言語道斷的看法是沿襲自十八世紀普魯士哲學家康德。正如許多東方思想家，康德也認為世界自身（本體界）和我們知覺到的世界（現象界）之間是有分別的。他讀了當時英國經驗論者如休姆（David Hume）之流者的作品，擔心一旦我們真的以為我們關於世界的所有知識都是經由感官獲得的，那麼我們就會被困在現象界裡，而對於本體界一無所知。但是康德並沒有試著逃離這個陷阱，而是接受了它。

康德的起點是，我們總是認為我們的想法和概念必須符合獨立於我們的對象，而我們也註定要失敗。不管我們如何費力檢視自然**自身**，卻只能觀察到自然**對我們呈現的表象**。即使我們自以為接近自然本身，好比說探究宇宙的次原子結構，那也只是更加仔細地觀察世界的表象而已，而不是它自身。這個樊籠是出不去的：我們只能透過人的眼睛、心智、觀念、模型和構想去經驗這個世界。

康德的解決之道是質疑關於知識的基本假設：也就是我們的知識必須符合對象。然而為什麼不是對象必須符合我們呢？世界之所以如其所是，那只是因為我們的心智以某個方式框架了它。那只是因為我們在三度空間以及三個時態（過去、現在、未來）的時間裡去經驗世界，也就是說有一個在時空裡的世界。換言之，那只是以我們認定的世界的存在方式去認知世界。康德不是要思考者迎向世界，而是要世界迎向思考者。

這或許只是個逃避手段：關於我們是否認識世界自身的問題，康德的解答只是說，僅僅認識世界的表象沒什麼不好的。但是他的論證要細膩得多。他說，我們無法及於本體界，那並不是什麼人類悲劇，而是任何有意識的生物的普遍必然性。如果要經驗到任何東西，就必須有個知覺和認知的框架。而這些框架可能天差地遠。蝙蝠以回聲定位來辨別它們在空間裡的位置；蒼蠅的時間流逝比人類的時間慢了四倍。（原注29）我們不知道外星生物形式如何知覺宇宙，但是我們知道如果它們有任何意識，它們必定**以某種方式**觀看它，而那意味著它們也會被困在自己的現象宇宙裡，而對於本體界一樣很陌生。換句話說，如果對於任何有意識的生命而言，真的有個實在的世界存在，那麼它一定是個現象世界。這樣的世界是實在的，因為對於任何想像可及的生物而言，不會有更真實的存在方式了。

康德並不否認有個獨立於人類經驗之外的世界，也就是物自身的本體界。但是對他而言，相信說我們有辦法認識它，那只是無稽之談。就此而言，他反倒比較接近孔子和佛陀，兩者都主張對於形上學的究竟問題保持沉默。從康德的觀點來看，其他亞洲哲學宣稱可以摒棄概念而言語道斷地經驗到世界的本來面目，那無異於以為可以捨棄我們人類的認知器官，而只是癡人說夢。你可以褪去語言，但是你不能剝掉人類心智。

我認為康德的基本洞見很有說服力。它說明了為什麼密契或默觀的經驗沒辦法被視為關於世界本身的可靠知識來源。許多人以為，既然他們體驗到梵我一如，或是空性無我，或者是過去、現在和未來的消融，那就證明了此即事物的本來面目。康德的回答會是：所有這些經驗到頭來仍然是經驗。它們告訴你事物在你眼前的表象，但是它們不能告訴你事物之本然。感覺到梵我一如，並不意味著你真的和梵合而為一；感覺到你擺脫了時間之流，並不能使你真的擺脫時間之流。尤有甚者，即使這些經驗比現實經驗感覺更加真實，並不意味著它們因此就更加真實。玄之又玄的狀態或許比一般的狀態更加生動鮮明，但是那並不能證明它開顯的真理更加真實。「飛昇」的經驗可能只是說我們的雙腳離開了地面，而不是更加接近天界。諷刺的是，試圖超越一切以經驗諸法實相，其實是取決於個人經驗的種種特質，而不是現實世界的一般知識，而後者至少可以由客觀的第三人的觀察加以證實。

我甚至認為，概念和語言有助於我們更加接近實相，而不是正見的障礙。若要探究為什麼，我們就必須更謹慎地思考所謂的客觀性是什麼意思。人們會不假思索地以為客觀知識超越了所有的觀點、概念和語言；他們相信客觀知識是個沒有觀察點的看法，而不是從某個地方的觀察。這種對於世界的客觀解釋，一直是大多數西方哲學家若隱若現的目標。十八世紀法國啟蒙運動時期的哲學家達朗貝（D'Alembert）[25]在《百科全書》的序論裡，把這個信念闡述得淋漓盡致。他預期會有個統一的科學，在其中，「對於任何知道如何從某一個觀點去認知宇宙的人而言，整個宇宙只會是一個事實，一個巨大的真理。」（原注30）

但是誠如康德所說的，一個沒有觀察點的看法根本不是什麼看法。湯瑪斯．內格爾（Thomas Nagel）[26]的當代經典《沒有觀點的看法》（*The View from Nowhere*）正是沿襲了這個看法，以批評關於客觀性的這個觀念。但是內格爾之所以批評客觀性是為了拯救它，而不是要埋葬它。他說，我們不要把客觀性視為遙不可及的絕對者，而是心嚮往之的地方。

我們都是以主觀經驗為起點。在襁褓裡的我們是宇宙的中心，根本不知道別人有不同的視角。當我們領悟到事物離開了我們的視線之後其實仍然存在著，我們就朝著更加客觀的理解踏出第一步。我們開始明白事物的存在並不完全取決於我們如何知覺它。我們漸漸認識到，有些人是色盲，我們看到的綠色，對他們而言根本不是綠的，或者說一根木棒放在水裡看起來是彎折的，雖然它摸起來是直的。這說明了對於內格爾而言，客觀性是程度的問題。我們的認知對於自身之個殊觀點、感官或知性圖式的習氣的依賴程度越低，它就越客觀。內格爾以同心圓說明這點，中間最小的圓是最主觀的，外圍最大的圓則是最客觀的。擁有相同觀點的人們越多，圓就越大。

25 譯按：達朗貝（1717-1783），法國哲學家、物理學家、數學家和天文學家。他認為所有真理都衍生自一個單一的數學原理，數學是理想的知識形式，物理定律是世界的根本原理。著有 *Traié de dynamique* (1743), *Essai sur les éléments de philosophie* (1759), *Opuscules mathématiques* (1761-1780), *Encyclopédie ou dictionnaire raisonné des sciences, des arts et des métiers* (1751-1772)。

26 譯按：湯瑪斯．內格爾（1937-），美國哲學家，紐約大學名譽教授，研究領域為知識論、心靈哲學、政治哲學。《沒有觀點的看法》簡體中文譯本書名譯為《本然的觀點》，曲解了作者原意。

數學和科學是客觀知識的巔峰，它們理解世界的方式並不依賴於你用什麼語言、住在哪裡、甚或你的感官功能是否完整無缺。然而即使是這種知識，也不是完全客觀的。我們不知道外星人是否搞得懂我們的科學，或者反之亦然。我們也不知道人類認知是否有什麼根本的侷限，使得我們沒辦法獲致更客觀的理解。不過，在科學和數學裡，我們的確看到程度相當高的客觀性，以及超越個殊觀點的理解方式。然而這種客觀知識需要概念和語言。它們不是客觀真理的障礙，而是它的推動者。

若干傳統試圖超越語言符號，以直接經驗去接觸世界，而捨棄概念範疇，這個做法還是有其價值。至少，我們可以明白我們目前用以經驗世界的方式並不是唯一的。還有許多認知方式是沒辦法以語言命題去表達的。英美哲學習慣區分實用知識和事實知識，但是這似乎是個武斷的規定。因為車匠輪扁沒辦法把他的技術寫下來，就認為他沒有知識，看起來就像是為了某個哲學結論而更改知識論的規則。

耐人尋味的是，二十世紀初期的分析哲學巨匠羅素（Bertrand Russell），他對於言語道斷這種事應該是興趣缺缺，卻區分了「親知的知識」（knowledge by acquaintance）和「描述的知識」（knowledge by description）。[27]對於我居住的城市布里斯托（Bristol），我是以親身經歷認識它的；但是關於的港（Trieste），我只是透過我讀過的敘述認識它。羅素也主張說，所有描述的知識都是以親知的知識為根基，對於世界的經驗才是源初的。在書裡描述的港的那個人，（最好是）真的親身遊歷過那個城市。然而，只有命題才有**真偽**

可言，所以說，儘管關於的港的**敘述**可能或真或偽，我們卻不能說對於的港的**經驗**是真或偽。但是如果說經驗沒辦法確切地轉換成語言，那該怎麼辨？那麼我們就只會有親知的知識，而不會有伴隨而來的描述的知識。我們不能把這種知識叫做言語道斷嗎？羅素不認為可以，但是我覺得只要略微轉個彎，西方哲學就突然看起來很東方了。只要我們親身體會其他傳統，就有可能以種種成果豐碩而動人的方式，重新描述我們自己的傳統了。

27 譯按：見Bertrand Russell, *The Problems of Philosophy*, 1912；中譯見《哲學問題》，黃凌霜譯，水牛出版社，1983。（該譯本譯為「親知」和「述知」。）墨子也提出三種知識的來源，親知、聞知和說知：「知：聞、說、親。」（《墨子．經上》）

第三章 神學或哲學

「植基於天啟的前提。」

在一場中世紀伊斯蘭哲學的研討會裡，一個該領域的學術領袖於同富盛名的同僚演講之後，在衣帽間裡大肆抨擊。他之所以怫恚不已，是因為對方基本上把阿維森納（即伊本・西那〔Ibn Sīnā, 980-1037〕）以降的大部分伊斯蘭思想傳統作品都貶抑為神學，而不承認那是哲學。正當他大發雷霆之際，那位同僚從他背後走進來領取大衣，似乎聽到他咒罵了什麼。而這位學者一點也不覺得尷尬，反而把怒氣直接朝著對方發作。

他的同僚自我辯護說，他只是質疑大多數的思想家是在「做哲學思考，或者僅僅是反覆演繹若干優美的論證，去證明某個神話故事」。

「你提到的那些書，你自己甚至都沒讀過，」學者指控說。他又說，根據對方這樣的判準，西方哲學史上最偉大的思想家之一的聖多瑪斯「也不是哲學家」。

「他當然不是哲學家！」對方咬牙切齒地說。

一群人圍觀這場學術決鬥，裡頭有個人充當和事佬，要他們各退一步。「你可以說那是很有哲學意味的神學。他很有哲學氣質，但他不是個哲學家。」

那位學術領袖卻不這麼想，指責對方說他把「真正的」哲學限定在啟蒙運動以後的歐洲哲學。

「天啊，回到希臘人那裡吧！」他的同僚回答說。「那是我們對於哲學的認知。」

「他們難道沒有神話要解釋嗎？」學者反脣相譏說：「你基本上是說，如果他們只是為了宗教的動機才使用哲學，那麼他們就不是哲學家。如此一來，整個啟蒙運動以前的哲學傳統都要被排除在外了。」

他們原本要鏖戰下去，但是衣帽間擠滿了混亂的人群，我們只好撤退到大樓外面。餐宴在向我們招手了。一場顯然艱苦的持久戰，雙方默默同意暫時掛上免戰牌。

我很開心見證到這次的短兵相接。它證實了關於伊斯蘭哲學史的主要爭論在於它究竟是神學或哲學。只要有哲學的地方，你幾乎都可以看到這個論辯。想當然耳，在古代伊斯蘭傳統裡，降示和宗教也總是和哲學思想糾纏不清。東亞也有這個問題，儒家和道家有時候被視為宗教，而佛教則反過來對許多哲學傳統影響甚巨。許多人不認為古代的口傳傳統是什麼哲學體系，其中的一個理由在於它們本質上都呈現了宗教的性格。

正如我們在研討會衣帽間裡的插曲所看到的，在伊斯蘭哲學裡尤其難以區分哲學和神學。就連稱呼該傳統的方式也充滿爭議。稱之為「伊斯蘭哲學」（Islamic philosophy），那意味著它的整個哲學都有個宗教性格，於是有人偏好「伊斯蘭世界的哲學」。好比說，我們不會把笛卡兒或洛克（John Locke）叫作「基督教哲學家」，儘管他們的確既是哲學家也是基督徒，在十七世紀，這兩種身分並沒有那麼涇渭分明。例如說，洛克讚美說寬容「是純正的教會基本特徵的標誌」，卻又堅持說「那些否認上帝存在的人，是根本談不上被寬容的」，因為「諾言、契約和誓言這些人類社會的約制，對無神論者是不可能具有約束力的」。[1]（原注1）然而基於簡潔起見，我仍舊稱之為「伊斯蘭哲學」，但是並不預設它

---

1 譯按：中譯見《論宗教寬容》，吳云貴譯，北京：商務，1982。

和神學的牽扯有深。

哲學與宗教的起落與交融

關於伊斯蘭哲學的宗教本質的論辯，一般都會限定在中世紀**哲學**（falsafa）和**神學**（kalām）之間的至高權（supremacy）論戰。falsafa一般譯為philosophy，而kalām的全稱為ilm al-kalām（字面意思是關於話語或教義的學問）[2]，可以想見伊斯蘭特有的神學哲學觀念在翻譯上更加困難。挑起這個歷史論爭的雙方陣營，一方是支持哲學的阿維森納和亞味羅；另一方則是安薩里，他的《哲學家的矛盾》抨擊不假借降示的理性思考。這段歷史一言以蔽之，就是安薩里占了上風，而哲學的沒落也導致整個伊斯蘭俗世哲學元氣大傷，直到今天都無法翻轉。「在阿拉伯世界裡，falsafa是下流字眼，」歐瑪・薩伊夫・戈巴許（Omar Saif Ghobash）[3]最近寫道：「它被視為輕忽信仰純潔無玷的重要性，而馳騖於那些只會離間分化穆斯林的問題。」（原注2）宗教優先於理性，這意味著難以由當代科學的角度重新詮釋伊斯蘭，促使其教義和俗世知識和解。

儘管現在態度比較慎重的學者不會贊同「有神學就沒有哲學」這種過度簡化的說法，但是它大抵上代表著一個至今仍然爭執不下的古訓。國際知名學者狄米崔・古塔斯（Dimitri Guttas）便支持這個默認的說法。他認為阿維森納是伊斯蘭哲學的集大成者。阿維森納生於波斯薩曼王朝（Samanid dynasty, 819-999）時代，當時的科學和哲學方興未艾。「薩曼王朝的統治者對於強硬派不感興趣，執著於《古蘭經》裡的伊斯蘭故事的字義解釋，」古塔斯告訴我說：「哲學家和科學家以隱喻的方式詮釋它，在宗教沒有被政治人物當作政治工具的社會裡，大多數人也會這麼做。」初期伊斯蘭世界的開放性和後期古代基督教的封閉心態形成強烈的對比，「由於正統基督教堅持遵守字義解釋，古希臘人對於生命的科學觀點從此戛然而止。」

在這個時期裡，古代希臘哲學，尤其是亞里斯多德哲學，大量被譯為阿拉伯文，對於伊斯蘭世界的思考影響極為深遠。古塔斯認為，阿維森納基本上是個科學家，而所謂的科學則是指「以開放的態度探究實在界的本質」，這也是他所謂的古希臘哲學的特徵：「我們在阿維森納身上看到這個科學發展的極致，因為他把當時所有的科學成就熔於一爐，創造了一個既科學又全面的完整體系。」

阿維森納的成就非凡，他的體系本身「成了一種教條式的見解。由於他把科學的世界觀整理得井然有序，其後的哲學便不再是從事更多的科學研究和發現，而只是試圖批判和定義科學。阿維森納的科學體系僵化成**唯一的**科學見解，其他人則是想辦法要拆除它」。

古斯塔認為，在阿維森納之後，神學開始凌駕在哲學之上，「神學動機因而成為至高

2 譯按：中譯為教義學、辯證學，或音譯為凱拉姆學，在比較哲學的背景下，此處選擇譯為「神學」。
3 譯按：阿聯駐俄羅斯大使，著有 *Letters to a Young Muslim* (2017)。

無上的。」但是我們在這裡必須有所保留，因為falsafa並不是指近代一般所謂的哲學。falsafa是譯自希臘文的*philosophia*，「當時的人原本認為那是指亞里斯多德和其他數學家以及天文學家的作品，也就是古希臘的科學文獻。」換句話說，falsafa是指沿襲自古希臘的一般科學研究，而不只是我們現在所謂的哲學。

古塔斯說，相對的，kalām就是「我們現在所說的神學，也就是試圖以理性的方式去理解宗教」。「它有兩種功能，其一是以更加有條不紊的、系統的方式去呈現宗教，其二則是和『有經人』（基督徒和猶太人）辯論。」

起初，神學和哲學各行其是並不衝突。但是基於政治的以及哲學的理由，其後的情況便有所不同，古塔斯說。統治者漸漸發現，「贊助會打宗教牌的學者和思想家以為己用」，可以得到人民的愛戴。到頭來，神學不是摧毀哲學，而是敗壞它、收編它。我們在中世紀基督教世界的經院哲學（士林哲學）裡也看到相同的模式。經院哲學家「開始使用哲學家的任何語言、方法和論證，剔除他們不喜歡的學說，而摻入他們自己的教義，使它看起來像是哲學，但其實不然。論證和學說的架構看起來是哲學的，但是內容卻是基督教的」。伊斯蘭世界亦復如是。「論證本身似乎是哲學的，內容卻是伊斯蘭教的。」其中的差別在於，大約在十七世紀的基督教世界裡，經院哲學開始沒落，更俗世的哲學形式甚囂塵上，而在伊斯蘭世界，神學仍舊大權在握。

在其他學者眼裡，這個說法有不少可議之處。誠如理查·泰勒（Richard Taylor）[4]所說的，哲學的巔峰之所以過去，只是因為「阿維森納太不可思議了。哲學在阿維森納之後難免要沒落」。但是泰勒不接受那種帝國主義的標準答案，也就是認為那代表著伊斯蘭的衰頹以及西方世界的興起，而把這個沒落視為一種退步或墮落的形式。「關於沒落的論述，其實是源自歐洲人對於伊斯蘭世界的認知，而這種認知則是啟蒙運動的觀念以及殖民主義背景造成的，」法蘭克．格里弗（Frank Griffel）[5]對我說。「如果你要尋探沒落的證據，可以在戰場上找到。自一七九八年以降，伊斯蘭軍隊屢戰屢敗，使得歐洲感覺它是個沒落中的文明。」而就某個住在開羅的人看來，那與其說是在誇耀西方文明的優越性，不如說是反映了「歐洲是個侵略性的文化，只知道到處征服其他文化」。

例如說，在印度和中東，一般都有很完整的教育體制，也很重視學習。格里弗說：「人們會認為，如果你在蒙兀兒帝國裡當官，那麼你就必須認識你的阿維森納。他們視之為思想的訓練，而不是什麼要擁護的東西。」而一再地摧毀這個體制的，正是西方國家。例如說，在一八五七至五八年的印度民族起義之後，「英國人完全撤銷對於這些教育機構的資助，三年後它們都倒閉了。唯一能夠接受的真正教育，就只剩下英國殖民地公務員的訓練學校。」

4 譯按：理查．泰勒（1919-2006），美國哲學家，著有 *Metaphysics* (1963), *Action and Purpose* (1966), *Good and Evil* (1970), *Virtue Ethics* (1991)。

5 譯按：耶魯大學宗教研究教授，主要研究領域為伊斯蘭教。

另一個對於沒落的認知來源，則是啟蒙運動使人深信哲學「必須是個俗世的學問」，而神學的前提則是「植基於天啟。在啟蒙運動的論述裡，哲學更加強勢。在法國也有個*philosophes*（哲人）的概念，例如伏爾泰（Voltaire），這些哲人都是無神論者。它形塑了對於哲學是什麼的期待，於是，當十九世紀的歐洲觀察者審視伊斯蘭世界時，他們既找不到伏爾泰，也找不到任何哲人」。但是他們也的確看到，在古代傳統裡，仍然有諸如阿維森納和法拉比（al-Farabi）[6]之類的思想家，他們鮮少公開談論宗教。「他們自稱為哲學家（falāsifa），」[7]格里弗說：「所以他們更加有話要說了。」一切都若合符節。我們看到這些社會在沒落中，他們比我們貧窮，他們比我們軟弱。你把它們都拼在一起，就湊出一個說法：伊斯蘭世界的文化曾經盛極一時，而他們理所當然地沒落了，因為他們放棄了哲學（falsafa）。」

格里弗表示他沒辦法接受這種說法，雖然伊斯蘭文明在十八、九世紀看起來是有沒落的跡象，因為伊斯蘭社會不像西方社會那麼多產而創新，「進步、創新、物質上的富庶、物質財富的生產、對海外的武力侵略——這一切都是我們所謂成功的社會的特色。」然而這就是成功和沒落真正的衡量標準嗎？「沒落？」格里弗質疑說：「那要取決於你怎麼看它。如果你認為成功的社會是攻城掠地以成就其帝國，那麼它的確是沒落了。」

其他人則更加直言不諱。葉海亞・米修（Yahya Michot）[8]說，如果我們要評斷西方世界和伊斯蘭世界近幾個世紀以來的盛衰，「那太容易比較了。你會死，我也會死。五十年內，在氣候變遷擊垮地球上的每個文明之後，我們都會死。到那個時候，人們就可以好整以暇地看看哪一種文明對人類比較有用，是所謂的西方現代世界，或者是那些不被認為是氣候變遷的始作俑者或幫凶的傳統文明。」

他認為伊斯蘭世界的困境主要是外部問題，而不是禍起蕭牆。「我不認為那是沒落，而會說是一種了不起的求生能力。十三世紀蒙古人入侵的幾個世紀之內，羅馬帝國難逃滅亡的命運，而穆斯林世界卻撐了過來。」到了近代，西方世界比較有活力了，但那並不一定是好事一樁。「如果你的身體組織裡到處都是惡性腫瘤，你當然可以說癌細胞有多麼活躍。但是結果如何，我們大家都知道。而你也可以說，相較於癌細胞，無力抵抗的健康細胞正在衰竭或沒落之類的。」

聽到這些學術領袖在研討會裡和我辯論這些議題，或者是他們自己就捉對抬槓起來，我覺得他們的歧見並沒有乍看下那麼兩極化。他們的爭點似乎在於伊斯蘭思想究竟是真正的哲學或者是某種神學。而他們也往往視之為隱含著價值判斷的歧見：伊斯蘭思想是「名副其實」的哲學（好的）或「只不過是」一種神學（不好的）。但是認為真正的哲學必須

6 譯按：法拉比（870-950），出生於土耳其斯坦河外地法拉伯地區（Farab）的哲學家、心理學家、醫學家和音樂學家，著作等身，人稱伊斯蘭哲學的「第二導師」。關於法拉比的生平和思想，見第．博雅《回教哲學史》頁132-150，台灣商務，1971。

7 譯按：falāsifa 譯自希臘文 *philosophos*，原本是專指古希臘的思想家。

8 譯按：比利時神學院伊斯蘭研究退休教授，以研究阿維森納和神學家伊本．泰米葉（Taqī ad-Dīn Aḥmad ibn Taymiyah, 1263-1328）著稱。

滌除一切神學的汙點，這個信念本身就不是每個人都會同意的一種價值判斷。換句話說，我們也可以說，伊斯蘭思想不像西方哲學那樣俗世化，而這對它來說，或許是失之東隅，收之桑榆。

「誰說哲學家不能從教會和上帝那裡得到激勵？」格里弗問。「你們英國傳統裡有幾個我們所謂的大哲學家，他們都是虔誠的教徒，卻絕口不提他們的信仰，但是他們對於世界的理解和解釋，其動機仍然是神學的。阿拉伯人在這個方面就開放得多。」法赫雅德（Louis Xavier Lopez-Farjeat）[9]也說，如果你堅持說哲學必須順從啟蒙運動那極為俗世的界限，「那麼你對哲學的觀念就太褊狹了」。

兩條思想軌跡的平衡

所有專家都同意，在伊斯蘭思想甚或歷史上其他思想傳統裡，哲學和宗教之間並沒有那麼明確的楚河漢界。以當時人文薈萃的開羅為例，格里弗表示：「在一七九八年，這裡的人們不會知道神學和哲學有什麼差別。」

理查．泰勒也同意他的說法，在伊斯蘭世界裡，神學和俗世哲學之間有「相互同化的現象」，「兩條平行的思想軌跡經常會交會接著又分開，彼此遙遙相望」。安薩里即為一例，他抨擊阿維森納與哲學而被指責是在摧毀哲學。但是泰勒認為，如果人們明白他對於阿維森納的研究其實是「把哲學吸收到神學裡」，這樣的理解方式會好得多。

彼得・亞當森（Peter Adamson）[10]也認為，把哲學和神學的分別視為信仰和理性之爭，其實無濟於事。「相較於以理性主義的角度去理解穆罕默德宣告的降示，神學自身的內部衝突要激烈得多。」（原注3）兩者的分別不完全是兩種不同的思考方式的問題。相反的，它是整個伊斯蘭哲學和神學思想內部的劃分。安薩里是神學的典型支持者，但是他的論證不僅是哲學的，更採用了柏拉圖和加倫（Galen）[11]的論證，主張說哲學家們都誤解了他們。（原注4）同樣的，鏗迭（al-Kindī）[12]在他的一篇哲學論述裡一開頭就說：「啊，高貴的國王和忠實的領袖的兒子，願真主賜你長壽，有最幸福的人生和最純潔的聖行。信仰的燈塔，珍貴的寶石，兩個世界裡的佼佼者。」（原注5）即使他以柏拉圖主義的推論演繹出他的主張，卻仍然以宗教的說法陳述它：「所以說，萬物非主，只有獨一的真主存在而超絕萬物。（真主至大，遠非異端所能形容！）」（原注6）

亞味羅（伊本・魯世德）也熱中於以神學去認可哲學，主張說那是天經的命令。他引

9 譯按：巴拿馬大學（Universidad Panamericana）哲學系教授，專攻伊斯蘭哲學、古代哲學、中世紀哲學、德國觀念論。

10 譯按：慕尼黑大學哲學系教授，專攻古代阿拉伯哲學。

11 譯按：加倫（129 AD-200/216），羅馬帝國時期的希臘哲學家、醫學家。

12 譯按：鏗迭（796-873），中世紀阿拉伯的著名哲學家、自然科學家，亞里士多德學派的主要代表人物，人稱第一位伊斯蘭哲學家，率先將柏拉圖哲學和伊斯蘭思想結合在一起。關於鏗迭的生平和思想，見《回教哲學史》頁119-126。

用諸如「有眼光的人們啊！你們警惕吧」（原注7）之類的經文，以證明根據《古蘭經》的權威，他有義務使用哲學方法。（原注8）他也很清楚，如果沒有信仰的話，哲學是不能成立的，而哲學的終極目標也是信仰：

由此可知，研讀古代典籍是教法的規定，因為他們的著作裡的旨趣正是教法訓諭我們要去做的事，而禁止任何有能力研究它們的人，也就是具備「自然理性」、「敬虔和德行」這兩個條件的人，那就是擋住了教法要他們認識真主的大門，那通往真正認識真主的理論研究的大門。（原注9）

阿維森納也在他的論證裡引用天經，反駁那些相信在真主創造現在的存有者和時間之前沒有任何存有者或時間的人，他說：「這些關於世界的意見並不符合天經的明顯（明證的）意義。」「天經裡並沒有說真主絕對獨一存在：你在裡頭找不到這樣的經文。」（原注10）他也主張，「天經的目的只是要訓諭真正的科學和正確的行為。」（原注11）

伊斯蘭世界直到現在都難以在降示和理性之間找到真正的平衡。在若干時代和地區裡，神學對論理的限制並沒有那麼多，俗世的觀念也不斷地進展。例如說，貝萊格（Christopher de Bellaigue）[13]為他所謂的十九世紀「伊斯蘭啟蒙運動」編寫大事紀，穆斯林的創新思維在開羅、伊斯坦堡和德黑蘭風起雲湧。然而即使貝萊格不認為伊斯蘭教和胸襟開闊的哲學扞格不入，卻也承認在若干世紀以前，自由的探究幾乎是不可能的，而過去幾十年來遊歷的方向也大抵相同。

「如果伊斯蘭一直到第一次世界大戰之前都和現代世界相處融洽，」他問說：「那麼為什麼後來反動的奮興運動會襲捲穆斯林世界的每個角落？」（原注12）世界其他國家都沒有耐心冷靜地回答這個問題，只是要求伊斯蘭啟蒙運動要效法歐洲的啟蒙運動（而忽略了啟蒙運動花了多少時間才促成婦女解放、種族平等以及同志平權）。然而現在我們應該都知道，催促伊斯蘭世界走西方國家的路，他們不但興趣缺缺，甚或會引起反彈。在西方國家裡，俗世知識一直在和宗教權威較勁，處於一種零和狀態。誠如貝萊格提醒的，我們不要落入謬誤的陷阱，不管是「進步」或「反動」之類的，以為「現代世界的價值是一成不變的，而只有兩種回應方式：接受或反對現狀」。（原注13）伊斯蘭哲學史告訴我們，穆斯林世界和俗世知識之間的調停是自成一格的。我們很難想像他們會放棄《古蘭經》的絕對真理，或是接受一個排除宗教考量的哲學。然而我們卻可以預見一個自出機杼的伊斯蘭哲學，開放、寬容，而且使俗世知識和神學並行不悖。至於主張說我們的文明終究要走向正面衝突的，歷史並不會站在他們那一邊。

不管我們如何解答伊斯蘭哲學裡的論辯，現代西方世界的神學和哲學的各行其是，對全世界而言，只能說是個例外而不是通則。如前所述，在伊斯蘭哲學裡，信仰和理性是相

13譯按：美國駐中東和南亞記者。

互融合的，而呼應了中世紀歐洲的自然神學。但是我們也要記得，這種思考方式至今仍然是基督教的主流。在印度哲學會議裡，一位印度天主教神父荷西．難地迦羅（Jose Nandhikkara）[14]提醒了我這些相似之處：「教宗若望保祿二世說，信仰與理性像兩支翅膀，使人精神飛揚，瞻仰真理。[15]你越是看到兩者的互補，就不會只憑著信仰或理性去思考。所有知識的分支都很重要，因為它們有助於生命的和諧。」

在東亞的情況比較複雜，因為他們的傳統語言不像歐洲語言那樣區分宗教的概念和哲學的概念。例如說，一直到十九世紀末期，日語裡還沒有一個詞可以區分宗教和迷信。日本哲學的學者們時常會提到卡特所謂的「哲學和宗教缺少明確的分野」。（原注14）田邊元寫道：「宗教和哲學既互異又互涉。」（原注15）武內義範說：

> 在佛教裡，宗教和哲學宛如從根部分叉的一棵樹。兩根枝幹源自相同的樹根，吸取相同的樹液……在悠久的佛教歷史裡，有時候會修剪哲學的枝椏，而有助於主幹的生長，有時候哲學的條蔓蜿蜒，使得主幹被掏空了。（原注16）

日本的宗教性格和西方世界大異其趣。「一般說來，宗教在日本和信仰無關，」卡特說。「相反的，宗教在日本是意識轉化的問題。」（原注17）它是要讓人以不同的方式去體驗世界，而不是要改變他們對世界的信念。信仰和意識轉化之間的差別，也可見於比較廣義的佛教裡。「佛陀自己時常告誡弟子不要把『聖求』和哲學或形上學問題混為一談，」武內義範說。[16]（原注18）所以說，哲學和宗教多少有個弔詭的關係，「若即若離，既互補又對立，或者用西田幾多郎的話說，既自我矛盾卻又同一。」（原注19）

西方哲學家或許難以處理其他傳統裡廣義的神學部分。在我看來，他們似乎不知道該對於陌生的思想懷抱著世界主義的狂熱，或者是褊狹地鄙視以信仰魚目混珠的純粹哲學。到頭來，他們經常會極力淡化甚或拒斥他們所探究的觀念裡的宗教性質。莉亞・凱曼森（Leah Kalmanson）[17]也看到這個問題。「有些哲學家往往會對於文本裡的超自然成分特別敏感，」她說。如前所述，我在印度哲學會議裡也看到這個傾向。有些人覺得如果要為印度哲學辯護，就必須主張說它有別於宗教，即使其他人對於他們把哲學和宗教熔於一爐引以為傲。

對於接受俗世哲學訓練的人而言，當他們在回應其他傳統時，既要承認它們的哲學價值，又要接受它們的宗教或靈性向度，那會是一個挑戰。然而如果我們要有個心胸開放的跨傳統對話，那就終究要想辦法解決這個問題。我們必須承認，哲學的絕對俗世化本身就

14 譯按：印度邦加羅爾基督大學哲學教授，加爾默羅會士。

15 譯按：見教宗若望保祿二世《信仰和理性通諭》：「信仰與理性像兩隻翅膀，使人精神飛揚，瞻仰真理。是天主把這認識真理的渴望安置在人心中，使人終能認識祂，因認識而愛慕祂，並達到對人自己的圓滿真理。」（天主教台灣地區主教團祕書處編譯）

16 譯按：關於佛陀的教示，另見《中部・聖求經》。

17 譯按：美國德雷克大學（Drake University）哲學及宗教研究助理教授，專攻亞洲哲學和後殖民理論。

是個有待證成的哲學立場。不假思索地規定信仰必須和哲學脫離，那和不假思索地主張經典說了算一樣，都絕對不是哲學的態度。作為共同的哲學計畫的一部分，這兩個立場都需要以論證辯護。

第四章 邏輯

「唯立者與敵者，無第三相。」

西元一七八九到九九年的法國大革命以自由（*liberté*）、平等（*égalité*）、博愛（*fraternité*）之名而戰。默默無聞地站在它們身旁，或者說在底下支撐它們的，則是該場戰役的總司令：理性（*raison*）。革命者所要創造的新社會將是更好的社會，因為它是以理性為基礎打造而成的。

我們從革命者的種種手段就可以看到這點。他們勝利之後，首要之務不只是還權於民，推翻舊制度。他們憑著革命的奮興，試圖掃除社會種種不合邏輯的怪象，而不管這些手段是否造成百姓的困擾。十進位制（decimalization）比國有化（nationalization）更重要。「公制必須適用於任何時代的所有人，」貢多塞（Nicolas de Condorcet）[1]說，其立意不在於度量衡的改革，而在於社會改革。

一七九五年，流通一千多年的貨幣單位里弗爾（*livre*）停止使用，一里弗爾相當於二十蘇爾（*sou, sol*），一蘇爾又相當於十二第尼爾（*denier*），看起來很不合邏輯。取而代之的，是十進位的法郎（*franc*），一法郎是十角（*décime*）或一百分（*centime*），看起來清爽多了。同年又創設了五種十進位的度量衡單位：以公尺（*mètre*）為長度，以公畝（*are*）為面積，以立方公尺（*stère*）為乾貨體積，以公升（*litre*）為液體容積，以公克（*gramme*）為質量。這些單位只要加個前綴詞就可以放大或縮小，例如*kilo*（一千）、*hecta*（一百）、*deci*（十分之一）、*centi*（百分之一）。它們都在一七九五年施行。

更極端但只是曇花一現的改革則是曆法。一個禮拜有十天，一天有二十小時，一小時有一百分鐘，一分鐘有一百秒。這個革命性的曆法於一七九三年施行，只撐了十二年，大多數的人們在兩年後就不再相信這個革命性的時間了。

這些改革反映了革命家對於理性的重視，尤其是邏輯。法國啟蒙運動的劃時代著作《百科全書，或科學、藝術和工藝詳解詞典》（*Encyclopédie, ou dictionnaire raisonné des sciences, des arts et des métiers*），主要是由狄德羅（Denis Diderot）[2]和達朗貝於一七五一至七二年間編輯和撰述，他們有個氣度恢宏的目標，「要蒐羅散布在全世界每個角落的知識，對我們身旁的人們詳細解說它的概括性系統，並且傳給下一代。」（原注1）

達朗貝在《百科全書序論》裡談到邏輯對於知識的習得有多麼重要：

> 邏輯教我們如何以最自然的秩序排列觀念，如何以最直接的順序把它們串在一起，而如果簡單的觀念數量太多了，如何把它們打散，如何從不同的面向去檢視觀念，最後則是如何以淺顯易懂的方式為別人解說它們。這就構成了論理的科學，它無疑是我們所有知識的鑰匙。（原注2）

---

1 譯按：貢多塞（1743-1794），法國啟蒙運動理性主義哲學家、數學家和政治學家，著有 *Esquisse d'un tableau historique des progrès de l'esprit humain*。

2 譯按：狄德羅（1713-1784），法國啟蒙運動唯物主義哲學家。

法國啟蒙運動哲學家相信只要使用邏輯，幾乎什麼事都可以事半功倍。例如，狄德羅在談到標點符號時表示，「在談話時的語氣停頓，或是在寫作時的標點符號，總是相互呼應，都是意指著觀念的連結或分隔，也可以補述無數個說法。因此，」他下結論說：「依據邏輯規則決定它們的數量，並且透過例證確定它們的意義，那會很有助益。」（原注3）

法國啟蒙運動和大革命對於邏輯和理性的力量的信仰或許在歷史上無出其右。然而，強調邏輯一直是整個西方哲學史的特色，也形塑了整個文化。邏輯的基礎在於相信必須以嚴格的演繹步驟進行推論，使得論證像數學那樣嚴謹。亞里斯多德是第一個闡述邏輯基本原理的人，直到十九世紀的符號邏輯（symbolic logic）出現之前，人們一直遵循著他的規則。西方哲學的辯護者會主張說，由於它對於邏輯的重視，使得它的結構特別堅固；而批評者則會說它使得西方思想囿限於粗俗的、僵化的、二分法的思考模式。諷刺的是，有時候批評者自己也會流露出鄙陋的二元思考方式。例如，卡蘇里斯有一次聽到一個日本學者說：「我們日本人才不像你們西方人，我們不是二元論者（dualistic）。」（原注4）西方哲學家不是唯一執著於分別的人。

非此即彼的思考模式

「邏輯」或許像是個令人望而生畏的技術性名詞，但它其實非常簡單。邏輯只是有系統地推演真語句（true statement）的種種蘊含（implication）。它最沒有爭議的原則就是「排中律」（Law of Excluded Middle）。簡單地說，它就是十七世紀的哲學家萊布尼茲（Gottfried Wilhelm Leibniz）的「矛盾律」：也就是說，「真和假的對立面或否定是不相容的，或者在真和假之間沒有中項。」[3]（原注5）而第一個闡述這個原則的人，可能是亞里斯多德。「如果『人』不僅指涉一個事物，而且只有一個意指，那麼『是一個人』就不能同時意指著『不是一個人』，」他寫道：「它不可能同時是一個東西又不是那個東西，除非由於用詞有歧義。」[4]（原注6）

以上是大白話的解說，現代的符號記法可以寫成：$\neg(p\&\neg p)$ 或是 $(p \vee \neg p)$。在這裡，**p** 指任何可以為真或為偽的語句（任何有「真值」〔true value〕的「命題」〔proposition〕）。**¬** 是個否定，而 **∨** 則是指「互斥的或」（exclusive or），意即選言（disjunction），非此即彼而不可得兼。於是，$\neg(p\&\neg p)$ 表示「一個語句不能既真且偽」的原則，而 $(p \vee \neg p)$ 則是

3 譯按：中譯見萊布尼茲《人類理智新論》頁422，陳修齋譯，北京商務印書館，1982。「矛盾律一般就是：一個命題或者是真的，或者是假的；這包含著兩個真的陳述：一個是真和假在同一個命題中是不相容的，或者一個命題不能同時既真又假；另一個陳述是：真和假的對立面或否定是不相容的，或者在真和假之間沒有中項。」

4 譯按：另譯為「那麼，作為人存在與不作為人存在竟然含義相同，便是不可能的事。假如人不僅表示就某一事物而言而且表示一種含義……故同一事物便不可能既存在又不存在，除非由於用詞含混。」（《形而上學》，苗力田譯，收錄於《亞里士多德全集》第七卷，頁93，中國人民大學出版社，1993）譯文中譯為「用詞含混」並不妥當，這裡應該是指歧義才對。在邏輯上，含混是指語意不明確，歧義才是指有兩個以上的意指。

換個說法：一個語句必須或真或偽，而且不能既真且偽。這種通用的符號記法嚇跑了許多想要讀或正在讀（潛態和現實的）邏輯的學生，卻也使喜歡數學的人趨之若鶩。

儘管我說排中律沒有什麼爭議，許多人還是很難接受，他們會主張說世界比這個法則複雜得多。好比說，有的人既聰明又闇昧，而雙性人則既是男人又是女人。但是排中律並不否認這點。亞里斯多德說得很清楚，「非此即彼」的邏輯成立的必要條件是沒有歧義，也就是意義明確且「只有一個意指」。當我們隨口說一個東西既是真的又不是真的，便不符合這些條件。有的人既聰明又闇昧，那是說他在某些方面或背景下腦袋很清楚，而在其他情況下則很糊塗。他們並不是在同一個時間和處境下既聰明又闇昧。例如說，有的人可能是個天才小說家，談起戀愛卻是個大傻瓜。即使是同一個行動，有可能在某個面向上是聰明的，在另一個面向上卻是闇昧的。在戰術上大獲全勝，有可能在戰略上全盤皆墨。例如在軍事政變中推翻了一個獨裁者，卻導致了始料未及的權力真空。

我敢打賭說，在確定沒有歧義（有兩個以上的意思）或含混（意義不明確）的情況下，你不可能找到任何違反排中律的例證。唯一有爭議的地方，在於它是否真的派得上用場，因為我們的用語往往是有歧義的或不明確的。有些傳統看起來對於這個原則嗤之以鼻，其根據就在這裡。例如說，在道家和禪宗裡，主張某個東西既是且非，這種表面上的弔詭（paradox）俯拾皆是。《道德經》裡也說：「故物或損之而益，或益之而損。」（原注7）你或許會就語句去分析說，它的意思是損未必是損，而益也不一定是益。但是我們隨即明白那其實沒有邏輯上的矛盾。它有兩種可能的詮釋方式。其中之一是說，乍看下的損失可能其實是獲益。(「與其說我失去了一個女兒，不如說我得到了一個兒子，」白髮蒼蒼的父親在婚禮上會這麼說。)另一個詮釋則是說，損失是獲益的過程之一。(如果我沒有被炒魷魚，我就不會得到這個更好的工作。)而這兩種眼前的損失其實根本不是什麼損失。

我們或者以禪偈為例：「菩提本無樹，明鏡亦非臺。」它的主旨是說，究竟實相和感知的世界是不同的。在某個意義下，菩提樹是存在的，但是既然一切都沒有自性可言，那麼在另一個意義下，它就不能說是樹了。它並沒有違反排中律，而是故意利用這個法則提醒我們，「存在」有許多不同的意思。

我們也不要忘記梵我不二論的「非此非彼」，似乎也是主張說有個東西既是且非。但是它的重點是要突顯語言沒辦法捕捉到梵的本性。如果我們試圖以語言去描述那不可說的東西，就會落入弔詭裡，那不是因為究竟實相是矛盾的，而是因為我們沒辦法用有限的語言和概念去歸類它。印度哲學裡並沒有什麼真正的矛盾，而西元前三世紀的文法家巴丹闍梨(Patanjali)[5]所謂的「相違」(vipratisedha)概念，甚至很接近排中律。(原注8)

西方哲學和亞洲的主流思考模式之間的差別，並不在於西方哲學接受排中律，而東方

5 譯按：「《瑜伽經》的作者，瑜伽派哲學家：他曾根據各種瑜伽論，提高瑜伽技法，並賦予理論方面的根據。曾被視為瑜伽學派的開祖。其生存年代或在五世紀後半。」(《中華佛教百科全書》)《瑜伽經》作者巴丹闍梨究竟是西元前二世紀左右的文法家，或是西元五世紀的人，至今存疑。見《梵我思辨》頁161-164。

哲學排斥它。相反的，主要的差別是他們對於這個原則的強調和應用的程度不同。中國哲學裡有許多邏輯論證，但是在它的古代傳統裡，邏輯並沒有發展成特定的學科。最接近的應該是西元前三世紀的公孫龍的「白馬非馬」悖論，該論證是說，白馬不是馬，因為「馬」是意指一個形體，而「白」是一個顏色的名稱，「用以意指顏色者不同於用以意指形體者」。[6]（原注9）這段文字似乎沒有什麼實質的論點，蘭普拉薩德認為不妨視之為「優雅的玩笑」。（原注10）

東方哲學總是強調說，試圖以「非此即彼」的互斥範疇去理解事物，往往會不得要領；西方哲學則是主張說，當我們找出常識思考模式裡的矛盾，並且以種種在邏輯上一致的區別取而代之，就會不斷進步。尼古拉・雷謝爾（Nicholas Rescher）[7]說那是哲學的「悖謬」（aporetic）性格。悖謬（apory）是「一整套論點，每個論點個別而言都是合理的，但是湊在一起就會不一致」。（原注11）哲學之所以存在，是因為我們對於世界的「前哲學的」理解不斷產生這類的悖謬。例如說，在倫理學裡，公正無私的原則似乎是難以辯駁的，但是我們顯然也有義務把家庭擺在第一位。這兩個原則「個別而言都是合理的，但是湊在一起就會不一致」。在知識論裡，我們似乎擁有知識，而知識蘊含著確定性，但是當我們探索確定性的根據時，卻遍尋不著。所以說，我們似乎可以合理地說我們擁有知識，也可以說我們沒有知識，但是兩者不可能同時為真。最後再舉一例，自由意志看起來存在，而我們卻也相信大自然的一切都依據絕對的因果法則在運行。所以我們似乎既可以合理地說我們有自由意志，也可以說我們沒有自由意志，但是只能有一個說法是對的。

我們在面對一個悖謬時，只能雙手一攤說那超乎我們的理解。西方哲學相信那是失敗主義的說法。我們不確定是否能解決悖謬的問題，許多哲學問題也的確頑固地懸擱了數千年而不得其解。但我們必須試看看。即使我們沒辦法完全消除矛盾，或許至少更清楚地認識它或者局部地消除它。

於是，你可以一言以蔽之地說，西方哲學的做法是盡量消除世界裡違反排中律的情況，使得真偽命題判然有別。的確，西方哲學可以說是「二元的」或「二分法的」，它的基礎是「非此即彼」的思考模式，而不是「兩者皆是」。這種思考模式顯然充斥在整個文化裡，在許多政治結構裡尤其清晰可見。菁英份子被教育成放言高論的辯論家，正反立場明確，擅長在對手的論證裡找出瑕疵。到頭來，國會成了大學的辯論廳，辯論的法律則是多數決的提案和決議。

對西方人而言，那似乎是再自然不過的事，很難想像有其他選擇，尤其是現在許多其他國家也採取了西方的思考模式。然而不管它在哲學上的價值是什麼，這個做法終究有若干的缺點。敵對式的探究方式，和合作、妥協以及尋找共同依據的做法背道而馳。它也著

---

6 譯按：《公孫龍子．白馬論》：「馬者，所以命形也；白者，所以命色也。命色者非命形也。故曰：『白馬非馬』。」

7 譯按：德裔美國哲學家，匹茲堡大學哲學系教授，主要研究領域為阿拉伯邏輯、形上學、知識論、分析哲學和實用主義。

眼於贏得辯論，而不是要找到最好的結論。在西方文化的每個角落都可以看到這個動力，卻往往導致負面的影響。例如說，離婚官司總是超乎必要的劍拔弩張，因為兩造惡言相向，一般是其中一方訴請離婚而歸咎於對方。直到最近，「無過失」（no fault）離婚的觀念才漸漸普及，雙方會選擇調解而不是對簿公堂。

近年來的政治問題也隱藏著二分法的心態。在英國、美國以及若干其他國家，我們看到一種前所未見的兩極對立，自由派的、大抵上都住在都會區的世界主義者，對上小鎮和村莊裡保守派的社群主義者。二〇一六年，在希拉蕊．柯林頓（Hilary Clinton）和唐納．川普（Donald Trump）的美國總統選戰以及英國的脫歐公投裡，這樣的區分尤其顯著。在兩個情況裡，贏家皆是以些微比數獲勝，但那就是只有兩個選擇的公投的本質，贏得多數票者全拿，少數票則什麼都沒有，雖然勝負差距微乎其微。投票表決揭露了二元主義文化的限制，它只容得下真或偽、贏家和輸家。

直到最近，相較於西方文明和民主的成功，系統的缺陷始終看似微不足道，或者只是紙上談兵。邱吉爾對於民主的嘲諷可以自鳴得意地擴及於整個文化：「西方的思考是最差勁的哲學形式，撇開偶而嘗試過的其他形式不談的話。」那並不是說其他思想模式創造了什麼繁榮、穩定、和平的文明。中國並沒有形式邏輯（formal logic）的哲學傳統，卻產生了極權主義國家，而在政治上強調共識和協議（例如烏班圖〔Ubuntu〕）[8]的非洲，卻是地球上最低度開發的大陸。如果說富庶而幸福的歐洲、北美和澳洲，是由「粗鄙的二分法思考模式」產生的，那麼這個模式應該也不算太差。

現在整個西方民主國家政治動亂蠭起，使得這個態度看起來有點夜郎自大。到頭來，唯有一個大家都默認的妥協態度，才能調解兩黨政治的二元選擇所造成的衝突。數十年來，人們形成一個默認的協議，任何一個陣營都不會無限期地掌權，或是撤銷前朝陣營的施政作為。在英國，這就是所謂的「戰後共識」（post-war consensus），從一九四五年到一九七九年的柴契爾政府，左右兩派共同支持福利國家政策，以及國營化和私有化事業並行的混合式經濟。一旦共識被打破了，兩極對立就勢所難免。

理性的認知工具可以更加豐富

西方民主的難題可以說是對於西方哲學的困境的一種諷喻。它追求真偽之間的明確分野，而創造了一個「非此即彼」的預設心態。例如說，科學沒有了排中律就沒辦法存在。然而當我們在處理價值和偏好、不同的生活觀，即使到頭來只有一個觀點是正確的，實務上我們卻沒辦法決定誰是唯一的贏家。一個二元論的文化之所以能夠克服這個問題，那是因為它在兩造之間維持平衡，執其兩端而用其中。但是這個平衡始終有被打破的危險，而

8 譯按：南非作家和作曲家麥可・提林格（Michael Tellinger）基於烏班圖貢獻主義（Ubuntu Contributionism）的原則，成立烏班圖黨。

「非此即彼」的邏輯也變成了零和賽局，其中只有一方能夠獲勝。而如果有若干個合理的觀點時，二元心態在應付其複雜情況時就難免捉襟見肘。

然而如果說要整個擺脫「非此即彼」的邏輯，那又是因噎廢食了。所有哲學都蘊含著排中律，唯一的差別只是在於對它的強調程度。儘管西方世界最為重視它，不過邏輯在古代印度傳統裡也扮演了舉足輕重的角色。西元十世紀的邏輯學家鄔陀衍那（Udayana）在其題名優美的《正理花束》（*Nyāya kusumāñjali*）裡，闡述了一個和排中律如出一轍的原則：「唯立者與敵者，無第三相。立者敵者不兩立，說之即相遣故。」（原注12）

鄔陀衍那是瞿曇仙人（Akṣapāda Gautama）[9]的後人，瞿曇仙人在印度開展了邏輯學，據說是正理派的聖典《正理經》的作者，而《正理經》則對於論理的種種形式及其有效性有鉅細靡遺的闡述。其中最引人入勝的特色，就是它對於不同的辯論形式的分門別類。例如說，**真論議**（vāda）是很嚴謹的探究形式，論者「以量、思擇、能立（因喻）、非難，且不違宗義，立敵共以論式而作的立論或駁論之處理，名真論議」。（原注13）相對的，**紛論議**（jalpa）則是「以曲解、倒難、墮負等作為證明手段的議論」（原注14），亦即僅以獲得勝利為目的。紛議論有各種形式，比方說**壞議論**（vitaṇḍā）「性質同前，唯不提出駁論，名壞議論」。壞議論不想自己立論，而僅限於破壞對方之立論。（原注15）我們都見識過這種辯論形式。[10]

這些定義裡的每個名詞都有明確的分類。[11]曲解（難難）（chala）是一種很特別的謬誤（fallacy），「依意義分別（vikalpa）之可能性而破壞對手言論，此名曲解。」如果我說一本書很長，而你說它不長，因為它只有二十公分，那麼你就是在曲解，你也可以就隱喻去曲解，例如原本是個隱喻，卻把它當作字面的意義去解釋，反之亦然。[12]（原注16）

《正理經》作於西元前六世紀到二世紀之間，它對於有效論證結構的著名分析，就是所謂的「五支作法」。[13]以下是一個老掉牙的例子：

彼山有火。（宗〔pratijñā〕，論題。）

---

9 譯按：中譯見《梵我思辨》頁237-385：相傳《正理經》為瞿曇仙人所作，「又名惡叉波陀（Akṣapāda），意譯為足目，其足有眼，故得此異名。」

10 譯按：中譯見《梵我思辨》頁271-72。另見《因明學研究》〈正理經〉：「論議就是根據辯論雙方的立量和辯駁來論證和論破，它須與宗義沒有矛盾，並且在提出主張以及反對主張的論式方面，必須具備五支的形式。論諍就是具備上述論議的形式，而以詭辯、誤難以及負處上來論證或論破。論詰就是在提出反對主張時不建立論式。」

11 譯按：正理派有所謂十六諦或即十六句義：一、量（pramāṇa）；二、所量（prameya）；三、疑（saṃśaya）；四、用（動機）（prayojana）；五、宗（宗義）（siddhānta）；六、喻（見邊）（dṛṣṭānta）；七、支分（論式）（avayava）；八、思擇（tarka）；九、決（決了）（nirṇaya）；十、論議（真論議）（vāda）；十一、紛議（紛論議）（jalpa）；十二、壞義（壞論議）（vitaṇḍā）；十三、似因（hetvābhāsa）；十四、難難（曲解）（chala）；十五、諍論（倒難）（jāti）；十六、墮負（nigrahasthāna）。關於十六句義之詳解，見《梵我思辨》頁246-296。另見印順導師《印度佛教思想史》頁350-351，正聞出版社，1988；于凌波〈印度宗教哲學史的研究〉，《妙林》第十二卷四月號（2000.04.30），頁23-29。

12 譯按：「利用發言者所說之語有二種解釋，故意曲解其義而作辯駁。此有三類；一、語句之曲解（vākchala）；二、不當擴張之曲解（sāmānyachala）；三、文辭之曲解（upacārachala）。」（《梵我思辨》頁277）「就隱喻去曲解」即「文辭之曲解」。

13 譯按：中譯見《梵我思辨》頁260-268。

有煙故。（因〔hetu, probans〕，理由。）
如灶，灶見煙與火。（喻〔udāharaṇa〕，共存性之例證。）14
如彼山有煙。（合〔upanaya〕，規則之應用。）15
故彼山有火。（結〔nigamana〕，結論。）（原注17）

如《正理經》所述，所有其他有效的推論也都有相同的一般形式。首先是提出你的立論（宗）。接著你要陳述為什麼相信該論題為真的理由（因）。然而如果只有理由的話，還不足以證明論題為真。你還必須陳述它的共存性規則（喻），如果它適用於理由，就會得到結論（結）。我們舉一個非傳統的例子：

這塊提拉米蘇會讓人發胖（宗）。
因為它含有大量脂肪和糖（因）。
任何含有大量脂肪和糖的東西都會使人變胖，例如甜甜圈，胡蘿蔔則反之（喻）。
提拉米蘇同樣含有大量脂肪和糖（合）。
是故，提拉米蘇會讓人發胖（結）。

它和希臘人的邏輯極為相似，雖然兩者的演進各自不同。亞里斯多德提出三段論法

（syllogism）的觀念，也就是以演繹法從前提推演出結論的論證。前提是被認為為真的述句，或者是因為由觀察得知為真，或者是以其他方式證明為真。一個有效的演繹會設定若干前提，接著依據其必然性的結果得出結論。有許多老嫗能解的典型範例，讓我們一眼就看出來從前提到結論的推演程序。比方說：

約翰．凱特利（John Kettley）是個氣象主播。
所有氣象主播都會死。
所以，約翰．凱特利也會死。

這個論證比「五支作法」更加簡明扼要，相較之下，後者或許顯得畫蛇添足而拐彎抹角。在亞里斯多德的邏輯裡，煙和火的論證不妨以更加簡單的三段論證方式表示：

有煙之處必有火。
彼山有煙。

14 譯按：喻有同喻（anyaya-udāharaṇa）和異喻（vyatireky-udāharaṇa）之分。
15 譯按：「與喻關聯，以『如是』（tathā）或『不如是』（na tathā）之言攝合所立（有法）於因，此名合。」（《梵我思辨》頁264）

是故，彼山有火。

亞里斯多德的邏輯分析了論證的結構，以羅列所有有效的演繹（deduction）。以下的形式是所謂的「肯定前件」（*modus ponens*）規則：

若P則Q。
P。
故Q。

雖然它的確比「五支作法」省事一點，但是印度邏輯在實務上也時常用到「三支作法」[16]，和亞里斯多德的邏輯的基本步驟沒什麼兩樣，只是順序不同。其結構是：

A以S為限定，
因為S以T為限定
（凡以T為限定者，必定以S為限定）猶如（Tb & Sb）。

我們不妨把它應用到例子上，並且指出它和亞里斯多德的三段論法對應的述句：

彼山有火（彼山以火性為限定）（故Q），

因為彼山有煙（以煙性為限定）（P），

有煙之處必有火（凡以煙性為限定者，必以火性為限定），如灶，灶見煙與火；湖水則不見火與煙。（若P則Q。）

表面上比較複雜的「五支作法」，其優點在於它把在西方邏輯傳統裡區分開來的兩種論證形式結合在一起。亞里斯多德的邏輯是一種演繹法的範例，其中結論是以絕對確定性自前提得出的：若X則必然Y。這是數理邏輯。然而在實務上，我們在推論時鮮少擁有這種絕對確定性。我們在試著解釋世界時，必須把經驗概括化，而那不會有如演繹法一般的有效性。如果麵包（過去）一直是能吃的，而（現在）有一塊麵包，我們並不必然推論說我可以吃這塊麵包。唯有以「麵包一直是能吃的，不管過去、現在或未來」為前提，才能得出那樣的結論。但是我們並不確定，因為我們不知道未來會怎麼樣，也不知道這塊麵包會不會摻了毒藥或是其他雜質。當然，我們都認為可以完全合理地假定它會是能吃的，而它也的確能吃。然而這種「合理性」並不是絕對合乎邏輯的。我們的推論不是**演繹的**（以沒有爭議的程序從前提得出結論），而是**歸納的**，也就是從過去的經驗推論出一般的情

16 譯按：即宗、因、喻。

況。它沒辦法從邏輯的角度去證成，這就是我們熟知的「歸納法的難題」。

印度哲學家當然也意識到這個難題，十四世紀的遮盧婆迦派思想家摩陀婆阿闍梨（Mādhavācarya）[17]也曾經提出他的看法。（原注18）他指出，譬喻（*udāharaṇa*）包含了一個「遍充」（vyāpti）[18]，後者則是推論的依據：例如說，「有煙之處必有火」。然而我們不能憑著感官立證宗義，雖然遮盧婆迦派認定那是立證真理的唯一方法。原因很簡單，感官只能觀察到煙和火的共存性的個殊例證，但是「遍充」主張的是一個普遍的共存性。

「五支作法」把兩種推論形式撮合在一起。誠如蘭普拉薩德所說的，「印度邏輯結合了演繹法的必然確定性以及對於歸納法不得已的需求。」（原注19）它的結構是演繹的，卻又公開承認歸納的元素。尤其是在推論中會援引一般性規則（喻），但是該規則顯然是個源自經驗的觀察，而不能算是絕對的真理。那個陳腔濫調的範例似乎正是要強調這點，因為我們一般不會認為「無火則無煙」是必然為真的。但是它在大多數的情況下都是真的，那就足以使我們暫時假設有火，雖然不確定是否真的有火。

規則的應用（合）原本也是屬於歸納法的，因為規則必須真正指涉個例，才有應用可言。而我們不能以純粹的邏輯立證它，而只能透過觀念和判斷。當我們說「如彼山有煙」時，我們可能有誤：我們或許是看到水蒸汽，或者是某種「冒噴的」機器的排放物。因此，「五支作法」如樗櫟一般的臃腫捲曲，或許正好反映了它的優點，也就是把兩種論證的特點（根據觀察的概括化以及嚴謹的演繹）整合成一個結構，而西方邏輯則是把它們隔離開來。

然而，印度邏輯和西方邏輯的真正差別在於它們如何適用於範圍更大的哲學體系。正理派固然強調邏輯以及**比量**和**譬喻量**，卻也接受**現量**和**聲量**為**正理的量**（pramāṇa）。於是，「從諸賢聖聽受（吠陀）經法，能生知見，是名聞見。譬如良醫善知方藥慈心教授，是名善聞。又諸賢聖證一切法有大智慧，從其聞者，是名善聞。」[19]（原注20）這就是為什麼正理派抱怨說，和佛教徒論辯總是「夾纏不清」，不是因為他們的論理不好，而是因為他們「不依經說而說無常等」。（原注21）

這裡提到的和佛教徒的諍論可以說是無風不起浪。古代印度哲學的開端是吠陀聖典神話式的教義，在吠陀本集時期，一直到論師時期，古代傳統遭到越來越多的挑戰，尤其是更加強調推理和論證的佛教。以龍樹為例，他往往會以邏輯證明對方論證的不一致。其中一個例子是認為，關於正確的知識（量），我們沒辦法有個究竟的證明，因為你必須證明你的證明本身是正確的知識（量），如此以至於無窮。「若量復有異量成者，量則無窮。」[20]（原注22）主流思想便必須反擊，以論理捍衛傳統教義。

17 譯按：即摩陀婆，見本書〈前言〉譯按24。

18 譯按：遍充又譯為遍滿、遍通、共存，是指因與喻之間必須有必然的關係，相當於邏輯的蘊含關係或集合論裡的包含。另見《梵我思辨》頁268-271。

19 譯按：中譯見龍樹《方便心論》（大正藏 Vol. 32, No. 1632）。聞見即所謂的聲量。另見《因明學研究》〈正理經〉：「還有那（吠陀經）上面的話是根據足以信賴的人的話而來的，所以正如讚歌、醫書那樣，吠陀的聲音是值得信賴的。」

由於正理派主張聖典的權威性，邏輯往往是作為一種護教學，用來證成教義而不是質疑它們。我們看看《正理經》如何回應反對者的質疑「聲音（吠陀經）並非量，因為有虛假、矛盾和重複這類過失」。例如說，吠陀主張說，為了求子而如法行祭，就會如願得子。但是許多人如法行祭，仍舊是膝下猶虛。於是人們可以推論說，祭祀是沒有用的，而吠陀的說法也不盡真實。然而如果你預設了吠陀絕對無誤，那麼你就不會如此推論。你會依據邏輯推論說：「並非如此，因為謬誤來自行為、行為者及工具方面的缺陷。」根據這個邏輯，如果「行祭必得子」，到頭來卻沒有得子，我們只能推論說祭祀不如法，不管它表面上多麼盛大隆重。根據這個論證，《正理經》可以合理地推論說：「所以（吠陀）並無謬誤。」[21]（原注23）

從西方哲學的觀點來看，以邏輯去證明啟示的真理是個缺陷。但是如前所述，假設哲學必須獨立於任何神學目的之外，這是近代西方世界才有的事。正如蘭普拉薩德所說的，在西方哲學裡，「邏輯就只是探討論理本身的結構而已，不管誰在使用都一樣；它在潛態上獨立於人類的思考之外。」這未免陳義過高而有點不務實。認為人可以使用一種超越人類心智的邏輯，這可能只是人們的傲慢幻想。相反的，在印度傳統裡，邏輯其實是人類的一種工具，「用以處理人們現實的思考和認知」。「他們之所以使用邏輯，主要是為了透過論辯和說服去認識世界。」（原注24）

當我們審視邏輯對人們的意義為何時，他們所強調的重點的不同或許是最顯而易見的。對亞里斯多德、和他同時代的人以及其後的世代而言，人類因為他們的理性而成為萬物之靈。在印度思想裡，我們的差別是由我們的**法**（義務）決定的，也就是分辨善惡以及各正其命的能力。有一則四處傳誦的嘉言說：「飢餓、睡眠、恐懼及愛欲，一切有情、人與非人皆有之。人之異於禽獸者，唯法而已。除卻法，人無異於禽獸也。」（原注25）

理性是西方世界關於人性的核心觀念。人們是理性的、自律的個體，而「理性」則是這三種特質的黏著劑。因為我們都有獨立思考的能力和責任，所以我們可以把自己視為一個個體，自由選擇自己的生活。這是許多西方價值和實踐的基礎：個人的法律責任；自我發展的信念，即使你必須為此離開家庭和團體；相信西方價值是普世價值，因為它們以理性為基礎；對於自由選擇的迷信，也就是讓個人盡可能發揮他們的理性力量。

西方世界的自我形象漸漸有幻滅之虞。許多心理學家說，我們的行為往往不如我們所想像的那麼理性。我們一點也不理性、自律，反而是憑著直覺和情緒，被其他人以及環境牽著鼻子走。為理性辯護的最好辦法，不是否認這些事實，而是重新審視理性的意義為何。比較哲學使西方世界的人們明白到，他們對於理性的看法過度依賴於邏輯。當心理學

20 譯按：見龍樹《迴諍論》：「『若量能成法，彼復有量成，汝說何處量，而能成此量。』此偈明何義。若汝意謂量能成物，如量所量，現比阿含喻等四量復以何量成此四量。若此四量更無量成，量自不成。若自不成能成物者，汝宗則壞。若量復有異量成者，量則無窮。若無窮者則非初成非中後成。何以故？若量能成所量物者，彼量復有異量來成彼量，復有異量成故。如是無初。若無初者如是無中。若無中者何處有後？如是若說彼量復有異量成者。」

21 譯按：中譯見《因明學研究》〈正理經〉。

家指出，我們的行為並不是依據邏輯運算法則時，幾乎不會有人感到訝異。但是如果我們認為理性和邏輯差不多是同義詞，那麼那個自明之理就會威脅到我們的理性。如果理性的認知工具更加五花八門，或許包括洞見和深微妙智，我們可能會發現我們本質上終究還是理性的。

第五章 俗世理性

「以科學和理性讓所有人幸福的世界。」

在西方世界，巴黎的萬神殿往往象徵著理性的崛起以及信仰的沒落。它是由偉大的建築師蘇夫洛（Soufflot）[1]建造的，原本是一座主教堂，於一七九一年峻工，不到一年之後，法國革命黨把它改成紀念法國偉大名人的地方。同年，最喜歡和教會唱反調的伏爾泰的遺體也移靈到那裡，後來有許多名人也都葬於該地，包括一七九四年遷葬於此的盧梭（Jean-Jacques Rousseau）。教堂被推翻了，一座俗世的神殿篡奪了它的地位。

然而我們只要略加了解歷史，就會明白這個宗教和理性對立的故事其實是虛構的。啟蒙運動思想家的思想固然促成了萬神殿的修建，而他們自己死後也安葬在那裡，但是他們大多數並不是無神論者，而是泛神論者（pantheist），相信有個造物神，而祂並不干涉世界的運作。該教堂的宗教元素也沒有完全被拆除。拱頂上的十字架依然矗立著，教堂原本供奉著聖女珍維耶芙（Sainte Geneviève）的遺髑，而教堂內部則描繪著聖女顯聖。在若干牆上仍然可以看到她的許多畫像以及其他宗教主題的壁畫，而該建築也兩度回復為教堂，直到一八八五年，雨果（Victor Hugo）的葬禮在那裡舉行，才正式確立它的俗世地位。

萬神殿的真正意義其實是體現在它的拱頂下七十公尺處進行的一次科學證明裡。一八五一年，物理學家傅科（Léon Foucault）[2]在拱頂下以一條鋼索懸掛著一只鉛錘，在底下的地面上有一個圓圈，猶如日晷一般劃分為一天二十四小時，每個小時擺盪會偏移十一點三度。單擺在任何一個時間點開始自由擺動，一整天下來，單擺似乎是沿著日晷在擺動，宛如漸漸偏移的鐘擺。其實，單擺並沒有改變它的擺盪角度，而是它底下的地球在轉動。

一般而言無法察覺的地球自轉，人們現在看到了。

傅科擺掌握了啟蒙運動的精神以及它所催生的更加風起雲湧的哲學文化，俗世性是其特色，卻不因而排斥所有宗教。相反的，宗教必須有獨立自主的人類知性力量為它背書。在這座神殿裡占主位的是人，而不是上帝。在大街一英里外的天主教聖哲曼德佩教堂（Saint-Germain-des-Prés）裡，上帝和耶穌的形象處處可見，而笛卡兒的墓地則乏人問津；但是在萬神殿裡，人們卻是絡繹不絕地去瞻仰偉人。上帝或許死了，或許沒有，但是對於探究知識的計畫而言，祂顯然無用武之地。人類的思想不必假借超自然的力量，就能夠理解世界和自我。

我把它叫作對於**俗世理性**力量的信仰。在近代西方哲學裡，不管或隱或顯，幾乎所有學派都支持它，無論那些學派多麼南轅北轍，它始終是他們的共同信仰。俗世理性奠基在古代希臘哲學之上，它把邏輯發展為一門獨立學科，而不依賴於洞見、聖典或權威。在這個世界觀裡，自然世界是可以解讀的，人們以種種定律去描述世界的運行，而這些定律不必假設有個神的存在。

對於俗世理性力量的信仰也使得人們相信，人類沒有什麼奧祕是科學沒辦法洞悉的。

1譯按：蘇夫洛（1713-1780），法國新古典主義時期建築師。萬神殿（或稱先賢祠）是其代表作品，它原本是一座主教堂，於一七五五年重建。
2譯按：傅科（1819-1868），法國物理學家，發明傅科擺以證明地球的自轉。

自一九九〇年到二〇〇三年間，人類基因組計畫（Human Genome Project）完成了我們整個基因圖譜。人類基因組計畫和人類大腦計畫（Human Brain Project）都試著完成大腦的圖譜，揭露我們的思考、經驗和感受背後的機制之謎。物理學則致力於探索整個「萬物理論」（theory of everything），史蒂芬・霍金（Stephen Hawking）說，那會使我們「認識上帝的心智」。（原注1）二十一世紀，我們正在創造有三個父母親的新人類，以遺傳工程改變人類的器官，探究如何以賦形物（inert matter）創造出生命，試圖把死者冷凍起來，以後再使他復活，也開始在實驗室裡培養出食用肉。

以上沒有一件事是合乎自然的。在從前以及其他地方，人類的研究主題會有嚴格的限制。神聖的場域受到保護。伊斯蘭世界的醫學曾經獨步全球，後來卻被迎頭趕上，部分的原因是他們禁止人體解剖。天文學也在禁止之列。一五八〇年，在伊斯坦堡，伊斯蘭世界唯一的天文台被夷為平地，因為他們相信肆虐城市的瘟疫是真主降禍懲罰天文學的不敬神。（原注2）基督宗教也沒有好到哪裡去。伽利略（Galileo Galilei）獲准觀測天象，但是他的研究報告卻主張太陽中心說，於是天主教的宗教裁判所在一六三三年判處他終身監禁。直到今天，任何挑戰科學極限的東西都還是會引起恐懼和懷疑。

理性主義 vs. 經驗主義

俗世理性是為什麼西方世界得以克服種種限制而在科學上領先世界數百年的原因之一。近代科學是西方世界的孩子，生於一六二〇年，那一年，培根（Francis Bacon）在他影響深遠的《新工具》（*Novum Organum*）裡提出科學的基本原則。其他社會也有物質資源以支持科學研究，所以國家富庶並不足以解釋西方世界的進步。的確，數百年來，中國的大部分地區都比西方世界物阜民康。其中的差別至少是在於西方思想的本質，而唯有從西方哲學的角度才能充分理解這一點。

西方世界裡普遍認定俗世理性的有效性，不管人們是否有宗教信仰。就連信仰最虔誠的科學家，也只信任證據和實驗，從來不會想要透過神啟去尋求科學上的突破。證明和機率的種種標準是公開的且舉世皆然的。所有人的心智都有理解實在界的能力。在俗世理性裡沒有「仙人」（ṛṣi）的舞台。他們也不會強調人類心智的理解界限，一如在東方世界裡看到的。儘管中國思想大抵上是俗世的，一般而言卻自我侷限在生活的問題上，而對於究竟實相的問題採取不可知論（agnostic）的態度。而西方的俗世理性卻是以充分描述宇宙及其全體大用為鵠的。他們賦予獨立自主的人類理性如此舉足輕重的角色，這在歷史上是絕無僅有的。

俗世理性誕生於古代希臘，但是經過了若干世紀，它才成為西方世界的預設心態。一直到中世紀晚期，基督宗教始終是所有知識探索的重心。一切學術都不外乎聖經研究並且僅限於修道院之內，而且所有哲學都必須符合教會的教義，否則就可能被處以絕罰（excommunication）、甚或死刑。然而，經過了文藝復興，尤其是十七、八世紀的啟蒙運動，哲學漸漸獨立自主於神學之外。科學（當時叫作自然哲學）著重實驗和觀察，而不是聖經和信條。俗世理性的崛起原本不是要和宗教唱反調，而只是要從它那裡獨立出來。該時期的許多哲學家都有宗教信仰，也相信俗世理性能夠且必須能夠證實教會的教義。他們把聖經解讀為神學，而不是科學或歷史。

在俗世理性漫長的醞釀期間，出現了兩個陣營。其一是經驗主義，它檢視世界本身，並且以細心的觀察為基礎。另一個陣營則是理性主義，以理性為一切的準則，主張世界必須是符合理性的。理性主義被嘲笑是「扶手椅思想家」，意味著他們不必走到外頭探究世界的真實樣貌，這個比喻真是再貼切不過了。

人們往往會誇大其辭，把西方哲學一分為二，其一是經驗主義者（亞里斯多德、洛克、柏克萊、休姆），其二是理性主義者（柏拉圖、笛卡兒、斯賓諾沙、萊布尼茲），汗牛充棟的教科書也的確都照著這個標準去劃分。這其中一定有它的道理，尤其是他們有個根本的差異：理性主義者相信僅僅憑著理性就可以探究世界的真相，而不必提及經驗；經驗主義者則認為純粹理性僅止於抽象數學以及概念之間的關係，所有關於現實世界的知識都必須植基於經驗。以下兩種知識類型的術語正好可以說明他們的差異：**先驗**（a priori）

的知識或者是**後驗**（a posteriori）的知識。

以因果關係為例。理性主義者斯賓諾沙相信，我們可以先驗地認識到每個事件都是某個原因的結果。《倫理學》的第三個公則是：「如果有確定原因，則必定有結果相隨。反之，如果無確定的原因，則無結果相隨。」[3]從這個自明的真理，他一下子就得出關於宇宙終極本質的重要結論，在命題八裡，他宣稱證明了以下驚人的主張：「每一個實體都必然是無限的。」[4]（原注3）同樣的，笛卡兒認為，「藉著自然之光，就可以明顯地看出，在整個『動因』中，至少該有其結果中同樣多的實在性，因為結果假使不從原因中取得它的真實性，那從什麼地方取得呢？」[5]（原注4）這聽起來像是個常理，然則是個大膽的主張，認為僅憑著扶手椅上的推理就可以認識到物理世界的根本法則。

經驗主義者認為這種論證是行不通的。套用休姆的術語來說，斯賓諾沙和笛卡兒只是在分析「觀念的種種關係」。原因的概念蘊含著一個結果，但是它完全沒有辦法告訴我們現實世界裡的因果關係是什麼。我們只知道事件就是那麼發生了，不管有什麼原因，或者說原因可能有任何結果。因此，先驗理性沒辦法告訴我們關於現實世界的任何知識。為此，我們需要以經驗為基礎的後驗知識。

3 譯按：中譯見《倫理學》頁2，賀自昭譯，仰哲，1987。
4 譯按：中譯見《倫理學》頁4。
5 譯按：中譯見《方法導論．沉思錄．哲學原理》頁192，錢志純、黎惟東譯，志文，1984。

而那也有其侷限。休姆認為，我們沒辦法觀察正在進行中的因果關係：「當我們在周圍觀察外物時，當我們考究原因的作用時，我們從不能只在單一例證中，發現出任何能力或必然聯繫，從不能發現有任何性質可以把結果繫於原因上，可以使結果必然跟原因而來。我們只看到，結果在事實上確是跟著原因來的。」6（原注5）我們只能觀察到事件的前後相續，而不是它們之間的因果聯繫。

理性主義和經驗主義的進路之間的差別既真實又重要。然而我們不能誤以為這個差別是涇渭分明的。所謂的理性主義者會使用許多經驗與料，而所謂的經驗主義者也會訴諸以理性而非觀察建立的種種邏輯和論證原則。我們不妨想像一個從經驗主義到理性主義的光譜，不同的哲學家對於觀察和理性有各自不同的重視程度。

縱橫整個西方哲學史，經驗主義有徐緩而起伏不定的上升之勢，理性主義則是以相同的速度在沒落當中。在早期的西方哲學裡，經驗方法不脫生活世界的觀察。最早的科學形式並沒有比扶手椅的玄想好到哪裡去，泰利斯提出萬物都是由水構成的，德謨克里特（Democritus）則認為萬物是由個別原子構成的。到了後來，許多哲學家即使採用經驗方法，仍然會強調先驗推理的重要性。同樣的，有些主張理性主義最力的哲學家也會花很多時間在經驗研究上。比方說，笛卡兒就是個觀察敏銳的實驗者，他曾經解剖過人體；萊布尼茲也撰文探討化學、醫學、植物學、地質學和科技；斯賓諾沙不只是個磨鏡師，更是實驗流體力學和冶金術的先驅。

然而，從亞里斯多德觀察行星以及列斯伏斯島（Lesbos）上一處潟湖裡的動物開始，俗世理性的經驗主義陣營就漸漸占上風。到了二十世紀，俗世理性已經是公認的常理，而科學更是居於核心地位。我們以卓別林（Charlie Chaplin）在其大師作品《大獨裁者》（*The Great Dictator*, 1940）裡激勵人心的演說為例。卓別林在劇中的角色是個猶太理髮師，卻被誤認為影射希特勒的獨裁者辛克勒（Adenoid Hynkel），駐軍要求他上台演講。他在演講中抨擊，「貪婪毒害了人的靈魂，仇恨隔離了世界。我們操著正步走入痛苦和血腥。」在許多方面，他的演講其實是在抨擊現代世界的種種弊病。「我們發展了速度，卻禁錮了自己，」他說：「我們的機器帶來富裕，也勾起我們的欲望……比起機器，我們更需要人性。」但是卓別林在結語裡卻重申他對於作為現代世界基石的俗世理性的信仰。「讓我們為一個理性的世界而戰，」他大聲疾呼說：「在這個世界裡，科學的進步將會為所有人帶來幸福。」

這段話包含了現代俗世理性的三個特色：對於科學和理性的信仰，而如果我們亦步亦趨地追隨它們，進步就一定會接踵而至。「科學和理性」往往被人相提並論，而使人以為它們總是相輔相成的，或者根本是同一回事。其實，在大多數的歷史裡，理性和科學是風馬牛不相及的。然而在今日的西方世界裡，很少人會接受以洞見、邏輯、傳統、權威或神啟拼湊起來的真理。我們也會要求以觀察、實驗、可以檢驗的經驗證據為基礎的事實。

6譯按：中譯見《人類理解研究》頁73，關文運譯，北京商務印書館，1997。

科學、理性和進步

當然，其他傳統並不是不知道觀察的好處。差不多和亞里斯多德同時代，印度的瞿曇仙人在《正理經》裡主張說，知識必須以觀察為基礎，我們不應該浪費時間在諸如數理邏輯之類的抽象思考上。他的邏輯結合了歸納法和演繹法：沒有證據的邏輯是空洞的。然而，他的經驗主義卻因為他認為吠陀作者的聲量是正量而有所設限。

在中國，西元前四世紀的哲學家墨子也是以倡言某種經驗主義著稱，「故言必有三表……有本之者，有原之者，有用之者。於何本之？上本之於古者聖王之事。於何原之？下原察百姓耳目之實。於何用之？廢以為刑政，觀其中國家百姓人民之利。」[7] 儘管墨家對於中國思想之開展影響甚巨，但是他們的觀念卻始終沒有成為主流。

亞里斯多德、瞿曇仙人和墨子，他們雖然都有強烈的經驗主義傾向，卻和現代的觀念不盡相同，也就是認為自然是必須為研究而研究的，而不只是為了「國家百姓人民之利」而已。（原注6）這個「理性的自主權」應該就是俗世理性最殊異的特徵。哲學和科學不僅擺脫了宗教和文化，也擺脫了一切事物。除了自我保存的需求之外，理性的探究不能受到任何羈絆。

知識擁有自身之價值，這個觀念也在西方世界突現而成為科學興起的一部分，它在十九世紀晚期以前，一直是叫作自然哲學。以朋加萊（Henri Poincaré）[8] 為例，他一生鼓吹

「為科學而科學」，曾說：「科學有許多美妙的應用；但是如果科學眼裡只有應用，它就不再是科學了，而只是個廚房而已。沒有所謂的科學，而只有公正客觀的科學。」他認為科學家的辛勤工作，都是「為了看見；或至少是為了有一天別人可以看見的」。在這段話裡，朋加萊刻意喚醒西方思想裡「為認識而認識」的傳統，雖然他誤以為這個傳統溯自上古時代。「賦予科學家生命的氣息，同樣吹拂過古希臘，孕育出詩人和思想家。」（原注7）

科學自主權的信念蘊含著，科學是屬於實驗室的，至於決定如何利用科學的發現，那是社會的事。「科學甚至不必為了滿目瘡痍的長崎感到羞愧，」科學家和電視節目主持人布魯諾斯基（Jacob Bronowski）[9]說：「該羞愧的是那些認為科學除了人類想像力的價值以外還必須具有其他價值的人。該羞愧的是我們，如果我們沒有把科學和我們世界區分開來的話。」

有人會認為科學的優點在於它只探討真相，而不涉及倫理或意識型態。也有人認為這就是它的難題。當代伊斯蘭哲學家那司爾（Seyyed Hossein Nasr）[10]說，現代科學預設了「對宇宙的一種俗世化觀點」，對於其成果或用之為善為惡不感興趣，這是一種偏差。它

7 譯按：見《墨子・非命上第十五》。「表」者，尺度、依據之謂。

8 譯按：朋加萊（1854-1912），法國最偉大的數學家、科學哲學家，論文近五百篇，著作三十部，涵蓋數學所有領域，更跨足天體力學、流體力學、電磁學、熱力學及相對論。

9 譯按：布魯諾斯基（1908-1974），波蘭裔英國數學家，著有 *The Common Sense of Science* (1951), *Science and Human Values* (1956), *The Identity of Man* (1965)。另製作電視系列 *The Ascent of Man* (1973)。

10 譯按：那司爾（1933-），美國喬治華盛頓大學教授。

非但不是文明的一個榮耀，反而是墮落的、不道德的東西，災難性的氣候變遷、汙染以及大規模毀滅性武器，它都難辭其咎。「終於，我們不會問，為什麼伊斯蘭和中國的科學傳統悠久而興盛，卻沒有誕生出像笛卡兒或伽利略這樣的科學家，」他寫道：「而是要問為什麼是在歐洲。」（原注8）

那司爾對於西方世界的批評不遺餘力，但是西方傳統內部的人卻也對於科學在道德上的中立心存疑慮。「科學是個了不起的力量，但它不是個教授倫理學的老師。」威廉·布萊恩（William Jennings Bryan）律師在斯科普斯「猴子大審」（Scopes "Monkey Trail"）裡說。[11] 大多數科學家都會同意他的話，不覺得那有什麼問題。但是對於布萊恩而言，那卻是個缺陷。他在庭上辯論時批評演化論說：

科學可以是個完美的機器，但是它沒有增設道德約束力以防止社會濫用這部機器。它也可以打造巨大的思想船艦，但是它沒有為了風雨飄搖的人性船隻配備道德的船舵。它不僅沒辦法提供靈性的組件，它的若干未經證實的假設甚至會使船隻失去它的羅盤而危及船上的貨物。（原注9）

就連邱吉爾也說：「當科學的進展超越了蒸汽機，人類究竟是不是獲益者，其實是有疑問的。」試想一下，「如果說，把像原子彈這麼可怕的力量交給人類或是交給所謂野蠻時

代的祖先，兩者的結果幾乎沒什麼差別，」他呼籲說：「那麼給我一匹馬就好。」（原注10）

物理學家凱普拉（Fritjof Capra）[12]不認為科學和倫理應該井水不犯河水。「科學家們要為他們的研究負責，不只是在思想上，也包括道德層面。」在他的領域裡的種種研究成果，「說得極端一點，可以使我們成佛也可以變成炸彈，端看我們每個人決定走哪一條路。」（原注11）同樣的，科幻小說作家克拉克（Arthur C. Clarke）也覺得科學需要有個道德的羅盤。「我們自己的物種在演化時，不能既擁有優越的科學，又擁有卑劣的道德，」他寫道：「這兩者的組合既不穩定也會自我毀滅。」（原注12）

關於科學和倫理之間的合理關係的論辯，透顯出俗世理性裡的一種衝突。一方面，理性的自主權蘊含著我們應該跟著我們的思考走，而不必考慮它的現實用途。另一方面，它也假設了科學、理性和進步之間存在著聯繫。但是如果俗世理性在倫理上保持中立，我們怎麼知道它會使我們獲益呢？「為科學而科學」的假設為什麼可以造福人群？

認為自主的理性一定會促成進步，這個假設也會助長學術界裡很危險的自大狂，而一

11 譯按：一九二五年三月二十一日，田納西州州長正式簽署「巴特勒法案」（Butler Act），禁止老師在學校講授演化論。一名高中教師斯科普斯（John Thomas Scopes）以身試法，於是遭到起訴，即所謂「猴子大審」又稱「斯科普斯案」。檢方是前國務卿、三次代表民主黨競選總統的布萊恩，辯方律師是人權律師丹諾（Clarence Darrow）。

12 譯按：凱普拉（1939-），奧地利裔美國物理學家、深層生態學家，著有 *The Tao of Physics* (1975), *The Turning Point* (1982), *Uncommon Wisdom* (1988), *The Web of Life* (1996), *The Hidden Connections* (2002), *The Systems View of Life* (2014)。

旦被問到他們的研究成果是否有益於範圍更大的社會，他們又會支吾其詞。俗世理性的邏輯會回答說，知識就算沒有實際的效應也沒關係，因為是知識為研究而研究的。如果它真的有什麼效應的話，也一定是好的，因為知識只會促成進步。但是我們當然可以合理地問，是否對的人以對的方式研究對的東西，而除非我們知道什麼是「對的」，否則就沒辦法回答這個問題。例如說，學術圈形成一種共識而壓抑不同意見的聲音，這麼做是對的嗎？對於俗世理性的自主權的過度崇拜，會招來學術「審查」的幽靈，阻止我們問這些問題。

對於科學和思想發展而言，俗世理性是個威力強大的工具。但是我們必須挑戰俗世理性對於其益處的自大狂，或許是透過認為哲學和科學的存在目的是為了造福人群的那些傳統。如果說人類的福祉是我們的終極目標，那麼理性的自主權就不會是絕對的。誰會想要在一條荒涼的大街上打造一座全世界最優雅的圖書館呢？

第六章
實用主義
「一個處理人的問題的方法。」

談到宗教信仰，美國是個奇怪的局外人。其他已開發世界的模式是，隨著經濟的發展和教育的普及，宗教信仰也逐漸沒落。儘管證據指出這個姍姍來遲的模式在美國已經開始了，但是那裡的宗教信仰依舊很有韌性。最近有個調查顯示，百分之五十六的美國人認為自己有宗教信仰，相較之下，英國有百分之二十六，瑞典百分之二十二，西班牙則是百分之三十七。只有百分之七的美國人認為自己是無神論者，相較之下，法國有百分之二十一，德國百分之十四，而英國則有百分之十一。（原注1）

關於這個現象，有許多理論可以解釋。其中可信度最高的是說，相較於人均財富水準，宗教信仰和經濟安全的關聯性比較大。美國是全世界最富裕的國家，但是它沒有歐洲的那種福利國家。許多人覺得自己在經濟上朝不保夕，薪水僅供糊口。

我們不會傻到對這個證據視若無睹，但是如果忽略了形塑美國人想法的價值和信念，同樣是把問題過度簡化了。如果我們想知道為什麼有宗教信仰的美國人比較多，或許可以從美國的本土哲學傳統窺見一斑：實用主義（pragmatism）。

實用主義的哲學譜系可以溯自英國經驗論。十九世紀哲學家和心理學家威廉・詹姆士（William James）明確地把實用主義連結到「英國探究概念的偉大方式」，那就是「當下問你自己：『它被**認知成什麼**？它會導致什麼事實？』」（原注2）

詹姆士的定義呼應了實用主義的另外兩個創始者的界說，也就是約翰・杜威（John Dewey）以及查爾斯・皮爾士（Charles Sanders Peirce）。皮爾士對於實用主義的核心原則定義如下：「考慮有那些效果，亦即考慮其在可想可見的程度內可能有的實際意指，如此，我們正在構想我們的思考對象擁有了什麼。因此，我們對這些效果的概念構作，即是我們對此一對象的概念構作的全部。」[1]（原注3）杜威也寫道：「知識始終是實用的問題，那是由經驗性的自然事件構成的。」（原注4）「認知是經驗事件的一種應用方式，也就是如何增加力量以引導由事物流出的結果。」（原注5）

我們不能以抽象觀念或是心智的內在作用去理解信念的真理和意義，而必須就信念所造成的實踐差異。「如果說一個觀念或信念為真，」詹姆士或者實用主義問道：「它之為真對於任何人的現實生活會有什麼具體改變嗎？它和在信念為偽的情況下得到的經驗有什麼不同？簡言之，真理就經驗而言的現值是什麼？」（原注6）實用主義把諸如真理和意義之類的抽象概念連接到人的行動。「信念的本質在於建立一個習慣，」皮爾士說：「不同的信念是由其導致的不同行動模式加以區別的……任何和思想有關卻無涉於思想的目的者，只是它的沉積，而不是它的一部分……一個東西的意義僅僅在於它涉及什麼樣的習慣。」（原注7）

詹姆士的說法更加明白：「簡言之，信念其實是行動的規則；整個思考的功能只是建立行動習慣的一個步驟。如果說一個思想有哪個部分對於其實踐的結果沒有任何差別可言，那麼那個部分就不具備思想的意義的真正元素。」（原注8）

1 譯按：中譯見《目的與思想：實用主義的意義》頁4，傅佩榮、蔡耀明譯，黎明文化，1983。

被曲解的實用主義

採取實用主義觀點的結果之一就是，許多哲學問題並沒有**被解決**，而只是**被消融了**。「思想的進步往往是在於徹底拋棄問題及其設定的選項，我們之所以拋棄它們是因為它們不再那麼重要，或者沒有燃眉之急，」皮爾士寫道：「我們並沒有解決什麼（哲學問題）：我們只是把它搞清楚而已。」（原注9）詹姆士的說法更生動：「對我來說，哲學進步的真正路線，與其說是**穿過**康德，不如說是**繞過**他，而來到我們現在站著的地方。」（原注10）一旦你明白了任何信念的實踐蘊含，就再也沒有什麼東西要理解的了。古老的哲學問題被視為笨拙的思考方式的遺跡而棄若敝屣，正如沒有人想知道燃素（phlogiston）是由什麼東西組成的[2]，或是要多少隻水蛭才能治好水腫病[3]。

於是，許多傳統的形上學問題，例如時間、存有者或心智的本質，就這麼銷聲匿跡了。它們被證明是假問題，哲學家誤把概念從現實經驗的世界裡抽離出來，而迷失在概念混淆的霧霾裡，才會提出這些問題。探究世界的究竟原因和解釋，同樣是徒勞無功的事。比方說，皮爾士寫道，「最近解析力學（analytic mechanics）有個令人嘖嘖稱奇的研究成果說：我們可以準確知道力的作用，但那是什麼力，我們就不知道了。這根本就是自相矛盾！」（原注11）

正如杜威所說的，「當哲學不再是處理哲學家的問題的工具，而是哲學家用來處理人的問題的方法的時候，哲學就找回它自己了。」（原注12）關於前者，最好的例子莫過於激進懷疑論（radical scepticism），它甚至懷疑外在世界是否存在。你可以把它當作哲學遊戲，只不過代價是諸如「世界」或「存在」之類的語詞會脫離它們的實際用法。「我們不能以懷疑一切作為起點。當我們著手哲學研究時，必須從我們現有的偏見開始，」皮爾士說：「我們不要在哲學裡假裝懷疑我們心裡其實沒有任何懷疑的東西。」（原注13）

實用主義者對於他們哲學轉型的能力相當樂觀，卻也很明白這是一條艱難的路：「古老的觀念的撤退相當迂緩；因為它們不只是抽象的邏輯形式和範疇。」（原注14）杜威知道，告訴哲學家說他們終其一生的工作都是在浪費時間和空間，並不是人際溝通的好方法。

實用主義對於形上學的冷淡，或許可以解釋為什麼它在中國和日本有一點影響力。它在中國的擁護者包括十九世紀末到二十世紀初主張君主立憲的康有為，以及一九一二年中華民國第一任總統孫逸仙，他的哲學和實用主義一樣都強調行動。傳統中國哲學一般也都著眼於現實生活的問題，許多人認為佛教太專注於靈性層面是不好的影響。於是，杜威的學生胡適回到他自己的國家，對於「東方靈修」大肆批評。「一個老乞婦在死前喃喃稱念

2 譯按：「燃素理論」是源自十七世紀的化學理論，由巴夏爾（Johann J. Bechar）提出，在史達爾（Georg Ernst Stahl）的鼓吹下，成為十八世紀的顯學。該理論認為有種物質叫做「燃素」，物質在燃燒時會釋放出來。這個理論現在已經被推翻了。

3 譯按：《神農本草經．下卷》：「水蛭，味咸平。主逐惡血瘀血月閉，破血瘕積聚，無子，利水道。生池澤。」

佛號，這算是什麼靈修呢？」他在一九二〇年代寫道。

在日本，西田幾多郎拜讀了詹姆士的《宗教經驗之種種》（*Varieties of Religious Experience*）而深受影響，激勵他依據禪宗傳統，採取一種經驗主義的方法，而以經驗現象學為其材料。西田幾多郎的哲學把實用主義對於經驗的強調以及日本思想對於語言限制的重視熔於一爐。「出現於意義和判斷之中的東西，是從原經驗抽象出來的一部分，」他寫道：「其內容反而比原經驗貧乏。」（原注15）

許多批評者對實用主義的質疑在於，它似乎**太實用了**。也就是說，它放棄了傳統絕對真理的概念，而以「管用就好」的模式取代之。它當然會有負面效應。杜威不認為哲學探究是「和至高的、究竟的、真實的實在界的特別親密的接觸」，他說這是西方主流傳統的核心假設。這個假設無所不在，就連和杜威同樣激進的當代思想家柏格森（Henri Bergson），「也沒辦法捨棄……追尋真正的『實在』的念頭。」（原注16）

詹姆士說，我們最接近「絕對」（他加了上下引號）的地方，是想像我們所有暫時的真理有一天會輻合的那個消失點（vanishing point）。他把真理稱為「輻合」（convergence），是借用皮爾士的說法：「所有研究者注定最後都會同意的那個意見，就是我們所謂的真理，而在這個意見裡所描述的對象也會是真實的。」（原注17）因此，決定什麼是真理的，不是個人而是團體。「把個人當作真理的絕對仲裁者，那是至為危殆的，」皮爾士說。（原注18）二十世紀的實用主義哲學家理查・羅逖也重申這點，他寫道：「對於實用主義者而言，追求客觀性並不是要脫離團體的種種限制，而只是要盡可能地追求互為主體性的（intersubjective）一致意見，盡可能地擴大『我們』的指涉範圍。」（原注19）

既然真理的輻合是在假設性的未來，這其實意味著我們現在所說的真理都只是方便施設而且是相對的。「我們今天的生活只能依據我們今天所能擁有的真理，而它明天很可能就變成『假的』，」皮爾士寫道。（原注20）問題是如果我們太認真了，就會落入危險的相對主義，認為只要剛好有用，任何主張都可以為真。真理就成了權宜之計的問題，而別人的主張再怎麼荒誕不經，我們也沒辦法辯駁。羅逖說，對於實用主義者而言，「正如『真理』，『知識』只是對於信念的吹捧阿諛，使得我們覺得它言之有據，在一時半刻之間，不必有更多的證成。」（原注21）

然而，真正的實用主義並不是乍看下那麼自由放任。它和經驗主義一樣，都堅持要仔細檢驗證據，重視證據對我們的要求：「唯有慎思明辨，才能有真正有價值的觀念，」皮爾士寫道：「但是我知道在觀念的問題上，大家偏好廉價而低劣的。」（原注22）

羅逖認為，實用主義並不支持那種主張真理只是對我們而言為真的相對主義：「實用主義者並沒有什麼真理理論，更不用說相對主義的真理理論。」對羅逖而言，實用主義是以凝聚力的價值為導向的，也就是說，「人們齊心協力研究的價值只有一個倫理依據，而不是知識論的或形上學的依據。」（原注23）信念的功能是使我們團結一致，和衷共濟。那些

4譯按：中譯見西田幾多郎《善的研究》頁12，何倩譯，北京：商務印書館，1965。

信念是否相應於某個絕對的實在性，其實一點都不重要。

把實用主義曲解為「任何對你有用的」，是瞿然誤解了諸如詹姆士的陳述：「你可以說『因為它是真的，所以它有用』，也可以說『因為它有用，所以它是真的』。它們都是在說同一件事，……」這聽起來實在太隨便了，使得讀者忘了逗號後面的整段話是怎麼說的：「也就是說，這是一個被實現了的而且可以驗證的觀念。」（原注24）實用主義的實用概念不是指一時一地的權宜之計，而是整合了我們更多人的認知以及證據。詹姆士的這個限定條件往往被人忽略了。誠如杜威所說的，「詹姆士說一般性的概念必須『兌現』，這句話一直被（歐洲的批評者）解釋為：知性的目的和衡量標準在於它所產生的狹隘而粗糙的實用性。」（原注25）詹姆士其實是主張說：「真的觀念是我們可以消化吸收、證實、支持和判定的。假的觀念則反之。」（原注26）例如，我們可以說那些批評者對他的主張的描述是假的，因為他們關於他的主張的說法，沒辦法藉由審視他實際上寫了什麼而去證實、支持和判定。

美國的實用主義性格

實用主義可以說源自英國的經驗主義，既然如此，我們或許會問為什麼它會成為美國獨特的哲學潮流。若說哲學上的實用主義的盛行反映了一個在文化上更一般性的實用主義，應該不是無的放矢。皮爾士、杜威和詹姆士在某些方面和他們的同胞是意見一致的。英國人以他們的「常識」著稱，不信任知識份子那一套東西，而在美國則尤有甚者。美國人屢屢歌頌他們的平民，似乎信任一般百姓甚於專家或菁英份子。畢竟，民粹主義者（populist）對於菁英階級的不滿是充斥整個西方世界的現象，但是只有美國人才會選一個出身下層社會的房地產商人當總統。

實用主義似乎也呼應了美國的歷史確定感，它最極端的形式就是相信美國有作為自由世界的領袖的「昭昭天命」（manifest destiny）。這個說法聽起來有些扞格不入，因為實用主義對於絕對真理這回事興趣缺缺。但是他們之所以會相信天命這種東西，正是因為不必提出絕對的證明。因此，杜威關於哲學確定性的主張似乎也可適用於社會的確定性：「在獲致一致意見之後，確定性的問題就成了無意義的問題，因為再也沒有人會懷疑它。」（原注27）

如果實用主義和範圍更大的文化有什麼關聯的話，那不會是因為它的原則得到公開的支持。大部分的人都希望他們的信念為真，也認為它們是真的。但是當被要求證明他們的信念時，如果我們看看他們怎麼做而不是可能會說什麼，就會察覺到美國人的想法裡有著相當強烈的實用主義性格。誠如卡爾林．羅馬諾（Carlin Romano）[5]所說的，實用主義哲學家對於美國民眾歷久不衰的影響力，「主要在於他們對我們揭示的標題，而不是注釋。」（原注28）其中最明顯的或許是在宗教問題上。「宗教的發展不是依靠一堆在邏輯上環

5 譯按：美國記者、獨立書評家和哲學家。

環相扣的形容詞的抽象定義和系統，也不是神學院和他們的教授，」詹姆士主張說。「這一切都只是後續效應，只是對於大量具體宗教經驗的踵事增華，依附在那些在謙卑的個人生活裡永無窮盡地（saecula saeculorum）重現的感情和行為上面。」（原注29）換言之，人們相信他們自己對於神聖者的感覺甚於任何神學或科學論證。由於大城市外頭的社區大抵上都有宗教信仰，實用主義的「輻合」證明會誇大這些感覺。

尤有甚者，擁有宗教信仰似乎是個好主意。它可以為人們賦予意義、目的、價值和歸屬感，就此而論，它有其實用價值。「宗教基本上是在說兩件事，」詹姆士寫道：「首先，它說永恆的、周而復始的、宇宙裡最後一個扔石頭的、最後做決定的，那個東西才是至善。」這是「一個根本無法以科學去檢驗的肯定」，但是那無關緊要，因為「對於宗教的第二個肯定就在於，如果我們相信它的第一個肯定為真，我們的人生會更好」。（原注30）換言之，宗教是真實的，因為它很實用，而既然那其實就是說「宗教很實用，因為它是真實的」，所以它是真實的，就這樣。

我不是說實用主義哲學的審慎應用可以證成數千萬美國人每天的宗教信仰。杜威認為，傳統宗教漸漸被拒於我們日新月異的科學世界觀之外，而皮爾士和詹姆士也沒有為基督教基要主義（fundamentalism）辯護。我要說的只是，更廣義的實用主義觀點有助於解釋宗教信仰的持存。

許多學院派的實用主義者更難以接受的是，近年來最令人髮指的政治語言都和實用主義牽扯不清，使人很難不看到它們之間的關係。例如說，小布希（George W. Bush）總統時期一個沒有指名道姓的助理，後來證實是卡爾・羅夫（Karl Rove），他在二〇〇四年對朗恩・薩斯金（Ron Suskind）[6]說，像他這種記者，「屬於以事實為依據的那群人」，人們「相信從你們對於清晰可辨的現實世界的明智報導裡就可以找到答案」。這聽起來像是常識，「但是現在世界不再是這麼玩的。我們現在是個帝國，我們的一舉一動都在創造我們自己的現實世界。就在你們忙著探究真相時——你們當然會很明智——我們又會有下一波行動，創造另一個現實世界讓你們去探究，事情就是這麼解決的。」

許多人或許會覺得他太囂張了，但是實用主義不必怎麼扭曲，就會讓人有這個印象。羅遜主張說我們應該「把它想像成『製造』而不是『發現』」，他不認為我們只是在探究「清晰可辨的現實世界」，並且暗示說我們其實是以我們的概念在創造現實世界。（原注31）如果說沒有絕對的真實，而只有大家殊途同歸的真理，那麼我們為什麼不把輻合引導到我們想要相信的真理？實用主義的擁護者會認為那是嚴重扭曲了他們的哲學，然而重點是美國人的心理覺得，比較嚴謹或學術地說，它就是哲學上的實用主義，而寬鬆一點地說，它就會成了機會主義。庶民的實用主義不是學院的實用主義的濫用；相反的，學院的實用主義其實是在為庶民的實用主義搽脂抹粉。

這個庶民的實用主義在許多方面相當合乎美國的胃口。「只要管用就好」的態度清楚

6 譯按：美國記者，曾獲普立茲獎。

表現了不在乎思想細節、只著眼於解決問題的心態。更危險的是，它會讓人們對於「清晰可辨的事實」失去應有的興趣。唐納・川普當然就是庶民實用主義的最壞示範。他的前任白宮發言人西恩・史派瑟（Sean Spicer）無視一切客觀事實，居然說：「這將會是有史以來為數最多的觀眾見證的艾美獎。」而川普自己也在推特上說：「任何負面民調都是造假的新聞。」不管是美國或世界各地的人，對於他們悍然拒絕接受現實的態度，莫不瞠目結舌。川普的眾多支持者為什麼不覺得噁心呢？一定有人會認為那是美國根深柢固的實用主義在作祟，他們重視效益和團結，而沒有那麼在乎其他比較客觀的真理標準。解決之道不是要美國人放棄美國式的思考，而是要讓他們真正明白他們本土的實用主義哲學的優點在哪裡。

第七章 傳統

「述而不作，信而好古。」

我們會覺得談論不同的哲學傳統是再自然不過的事了。然而這句話裡卻有個地方不大對勁：每個哲學都有它的歷史，但是我們一定要捨棄歷史背景去證成它們嗎？你或許可以訴諸聖哲的洞見、邏輯的力量、經驗的證據，但是絕對不會只是因為那個信念屬於某個傳統。然而，在現實裡，傳統深深影響了所有文化，包括哲學的文化。中國是最顯著的地方。只要走一趟收藏著中國傑出古代藝術的上海博物館，就會明白這個傳統有多麼古老。我在那裡欣賞了紋飾雄偉瑰麗的青銅器「方罍」（一種盛酒器），它是出自西元前十一世紀的周朝初期。周朝統治了現代中國一大塊領域，它的文化雲蒸霞蔚，鬱鬱蔥蔥，當時的中國文字已經很接近現代的形式。相對的，北歐仍然處於沒有文字的鐵器時代。

我為之驚豔不已，接受又發現館藏文物當中還有年代更久遠的。我又看到一件商朝晚期（西元前十三到十一世紀）的青銅器「豬尊」（另一種酒器），那是上頭有銘文的高度文化。我看到的最古老的文物是一隻青銅鉞，上頭有鑲嵌十字紋，出自夏朝（西元前十八到十六世紀）。

中國對其悠久歷史的意識的深度和影響力不容小覷。歐洲大部分的國家都只有數百年歷史，很少人覺得自己和遙遠的古代有什麼關係，不過希臘人顯然是個例外，在雅典我看到和上海博物館一樣年代久遠的文物。相對的，在孔子的故鄉曲阜，有一大堆人是這位哲學家的後裔，不僅如此，他們也都對自己的族譜很熟悉。比方說，飯店的一位女服務生對我說她是孔家第七十四代子孫。我的導遊的英文名字叫法蘭克，他則是第七十五代。窮年累世的過去，居然活生生地體現在一個中國人身上，這讓外國人們咋舌不已。中國總理周恩來在一九七二年對尼克森（Richard Nixon）說，現在要談論一七八九年法國大革命的影響還「言之過早」，我們或許必須對這段軼事存疑，但是它之所以流傳下來，那是因為它準確地反映了中國對於歷史格局的看法。

強調傳統不代表保守或反理性

傳統的力量在哲學裡同樣勢不可擋。溫海明[1]對我說：「對中國人民來說，古代哲學經典是中國思想的基礎、思想典範，也是中國人理解世界的方式，我們的行為準則。中國有這麼久遠的歷史文化，三千多年的傳統。我們今天擁有的一切不是來自別的地方，而是來自一個深層的、非常有思想的傳統。」

就連大多數古代中國哲學家也認為他們自己只是在記錄古人的智慧。查爾斯・摩爾說：「就像印度一樣，中國後來的思想家往往會認為他們只是古代主流學派或思想家的注解者或信徒。」（原注1）孔子有好幾次也說他只是傳遞和保護古代聖王的原則。他自況說

1 譯按：夏威夷大學哲學博士，中國人民大學哲學學院副院長，著有 *Confucian Pragmatism as the Art of Contextualizing Personal Experience and World* (Lexington, 2009)；*Chinese Philosophy* (Cambridge University Press, 2012)；《儒家實意倫理學》（2014）。

「述而不作，信而好古」。（原注2）

然而，對於過去的敬重不能被誤解為奴性的、沒頭沒腦的厚古薄今。陳榮捷[2]強調說：「我沒有聽過哪個哲學家說閱讀經典是獲取知識的唯一或主要途徑，或者說只要經典說是對的，那就是對的。知識始終是個人自己的探險。」（原注3）這就是為什麼如同印度一般，古典文本的「詮釋者」總是自出機杼而成一家之言。

強調傳統並不就是保守或反理性的。正如陳榮捷所解釋的，如果我們接受說「真理不是被理解為天啟或是抽象原則，不管它在邏輯上是否可以自圓其說，而是被理解為人類事務的可探究和證明的原則，換言之，認為人類歷史是真理的真正試金石」，我們在邏輯上就會得到這個結果。（原注4）

傳統會遞嬗演進，但是深植於文化裡數百年甚至數千年的思考模式，卻會持續形塑我們對於當下周遭世界的思考方式。小林康夫和大家一樣注意到西方化對日本的影響，但是他仍然相信「其心靈和感受在百年內不會改變」。

在東方固然如此，在西方亦然。自從啟蒙運動以來，西方世界不再崇拜傳統，甚至反對它。法國大革命是它的榜樣，在那個期間，人們對傳統的大張撻伐在西方世界可以說空前絕後。其後在法國的多次復辟以及其他地方改革的成效不彰，證明舊有的模式超乎想像地根深柢固。不過對於傳統的尊重還是難以回復到啟蒙運動以前的程度。

或許是受到基督教末世論的影響，西方人的想像一直被框限在「朝著某個終點前進」

的這種觀念裡。西方世界崇尚進步、改革和創新。吳經熊[3]指出：「一般而言，東方的黃金時代是在起點，而西方則是在終點。」（原注5）這也是為什麼在西方人眼裡，中國和印度的哲學傳統很原始而且泥古不化。但是我們也不能因此就對它們嗤之以鼻。如前所述，傳統並不是革新的絆腳石，甚至可以催化它。「創新並不是來自鄙視固有傳統，而是和它們共存，」下村寅太郎[4]寫道：「對於我們在西方看到的那種批判的、明確果決的思考而言，這種心態或許難以理解。」（原注6）

一旦談到非洲或是諸如毛利人的祖先或民族的口傳哲學，由於他們沒有寫出什麼經典作品的偉大思想家，人們最容易把他們的思想體系貶抑為「僅僅是個傳統」。在歷史上，這些文化甚至不被承認擁有名副其實的哲學。華特·翁恩（Walter Ong）[5]主張說，只有書寫語言才能催生出更分析式的、合乎邏輯的論述，而後者則可以促成革新，也更加客觀。相對的，口說語言的文化則擁有比較多的具體概念，它們的傳遞也比較保守。誠如哈夫洛克（Eric Havelock）[6]所說的，「如果沒有現代文字，也就是希臘文字，我們就不會

2 譯按：陳榮捷（1901-1994），哈佛大學哲學博士，中央研究院院士，著有《近思錄詳註集評》、《朱學論集》、《中國和西方對仁的解說》、《西方對儒學的研究》、《現代中國的宗教趨勢》。

3 譯按：吳經熊（1899-1986），法學家、哲學家，曾任上海東吳大學法學院院長、立法委員、上海特區法院院長、駐教廷公使、中國文化大學教授及名譽校長，著有《內心樂園》、《愛的科學》、《正義之源泉》、《唐詩四季》、《禪學的黃金時代》、《哲學與文化》、《內心悅樂之源泉》。

4 譯按：下村寅太郎（1899-1986），日本京都學派哲學家，師事西田幾多郎和田邊元。

5 譯按：華特·翁恩（1912-2003），美國耶穌會教士，文學、文化、宗教史教授、哲學家。著有 *Ramus, Method, and the Decay of Dialogue* (1958), *The Presence of the Word* (1967), *Fighting for Life* (1981), *Orality and Literacy* (1982)。

有科學、哲學、成文法或文學，也不會有汽車或飛機。」（原注7）當這個觀點流行的時候，就只會以人類學的方式去研究口說語言的文化的信仰系統，認為那是類似原始宗教的「民間信仰」，既不縝密也不嚴謹。

傳遞智慧的火炬

我們現在都知道，如果把哲學框限在西方哲學的視野下，那會是極為狹隘的。「否認有非洲哲學的存在，也就否定了哲學概念本身，」拉摩斯寫道：「那會提早關起和我們不知道的東西溝通的大門。」（原注8）然而，我們或許很難擺脫關於哲學應該是什麼的成見。喀阿（Hirini Kaa）[7]說，就連問毛利人哲學是什麼，「都是試圖把三角形套在正方形的歐洲哲學裡。」

以非洲哲學為例，有人主張說它必須和歐洲哲學傳統結合，有人則說，現在任何從事哲學研究的非洲人，都是在做非洲哲學。對於漢斯布洛克（Pieter Boele Van Hensbroek）[8]而言，這是個很幼稚的論辯。我們既然沒有一個所謂的歐洲哲學，非洲哲學為什麼要不一樣呢？

非洲哲學可以有許多不同的形式。民族哲學（ethnophilosophy）就是其中之一。它分析哲學如何植根於一個民族共同的信念、價值、範疇和假設裡，而這些則是蘊含在非洲文化的語言、習俗和信仰裡。有個耐人尋味的推論說，民族哲學有個預設，也就是在這種文化裡的「哲學家」並不是個人，而是整個族群，他們的論理是集體式的。（原注9）詮釋學的（hermeneutic）哲學則是另一種形式。塔魯沙里拉解釋說：「你研究非洲人民所說的語言，從人們說話的方式提煉出哲學觀念和概念。」這裡的關鍵觀念是，哲學隱含在人們談話的方式裡，只要仔細檢視，就可以彰顯這些隱含的觀念。

民族哲學有個疑慮是，它其實是把原住民的觀念**轉譯成**西方哲學的論述。早期的民族哲學尤其可見一斑。譚波思（Placide Tempels）[9]寫道：「當然，我們不是主張說班圖人有辦法以適當的語彙寫出一篇論文來。這種系統性的開展是我們的工作。只有我們才有辦法以準確的語詞對他們說，他們關於存有的深層概念是什麼。」（原注10）

難怪許多人會對於這種計畫明顯的殖民主義性格不以為然。洪通基（Paulin Hountondji）[10]認為，在民族哲學裡，「黑人一直站在某個對話者的對面；他始終只是個話題，一張在個別偵訊下無聲的臉孔，一個要被定義的對象，而不是潛在論述的主體。」（原注11）塔魯沙里拉說，其中的一個結果是：「就連非洲學者，研究非洲哲學的人，也沿襲西方傳

6 譯按：哈夫洛克（1903-1988），英國古典語言學家，多羅多大學教授，著有 *Preface to Plato* (1963), *The Greek Concept of Justice: From its Shadow in Homer to its Substance in Plato* (1978)。

7 譯按：紐西蘭奧克蘭大學教授。

8 譯按：荷蘭格羅寧根大學（University of Groningen）哲學系教授。

9 譯按：譚波思（1906-1977），比利時方濟會剛果傳教士，著有 *Bantu Philosophy* (1945)。

10 譯按：洪通基（1942-），非洲貝南共和國哲學家，貝南國立大學哲學教授。

統的種種範疇，用它們來從事研究。」例如說，他們在探討非洲的宗教哲學時，會想到基督教或古希臘的概念下的諸神，然後在非洲尋找這類的神明。他們會一直碰壁，因為在非洲「宗教和俗世的範疇沒有太大的意義」。

肯亞的歐魯加（Henry Odera Oruka）[11]對於民族哲學提出另一個反駁，他認為「它不是源自非洲傳統的批判性部分，而是源自非批判性的部分」，而「真正的哲學總是在批判性的部分才找得到」。要找到那個批判性的部分，就必須探索「任何部落裡的智者在言談裡的思想」。這些都透顯了「一個思考和解釋世界的模式，它在通俗智慧（家喻戶曉的部落格言、詭論和老嫗能解的真理）和學究智慧（部落裡某個人詳細闡述的智慧以及理性的思考）間搖擺不定。」（原注12）歐魯加試圖找到他所謂「智者的哲學」（sage philosophy），他拿著錄音機到村子裡和部落裡公認的智者聊天。他不會把他非批判性的對話記錄叫作智者的哲學。唯有能夠理性地回答問題和反對意見的人，才會被視為真正的智者，只會重複宣說那些觀念而沒有分析能力的人，則被歸類為通俗智慧的容器。

到底要使用智者哲學或是民族哲學的工具，認真探討非洲哲學的人應該自己去判斷，而不要透過西方世界的範疇和概念的濾鏡。其中一個方式，就是注意一下非洲的語言「在某些問題上如何以不同的方式建構世界，而其方式或許更上層樓，」漢斯布洛克說。迦納哲學家克瓦西．魏雷度（Kwasi Wiredu）[12]有一次建議他說，有個方法可以讓你以新的觀點去審視哲學問題，那就是把它翻譯成你的本地語言，試著以那個語言去處理它，然後再把它翻譯回來。

西方哲學家不認為他們是在為他們的祖先傳遞火炬，但是他們和世界其他地方的思想家一樣，其實都是在某個傳統裡工作。任何人走進西方國家的哲學系裡，都會發現那裡的課程都是在故紙堆裡做文章。研究生鑽研一般被譽為哲學之父的那些古代希臘人。許多哲學系的牆上都會掛著拉斐爾（Raphael）「雅典學院」的複製畫，而蘇格拉底的名言「沒有審視的人生是不值得活的」至今都是最流行的招生海報廣告詞。放眼整個西方世界，沒有哪個國家的哲學系會完全捨棄柏拉圖、亞里斯多德、笛卡兒和康德的研究，再加上二十世紀之前的近代思想家，其中的差異取決於以英美「分析」哲學家或是以歐洲「大陸」哲學家為主。如果有人認對當代西方哲學不像其他地方的哲學那樣以傳統為其框架，這種想法應該既可悲又可笑。

的確，西方世界以外的傳統對西方哲學顯然比較開放，反之則不然。印度哲學把西方國家的許多影響都熔於一爐——印度哲學會議裡競相引用威廉．詹姆士、維根斯坦（Ludwig Wittgenstein）、約翰．帕斯莫（John Passmore）[13]、摩爾（G. E. More）[14]、康德、笛卡兒和

11 譯按：歐魯加（1944-1995），肯亞哲學家，自一九七〇年代以來，致力於保存原住民思想家的知識。

12 譯按：魏雷度（1931-），迦納哲學家，致力於非洲哲學概念的去殖民化，著有 *Philosophy and an African Culture* (1980), *Cultural Universals and Particulars: An African Perspective* (1996)。

13 譯按：約翰．帕斯莫（1914-2004），澳洲思想史家和哲學家。代表作為 *Man's Responsibility for Nature* (1974)。

14 譯按：摩爾（1876-1958），英國哲學家，劍橋大學哲學系教授，他和維根斯坦、羅素、弗列格同為分析哲學的創建者。代表作為 *Principia Ethica* (1903)。

胡塞爾（Edmund Husserl）之類的理論，而美國哲學學會（American Philosophical Association）的會議卻鮮少提到西方傳統以外的哲學。日本哲學也大量吸收了歐洲的現象學和美國的實用主義。西方哲學雖然在檯面上對於傳統的價值不屑一顧，卻可以說是最沙文主義而且依賴傳統的。

第八章

小結

「所有哲學都被假設為一種『術』。」

佛陀說：「猶有人被塗厚毒之箭所射……然彼言：『尚未知射予之人是王族耶？婆羅門耶？庶民耶？或奴隸族耶之期間，此箭不得取出。……在未知射予之人為高、為中、為矮之期間，此箭不得取出……在未知射予之人為黑色、或黃色、或金色皮膚之期間，此箭不得取出。』」他說了一大串，苦口婆心地要人明白，這些問題都是無益戲論，而如果有人想知道關於究竟實相之類的形上學問題的答案，他的探究同樣「非梵行根本」，而且「不導至厭、離欲、滅盡、寂靜、通智、正覺、涅槃也」。不管一個人對於世界有限抑或無限（有邊無邊）之類的問題的觀點為何，依舊「有生、有老、有死、正有愁、悲、苦、憂、惱也。以其為生、老、憂、惱等故，予於現法教以征服。」[1]（原注1）

如前所述，佛陀和孔子一樣，顯然不關心形上學的究竟問題，反映了一條橫亙於世界哲學傳統的斷層線。郝大維（David Hall）和安樂哲（Roger Ames）[2]把它形容為「探究真理者」和「求道者」之間的差別。西方哲學是典型的尋找真理。它試著要描述實在界、邏輯、語言和心智的基本結構。西方強調「為科學而科學」即為一例。對於探究真理者而言，無目的性的求知是最好的一種；可是在求道者眼裡，沒有目的就好像漫無目標地開車一樣荒謬。

中國人顯然都是求道者，李晨陽[3]說：「他們不會把真理視為和世界客觀事實的對應關係；相反的，他們認為真理就是做個好人、好父親、好兒子的方法。對他們而言，真理不是刻在石頭上的，世上也沒有什麼究竟不變的法則。」西方的真理則是「絕對的、永恆

的、究竟為真的」，然而中國的**道**「並不是在眼前的；人必須以行動去創造它」。（原注2）

求道者的概念也呼應了王蓉蓉[4]的說法，她認為**陰**、**陽**和**氣**不是在形容終極的實在界，而是「**術**的一部分，也就是在任何情況下都能恢恢乎游刃有餘的策略或技巧」。（原注3）術（策略或技巧）在思考裡的核心地位也反映在現代中文裡所謂的「學術」一詞裡，也就是**學問**的**術**：「所有哲學都被假設為一種『術』。」（原注4）術的這個解釋有很用，因為探究真理和道路的差別也反映在把哲學視為一種術或科學。[5]哲學在西方世界一直渴望更加科學化：嚴謹、精確，如實地描述實在界；在東方世界，哲學則比較像是生活的藝術。

哲學基本上是要錨定世界，或是要駕舟橫渡世界？當然這兩個計畫是相關的。你之所

1 譯按：見《中部．摩羅迦小經》；另見《中阿含．箭喻經》：「猶若有人身中毒箭……於是彼人作是念：『我不除箭。要知彼人……若剎利姓，若婆羅門姓，若居士姓，若工師姓。……我不除毒箭，要當知彼鐵師……若長若短若中，若黑若白……。』非是梵行……不成神通，不至等道，不與涅槃相應……此苦我一向記，苦習苦盡住處，我一向記。」

2 譯按：郝大維，美國哲學家，德州大學教授；安樂哲，夏威夷大學教授。

3 譯按：新加坡南洋理工大學哲學教授，著有《道與西方的相遇：中西比較哲學重要問題研究》。

4 譯按：美國羅耀拉瑪麗蒙特大學（Loyola Marymount University）亞洲研究中心教授。

5 譯按：《康熙字典》：術：「《廣韻》技術也。《人物志》思通造化，策謀奇妙，是為術家。又心術。《漢書註》師古曰：述，道徑也，心之所由也。《禮．樂記》心術形焉。又道也。《晏子．雜下篇》言有文章，術有條理。又業也。《禮．儒行》營道同術。又《說文》邑中道也。《管子．度地篇》百家為里，里十為術，術十為州。《左思．蜀都賦》亦有甲第，當衢向術。又《博雅》迹也。又與述通。《禮．祭義》結諸心，形諸色，而術省之。《註》術當為述。又與沭通。《史記．建元以來侯者年表》術陽侯建德。《索隱曰》在下邳。又《集韻》徐醉切，音燧。六　之外地。一曰道也，通作遂。《禮．學記》術有序。《註》術當為遂。《周禮．地官》萬二千五百家為遂。」按：「術」是通道的意思，引伸為技術。

以想認識世界，至少有部分的原因是要遊歷世界；反之，如果你對世界一無所知，你也不會對它有興趣。但是兩者強調重點的不同其實影響甚巨。如果你是個探究真理者，一心想要正確地認識世界，那麼你不會滿足於概念的含混、隱晦或歧義。如果你是個求道者，更加關心你的生活，那麼你不僅會忍受以上的種種侷限，你更會擁抱它們。你或許會明白，當你與世浮沉的時候，不要那麼依賴概念或語言，或許可以使你覺得更加接近世界，更加融入。

但是不管探究真理或道路，都有它們自己的負面影響。探究真理的風險在於，求知擁有自身純粹的價值，而不管它的現實結果或效益。這可以說是西方哲學的命運，歐文・弗拉納根（Owen Flanagan）[6]有個饒富興味的形容，他說西方哲學以「類似魔術方塊的心靈」吸引了許多人。（原注5）不過，對於真理的追求在科學和科技方面向來成果豐碩。學界一直在苦思臆想為什麼近代科學萌芽自西方世界而不是中國，既然中國長期以來在教育和經濟上都比西方世界略勝一籌。森舸瀾（Edward Slingerland）提出一個合理的理由，他說中國「對於抽象思考本身有根深柢固的疑慮，也就相對的沒辦法對於世界採取一種脫離現實的、工具性的立場。」（原注6）

求道或真理的區分深植於中國和西方的心靈裡。但是這個區分在印度適用嗎？或許沒辦法。蘭普拉薩德提出另一個區分全球傳統的方式，也就是**以語言為準則**和**以語言作為指涉**的差別。他認為印度和西方世界一樣，語言主要是用來指涉的：以語詞分辨世界的種種面向。在中國，語言主要是個準則，它告訴我們如何生活，而不是告訴我們存在是什麼。(原注7)例如說，「墨子顯然不是把語言用來指涉世界裡的事物，而只是用來作為準則。就此而論，他和孔子並無二致。」(原注8)

蘭普拉薩德在他的區分裡似乎把印度形容成探究真理的傳統，雖然在其他方面，印度哲學比西方哲學更像是求道的傳統。「在印度，哲學和生活的水乳交融是整個印度觀點的關鍵，」查爾斯．摩爾說出了大家對於哲學和生活的密切關係的共同感覺。(原注9)雖然印度哲學裡有一股探究真理的澎湃潮流，但是他們所追尋的真理卻總是和如何安身立命有關。換句話說，印度哲學以語言作為指涉，但是以哲學作為準則。如果我們把道路和真理視為光譜的兩端，而不是非此即彼的對立面，那麼印度似乎是執兩用中，不過比較接近求道的那一端。同樣的，至少在其自我概念裡，它也試著在技術和科學之間取得平衡。例如說，修習瑜伽一部分是梵行的演算法，依法修習就會有相應的成就，但是它只能實修實證，而沒辦法以言教傳授。

求道或真理、作為準則或指涉的語言、技術或科學，兩兩之間不一定那麼涇渭分明，在所有文化裡也都可以看到它們的若干面向。「任何哲學傳統或多或少都會追求聞見之知以及德性之知，」蘭普拉薩德說：「但是強調的重點會各自不同。」(原注10)我們要記得，求道和探究真理並不是不相容的。我們有可能看到兩者各自的強項，而給予應有的重視。

6譯按：美國杜克大學哲學系教授。

如果你願意放下你的價值觀而如實觀照世界，你就更有機會找到正確的道路。如果你不斷嘗試以那些真理去解決人生最重要的問題，你所探索的真理層次就會越來越高。真理不會有任何用處，除非它讓我們向萬里無寸草處行去；但是我們也會寸步難行，除非真理照亮前方的道路。

這些進路之間的巨大差異是個警訊，它說明了世界各個哲學傳統之間的差異其實是很深層的。我們很容易認定說，每個傳統對於同一個問題都有不同的答案，但是它們所探究的往往是不同的問題。好比說，我們如何認知、如何定義知識，這類問題的性質在不同的傳統裡各異其趣，因為他們對於探究這個問題的興趣大相逕庭。對某些人而言，「我們如何認知？」一直是「我們如何認知為了安身立命而應該認知的事？」對於其他人而言，這個問題基本上是「我們如何以神或仙人的啟示分辨何者為真？」還有其他人則認為那只是探究如何確認客觀的事實而已。不是每個人都相信獨立的人類理性有辦法告訴我們世界的重要真相或是如何生活。「我們如何認知？」這個問題的所有版本，在所有文化裡都被探究過，只是強調的程度各自不同。

我希望你們現在明白為什麼我在本書劈頭就問說「世界是如何認知的」。它乍看之下或許是個抽象的問題，但是如果我們想理解世界是如何思考的，它卻是個根本的問題。它讓我們更能夠理解關於世界如何存在的想法，那正是我們在下一部裡要著手探討的。

第二部

世界如何存在

How the World Is

印度北部菩提伽耶（Bodh Gaya）的摩訶菩提寺（Mahabodhi Temple），是靜謐與熙來攘往的朝拜人群的怪異組合。寺裡的群眾摩肩接踵，他們或靜坐或禮佛，大部分是服色一致的團體，反映了世界各地五花八門的佛教派別。佛塔四處梵唄繚繞，幾乎沒有人在交談，人們成群結隊地逐一朝禮各處勝地，在佛陀證道的菩提樹下的金剛座前大禮拜，或是在五十五英尺高的正覺大塔正殿裡燃燈供佛。

沿著步道有僧俗眾身著海青緩步經行，依次以順時鐘方向轉動一整排圓柱狀的轉經筒，裡頭藏有真言（*mantra*）或經書，每轉一圈經輪就代表誦讀一遍裡頭的經咒。

那裡人們的一舉一動，都反映了對於世界的基本性質和結構的一種特殊認知方式，也就是某種**形上學**。對於轉經輪、誦經和供佛的功德的信仰，顯示人們相信在物理法則所揭露的宇宙以外，還有更多的東西。除了物理的因果律，還有業的因果。行為和意圖都會有其果報，不只是在此生，也會使人流轉生死，唯有涅槃寂靜才能永離輪迴。

對於該傳統以外的人們而言，這個形上學意象既陌生又充滿異國風味，但是對於該傳統裡的人們而言，那只不過是個家喻戶曉的世界觀。任何形上學意象都是如此。的確，一旦被問及他們的形上學架構，大多數的人們都會不知所措，他們甚至不知道他們有這種東西。正如我們所有的深層假設，我們不知道自己有這些假設，更不知道若干世紀以來的哲學反省一直在形塑著它們。將這些假設搬上檯面來看，我們會更明白自己以及別人眼中的世界，也會更清楚我們在這個世界裡的種種行為的理由。

第九章 時間

「晝夜如轉輪。」

太初有個終點。

今日的世界各地，時間是直線的，分成過去、現在和未來。我們一天的時間以時鐘的轉動來劃分，其次是日曆和日記，而歷史時間軸則延伸到數百萬年前。所有文化都意識到過去、現在和未來，但是在大部分的人類歷史裡，卻有個周而復始的時間觀念在底下支撐著。過去也是未來，未來也是過去，起點也是終點。

直線時間的占優勢也呼應了一個末世論的世界觀，所有人類歷史都建築在一個最後的審判之上。這或許是為什麼它成了基督教的西方世界裡司空見慣的時間觀。當上帝創造世界時，祂開始了一個有起點、中點和終結的故事。正如《啟示錄》所說的，耶穌在預言日期近了的時候，說他是這部史詩的「阿爾法和亞米茄，是首先和末後，是開始和終結。」（原注1）

周而復始的時間提供了另一個觀點：阿爾法和亞米茄，開始和終結，都是同一回事，因為時間基本上是不斷在循環的。這是對於「永恆」在直覺上最合理的思考方式。當我們把時間想像成直線，到頭來會大惑不解：在時間開始之前是怎麼回事？一條線怎麼可能無窮延伸而沒有盡頭？而一個圓可以讓我們想像永遠地往後走或往前走，不會遇到最初的起點或終點。

把時間想像成周而復始的，在近代之前的社會有其特殊的意義，那時候很少有跨世代的創新，人們的生活和他們的祖先沒什麼兩樣。沒有改變，就無從想像什麼是進步。於是，唯有接受生死的循環更迭，並且盡心盡性地扮演你的角色，才能找到生命的意義。

時間和場域

或許這就是為什麼人們一直預設著周而復始的時間。馬雅人（Mayan）、印加人（Incan）和霍皮人（Hopi）都是抱持著這種時間觀。許多非西方傳統也都有周期性時間的思考元素，在印度哲學裡尤其顯著。拉達克里希南說：「所有正統的體系都接受大規模的世界規律性變化的觀點，一個個成住壞空的巨大周期前後相續，不絕如縷。」（原注2）例如說，《梨俱吠陀》在提到天界（Dyaus）和地界（Prthvi）時說：「何者為前，何者為後？如何而生？聖人耶，孰能判分？一切生者皆依自力，晝夜亦如轉輪。」（原注3）

東方亞洲哲學也深植於四時之更迭，那是更大的存在循環周期的一部分。在道家尤其可見一斑。有一則很生動的故事說，莊子的妻子去世，人們都以為他會哀毀逾恆，他卻出人意料地箕踞鼓盆而歌。他解釋說，妻子剛過世的時候，他和其他人一樣哀慟不已，然後他想起一開始的時候：「雜乎芒芴之間，變而有氣，氣變而有形，形變而有生，今又變而之死，是相與為春夏秋冬四時行也。」[1]（原注4）

在中國思想裡，智慧和真理是永恆的，而我們也不必向外馳求，只要反求諸己就可以

1 譯按：見《莊子．至樂》。成玄英疏：「大道在恍惚之內，造化芒昧之中，和雜清濁，變成陰陽二氣；二氣凝結，變而有形；形既成就，變而生育。且從無出有，變而為生，自有還無，變而為死。而生來死往，變化循環，亦猶春秋冬夏，四時代序。是以達人觀察，何哀樂之有哉！」（《莊子集釋》頁423，商周出版，2018）

了。正如十九世紀蘇格蘭漢學家理雅各（James Legge）[2]所說的，孔子並不是要「宣揚新的真理或是創建新的體制。他只是要保存以前的知識不令散佚。」（原注5）孟子同樣批評當時的諸侯，因為他們「不行先王之道」。[3]（原注6）他在〈盡心篇〉倒數第二章裡說：「君子反經而已矣！經正則庶民興。」（原注7）至於最後一章則是在劃分聖王和聖人的世代。

伊斯蘭思想則是雜揉了周期時間和直線時間。「伊斯蘭的時間觀念本質上是奠基於透過各個先知出現的歷史的周期性奮興，」那司爾說。不過每一次循環都會推動人類前進，每一次降示都是建基於以前的降示（《古蘭經》對穆罕默德的降示，則是關於真主最終且完整的證言），直到最後一次周期，「則以末世論的事件告終，也就是馬赫迪（Mahdī，救世主）的出現。」（原注8）

所以說，周期時間和直線時間的區分並不總是那麼判然有別。非此即彼的假設使人以為口說哲學的傳統對於時間的概念都是周期性的。實際的情況卻是複雜得多。以澳洲原住民的哲學為例。澳洲的原住民並沒有共同的文化，但是整個澳洲的各個部落其實有許多類似的地方，因此我們可以暫時歸結出若干共同或主流的觀念。大衛．路易斯（David Maybury Lewis）[4]認為，原住民文化裡的時間既不是周期的，也不是直線的，反而更像是現代物理的時空概念。在他所謂「過去、現在和未來都一起出現在這個場域裡」的「夢境時間」當中，時間和場域緊緊相扣。（原注9）

「人是生活在一個場域裡而不是在一個時間裡，」史蒂芬．穆克（Stephen Muecke）[5]

如是說。（原注10）相較於直線時間或周期時間的區分，更重要的是時間和場域究竟是互不相關的或是緊緊相扣的。以對於死亡的想像為例。在當代西方世界裡，死亡主要是指一個人大限已至，而和作為其居所的身體所在的場域沒什麼關係。相反的，穆克說：「許多原住民對於個人死亡的解釋，與其說是指身體的死亡，不如說是能量回到它原本流出的地方，和那個地方重新合而為一。」（原注11）

這種思考方式在近代西方世界尤其罕見，因為西方人只知道追求客觀性，而有系統地輕視任何個殊的、有特定場域的東西。然而，穆克以挑釁卻引起共鳴的口吻說：「我在猜想，遠視或許是歐洲哲學近視的一種形式，而其他的哲學版本，或許是原住民的哲學，則更加融入人們的社會以及他們對自我的描述。」（原注12）

穆克引用湯尼．史溫（Tony Swain）[6]的觀點說，直線時間是從場域裡脫落的時間。「我隱約覺得，近代物理把這些向度拆開來研究，於是我們創造了透過一連串實驗和理論

2 譯按：理雅各（1815-1897），英國倫敦會（London Missionary Society）來華教士，於傳教之餘翻譯中國典籍近二十種，自港返英後潛心研究漢學，成為中國學術研究之權威。他翻譯的《The Chinese Classics》是國際漢學之定本。全集凡五卷，第一卷論語、大學、中庸；第二卷孟子；第三卷尚書；第四卷詩經；第五卷春秋左傳。除了四書五經之翻譯研究，另著有*The Nations of Chinese Concerning God and Spirit*(1852), *The Life and Teachings of Confucius*(1867), *The Life and Work of Mencius*(1875)。

3 譯按：見《孟子．離婁上》。

4 譯按：大衛．路易斯（1929-2007），英國人類學家、民族學家，哈佛大學退休教授，致力於原住民人權運動，著有*Millennium: Tribal Wisdom and the Modern World* (1992)。

5 譯按：史蒂芬．穆克（1951-），語言學家，澳洲新南威爾斯大學民族誌學教授。

6 譯按：雪梨大學宗教研究系講師，著有*Aboriginal Religions in Australia: A Bibliographical Survey* (1991)。

認識到的時間，」他對我說：「如果你不以理論和實驗拆開那些向度，它們應該會匯流在一起吧。」他的原住民朋友不會把時間或場域分開來談，而會談論有特定場域的事件。關鍵的時間問題不會是「那是什麼時候發生的？」而是「這件事和其他事件有什麼關係？」

「關係」一詞相當重要。時間和場域成了近代物理的抽象概念，但是在人類文化裡，它們是具體的實在物。沒有任何東西只是地圖上的一個點或是時間裡的一個瞬間：一切和其他的一切之間都存在著某種關係。如果要理解口說哲學傳統裡的時間和場域，我們就必須捨棄形上學理論的抽象概念，把它們視為活生生的觀念，是更加汪洋浩瀚的世界觀的一部分，這個世界觀則是植基於關係性之上。喀阿（Hirini Kaa）說：「毛利人思想的重要基礎在於它的親屬關係，人類相互之間、和環境之間的關係。」他認為那是一種信仰形式。「海洋不只是水，它不是令我們害怕的東西，也不是我們的商品，而是成了一個古老的神，坦加羅俄（Tangaroa）。任何生命都有個生命力量。」

來自澳洲西部恩加林因族（Ngarinyin）的大衛・莫瓦加來（David Mowaljarlai）[7]，把這個關係性的原則稱為「模式思考」（原注13）。模式思想充斥在自然和社會世界裡，在這個思考方式裡，它們終究是一個整體的部分。正如穆克所說的，「關係性的概念當然是所有親屬系統的基礎……在這個情況下，結婚不只是配對，它更是分享彼此。」（原注14）

普遍主義的風潮

對於關係性和場域的重視也形成了一種思考方式，它和抽象的普遍主義正好相反，在所有偉大的書寫哲學傳統裡都看得到它的蹤跡。穆克說那是一種「歷久不衰的原住民原則」，「根據任何時間和場域的資源和需求，都會有特定的存有方式，而該場域特定的責任也會成為人們行為的準則。」（原注15）這不是「無可無不可」的相對主義，而是認識到權利、義務和價值只存在於現實的人類文化裡，它們的確切樣貌和形式則取決於那些情境的性質。

這麼說應該夠清楚了。但是西方哲學傳統尤其渴望一種掩蓋時間和場域的種種差異的普遍性。例如說，這個西方的普遍性也和「共相」（universal）有相同的知識論根據。在這個體制下，「真相的追求超越國家的界限，」有個時事評論家習慣這麼說。（原注16）在西方哲學裡，場域的地位極為卑下，當我在每五年舉辦一次的東西方哲學家會議（East-West Philosopher's Conference）居然看到這樣的題目時，還真的不知道該怎麼加入討論。（雖然我認為西方哲學裡缺少場域的概念，這個現象本身就是值得探討的事。）

普遍主義的風潮有許多優點。人們拒絕接受任何約定俗成的事物的正當性，使他們無

7 譯按：大衛．莫瓦加來（1928-1997），澳洲西部恩加林因族長老，也是畫家、攝影家、人類學家，一生致力於原民運動，保存原民文化，推動白人與有色人種和平共存。

法容忍西方世界本身野蠻而不義的傳統習俗。如果沒有他們的無法容忍，我們到現在可能還有奴隸制度、刑求、對於婦女和同志的權利的剝削、封建的領主以及非民選的國會。普遍主義的理想使西方世界超越了它自己的種種偏見。他們也把某些偏見混充為普遍真理而加以正當化。阿皮亞認為，反普遍主義者的抱怨一般不是針對普遍主義本身，而是指**假普遍主義**，「**假裝**是普遍主義的歐洲中心主義的霸權」。（原注17）如此一來，對於站不住腳的事物的不寬容就成了排除異己。普遍主義的理想成了粗暴的黨同伐異。人們也就再也無法理解不同時間和場域裡的不同文化的不同需求。

這種「裝腔作勢」其實潛伏在每個地方，西方世界的概念被視為共相，而印度的依舊是印度的，中國的還是中國的。為了揭穿這個偽裝，加菲爾德（Jay L. Garfield）[8]和萬百安（W. Van Norden）[9]認為那些拒絕開設非西方傳統的課程的哲學系，至少應該改名為**西方**哲學系。（原注18）

毛利人和原住民哲學的「模式思考」可以用來匡正以下的假設，也就是認為**我們**的價值是普世的，而其他人的價值都是偏差的。我們也由此得以相信且明白，認為哲學是無關乎場域的、思考可以脫離土地的，這種想法沒多久就會凋萎死去。

然而，對於普遍主義的理想的不信任也有可能過了頭。至少，認為世上沒有普遍真理的這種主張本身就是矛盾的，因為它自身就是對於真理的本質的全稱斷言。（原注19）天真幼稚的普遍主義以及唱反調挑釁的地方主義，應該都不會是正確答案。我們必須意識到，即使是普遍主義的理想也必須植根於更加個殊的事物之上。據傳艾略特（T. S. Eliot）曾經說過：「雖然作家往往是地方性的而不是普世的，但我懷疑有哪個詩人或小說家是普世的卻不是地方性的。」（原注20）純粹的普遍性是居住在抽象的宇宙裡而脫離了現實世界。但是正如一個小說家可以透過一些角色和故事的殊相（particular）去探索人類境況的共相，我們不同的、地區性的哲學傳統，儘管各自的視角不同，也應該可以闡明更加普遍的哲學真理。

我們不應該擔心以傳統為根基有什麼不對，但是我們不能被它給侷限住。甘地以充滿詩意的口吻寫道：「我不要我的屋子四面高牆矗立，窗戶緊閉。我要所有土地的文化隨興所至地吹拂我的家。但是我不想被它們的狂風連根拔起。我不想住在別人家裡，當個不速之客、乞丐或奴僕。」（原注21）

在西方世界，直線時間之所以居於主流，和自啟蒙運動以來一直被人頌揚的進步理念有關。安東尼．肯尼（Anthony Kenny）[10]說：「人們追尋自久遠以來的種種理想，不管是溯自初期基督教會，或是古希臘，或是人類墮落前的神話時期。啟蒙運動有個重要的信條，認為人類自墮落以來，一直在朝向更美好的未來前進。」（原注22）肯尼的這個說法是很

8 譯按：傑．加菲爾德（1955-），澳洲墨爾本大學哲學教授，專攻佛教哲學。
9 譯按：萬百安（1962-），耶魯新加坡國大學院客座教授，專攻中國哲學。
10 譯按：安東尼．肯尼（1931-），英國人文社會科學院院士，哲學家，受到維根斯坦影響，以分析哲學探討聖多瑪斯哲學。

流行的觀點，但是也有許多人認為進步的信念更加深植於基督教末世論的宗教世界觀裡。約翰·格雷（John Gray）[11]說：「進步的信念是基督教視歷史為一種普世敘事的觀點的餘緒。」俗世思想家「拒絕天命（providence）的理念，但是他們仍舊認為人類一直在邁向一個普世的目標」，即使「進步的理念在歷史裡是因為渴望意義而創造出來的神話」。（原注23）

不管進步的信仰是啟蒙運動自創的或是沿襲的，俗世人本主義的形象很天真地相信人類始終在一條不可逆的、直線的前進道路上，在我看來，那只是他們基於歷史的、比較謙虛的希望的誇大表現，也就是既然進步已經發生了，那麼百尺竿頭更進一步也不無可能。正如歷史學家約拿單·以色列所說的，啟蒙運動的進步理念「往往會被一股悲觀主義的強大傾向澆冷水，感覺到危險和挑戰山雨欲來，而人的境況首當其衝」。他認為「主張說啟蒙運動的思想家憑空想像出一個對於人的完美的天真信念」，其實是「二十世紀初期的學者捏造出來的神話，據以嘲弄它的主張」。（原注24）不過格雷正確地指出，直線式的進步是近代西方世界對於歷史的預設思考模式，因而很可能使我們忽略了福兮禍之所伏，進步有一天也可能倒退。它也孕育了輝格史（Whiggish）所謂現代優於以前「落後的」時代的觀點。此外，它也阻斷了認為歷史不會重複但是有其韻律的看法。（一般人都以為這句名言出自馬克·吐溫，不過那其實不是他說的，而只是和他的說法「協韻」：「歷史不會重複，但是多彩多姿的現在如萬花筒般的組合，似乎是由古代傳說的碎紙片構成的。」）（原注25）

原來，各個哲學傳統對於時間的不同思考方式，絕不只是形上學的奇珍異品而已。它們形塑了我們在歷史裡的時間性場域，以及我們和自身棲居的空間場域之間的關係。它提供了一個清晰明瞭的例證，說明了借用其他思考模式如何使我們對自己的世界的觀點煥然一新。有時候，只要換一個框架，整個景象就大不相同。

11 譯按：約翰．格雷（1948-），英國政治哲學家，英國倫敦政經學院退休教授，專攻分析哲學和思想史，著有*False Dawn: The Delusions of Global Capitalism* (1998), *Straw Dogs: Thoughts on Humans and Other Animals* (2003), *Black Mass: Apocalyptic Religion and the Death of Utopia* (2007)。

第十章 業

「若以染汙意，或語或行業，是則苦隨彼，如輪隨獸足。」

比哈爾邦（Bihar）的菩提伽耶是印度最貧窮的地區。我不曾到過印度，一踏上這片土地，滿心期盼它早就不再是人們口中落後骯髒的國家。遺憾的是，它和我的刻板印象如出一轍。計程車從巴特那（Patna）機場出發，我坐在前座，眼前的貧窮地區一覽無遺，而且必須欣賞很久，因為路況太差，一百一十五公里的路程花了我三個半小時。根據統計，印度中產階級人口持續增加，但是我一離開機場的停車場，就再也看不到半個中產階級了。我看到的人家盡是殘破的磚屋、水泥房舍和臨時搭蓋的鐵皮棚。其中最奢侈的商店則是低矮的水泥公寓，大部分的店家都是搭棚擺攤或是在路邊兜售。骨瘦如柴的雞被人隨意塞進籠子裡。魚就擺在地上，沒有冰塊或冰櫃。沿路有人在集水或是用手動式幫浦汲水。我們不斷看到壓成塊狀的牛糞在太陽下曝曬，供作燃料使用。汙濁的水池和垃圾處處可見，在鄉間的小路上特別多。我走訪不少像東非一樣貧窮的地方，但是沒有任何地方這麼骯髒的。

或許有人會很浪漫地以為「梵行清淨」的印度人享受這種簡單的生活，然而矛盾的是，無數的學校招生海報和招牌上卻標榜著數學，以及銀行職員和教師之類的就業機會。人們普遍夢想著為下一代規畫在物質上更舒適的生活。

我沒多久就明白，喇叭是汽車最重要的零件，用來告訴其他駕駛人你要穿過馬路了，不管他們高不高興都得讓一讓。如果你沒有不停地按喇叭，反而是不禮貌的行為。印度的大卡車車尾幾乎都會掛著「請按鳴喇叭」的標誌。所有人在開車時都遵守著賽車的邏輯，超車是唯一重要的事。說也奇怪，沒有任何人因而大驚小怪，雖然坑坑洞洞的馬路都有限速，而且每個人顯然都知道交通規則。風險最大的人應該是腳踏車和機車騎士。

更荒涼（godforsaken）的地方當然還很多，但是世界上有哪個地方被那麼多神明遺棄（forsaken）？吠陀聖典裡提到三十三個神，印度人一般都相信其實有三億三千萬個神。如果這些神真的存在，你或許會認為他們應該更加眷顧信奉他們的十億人民。然而，這裡的諸神信仰的理由卻是另闢蹊徑。他們的生活這麼艱苦，難怪有那麼多人期望來世的解脫。

流轉生死的業力

我在下文會回來探討解脫的問題，但是我們首先必須了解使解脫既必要而且可能的基本結構：**業**（karma）。它是人類史上最古老的哲學概念之一，至今影響力仍然無遠弗屆。業的原理誕生自西元前五世紀的婆羅門傳統，它的原始意義是如法行神事以奏其效。業原本並沒有道德上的意含。（原注1）然而它漸漸演變成認為所有行為不僅有其後果，更有**道德上**的後果，根據某個宇宙的法則，它意味著人們在未來會因為他們的行為而得到果報：善有善報，惡有惡報。人們開展出形形色色的業的理論，直到現在的印度教、錫克教、耆那教和佛教世界，仍然影響甚巨。蘇・漢彌頓說：「儘管不同的思想派別對它的詮釋各異，它一直是印度整個世界觀裡的根本要素。」（原注2）

有趣的是，即使是在否定吠陀聖典地位的非正統印度哲學學派裡，除了順世派（遮盧婆迦派）以外，都接受業的理論，包括耆那教，他們相信一切「命我」（jīva）都是遍知而清淨的，卻因為業的積聚而被染汙。滌除了染汙，就可以回到「義智」（kevala）[1]的清淨無垢狀態。（原注3）

佛教幾乎把業的觀念照單全收，不過加上了若干轉折，正如早期記載佛陀自說偈頌的經典《法句經》（*Dhammapada*）所說的：「諸法意先導，意主意造作。若以清淨意，或語或行業，是則樂隨彼，如影不離形。」[2]（原注4）值得注意的是，業是意（思想）的結果，而不只是行為。心、意、識的清淨比行為的清淨更重要。

業的其中一個重要影響，就是個人的生死流轉。古代印度的法論（dharmaśāstra）《摩奴法典》解釋說：「人主要是因來自身體方面的罪行而在死後轉化到非動物的地步；特別是因言論上的錯誤而變成鳥獸的形相；尤其是因思想上的錯誤而轉生到最低賤的種姓中。」[3]（原注5）

儘管業的概念是印度宗教和哲學裡特有的，在其他地方卻也有類似的原理，甚至被認為是一種常識。一九六〇年代的西方人流行一句話 What goes around, comes around（一報還一報），是嬉皮們從佛教那裡胡亂拼湊來的。但是在將近兩千年前，聖保羅就在《加拉太書》裡說過：「人種的是甚麼，收的也是甚麼。」（原注6）

我們在中國古代哲學裡也可以找到類似的線索，他們似乎相信有某種宇宙規範性原則在運行。那就是**天**，但不是諸神居住的超越界或是我們死後註定要去的地方。它比較像是一種神聖的力量，我們會想要效法它，而如果我們違反天意，也會遭到天譴。

我們在《墨子》裡可以看到它是如何運作的：「昔三代聖王禹、湯、文、武，此順天意而得賞也。昔三代之暴王桀、紂、幽、厲，此反天意而得罰者也。」聖王們「其事上尊天，中事鬼神，下愛人，故天意……使貴為天子，富有天下，業萬世子孫」。反之，暴王們「其事上詬天，中詬鬼，下賊人。故天意……使不得終其壽，不歿其世，至今毀之」。[4]（原注7）

業不同於這些比較籠統的因果觀念，因為它不僅限於人的一生，而是流轉生死的。它把我們的行為置於更大的時間尺度之下，也更加強調行為的後果。如果人們以業報的概念去思考當下的不幸，也不會令人太意外。我一直在想，業會使人們更樂觀面對問題，但是印度哲學家蜜拉．班度不完全同意我的看法。不過我們還是必須考慮到，哲學概念本身和

---

1 譯按：命（jīva）（或命我）「為印度耆那教之根本學說。即指靈魂。分成受物質束縛與不受物質束縛兩種。受物質束縛之『命』，有動、靜之別，前者存在於動物、人等有生命體中，後者存在於地、水、火、風等無生命體中。不受物質束縛之『命』，則指解脫之『命』。耆那教將『命』視為宇宙之生命原理，主張『命』之中，具有活動性、感覺，及思智（mati）、聞智（ruta）、自覺智（avadhi，又作他界智）、慧智（manahparyāya，又作他心智）、義智（kevala，又作絕對智）等五智，而與無命（ajīva）並為構成宇宙之二大要素。」（佛光大辭典）

2 譯按：見《法句經．第一雙品》，了參法師譯（1953）。

3 譯按：中譯見《摩奴法典》頁276，迭朗善譯、馬香雪轉譯，臺灣商務印書館，1998。

4 譯按：見《墨子．天志上第二十六》。

人們對它的穿鑿附會之間是有差距的。在印度街談巷議的人們相信的業是「灌水的、泛泛之談的通俗版本，」她說：「就像人們到哪裡都要引用尼采的話一樣。」

宿命論與種姓制度

業的通俗版本比較強調世界結構的外在作用，而鮮少談到我們的選擇和動機的內在影響。因此它比業的真正意思更加宿命論一點。班度說：「人們有時候生病也不去看醫生，因為他們認為那是業報。」同樣的，他們也比美國人更喜歡怪罪政府和外在環境。「影響人們的是境遇，而不是人的內在動機。」班度認為這可能是一種心理調適機制，「但是它也會使人更加心平氣和。」比方說，「當你看到有人受苦而生起同理心，你也可以說『那只是業報而已』。」如果你周遭有太多苦難了，你生起同理心，卻不想在情緒上陷溺其中，那麼這種說法不無幫助。

由於業的信仰而導致自暴自棄的宿命論，在我聽來讓人產生「梵行清淨」的印度人總是「貧窮但快樂」這種令人欣慰的刻板印象。例如說，薩夏那主張說印度哲學是極為「實踐性的」（practical），但是西方人誤解了「實踐」在上下文裡的意思。那是指「人的內在轉化，而不是人的社會生活方式的轉變。」（原注8）那或許值得讚賞，但是也可能使人過度安於現狀，而對於各種荒謬的事物得過且過。班度也有此疑慮，但是她指出，「身處在那個荒謬裡的人們不覺得自己是得過且過」。

業的樂觀只有在它變成人們逃避困難的藉口時才會成問題。例如說，印度農民自殺的問題每況愈下，每年自殺人數高達一萬兩千人。「農民不是因為歉收才自殺的，而是因為他們還不起貸款，因為他們買到的種子是無法再生長的基改種子。那不是你的業報問題，而是經濟的問題。」

業的世界觀為害最甚者，或許是被用來支持印度嚴格僵硬的種姓制度（caste system）。現在許多學者一致認為種姓制度從來都不是牢不可破的，各個種姓之間的移動也是可能的。吠陀聖典談到四種姓（varna）（caste不是印度語）[5]：婆羅門（brāhmin）（祭司）、剎帝利（kṣatriya）（國王、大臣和武士）、吠舍（vaiśya）（工匠、商人、攤販、農民）、首陀羅（śūdra）（勞工）。雖然經典沒有明確說沒有第五個種姓，不過在四種姓之外卻有個隱含的類別，叫作「賤民」（dalit）或「穢不可觸者」（原注9）。

各個種姓「被賦予各自的義務和職業」，數千年來一直存在著差別待遇。吠陀聖典明白主張四種姓的嚴格劃分。「因為由於通姦而在世間產生種姓混合，由於種姓混合而產生破壞義務、毀滅人類、惹起萬物的滅亡，」《摩奴法典》訓誡說。[6]（原注10）然而種姓之間的流動顯然也是可能的，其中的決定因素則是功績而不是出身。「再生族（brāhmaṇa）不從

5 譯按：caste源自西班牙語和葡萄牙語的*casta*，意為「世系或血統」。
6 譯按：中譯見《摩奴法典》頁189。

事學習吠陀而從事他業務，不久就終生落到首陀羅境地，其所有子孫亦然，」《摩奴法典》說。[7]（原注11）「首陀羅可以這樣升至婆羅門的地位，而婆羅門男子與首陀羅婦女之子，可以由於繼續聯姻墮落到首陀羅的地位；對於剎帝利和吠舍的子孫可以發生同樣情形。」[8]（原注12）

然而到了某個時期，四種姓變成了嚴格的階級制度，而且劃分得更細。學者們的歸因大異其趣。有個學者對我說，在印度，種姓始終是流動的，直到英國的殖民統治，印度人必須在身分證上填寫他們的種姓。但這不可能是種姓制度僵化的濫觴，耐人尋味的遺傳學研究證明它在七十個世代以前就開始了。位於西孟加拉卡利亞尼（Kalyani）的印度國家生物醫學基因組成研究所（National Institute of Biomedical Genomics, NIBMG）發現，現在絕大多數的印度人都是源自五個古代種族數千年的混種結合，直到西元六世紀才中斷。當時禁止不同種姓的通婚使得種姓的混合戛然而止，樹立了至今仍然存在的種姓障礙，而有選擇性的解讀聖典也使得各個種姓之間更加深溝高壘。（原注13）

印度獨立之後，憲法規定不得有種姓歧視，但是很少人會否認種姓的影響仍然無遠弗屆，偏見也一直都存在。我很詫異地發現就連《印度時報》（*Times of India*）上的徵友啟事都是依據種姓排列，那意味著許多印度中產階級知識份子還是想和自己的種姓結婚。

印度正在蛻變，索米妮．聖古塔（Somini Sengupta）[9]在《業的盡頭》裡認為，年輕人再也不相信業這種玩意兒，取而代之的是自由意志和志向。印度的人口年齡中位數是十七歲，那代表著一個巨大的轉移。但是就連聖古塔的故事也呈現了一個混雜的畫面：莫妮卡和古德普是一對不同種姓的夫婦，他們不顧家庭反對而成婚，雖然他們婚姻幸福，但是結婚三年後，莫妮卡的哥哥開槍打死了他們。（原注14）

班度使我有理由相信古老的觀念仍舊存在於年輕一代的心裡。在夏威夷的東西方哲學家會議裡，我和她聊了一下。她的學生聽說她要與會，都說她很幸運。「他們或許不知道我有多麼拚命寫論文，自費參加，而且投宿青年旅館，」她說：「他們說我『幸運』，意思是說『妳的業報很好，我們沒辦法像妳這樣』。」

班度的確看到人們從預設的認命轉移到渴望更好的待遇，那不是個多麼好的現象：「很不幸的，對於從來沒有的東西的渴望已然生起了。它出現，而且改變了一切。還會有更多的不滿產生。他們聽人說，你應該買車子，你應該有自己的房子。」

在菩提伽耶，我的渴望和不滿把我拉到西雅圖咖啡，那是城裡唯一的西式咖啡館。走進店裡，就像是穿過一道入口，來到英國某個城郊的商店街。我湊到另外六個人的圈子裡：三個佛教僧侶和一個亞洲女性，另外還有一位比丘，以及一個日本年輕單身男子，他點了一大塊蛋糕、一份燻雞三明治，還有一個雞肉漢堡、兩杯冰咖啡。店裡的顧客們暗示

7 譯按：中譯見《摩奴法典》頁36。
8 譯按：中譯見《摩奴法典》頁238。
9 譯按：《紐約時報》現任聯合國特派員，曾任印度德里與塞內加爾達卡分社社長，著有《業的盡頭》（*The End of Karma: Hope and Fury Among India's Young*）（馬可孛羅，2017）。

著靈性和俗世之間的抉擇，並不是像浪漫化的印度梵行或邪惡的西方物質主義之間的抉擇那麼難以得兼。業、咖啡和蛋糕是可以共存的。業的信仰在印度根深柢固，但是當人們接受西方的觀念，相信個人可以在這一生實現其潛能，而不必等到下輩子，或許我們可以期待它擺脫其宿命論的瑕疵。

第十一章 空

「一草一象，各在盡大地。」

日本美學以其簡單、純淨著稱。難怪早在西方的極簡主義興起的一個世紀之前，禪寺住持和藝術家仙崖義梵[1]就只在畫紙上畫了簡單的造型。他的著名作品即以「圓、三角、正方」為題。圓代表無限，由圓生出形象，即三角形。兩個三角即成正方形，由此開始形象不斷反覆的歷程，它們充滿了整個可見宇宙。該畫作是日本知性和感性合而為一的美好例證。

我在東京的出光美術館和仙崖的作品初次邂逅，對他的「圓相圖」感到印象深刻：看似一筆畫成的圓圈，旁邊有兩行書法字，整張水墨畫都是黑色的，除了畫家的紅色鈐印以外。一個遇見圓相畫的西方人，或許很容易就看出來那個圓圈及其完整性和對稱性代表著世界和證道。不過第三個象徵意義就比較費解一點：**空**。

空是東方亞洲傳統的核心概念，對西方人來說卻是很陌生的概念。它也不只是什麼諱莫如深的學術名詞。西方人專注於事物，在東方的亞洲則很自然地著眼於事物之間的空間。心理學家理查·尼茲彼（Richard Nisbett）[2]曾經做了一個記憶測驗，其中若干美國人和東亞人端詳一張魚缸的照片，接著再看一次照片，指出任何差異處。美國人通常只注意到魚的改變，而東亞人卻對於背景的改變很敏感。這和其他測驗以及文化觀察相符，東亞人（基於文化的原因而非遺傳的）比較習慣事物及其「背景」之間的關係。

我們不難看出這和觀看圓相有什麼關係。一個西方人第一眼看到的是一個圓，圓的線條。一個日本人則至少立即看到圓圈裡的空間。那不是說西方人沒有注意到留白的空間，只是注意力的優先性問題而已。

一旦明白了這點，你就會以不同的眼光去欣賞日本藝術。有一次我問小林康夫關於日本的美學極簡主義（aesthetic minimalism）的問題，他也提醒我這一點。這個說法似乎是再理所當然不過的事，但是小林康夫糾正了我，或至少補充了必要的澄清。「那不只是極簡主義，」他說：「那是對於『之間』的感受力的核心概念。」以繪畫為例，你或許會看到一大片留白和一朵花，「但是重點是這個空間和花之間的力量或能量的張力。你不是要欣賞花朵本身，而是要領略那空間和花之間的關係。插花藝術（花道）亦復如是。重點不是每一朵花的美，而且它們的配置。」

一切的存在皆相依相待

在任何日本藝術的形式裡都看得到這種「之間」的美學。「之間」的日語叫作「間」，它在傳統的雅樂裡也很重要。西方人或許會認為間「只不過是個休止符而已」，有個藝評家寫道。然而，在當代樂團伶樂舍的表演裡，「休止符卻是說盡心中無限事。」（原注1）

1 譯按：仙崖義梵（1750-1837），日本江戶時代後期臨濟宗禪僧，擅長水墨書畫。

2 譯按：理查・尼茲彼（1941-），美國社會心理學家，密西根大學心理學教授，著有 *Culture of Honor: The Psychology of Violence in the South* (1996), *The Geography of Thought* (2003), *Intelligence and How to Get It: Why Schools and Cultures Count* (2009), *Mindware: Tools for Smart Thinking* (2015)。

間在俳句裡也顯然可見，那是另一種被我們視為極簡主義的藝術，卻往往忽略了間在俳句裡的重要性。「俳句必須明確區分成兩個部分，」小林康夫說：「你必須有個『切割』。這個切割是關鍵。第一部分的最後一個符號是『切字』。那就像是『噢！』、『啊！』之類的感嘆詞。」它有雙重意義。切字的實際發音往往是「噢」或「呀」，但它其實也是要讓讀者在往下讀時有一種「噢」或「呀」的感覺。我們以十七世紀的詩人松尾芭蕉這首俳句為例：

閑さや　　　寂靜呀
岩にしみ入る　滲入岩石
蝉の声　　　蟬之聲

這裡的切字是第三個字「や」，發音為「呀」。它沒有增加任何意思，但是被放在第一句句尾，代表寂靜以及打破寂靜的蟬鳴之間的切割。俳句要營造的不只是兩者之間的對比，它更要喚起一種過渡，在那個「呀！」的片刻，你的注意力驀地從寂靜轉移到動物身上。

日本文化裡的「之間」的重要性，在日語裡的「人間」（にんげん，人類）也可見一斑。二十世紀京都學派哲學家和辻哲郎[3]認為人基本上是由他和他人的關係去定義的，而他也以「人間」的字源去解釋這個說法。「人間」既是指個人，也是指互依互存。誠如和辻哲郎所說的，在日本，「無所謂內在和外在的分隔，一切都兩者之間移動。那是一種親密性，它構成了一個相當親密的世界。」正如卡蘇里斯所說的，對於小林康夫而言，這個「親密性」是「整個文化的一種日本土壤」。

卡蘇里斯所謂的「親密性」概念意味著，在日本思想裡，每個部分裡都涵攝了整體。許多思想家都有類似的說法。西田幾多郎說：「在一幅畫或一段旋律裡……沒有任何一個筆觸或是一個音符不是在直接表現整體的精神的。」（原注2）道元禪師也說過：「盡大地有萬象百草，一草一象，各在盡大地。」[4]（原注3）（整個宇宙有無數的現象和草木，但是須知每一片草、每個現象裡都涵攝了整個宇宙。）澤庵宗彭[5]則說：「如人於林中，心若住一葉，則不見餘葉，行者悟此道，則了千手尊。」[6]（原注4）

如前所述，「之間」是把空視為既臨在又缺如的一種方法。這種空的正向觀念深植於

3 譯按：和辻哲郎（1889-1960），日本倫理學家、文化史家、哲學學者和日本思想史家，哲學京都學派的成員，其倫理學體系被稱為和辻倫理學，同時也是日本倫理學會的創立人，著有《古寺巡禮》、《風土：人間學的考察》、《鎖國：日本的悲劇》、《日本倫理思想史》。

4 譯按：見《正法眼藏．有時第二十》：「以是恁麼之道理故，即須參學：盡大地有萬象百草，一草一象，各在盡大地。如是往來參學者，是為修行之初地也。到恁麼之田地時，即有一草、一象也，有會象與不會象，會草與不會草之時。以唯正當恁麼時故，『有時』皆為盡時也，有草有象共是『時』也。時時之『時』中，有盡有盡界也。且須觀想：漏於今時之盡有盡界，是有耶？無耶？」（何燕生譯，宗教文化出版社，2003）

5 譯按：澤庵宗彭（1573-1645），日本臨濟宗僧，著有《明暗雙雙集》、《萬松語錄》、《東海夜話》、《語錄拾遺》、《玲瓏隨筆》。

6 譯按：見澤庵宗彭《不動智神妙錄》。

佛教乃至於整個古代印度。以《奧義書》裡令人印象深刻的一段經文為例：「彼曰：『我知生命之氣息為大梵，然樂與空，我不知也。』彼等曰：『樂即空也，空即樂也。』乃為彼說生命氣息及太空義。」[7]（原注5）

印度六派哲學中的勝論派也是以空為其核心概念。勝論派主張說，實在界有七個句義（範疇）：實（實體）、德（屬性）、業（行為）、同（共相）、異（殊相）、和合（內在關係）、無說（缺如或否定）。[8]無說又分為五類[9]：「此處無玫瑰（不會無）；玫瑰非牛（更互無）；玫瑰花叢尚無花（未生無）；玫瑰不再（已滅無）；牛中無玫瑰性（畢竟無）。」（原注6）關於無的分類如此條理分明，顯示他們對於空和無的興趣遠勝於西方世界。

同樣的，**無體量**也是六種量（知識的來源）之一。無體量的重要特色，就是它假設我們既可以覺知事物的存在，也可以覺知事物的不存在。當你察看冰箱時，冰箱裡頭沒有奶油和裡頭有乳酪，兩者是同樣清楚明白的事。（原注7）

在印度哲學裡，空在佛教裡的地位舉足輕重，尤其是龍樹的作品，他是史上影響力最大的佛教哲學家。西元二、三世紀，龍樹創立了中觀學派（Madhyamaka），屬於大乘佛教的宗派，現在大部分的佛教諸宗都可以說是從中觀學派開枝散葉的。大乘佛教宣說即身成佛，而證道者成為菩薩，選擇留在世間而不永斷輪迴，以救度一切有情成佛。

不過，龍樹的主要貢獻在於他根據佛教思想裡的一個根本觀念，開展了「緣起性空」的概念。緣起性空的本質在於「一切法自性，於諸因緣中，若總若各別，無故說為空」。[10]

（原注8）「自性」是指一種不依他起的存在方式。龍樹認為，任何有自性的東西都必須是恆常不變的存在：「業若有自性，所感身應常，應無苦異熟，故業應成我。」（原注9）這裡所說的「常」（mi'gyur）是指「不變易」或「不可變的」。（原注10）

一旦如此定義，龍樹很容易就可以證明，世上沒有任何事物擁有如此絕對的自主性。以時間為例，「不住相待故，亂故無體故，無性故三時，非有唯分別。」（原注11）同樣的，顏色和形狀也沒有自性可言，因為如果它們有自性的話，那麼我們應該可以獨立地感知到它們。然而我們思考的每個顏色都有個外形，我們思考的每個外形也都有個顏色。11（原注12）世上一切的存在都是相依相待的。於是龍樹說：「眾因緣生法，我說即是空。」（原注13）現在我們明白了，這個空並不是「非有」（不存在）。事物只是沒有自性而已，它們並不是非有。

---

7 譯按：中譯見《五十奧義書》〈唱贊奧義書〉頁153。

8 譯按：勝論派原有六句義為：實、德、業、同、異、和合；部分教徒增加「無說」而為七句義；慧月一派則增加「有能」、「無能」、「俱分」而為十句義。見《梵我思辨》頁197-222。

9 譯按：《勝宗十句義論》：「無說句義。云何謂五種無名無說句義？何者為五？一未生無、二已滅無、三更互無、四不會無、五畢竟無，是謂五無。未生無者，謂實德業因緣不會，猶未得生，名未生無。已滅無者，謂實德業或因勢盡、或違緣生，雖生而壞，名已滅無。更互無者，謂諸實等彼此互無名更互無。不會無者，謂有性實等隨於是處無合無和合，名不會無。畢竟無者，謂無因故，三時不生，畢竟不起，名畢竟無。」

10 譯按：見龍樹《七十空性論頌》，法尊譯。

11 譯按：「顯色與形色，異性終非有，不應取彼異，許同是色故。」

「空」與「無」

關於「緣起」和「自性」的確切意義，在佛教內部有許多論辯。但是這個概念所要解釋的更廣義的真理則是不言而喻的：諸行無常。正如早期上座部佛教經典所說的：「無論如來出世，或如來不出世，彼界、法住性、法決定性亦定而住，一切行是無常。」12（原注14）在佛教裡，這不只是個理論而已，它是一切苦的原因。因為一切都是無常的，我們的存在必然會產生苦（dukkha）。如實明了諸法無自性，就是證悟之道。它使我們明白諸法空相了不可得。龍樹說：「了知此緣起，遮遣惡見網，斷除貪瞋癡，趨無染涅槃。」13（原注15）

無常是所有佛教思想裡的大前提，它也是中國哲學的核心概念，其中首推上溯自西元前九世紀左右的《易經》。儘管外國人往往把它視為關於占卜的神祕主義作品，但它仍然是一部哲學經典。第一位註解《易經》的，據說是孔子，而幾乎所有儒家學者也都詮釋過它。（原注16）在道家，「變易」更是重要的主題。在關於老子的一首最著名的詩裡就以疊句說：「一切都在消逝。」而結論則是要人「順其自然」。14

二十世紀初的日本京都學派哲學家，則是把空的概念發揮到極致，他們既談空性（śūnyatā）也談無。該學派不算是什麼正式團體，每個思想家都有自己的觀點，但是他們相信空或無都意指著一種存在的缺如。誠如鈴木大拙所說的，「說實在界是『空』，意思是說它超越一切可定義性，而沒辦法被限定成這個或那個。它超越了共相和殊相的範疇。

但是我們不能因此就認為它空無內容，一如相對意義下的空無。相反的，它是事物的滿全，涵攝了一切可能性。」（原注17）

儘管令人詫異，但是它的確反映了日本的日常文化。在日本長大的約翰・克魯默（John Krummel）對我說：「你可以在日本文化的各個層面聽到人們談到無，不管是運動或武術。好比說，我在一家劍道館上課，我們會打坐，導師會說『把你的心安住於無』，一念不生，他也會用到禪宗的口頭禪，像是無或無心。他們會說：『練習擊劍時，什麼都不要想，安住在無心的境界。』就連現代運動，例如高中棒球隊，他們也會用禪宗之類的方法訓練選手。他們會靜坐，教練要球員什麼都不要想，把心安住於無心。」

認為無是存在的核心，這個想法或許聽起來很荒謬，但是在某個意義下，那卻是至為理性且科學的。鈴木大拙說，無是「世界的開端」，因為如果我們假設世界始於某物，那麼你就會追問那個東西始於何處，而一直無窮回溯下去。我認為，以無作為一切存有者的基礎，可以從簡單的唯物論角度去理解，也就是宇宙除了自身以外，別無其他來源。它一點也不神祕，反而既理性且科學。（原注18）

作為一切存有者的起源的無，並不是死寂的缺如，而是覆載萬物的力量。嘉指信雄強

12 譯按：見《增支部》第三集百三十四。
13 譯按：見龍樹《七十空性論頌》。
14 譯按：“All things pass”這首詩其實是美國心理學家提摩西・利里（Timothy Francis Leary, 1920-1996）瞎掰的，他不懂中文，卻誆稱在吸毒後將《道德經》譯成英文。

調說，在京都學派的思想裡，無具有動態的、創造性的特色。他引用道元禪師的一句話：「不得只會解『時』是飛去，不得只學飛去是『時』之能。若『時』全任飛去，則當有間隙（時間和自我之間）。」[15]佛法所謂的諸行無常，不只是消極地指出不變的自性的缺如。因為一切都是相依相待的，所以才會有創造。嘉指信雄說：「正因為諸法是空，才會有嶄新的事物從這些因陀羅網和關係中源源不絕地誕生。」

這有助於說明日本思想裡既強調生滅卻又意識到永恆的弔詭現象。嘉指信雄以四季為例，對我解釋這點。四時嬗遞既是無常的象徵，卻也是季節的回返。整個歷程擁有其各個部分所沒有的恆常性。

松尾芭蕉在《奧之細道》（1702）裡的一首俳句，或許可以說明這樣的遷流和連續性。他提到在市川偶遇於西元七一四年設置的「壺之碑」，碑文上覆滿了苔蘚。那是個生滅流轉、破敗、無常的景象，卻也讓人得以撫今追昔，過去種種歷歷在目。「時過物換，其遺跡皆湮沒難詳。至於此碑，無疑千載遺物，今在眼前，可閱古人之心。是行腳之一德、存命之喜悅；渾忘羈旅之勞，而淚亦潸潸然矣。」[16]（原注19）

嘉指信雄也提到近來人們捨棄傳統納骨塔而選擇樹葬（葬在櫻花樹下）的趨勢。當然部分的原因是傳統葬禮所費不貲，因為廟方每年要收取管理費，否則骨罈就要移出納骨塔。櫻花是日本民族的象徵，意味著生命短暫。和辻哲郎說：「日本人以櫻花為其象徵，其實意味深遠而且恰如其分……，因為絢麗的櫻花驀地綻放，不多久又會匆匆地、冷漠地凋謝。」（原注20）沒有任何東西比它更適合用來象徵生命的稍縱即逝了。然而，和辻哲郎說：「家屬想要把死者骨灰葬在櫻花樹下，也是因為美麗的櫻花每年都會盛開。那意味著對於大自然的周行不殆的信心。生命並不是真的那麼短暫的。」

在歌舞伎座，我窺見了對於無常的種種情結和矛盾心態。我看了一折歌舞伎，叫作《男女道成寺》，更是道盡了生命的倏忽生滅。眾人詠嘆愛情的善變，猶如落英繽紛的櫻花，既歌頌它的淒美，又喟嘆它的短暫。那是體現著「侘寂」美學原理的悲欣交集的哀愁。不過我們可不要太浪漫了。這裡的悲苦和欣喜一樣重要。合唱隊一開場就唱詠嗟嘆寺裡的鐘聲讓他們想起生命的無常。人們很自然地懷想那轉瞬即逝的事物，世上沒有任何文化像他們這麼認命的。對我而言，戲劇的演出似乎提供了一種宣洩情緒的滌清作用（catharsis）。兩個情侶纏綿繾綣，而我們也對他們的激情感同身受。但是到頭來，故事仍舊回到正統的觀點，也就是我們不應執著於倏忽生滅的東西，因為不論愛情或者愛人，終究都會歸於塵土。在日本的藝術和哲學裡，我們看到他們如何在存在的空無裡淺酌低唱著那如朝露一般的花開荼蘼。

15 譯按：見《正法眼藏．有時第二十》。
16 譯按：見松尾芭蕉《奧之細道：芭蕉之奧羽北陸行腳》頁71，鄭清茂譯注，聯經出版，2011。

第十二章「未能事人，焉能事鬼？」

自然主義

走一圈依年代陳列的西方美術館，你會發現好幾個世紀的藝術都是以宗教為場景，除了一些王公貴族的畫像以外，而且往往無甚可觀之處。直到十九世紀，俗世的主題漸漸居於主流，風景畫才真正盛行。

然而在中國，大自然一直是最流行的主題。那並不是像在西方浪漫派裡理想化的、人煙罕至的大自然；在中國的繪畫裡，往往可以在偏僻的角落看到炊煙裊裊的人家。（原注1）在上海博物館，我看到明朝畫家戴進（1388-1462）的《春山積翠圖》，映入眼簾的是層巒疊嶂的三座崔巍山嶺，兩個小人兒走在左下角的山徑裡，越過樹梢，隱約可以看到兩片屋頂。在元朝畫家王蒙（c.1308-85）的《青卞隱居圖》裡，如果你不仔細端詳，很可能找不到那三兩間茅舍。在西方世界，大自然往往和「人為的世界」對比，但是在中國，人並不是和大自然分離的，而是它的一部分，雖然相較於崇山峻嶺、茂竹修林，人類顯然相當渺小。

只要略加涉獵古代中國哲學，對於這點應該不會意外。至少自孔子的時代以來，中國便不再信仰鬼神和上帝，也對死後世界不感興趣。查爾斯．摩爾說：「對於中國人而言，哲學取代了宗教的地位。」（原注2）所有重要的問題都是關於此時此地的、我們在人間的義務，因此中國哲學往往被形容為實踐的、人本主義的。他們不像其他許多傳統，並沒有心和靈、天和地的明確區分。「天下之言性也，則故而已矣。故者，以利為本。」（天下談論的人性，只要推求其所以然便行了。推求其所以然，基礎在於順其自然之理。）1（原注3）

中國哲學極為強調「不二論」（non-dualistic）：陰陽是一體之兩面，而不是兩個必須調停的東西。

這個說法似乎牴觸了中國思想裡不斷出現的「天」的中心概念。儒家倡言遵循「天道」，而聖王則是「誕膺天命，以撫方夏」。誠如艾文賀（Philip J. Ivanhoe）[2]和萬百安（Bryan W. Van Norden）所解釋的，「天原本不是指某個地方，也和任何死後世界的觀點無關。」它似乎是指某個「至上的權力」，但一般而言並不是位格的或是有意志的權力。天在字面上是指「蒼穹」，屬於整個世界（天地）的一部分。姚新中[3]說：「天地是萬物、人類、人類的知識、人類的法律、人類的道德的起源，一切的起源。」（原注4）在軸心時代裡，只有墨家才主張天是個有意志和情緒的位格存有者，但是墨家哲學對於中國思想的發展影響不是很大。

遵守天道是指依據自然而生活，而不是服從某個超自然的意志。（原注5）《中庸》裡有一段話正是在闡述這點。「君子居易以俟命，小人行險以徼幸。」（原注6）差別不在於君子看到世界以外的東西，而小人只知道俗世裡的蠅營狗苟，而是君子盡人事以聽天命，小人則是無所不用其極，行險僥倖，不擇手段。

1 譯按：見《孟子・離婁下》。語譯見《孟子譯注》頁196，楊伯峻譯注，華正書局，1990。
2 譯按：艾文賀（1954-），中國思想史家，香港城市大學教授。
3 譯按：姚新中（1957-），中國人民大學哲學教授。

中國哲學裡的自然世界

在敘述中國哲學裡對於自然世界的強調時，往往會遇到一個難題，那就是「自然」和「超自然」的分類並不適用於中國哲學。中國思想裡有許多面向，在西方世界的架構裡會被形容為超自然的東西。例如說，你必須敬天，如果你獲罪於天，就會遭到懲罰。那不是西方科學裡漠不相關的自然，但是它也不是西方有神論的宗教裡的那個有目的的、有意識的意志。天既是根本的自然力量，但是也有道德的向度。

儒家也強調慎終追遠的重要性。對於儒家而言，逝世的祖先不僅是後世的典範，在某個意義下更是一直存在著，影響著後代子孫。從西方唯物論的觀點來看，那其實就是超自然的東西，但是在中國傳統裡，那是再自然不過的事了。至於人們實際上如何利用祖先的力量，則不得而知。西元前三世紀的荀子認為，許多所謂「超自然」的儀式的目的只是為生活訂立一個模範和秩序，而不是真的要影響人間的事務。「雩而雨，何也？曰：無何也，猶不雩而雨也。日月食而救之，天旱而雩，卜筮然後決大事，非以為得求也，以文之也。」[4]（原注7）

我們也不能誤以為中國的「自然主義」就是說中國一直安於現世。許多人認為佛教對中國的吸引力在於它提供了來世的承諾，那是中國固有的傳統裡所缺乏的層次更高的世界。然而，在中國以及日本最盛行的佛教，卻是相當入世的。二十世紀初的太虛大師也倡言人生佛教，強調即身成佛的可能性。[5]陳榮捷說，觀世音菩薩是中國信徒最多的神明，相較於日本和印度，祂在中國更加人性化，自唐代（618-907）以降，即被描繪成大地女神的形象。在人們描繪的形象裡，祂賜予人們健康、財富、長壽和子嗣，而不是永斷輪迴的涅槃。（原注8）這比較符合道家在人間長生不死的理想，而仙人也不是住在天上，而是在山裡頭。它也呼應了中國人「萬世流芳」的抱負和理想。（原注9）

所以說，中國思想並不是西方世界意義下的那種典型的自然主義。它並沒有區分自然和超自然，而且是相當入世的。那不是說它擁有一個自然主義的形上學（探討終極實在界的性質的理論），倒不如說是它對於形上學興趣缺缺。誠如理雅各所說的，孔子並不「臆想萬物的創造或它們的終點是什麼。他不想解釋人從哪裡來，也不想知道自己死了以後到哪裡去。他不想和物理學或形上學打交道。」（原注10）在《論語》裡，子貢說：「夫子之言性與天道，不可得而聞也。」（原注11）有一次季路問孔子如何服事鬼神，孔子說：「『未能事人，焉能事鬼？』敢問死。曰：『未知生，焉知死？』」（原注12）

荀子更是對於終極的問題嗤之以鼻，他說：「唯聖人為不求知天。」[6]（原注13）對他而言，人道是唯一真正的道路：「道者，非天之道，非地之道，人之所以道也，君子之所道

4 譯按：見《荀子．天論篇第十七》。《集解》：「得求，得所求也。言為此以示急於災害，順人之意，以文飾政事而已。」

5 譯按：作者在這裡可能誤解了太虛大師的觀點。見太虛大師《論即身成佛》。

6 譯按：見《荀子．天論篇第十七》。

也。」（原注14）「故錯人而思天，則失萬物之情。」（原注15）

蘭普拉薩德呼應這點，他把中國古代思想形容成「不形上學的」（ametaphysical）。「它一點也不關心終極實在的問題。但是它的確在探索至關重要的問題。它提出究竟的問題，卻不涉及終極實在界。」即使其後的新儒家提出了更加明確的「理」的形上學，那也只是用來理解善和德行的本質而已。（原注16）中國哲學在這個方面和印度以及西方哲學截然不同，後者是「宇宙起源論」（cosmogonic）的哲學。「在一個宇宙起源裡，若要理解世界，就必須解釋它的結構背後的第一原理。」（原注17）宇宙起源論的傳統首先會問：「存有是什麼？」而中國哲學則可能會問：「我該怎麼做？」（原注18）

中國自然主義的特色或許在道家裡更加顯著。一方面，世界上沒有任何主要的哲學像道家那麼重視自然；另一方面，它的許多學說似乎提到超越自然的力量，尤其是「道」本身。我們以下文為例：

> 夫道，有情有信，無為無形；可傳而不可受，可得而不可見；自本自根，未有天地，自古以固存；神鬼神帝，生天生地；在太極之先而不為高，在六極之下而不為深；先天地生而不為久，長於上古而不為老。[7]（原注19）

這裡所說的道是先於天地而存在的，因而似乎是外乎自然。然而，它和自然的關係卻不僅於此。它終究是自然運化的原理，而不是凌駕於自然之上的東西。它不在自然之前或在自然底下，而是個創造且維繫自然的生命力。我們很難更確切地描述它，因為道的終極本質是離言絕慮的。

這種關於道的思考模式和下文要提到的「氣」首尾相應。氣一般被認為是一種虛無縹緲的力量或能量，真實卻無法以科學去測量，和物理定律所描述的其他力量分庭抗禮。就此而論，氣是在現代西方自然主義之外的一種另類的形上學。或許有人會斥之為在科學興起以前對於實在界的終極本質的陳腐猜想。

然而，即使是在當代科學的典範下，關於氣的許多理解仍然有其可觀之處。王蓉蓉說，氣其實指的是實在界的「根本動力」，那是中國哲學家在經驗科學更加完整地描述實在界的現實結構以前的領會。（原注20）以氣的觀點去看世界，並不是要你相信那些根本動力或是建構層層無窮的實在界，而是要從它的動態關係去看世界。王蓉蓉說：「在藝術裡，氣的流動穿梭在畫家、作品以及觀賞者之間，而形成一個合而為一的經驗。」我們不必為此就把氣想像成某種以太之類的實體。相反的，它要我們專注在那個使得觀賞者、創作者和作品合而為一的美感經驗，那既不是超自然的，卻也不是僅僅以科學觀點就能把握

7 譯按：見《莊子．內篇大宗師第六》。成玄英疏：「虛通至道，無始無終。從古以來，未有天地，五氣未兆，大道存焉。故《老經》云有物混成，先天地生；又云迎之不見其首，隨之不見其後者也。」（《莊子集釋》頁178）

的。

氣的思考的價值在於它對我們的生活的影響，而不在於我們的形上學信念。臻至無為之境界的人，和自然的流動和諧一致，正是體現了上述的價值。《莊子》裡的庖丁，揮刀於間卻交際之處，用刀批戾之，令其筋骨各相離異。庖丁說：「方今之時，臣以神遇，而不以目視，官知止而神欲行。依乎天理，批大郤，導大窾，因其固然。」（原注21）透過不斷地練習，庖丁超越了知性的認識，而掌握了直覺的技巧。他耳聽目視，但不像技巧生疏的新手那樣。誠如莊子在文後所說的：「若一志，无聽之以耳而聽之以心，无聽之以心而聽之以氣。」（原注22）這個說法聽起來很神祕，但是從自然主義的角度去看，我們不難理解其底蘊。以當今網球高手為例。回擊的空檔間不容髮，根本沒有餘裕理性而有意識地思考該如何揮拍，唯有經年累月的努力和訓練，才能全憑直覺決定該怎麼回擊以及落點在哪裡。如果以氣視之，你就可以感受到整個處境的動力，而和它完全和諧一致。

道家和儒家一樣，對於形上學問題都是採取不可知論（agnosticism）的態度。「莊周夢蝶」這個家喻戶曉的故事的寓意即在於此，「俄然覺，則蘧蘧然周也。不知周之夢為胡蝶與，胡蝶之夢為周與？周與胡蝶，則必有分矣。此之謂物化。」（原注23）他的意思是說，即使有什麼差別，那也不重要了。[8]他在前文也說：「萬世之後，而一遇大聖知其解者，是旦暮遇之也。」（原注24）重點是我們如何面對存在，而不是究竟的真理為何，因為它終究不是我們所能領悟的。自然是我們唯一要思考的實在界，不管它是不是唯一的世界。

自然主義在日本歷久不衰

日本的自然主義很接近中國。就像中國藝術一樣，日本藝術往往也以大自然為主題。其中最著名的日本風格便是室町（1392-1573）時代的「大和繪」。京都國立博物館收藏的《四季山水圖卷》便是冠絕群倫的例證，那是十多公尺的卷軸，相傳為雪舟[9]所繪。正如中國繪畫，畫裡也可以看到人煙，但是整個畫面仍然是以大自然為主。富有禪意的水墨畫也大多描繪自然景象，佛像反而比較罕見。在中峰明本禪師[10]的畫像裡，樹木描繪得纖毫畢現，而樹下打坐的人物卻是寥寥幾筆帶過。相對的，許多其他佛畫傳統則幾乎只著眼於佛像上。大自然的主題無所不在，儘管還是有其他超自然或迷信的主題，例如出光美術館陳列的彌勒下生變相圖、十王地獄圖，但畢竟只是古代藝術的一小部分。問題仍然是在於強調的重點不同而已。

許多人認為日本人對於自然的崇敬早就過時了。在日本社會裡，自動販賣機四處可見，機器人越來越流行，馬桶也內建電動洗淨便座，而福島第一核電廠事故更是見證了大

---

8 譯按：見《莊子．內篇齊物論第二》。成玄英疏：「既覺既夢，有蝶有莊，乃曰浮虛，亦不無崖分也。夫新新變化，物物遷流，譬彼窮指，方茲交臂。是以周蝶覺夢，俄頃之間，後不知前，此不知彼，而何為當生慮死，妄起憂悲！故知生死往來，物理之變化也。」（《莊子集釋》頁90）

9 譯按：雪舟（1420-1506），日本著名的畫聖畫僧，從周文、如拙等學習水墨畫，自號「拙宗」。

10 譯按：中峰明本（1263-1323），元代時期提倡看話禪法的禪師，嗣法於高峰原妙（1238-1295），為臨濟宗楊岐派虎丘紹隆支下，破庵祖先一系之禪僧，當時人們皆譽之為「江南古佛」。

規模環境災害。然而，這只是西方觀點下的和自然的疏離。小林康夫對我說，日本人的「大自然」（nature）不是歐洲的近乎神聖的「自然」（Nature）。那是「近在咫尺的東西，我家村子裡的那座山，我家村子裡的那座林子，是我的家鄉的大自然」。在日本的本土宗教神道教裡，你要參拜的是自己家鄉的神社。如果你到外地去，或許會參拜其他神社，但總是不如自家的。

「自然不是天堂，」小林康夫說，它不是西方浪漫派的觀點下的那個自然。「我們沒有天堂的概念。大自然或許不好，或許令人不安而狂暴，例如海嘯、火山。」日本每年有一千五百次地震。對於大自然的尊重和感恩，有一部分是為了祈求平安，減少自然災害。那也意味著西方人所謂「馴服」自然的輕蔑說法不再是個好主意。自然的確必須加以馴服。但那不是人和自然之間的戰役，而是在自然中為了全體人類的奮鬥。我們並不是在自然之外對自然做了什麼，而是在自然裡頭和它同工。正如卡蘇里斯解釋的，「如果我們也像神道教一樣，把人類視為自然的一部分，而不是和自然分離的，那麼即使是人的創造發明，也可以說是自然的。」比方說一張榻榻米，「因為大自然裡沒有這種東西，所以它不是自然的……可是藺草的感覺卻一點也沒有消失。」（原注25）這裡沒有所謂自然和人工的區分，因為一切都是大自然的一部分。

澳洲許多原住民族也有類似的觀念，其令人驚豔的結論挑戰著西方環境主義者的思考模式。史蒂芬．穆克描寫他和原住民哲學家培第．洛伊（Paddy Roe）的一次駕車旅行，途中他的同伴把空罐子扔到車窗外，讓穆克相當訝異。就西方人的觀點，這是在掠奪大自然；對於洛伊而言，空罐子是大自然的一部分，它會在自然裡找到它該有的棲所。（原注26）當然，澳洲原住民一般還是像大家一樣，認為謹慎處置垃圾有其道理，但是保護大自然免於人類侵犯的禁制令不會是理由之一：人類本來就是大自然的一部分，何入侵之有？

同樣的，日本人支持的即拋式文化，基本上也不算是反自然的。在日本，拋棄式商品的流行是為了保持商品的衛生，而不是貪圖方便或是消費主義喜新厭舊的拜物文化。在神道教裡，神社每二十年就要拆除重建，以維持其純淨。基於同樣的理由，在西元八世紀以前，每個天皇即位前都要興建新宮。（原注27）餐桌上每個人面前都會有一包濕紙巾，那其實是沿襲自古代用餐前的潔淨儀式，而不是什麼現代的副產品。

卡蘇里斯還舉了一個例子，說明自然和人類的施設造作如何榫接在一起，有個著者不詳的故事，提到兩個廚師，一個中國人和一個日本人，各自吹噓他們自己的廚藝。中國廚師說他可以控制他的醬料、調味料和食材口感，使得雞肉吃起來像鴨肉一樣。「那個日本人不甘示弱地說，」卡蘇里斯說：「他可以使一條紅蘿蔔吃起來比任何人吃過的紅蘿蔔更像紅蘿蔔。」（原注28）自然的性質必須有人類匠心獨運的才藝，才得以完全表現出來。

人類的巧思和大自然的相互作用，在先進科技的發展裡尤其顯著。小林康夫認為機器人的製作反映了「和自然的全面談判」。對於傳統日本思想而言，一切都是有生命的，而這個泛靈論（animism）也反映在他們對於機器人的熱中。「我們把我們泛靈論的原理應用到機器人上面，」小林康夫說：「我們不是要創造一個機器，而是人型機器人，一個仿真機器人。」

中島隆博[11]也對我提到類似的觀點，他認為「日本關於自然的思考模式和科技的思考有相當密切的關係。我們不把野外的大自然視為自然。那是個馴化了的大自然，是野外的大自然和科技的混合。」就連著名的櫻花也反映了這點。在始於西元七一〇年的奈良時代以前，櫻樹在日本就處處可見。櫻樹的繁茂其實是若干日本統治者悉心栽種的結果。

雖然東亞以外的地區也可見自然主義的思潮，但是沒有像在日本如此盛行且歷久不衰。在西方世界，自然主義溯自米利都的泰利斯，他時常被譽為科學之父，因為他主張說，整個世界就是由物質構成的。他的觀念並沒有得到太多的支持，因為整個西方思想史都受到柏拉圖主義以及基督教的影響，兩者都主張有個非物質的領域的存在，而它甚至比知覺世界更加真實。即使是到了啟蒙運動，自然主義更加盛行，人和自然、心與物的區分卻仍舊存在著。就算是現在接受自然主義觀點的西方人，也會區分人和自然、心靈和身體，它們的劃分比在中國或日本更加涇渭分明。

「二元論」往往被視為西方哲學的特色。那麼如果認為在遠東有個和它相對的理論，那就會是另一種被誤解的二元論。在世界的另一個角落裡，還有另一種思考方式，既接受實體、心靈、身體和精神的多元性，卻又不想落入尖銳的二元論。「物質和精神的分別在非洲的思考裡沒有任何地位，」勒比沙・提佛（Lebisa J. Teffo）和亞伯拉罕・拉烏

（Abraham P. J. Roux）說。（原注29）相反的，有一種生機論（vitalism），認為一切都是有生命的；甚或是一種泛心靈論（panpsychism），認為一切都是有意識的。大多數的口傳哲學似乎都是如此。「我們和大部分的世界一樣，並不區分精神和物質，」毛利人喀阿告訴我說：「我認為那是歐洲和別人不同的地方。只有你們才會把它們分隔開來，你們才是不正常的人。」

這個劃分是西方哲學裡最長久的難題之一的根源，也就是「心物」問題：無生命的物質怎麼能夠產生有意識的思想以及主觀經驗？關於這個當代論辯的著名學者史卓森（Galen Strawson）[12]認為，泛心靈論是目前檯面上最可信的解答。（原注30）認為宇宙萬物都至少有一點點心靈的成分，這個想法或許可以在西方哲學裡產生若干吸引力。

儘管自然主義在亞洲居於主流，但是它在印度哲學裡卻幾乎是默默無聞。不管是正統或非正統學派，其中只有遮盧婆迦派（Cārvāka）主張唯物論，認為「地、水、火、風是為四大。由四大生為色身，知見由是而生……心及色身唯知見計執分別故，畢竟無分別故。」（原注31）然而遮盧婆迦派在六派哲學以及五個非正統學派裡是影響力最小的一派。

二元論的思考積習難改，但是如果可以擺脫它，則那些看似根本的分別也會自然消失。擺脫了心物之分，你也就泯除內外之分，因為非物質的心並沒有一個物質的居所。穆

11 譯按：中島隆博（1964-），東京大學東洋文化研究所教授。
12 譯按：史卓森（1952-），美國分析哲學家，德州大學哲學系教授。

克告訴我說，澳洲原住民「對於心靈的東西一點興趣也沒有，因為他們甚至沒有心靈這個概念。在他們的眼裡，沒有所謂的內心世界或靈魂這種東西。一切都是外在的，那才是重要的。」

在現代俗世化的西方國家裡，大多數人們在檯面上都是自然主義者，反映在「即時行樂」、「享受今生」之類的口頭禪上。我們的自然主義並不是很古老的東西。西方世界的人們也還沒有真正學會傾聽他們自己的聲音。現在的生活往往變成追求眼前短暫的快樂，使得我們每天一早醒來總是覺得很空虛，必須以其他「經驗」填滿它。我們始終覺得不滿足，永遠在捕捉那抓不住的片刻。相反的，我們要學會欣賞而不是攫取，擁抱那個片刻而不是占有它。如果我們看看東方，我們會找到凡人如何在自然世界裡生活的種種典範，它們在那些文化裡已經盛行了幾千年。

第十三章「吾道一以貫之。」

獨一性

在中世紀，穆斯林世界處處可見爭奇鬥豔的宮殿。而今城牆宮闕皆成荒煙蔓草，但是任何造訪阿罕布拉宮的人都會見證到，作為唯一倖存的宮殿，不會有比它更好的選擇了。它的座落位置有如魔法一般，就在西班牙格拉那達高低起伏的舊城對面的丘陵上，從每個不同的角度望去，都會有煥然一新而令人屏息的景象。在破曉或薄暮時分，它的璀璨瑰麗猶如行將熄滅的燭火，那是宮牆鐵鏽營造出來的印象，它也因而名為al-hamra，在阿拉伯文裡是「紅色」的意思。（原注1）

阿罕布拉宮不是單一的建築，更不是複式建築，而是經過若干世紀不斷擴建和演化的一個聚落。宮中最華麗的核心是奈斯里宮（Nasrid Palaces），先後由穆斯林國王尤素福一世（Yusuf I, 1333-53）和穆罕默德五世（Mohammed V, 1353-91）興建。建築群的裝飾和設計不僅出奇地和諧且錯綜複雜，更是體現了主要的伊斯蘭理想。儘管宮殿不是宗教建築，但是我們至少明白伊斯蘭是什麼。在伊斯蘭思想裡，聖俗之間是沒有分別的。「神聖遍在於所有建築形式之中，甚至使得俗世的範疇無容身之地，」那司爾（Seyyed Hossein Nasr）說。（原注2）安拉（allah）是無所不在的，即使是在富有的俗世國王的宮室裡，因為「生活經驗對於靈魂的感動，遠勝於禮拜天在博物館或清真寺裡看到的畫作」。（原注3）

其中最引人矚目的，是整個建築裝飾著無數的阿拉伯銘文。羅伯・厄文（Robert Irwin）[1]說，那是「一本可以住人的書」。（原注4）奈斯里王朝有一句箴言：「除安拉別無勝利者。」在牆上、拱門和圓柱上，到處可以看到這句話。《古蘭經》的經文則是刻在最高處，只有真主才能讀到它們，人類是看不到的。建築裡一切美好的事物都反映著真主榮耀的光輝。獅子中庭（Patio de los Leones）裡的噴泉上刻著銘文：「至高真主意欲它神奇的美超越世間的一切。」[2]

宮中種種圖案的幾何造型和樣式，不僅是意味著因為伊斯蘭禁止以物配主而不能有任何生物形象，它們更代表著真主所主宰的宇宙秩序。好比說，那司爾認為多邊形和阿拉伯圖案交錯的樣式，其實是象徵著男性和女性，代表「生命本身的律動」。（原注5）對厄文而言，阿罕布拉宮整個建築群以及細節的重點在於人們根本搞不清楚它們是什麼東西。更確切地說，那是對於無限的探索，我們應該是被「捲進」那個無限裡，意識到我們作為有限的存有者的種種侷限。（原注6）對於建築驚豔不已卻不了解其宗教意義的遊客們，不會明白為什麼整個建築是一部「把人吸進去的機器」。（原注7）

阿罕布拉宮以物質的形式體現了一體性（oneness）、整體性（wholeness）和獨一性（unity）的靈性和知性理想，也說明了神聖如何臨現在俗世的每個面向裡，無限如何在一切有限的事物當中開顯。伊斯蘭不僅主張萬有一體，它更主張真主完美的、神聖的、超越的獨一性。約翰・連拿特（John Renard）[3]寫道：「整個伊斯蘭神學思考和論辯的核心在

1 譯按：羅伯・厄文（1946-），英國史學家、小說家、阿拉伯文學評論家。
2 譯按：出自安達魯西亞阿拉伯詩人伊本・扎姆拉克（Ibn Zamrak, 1333-1393）的詩句。
3 譯按：約翰・連拿特（1944-），聖路易斯大學神學研究系教授。

於如何闡明真主完美的、超越的獨一性的多重奧祕。」（原注8）那司爾說：「伊斯蘭世界若干歷久不衰的思想觀點，都是要迎合『認主獨一』（al-tawhid）的教義。」（原注9）

一切即一

我們在許多偉大的哲學傳統裡都可以看到一體性或獨一性的觀念。印度哲學的所有主要學派，都主張所有存有者是渾然一體的。早期的《奧義書》即清楚闡述了這個思想，它說「我（ātman）者梵也（Brahman）」，我們個別的自我是普遍的自我（「彼之一」）的一部分。

彼動作兮彼休，
彼在遠兮又邇；
彼居群有兮內中，
彼亦於群有兮外止。[4]（原注10）

梵文裡有若干暗示性的語詞表示這個一體性，包括「汝即彼也」（Tat tvam asi）。（原注11）（大寫的Ātman指宇宙普遍的大我，它和梵是同一的；而小寫的ātman則是指個體中的我。）另外有個類似的著名說法，它說大我是「非此非彼」（neti neti）。換言之，它不是任何個別存有者，卻又是一切。「彼性靈者，『非此也，非彼也』，非可攝持，非所攝故也。非可毀壞，非能被毀故也。無著，非有所凝滯也。無束縛，無動搖，無損傷。」[5]（原注12）

商羯羅創立的不二吠檀多派（Advaita Vedānta）主張「不二論」，更是把一體性的觀念闡述得淋漓盡致。「不二」的字面意義就是「不」（a-）「二元」（dvaita）。商羯羅認為實在界有兩個層次，絕對的層次以及一般知覺的方便假設的層次。在方便假設的實在界裡，有多元的現象，但是在絕對的層次裡，則只有唯一的梵。一切皆是梵。[6]

如果說一切即一，那麼就沒有自我和他者、主體和對象之分別，也就不會有意識或意向。一般經驗界只不過是個虛妄不實的幻影。唯有自他有別時，我們才能看到他人、聞嗅到他人、聽到他人、和他們說話。當我們見證了這個絕對的一，我們就會明白並沒有一個人在聞嗅、說話、思考或理解。「由彼而知此一切矣，則當由誰而知彼耶？唯！復由誰而知此知者耶？」[7]（原注13）

4 譯按：中譯見《五十奧義書．伊沙奧義書》頁469。
5 譯按：中譯見《五十奧義書．大林間奧義書》頁590。
6 譯按：商羯羅在《吠檀多經註》中作了知識論和存有學方面的區分：在知識上分上智和下智；在說法的態度上分真諦門和俗諦門；在對象上對上智說上梵，對下說下梵；就真諦而言，宇宙是幻影，對俗諦而言，則承認其實有；依上智真諦門立唯一之大我，依下智俗諦門說無數之個人我；在修行解脫論上則分為上智的真解脫以及下智的漸解脫。見《梵我思辨》頁344-354。

同樣的，「法」（dharma）的概念（宇宙的秩序和個人的義務的和諧一致）也預設了根本的獨一性。法既是指整體宇宙的秩序（rta），也是指個人的義務。因此維繫宇宙整體根本的獨一性和一體性，就是正當的行為。（原注14）

中國思想裡也有許多元素強調「一」的概念。道家相信種種分殊都是思想和語言的作用，如果捨棄了這些人為的分別，在某個意義下，萬物是一體的。《莊子》裡有一段話說：「故為是舉莛與楹，厲與西施，恢恑憰怪，道通為一。」我們勞神焦思去求「一」，卻不知道一切原本就沒有分別，那就叫作「朝三」，這個典故是出自一個故事，有個養猴子的人叫作狙公，他對猴子說，早上要給牠們三升的橡子吃，晚上則給牠們四升。猴子們聽了都忿忿不平，於是狙公改口說早上給牠們四升，晚上給牠們三升，牠們聽了就心滿意足。牠們看不出來其實根本沒有差別。（原注15）

儒家罕言「一」的概念，但是孔子不只一次談到他的道可以一以貫之。「子曰：『參乎！吾道一以貫之。』曾子曰：『唯。』子出。門人問曰：『何謂也？』曾子曰：『夫子之道，忠恕而已矣。』」（原注16）孔子還有另一段話，同樣是在闡述整體性的概念。「舉一隅不以三隅反，則不復也。」[8]（原注17）

不過，一體性和獨一性在伊斯蘭哲學裡倒是敷演到了極致。「獨一」（tawhid）是真主最重要的屬性。安薩里寫道：「真主是證人，祂讓祂的選民明白祂本質上是獨一無偶的，一位一體的，祂無始無終，沒有任何東西可以與祂匹敵，唯一而別無雜多。」（原注18）諷刺的是，儘管人們試圖以這個觀念去證明伊斯蘭的歷史悠久，但是它顯然是沿襲自新柏拉圖主義者（Neoplatonist）的說法，因此有其歷史淵源，而且不能說是伊斯蘭教特有的觀念。（原注19）

在彼得．亞當森所謂伊斯蘭哲學的「形成期」裡，獨一是穆塔扎里運動（Mutazalite）的核心思想，那是由伊本．阿塔（Wasil ibn Atā, d. 748）[9]創立的神學（kalām）運動。他們以「獨一性和正義的擁護者」著稱。（原注20）但是那也是哲學（falsafa）的重要元素：第一位逍遙學派哲學家鏗迭（al-Kindi）[10]「把真主形容為『真正的獨一無二』」，阿維森納則主張說世上只有一個必然的存在。（原注21）

在居於少數派的蘇菲教派（Sufi）傳統裡（大約占穆斯林的百分之五），獨一性被延伸為「萬有一體」（wahdat al-wujūd），誠如亞當森所說的，他們認為「一切被創造的實在界都是唯一真正的實在者的開顯，也就是真主」。（原注22）

7 譯按：見《五十奧義書．大林間奧義書》頁522：「是如有對偶之處，則此嗅彼，則此見彼，則此聞彼，則此語彼，則此思彼，則此知彼。然若是處一切皆化為自我矣，則當由誰而嗅誰，由誰而見誰，由誰而聞誰，由誰而語誰，由誰而思誰，由誰而知誰耶？由彼而知此一切矣，則當由誰而知彼耶？唯！復由誰而知此知者耶？」

8 譯按：見《論語．述而第七》。《荀子．大畧篇》：「有法者以法行，無法者以類舉。以其本知其末，以其左知其右，凡百事異理而相守也。」

9 譯按：創立穆塔扎里（Mutazalite）運動，人稱「分離者」，否認安拉有多種屬性，反對擬人化；認為人有自由意志，可按安拉賦予的能力自行判別善與惡，曾參與阿拔斯家族推翻倭馬亞王朝。

10 譯按：鏗迭（c.801-873），阿拉伯伊斯蘭亞里斯多德派的哲學家、數學家、醫學家和音樂家，人稱「阿拉伯哲學之父」，是第一位把希臘哲學引進伊斯蘭世界的哲學家。

儘管萬有一體是蘇菲教派的獨特教義，但是在整個伊斯蘭思想裡，一體性和獨一性仍然是不斷出現的主題。其中最明顯的是，《古蘭經》被認為是完備而圓滿的。安薩里寫道：「人們口誦、抄寫、默記《古蘭經》，但是儘管如此，它卻是自永恆以來持存於真主的本質裡。」（原注23）《古蘭經》有許多名字，其中之一叫作「書中之母」（*umm al-kitāb*）[11]，那司爾說，因為「浩如煙海的群書裡所包含的真實知識，都不出它的範圍」。（原注24）那司爾不算是現代伊斯蘭哲學的代表，但是他的說法的確是所有穆斯林的心聲，「當然，傳統的伊斯蘭全心全意接受神聖的《古蘭經》的內容和形式為真主的聖言。」（原注25）他承認近代若干改革者的存在，但是對於他們的影響卻是輕描淡寫，「諸如安薩里這樣的人物……他們在伊斯蘭世界裡與其說是改革者，不如說是舉足輕重的宗教權威。」（原注26）就連當代的改革派，塔伊克．拉馬丹（Tariq Ramadan）[12]也同意說，對於穆斯林而言，《古蘭經》是「不經過人類的干預或修潤而降示的」，「是真主的定論，是完整的降示，也將會是世世代代的最終依據。」（原注27）

《古蘭經》的完備性並不是說它只能就字面的意義去解讀。阿維森納說得很清楚，「我們穆斯林團體一定都知道，任何論證的研究都不會得到和天經的啟示牴觸的結論；因為真理不會和真理互相衝突，而只會相互呼應和印證。」（原注28）但是他也接受「論證理性」有其權威性，也就是以理性的方法從可以接受的前提推論出結論。同時接受論證理性和《古蘭經》的權威性，那意味著「如果（天經的字面意義和論證的結論）有衝突，就必須以寓言的方式去詮釋它」。（原注29）往後的伊斯蘭很可能會更加強調譬喻式的解經方式。畢竟，直到一九四〇年代，天主教才接受說，《創世紀》的前十一章「並不是古代或現代意義下的歷史」。（原注30）

其次，對於穆斯林而言，他們生活的所有面向都受到伊斯蘭的影響。那司爾說，大自然的一切聲音都必須把它們聽成讚念（dhikr）真主的聖名，以及《古蘭經》經文對祂的讚美，「一切事物都是在歌頌真主。」（原注31）聖俗之分並不存在。許多伊斯蘭以外的人們會覺得伊斯蘭教具有極權主義的性格。那司爾則偏好「完整主義」（intégrisme，或原教旨主義）這個說法，他認為這個語詞同樣適用於「傳統的天主教，他們想使生活的全部融入他們的宗教裡，也想使他們的宗教融入生活的所有面向裡。」（原注32）

葉海亞．米修（Yahya Michot）煞有介事地對我說，在伊斯蘭社會裡，「這並不意味著這個架構會框限你的生活的每個面向。」它會衝擊到公共生活，「但是在你家裡，你可以隨心所欲」，那正是為什麼在傳統上，「非穆斯林在穆斯林社會裡總是很受歡迎」。的確，米修相信說，真正的伊斯蘭教（不一定會表現在穆斯林國家裡）比自由主義的國家更加重視個人自由。「在一些西方國家裡，」他說：「你不能買了《我的奮鬥》、《資本論》擺在家裡，或是在家中陳列類似納粹或共產黨的符號。在荷蘭，有些政客現在說要禁止印

11譯按：「書中之母」其實是指《古蘭經》的「開端章」（法諦海）。
12譯按：塔伊克．拉馬丹（1962-），瑞士穆斯林學者，牛津聖安東尼學院當代伊斯蘭研究中心教授。

行《古蘭經》。在伊斯蘭教裡，法官或政府當局是無權侵入家庭的。家是個隔離的空間，它不屬於任何權威。」

米修引述《哈基姆聖訓集》（*Al-Mustadrak alaa al-Sahihain*）關於這個原則的一段著名的故事。（聖訓是在《古蘭經》以外輯錄穆聖言行的作品。）有一天晚上，阿不都拉曼（Abdur Rahman ibn Awf）和烏瑪（Umar ibn Al-Khattab）在街上巡邏，烏瑪發現有個穆斯林鄰居在家裡喝酒，阿不都拉曼回答他說：「我想我們剛才做了安拉禁止我們做的事，」接著他引了《古蘭經》的經文：「你們不要互相偵探。」（原注33）於是他們放過了那個鄰居。（原注34）

然而，對於穆斯林而言，伊斯蘭決定了生活的每個層面，從洗澡到吃飯。因此教育也是宗教的事。「教育的目標是完美實現人類靈魂的種種可能性，最終獲致關於真主的至上知識，那才是人類生命的目的，」那司爾說。大多數穆斯林世界裡的教育仍然是以《古蘭經》的教義為起點。（原注35）「教育體系的一般目標，應該是依據伊斯蘭教去建構它的思想觀點以及世界觀。」（原注36）

這也能說明為什麼在伊斯蘭教裡，哲學和宗教之間沒有明確的劃分。哲學家原本以為哲學會排擠神學，但是在蒙兀兒王朝時期，它們卻漸漸融合在一起。那司爾說，伊斯蘭哲學傳統「棲居在一個宗教宇宙裡，在其中，一部降示的天經和預言被認為是知識的來源，支配著整個視域」。知性是個神聖的天賦，如果正確地使用它，將會獲致和天經殊途同歸

的真理。「所以說，伊斯蘭哲學尤其重視認主獨一的學說，它主宰著整個伊斯蘭的教義，」那司爾說。（原注37）

伊斯蘭的宇宙萬有一體

基於《古蘭經》的完備性以及萬有一體，因此他們不會有像近代西方啟蒙運動那樣的「進步」的可能性。真理是不變的，它的本質也是可知的。安薩里寫道：「真正的證明必須是具備必然的、恆常的、永恆而不變易的確定性。」（原注38）當然，伊斯蘭也接受說，在穆聖的時代，許多關於世界的事實仍有待人們去發掘。但是那些新的事實只是枝微末節。知識的成長猶如在畫布上著色和渲染，而不是放大畫面。《古蘭經》敘述了一個完備的世界觀，其後的任何事實都不會搖撼其根基。

那司爾的說法比任何人都更加直截了當。對他而言，伊斯蘭裡的「祕教」（esoteric）真理永遠優先於任何其他獨立開展的「顯教」（exoteric）真理。「祕教涵攝了顯教，但是顯教排除且不涵攝祕教。」（原注39）例如說，伊斯蘭的祕教形上學，是「關於終極實在的科學」，而俗世「所謂的宇宙論（cosmology）」，它的「理論則是基於有疑義的、穿鑿附會的推斷，以及無法以經驗證明的假設」。（原注40）

那司爾津津有味地強調說，這種世界觀和西方的現代性正好相反。儘管當代伊斯蘭思想相當多樣化，但是那司爾的說法可以說是古代傳統的主流。對於像他這樣的人們而言，要他們在諸如性別角色或同志的議題上接受現代的觀點，幾乎是不可能的事。男女有別是真主的意旨，他們的角色是互補的，所以說，「拒絕兩性判然有別的特徵，以及以這個客觀的宇宙實在為基礎的伊斯蘭教法，那是落入人的層次；成為事實上只是偶然的人性部分。」（原注41）就算是觀點沒有那麼激進的人們，他們對於伊斯蘭性別道德的基本信念也不會動搖。身為改革派的拉馬丹雖然不贊成對於同志的刑罰，但是他說：「《古蘭經》本身……沒有太多詮釋的空間……在伊斯蘭教裡，同性戀是個罪而必須被禁止。」（原注42）

伊斯蘭的宇宙萬有一體的觀念有個引人注目的推論，那就是世上的萬事萬物，莫不記載在天經裡。[13]「信前定」是伊斯蘭思想的重要特徵之一。有一則聖訓提到一個人的「記錄在冊的命運」，有能力在任何時刻改變一生的方向。「一個人的舉止或許始終像天園裡的居民，直到他和天園只有一肘之遙，可是他那記錄在冊的命運會突然降到他身上，使得他的行為倏地像火獄裡的居民，反倒下了火獄。」反之，罪人的行為也可能突然像個天園的居民，而及時進入天園。（原注43）這類的聖訓不勝枚舉。另一則聖訓告訴我們：

當一滴精液在母胎裡待了四、五十個日夜，天使說：真主啊，他會是善抑或惡？這些事早已寫下來了。接著天使又說，他是男抑或女？這些事早已寫下來了。他的一舉一動，他的死亡，他如何營生，這些事早已寫下來了。他的命運早已記錄成冊，不會有增減。（原注44）

《古蘭經》裡有許多段落提到真主預告了誰是行善的人、誰是作惡的人，祂要拯救誰、降禍給誰。「真主必定使他所意欲者誤入迷途，必定使歸依他的人走上正路。」（原注45）「當他們背離正道的時候，真主使他們的心背離真理。」（原注46）「真主使不義者誤入迷途，真主是為所欲為的。」（原注47）

若干世紀以來的神學家論辯著「前定」如何和公正的賞罰並行不悖。乍看之下，真主居然要懲罰祂預定犯罪的人，賞報祂預定行善的人，似乎太專橫了。在外人眼裡，這似乎是無解的難題。同樣的，如果要理解現代的伊斯蘭世界，我們就必須明白，穆斯林一般認為所有事件都是真主的旨意，卻也認為人們應該受到賞報和處罰。

例如說，二〇〇四年的南亞海嘯造成二十九萬人罹難，許多穆斯林輿論認為那是真主的旨意，儘管可能令人費解。英國穆斯林協會（Muslim Council of Britain）祕書長伊克巴勒・薩克拉尼（Iqbal Sacranie）在英國廣播公司（BBC）的訪談中說：「我們堅信任何這類的災難、任何自然事件，都是全能真主的旨意。安拉是全知萬物的。」這也幾乎是所有穆斯林的觀點。

13譯按：《古蘭經》6:38：「在大地上行走的獸類和用雙翼飛翔的鳥類，都和你們一樣，各有各的種族—我在天經裡沒有遺漏任何事物，隨後他們都要被集合至他們的主那裡。」25:2：「他創造萬物，並加以精密的注定。」

另外有個沒那麼普遍卻仍然很流行的說法，那就是真主藉由那些災難要懲罰人們。有兩位學者在分析人們對於海嘯的反應時說：「許多印尼亞齊人（Acehnese）相信海嘯是真主要懲罰世俗的穆斯林，因為他們沒有謹守拜功，而追求物質主義的生活方式。」（原注48）同樣的，二〇一一年日本海嘯之後，Islam21C.com 網站引述《古蘭經》說：「假若各城市的居民，信道而且敬畏，我必為他們而開辟天地的福利，但他們否認先知，故我因他們所作的罪惡而懲治他們了。各城市的居民難道不怕我的刑罰，當他們在夜間酣睡的時候降臨他們嗎？各城市的居民難道不怕我的刑罰，在上午，當他們在游戲的時候降臨他們嗎？難道他們不怕真主的計謀嗎？只有虧折的民眾才不怕真主的計謀。」（原注49）現代的詮釋者說那是日本人自食惡果，「因為他們沒有順服安拉，不願意承認他們所享受的種種好處都是造物主的賞賜。」（原注50）

《古蘭經》的啟示的完備性還有另一個含意：那就是理性有時而窮。我們以十二世紀阿富汗詩人薩納伊（Sanāī）的詩為例：

沒有人可以獨自認識祂；人只能透過祂去認識祂的本質。
理性渴慕祂的真理，卻不得其門而入……
理性是個引路人，但是僅止於祂的大門；唯有祂的恩惠才可以引領你到祂身邊。
你沒辦法以理性的證明完成旅程；

不要像其他闇昧的人一樣犯這個錯誤。（原注51）

在《迷途指津》（*al-Munqidh min al-dalal*）裡，安薩里提到他如何擺脫懷疑論的種種憂慮。亞當森認為，「安薩里是因為真主『光照他的心』才走出那個死胡同的。那個經驗告訴他說，人的理性不會是至高的洞見和確定性……問題是他們既不使用理性，卻又認為理性無所不能。」（原注52）亞當森表示，就算如哲學家所說的，「先知的認識和其他人沒什麼差別，只不過他的認識比較完整，而且不費任何推移之力，而其他人則必須窮理盡性以致之。」（原注53）阿維森納說，先知和哲學家都有直覺（al-hads）的能力，尤其是在尋找三段論法裡的中項時，它往往會不期然出現。「先知只不過是比較極端的例子。他把直覺發揮到極致，『幾乎在電光火石之際』就從主動理智（intellectus agens）那裡掌握到可以理解的東西，誠如阿維森納所說的。」（原注54）理性並不一定是必要的。

穆斯林相信伊斯蘭教的認主獨一是他們的一大優點。那司爾主張說，伊斯蘭是一個以「超越個人的」理智（歷史上許多思想家的同工）為基礎的傳統哲學，優於西方依賴於個人主義的論證的哲學主流。他認為，它的優越性說明了何以伊斯蘭哲學相較於其他過時的哲學更加亙古流傳。（原注55）

對於圈外人而言，認主獨一使得哲學成了神學之婢，導致哲學的停滯和沉寂。然而，雖然伊斯蘭思想文化有僵化之虞，卻絕不是不可避免的。有人主張說伊斯蘭世界拘泥於中世紀的世界觀，但是這個說法早已被歷史證明為偽。在好幾個時期裡，伊斯蘭的社會在知識上更加日新月異，尤其是八到十三世紀所謂的「黃金時代」，在巴格達、大馬士革、開羅和哥多華各大城市設立「智慧之家」（Bait al-Hikma）。（原注56）貝萊格（Christopher de Bellaigue）[14]也長篇大論地談到十九世紀在開羅、伊斯坦堡和德黑蘭自由思潮風起雲湧的「伊斯蘭啟蒙運動」。（原注57）雖然人們認為《古蘭經》已經很完備了，但是仍然有些地方語焉不詳而且有待詮釋。「伊智提哈德」（ijtihād, iǧtihād）（理性推斷）一直扮演重要的角色，填充了「在經文的沉默以及上下文的殊異」之間的空間，拉馬丹如是說。儘管穆斯林都相信伊斯蘭的五柱，但是關於信士必須具備什麼個別信仰，一直是言人人殊。

伊斯蘭的認主獨一並不妨礙它去改變或者順應現代世界。反倒是沒有人會指望穆斯林世界會接納非伊斯蘭的、俗世的現代性觀念。伊斯蘭的現代性是從傳統內部突顯出來的，而且不會損及信仰的核心地位。當諸如拉馬丹的改革派大聲疾呼「伊斯蘭的重生」以及「思想和心理的革命」時，他們並不是呼籲伊斯蘭順從俗世的理想。伊斯蘭的現代性最多只是伊斯蘭原則的一個特別的看法，是「道路的重新探索」，而不是另闢蹊徑。（原注58）

14 譯按：貝萊格（1971-），英國記者，報導中東與南亞情勢，著有 *The Islamic Enlightenment: The Struggle Between Faith and Reason, 1798 to Modern Times,* Patriot of Persia: Muhammad Mossadegh and a Tragic Anglo-American Coup。

第十四章 化約主義

「解釋不並等於搪塞問題。」

每個部分都包含著整體，這個說法或許有很濃厚的東方色彩，但最流行的例子其實是出自西方國家。有人說，麥當勞是西方文化的縮影，不管那是褒或是貶。當人們抱怨西方的文化殖民主義，他們都會提到在全球各地無所不在的「金色拱門」。只要談到低薪卑賤的工作，「麥當勞的工作」（McJobs）就成了箭靶。每當健康運動人士提到西方乏善可陳的營養午餐時，大麥克和薯條就是手邊的證據。

這類的評論是有點不公平、過度簡化而且偷懶。然而，這個速食巨人的確默默地見證了一種西方式的思考模式。在麥當勞的網站上，你可以看到一長串產品成分和營養價值。以大麥克為例，許多人會很詫異地看到肉塊本身是百分之百的牛肉以及少許的鹽；另一方面，麵包則包含了麵粉、水、糖、芝麻、菜籽油、發酵粉、麵筋粉、乳化劑（單及雙脂肪酸甘油二乙醯酒石酸酯）、改良劑（磷酸二氫鈣）、防腐劑（丙酸鈣）、抗氧化劑（抗壞血酸）、小麥澱粉、鈣、鐵、菸鹼酸（維生素B_3）、硫胺（維生素B_1）。至於醬料、醃黃瓜、乳酪片的成分，更是列了好幾行。你也會看到每個項目裡都有卡路里、油脂、醣類、纖維素、蛋白質、鹽，以及建議每日攝取量（RDI）。用計算機一算，就會發現一份大麥克和中薯，就可以提供每日百分之四十二的卡路里攝取量、一半的油脂和鹽，而只有百分之十的醣類，所以還可以很揮霍地喝一大杯巧克力奶昔（百分之二十五的卡路里建議每日攝取量、百分之六十七的醣類建議每日攝取量）。

在以上的資訊背後有個重要的哲學假設，透露了西方世界若干世紀以來的一個思考模式：化約主義（reductionism）。它主張說，理解事物最好的方式，就是把它拆解成它的組成部分，強調其成分而不是整體。卡蘇里斯認為西方思想的每個角落處處可見這個進路：「倫理學家把所有的責任都放在（個別行為者的）『道德正直』這個最小單位上；物理學家把宇宙拆解成最小而不可見的單位以及它們之間的相互關係；遺傳學家探究最小的遺傳單位（基因）的連結以及它們的相互關係。」（原注1）

化約主義的擴展與應用

直到二十世紀下半葉，化約主義才成為公認的概念，然而作為一種方法，自近代科學興起以來，它卻是一直如影隨形，誠如達朗貝在《百科全書》的序論裡所闡明的。「在探究大自然時，部分是基於生計，部分是興之所至，我們注意到物體有許多屬性，」他寫道：「然而它們大多在同一個主體裡緊緊結合在一起，為了更澈底地研究它們，我們不得不個別思考其屬性。」這其實是有好處的，而不是什麼困擾。「的確，一個科學的原理的數量越少，我們就越能夠限縮其範圍，而既然科學的對象必然是限定的，適用於該對象的原理數量越少，就越有助於研究。這個化約也使它們越容易理解。」甚至，「只要有嚴謹而完備的邏輯，再駑鈍的人也有辦法理解一門科學或技術，因為大部分的科學或技術的命題或規則，都可以化約成簡單的觀念，其理論秩序有條不紊，環環相扣。」（原注2）而我們唯有先進行拆解，才能建構關於世界的一個完整而有系統的解釋，猶如狄德羅和達朗貝在《百科全書》裡試圖建立的「百科之樹，它會匯聚各式各樣的知識分支」。達朗貝所描述的正是科學的方法，正如他所宣稱的，「我們的百科之樹，主要是沿襲自大法官法蘭西斯・培根。」

化約主義的方法使得物理科學在許多方面突飛猛進，而由於它的成功，更擴展到其他領域。的確，我們幾乎找不到哪個典範（paradigm）不是化約主義式的。例如說，我在開始攻讀哲學時，一般都會以「充分必要條件」的角度去分析概念。任何概念都會被歸結到「必然為真」的檢查清單，以確定它們是否正確地適用。柏拉圖把知識定義成「證明為真的信念」是這個方法的古典靈感來源。為了擁有知識，擁有「證明為真的信念」是其充分必要條件。諷刺的是，在柏拉圖的對話錄《泰阿泰德篇》（*Theaetetus*）裡，他試圖定義知識的充分必要條件，最後卻不得其解。後來的哲學家們不認為那是方法上的瑕疵，我們只是需要更多的條件罷了。

我在撰寫探討人格同一性（personal identity）的博士論文時，也是依樣畫葫蘆地框限在「一個人在不同的時間點裡作為同一個人的充分必要條件為何」的問題裡。我認為這是個假問題，但是我之所以要提出這個說法，正是證明了「充分必要條件」這個典範的宰制性。

當哈里・法蘭克福（Harry Frankfurt）[1]在其全球暢銷書裡以「充分必要條件」的方法

去探究「放屁」（Bullshit）的概念時，我懷疑他是在開一個後現代的玩笑，證明以這種方式去分析任何事物是多麼腦殘的事。「放屁的構成在邏輯上有什麼充分且必要的條件？對這個問題要做出任何主張，多少都有些武斷，」他承認說，但是接著他又拋開這個疑慮說：「可是去做一些有益的討論，應當仍是可能的。」[2]（原注3）

化約主義甚至擴及於倫理學。功利主義（utilitarianism，效益主義）把行為的對錯化約成行為所造成的結果，而依據其理論的變型，則分別和快樂、偏好、滿足或福祉有關。功利主義的教父邊沁（Jeremy Bentham）提出後世所謂的「快樂計算法」（felicific calculus），有助於計算根據這個原則哪些行為是比較好的。（原注4）儘管當代的功利主義者對它嗤之以鼻，但是他們的基本概念仍然是沿襲著這個探討倫理學的態度，也就是把道德化約成單一的向度。

許多人認為這個四處蠭起的化約主義趨勢和在西方世界盛行的個人主義有關。社會被拆解成它的組成部分，也就是個別的人，那是關於我們應該如何生活的所有思考的基礎，不管是個人或集體的生活。但是在原初狀態裡，我們究竟是個人或者只是範圍更大的社會的從屬部分，則不得而知。畢竟，我們來到這個世界，總是某個人的孩子，我們的成長過

1 譯按：哈里・法蘭克福（1929-），美國普林斯頓大學道德哲學榮譽教授，著有 *Necessity, Volition, and Love* (1999), *The Reasons of Love* (2004) ,*On Bullshit* (2005) ,*On Truth* (2006) , *Taking Ourselves Seriously & Getting It Right* (2006) , *On Inequality* (2015)。

2 譯按：中譯見《放屁》頁37-38，南方朔譯，商周出版，2006。

程也會有兄弟姊妹、同儕，以及團體裡的成員，或許是宗教之類的，或者成為其他利益團體的成員。

別化約得過了頭

現在化約主義的方法幾乎成了一種習焉而不察的常識，因而沒有注意到它其實是奠基於有爭議的哲學假設。如前所述，在世界的其他角落裡，人們其實更加強調全體主義的理解。即使是西方科學，也就是化約主義的家鄉，也漸漸接受它只是許多工具之一。生物學的進展往往是透過對於系統的分析，而不只是孤立的部分。複構（complexity）和混沌（chaos）理論的前提是：我們沒辦法從組成元素的行為去預測系統的行為。

營養科學對於列印在食品包裝上化約主義的清單的價值仍然情有獨鍾，但是人們漸漸明白它們的侷限性。於是，二十克的添加精糖對於身體的影響，並不等於整顆水果裡二十克的糖。甚至有可靠研究認為，不同的乳製品相同含量的飽和脂肪對於膽固醇的影響會大異其趣，端視於它是來自乳酪或是奶油。化約主義者會回應說，我們必須繼續化約，在分析上要更有針對性。儘管這個說法不無道理，但是如果不考慮食品如何消化的問題，包括食用者的個別差異，那麼化約主義式的描述輕則不完整，重則會有誤導。

或許只有在語意學（semantics）的領域裡，化約主義的「充分必要條件」才會踢到鐵板。指定技術性語詞的確切意義，或許有些哲學價值，但是在日常語言裡當然行不通。我們每個人都是相當稱職的語言使用者，但是很少人有辦法清晰明確地定義我們所使用的語詞。艾蓮娜．羅施（Eleanor Rosch）[3]在她的「原型理論」（prototype theory）裡主張說，我們實際上學習語詞意義的方法，第一步會看看它們一般是怎麼使用的（好比說，「椅子」是指我們可以坐在上頭的四腳傢俱），接著我們會漸漸摸索它們的延伸意義（用樹樁當作椅子），最後則是有辦法以歧義（沙發或凳子也算是椅子嗎？）或隱喻（會議的「主席」〔chair〕）的方式使用它。而這整個程序並沒有構想任何一套「充分必要條件」，把意義拆解成明確的定義。（原注5）

科學的進步依賴於化約主義，但是當它成了預設的心智框架時，就創造了一個文化上的缺陷。化約主義的傾向使人們對於整個系統的複雜效應視而不見，不自量力地以為只要確定個別的部分就可以解決整個問題。例如說，在人們發現了大腦血清素含量和憂鬱症的關係之後，許多人就開始鼓吹「血清素假說」（serotonin hypothesis）：作為神經傳導物質，血清素濃度的不平衡會導致憂鬱症，而所謂第二代的抗憂鬱劑，例如「選擇性血清素再吸收抑制劑」（selective serotonin reuptake inhibitors, SSRI），只要能矯正血清素濃度的不平衡，就可以治療憂鬱症。然而，每當人們試圖把複雜的現象化約成單一的因素，我們

3譯按：艾蓮娜．羅施（1938-），加州大學柏克萊分校心理學教授，專攻認知心理學。著有*Cognition and Categorization* (1978), *The Embodied Mind* (1991)。

後來幾乎都會發現問題比這個簡單化的模型所顯示的更加盤根錯節。現在，許多人相信血清素濃度太低並不會導致憂鬱症，也有許多病例證明「選擇性血清素再吸收抑制劑」其實沒什麼療效。

至於人們為什麼那麼相信「血清素假說」，其實有很多理由。藥廠是既得利益者：第一代的藥物「百憂解」（Prozac）（氟西汀〔fluoxetine〕的品牌名）問市後，兩年內就成了史上最暢銷的抗憂鬱劑。憂鬱症使人虛弱，而且醫師往往束手無策，因此神奇療效的保證總是很有吸引力。然而有個因素一直被人忽略了，化約主義在文化上的臆測往往使得種種假說在事後回顧時不再那麼可信。

化約主義式的解釋幾乎都會被視為唯一有價值的說法。舉例而言，我們大多相信大腦在某個意義下是意識的硬體。任何意識活動理論上都可以從神經元的角度去描述。好比說，當你做了一個決定，就會有個神經元事件發生。但是你不能因此推論說，以化約式的、神經元的解釋最能理解你的行為，而和你現在任何有意識的思考無關。如果只有化約主義的解釋才是正確的，那麼基礎物理就似乎是唯一可能的解釋了。但這是不可能的事：車子沒辦法發動，原因很可能是電瓶沒電了，雖然基礎物理裡不講電瓶或汽車。

哲學家珍妮．理查茲（Janet Radcliffe Richards）[4]區分了**揭穿式**（debunknig）和**非揭穿式**（non-debunking）的解釋，以說明這個混淆。（原注6）揭穿式的解釋會取代其他的理論。例如說，貝利．馬歇爾（Barry Marshall）[5]發現九成的胃潰瘍是一種叫作「幽門螺旋桿菌」（*Helicobacter pylori*）的細菌引起的，他便揭穿了認為胃潰瘍一般是壓力所致的理論迷思。然而非揭穿式的解釋則不會損及其他解釋。我們現在知道壞血病是缺少維他命C導致的，可是早在我們理解其病因之前，水手就發現吃柑橘類的水果可以預防壞血病。醫學上的解釋並沒有顛覆吃柑橘類的水果可以預防壞血病的理論，它只是解釋了那個真相背後的機制。

理查茲指出，大家往往以為化約主義式的解釋是一種揭穿式的解釋，雖然事實上不見得如此。腦部研究只是證明了做決定背後的神經機制，而不是說我們其實沒有在做決定。同理，腦部裡的變化固然會導致憂鬱症，但是生命裡的事件也可能是憂鬱症的病因，而談話性治療也有其作用。「解釋不並等於搪塞問題，」理查茲言簡意賅地說。（原注7）當人們批評化約主義時，問題往往不在於化約主義本身，而是因為人們把它視為一種揭穿迷思的解釋。

一旦我們習慣了化約主義式的假設，它在西方文化裡就處處可見。它的特性就是我們找不到理由去拒絕它。化約主義既是西方式思考的優點，也是它的缺點。我們只要明白有

4 譯按：珍妮．理查茲（1944-），英國哲學家，倫敦大學學院教授，專攻女性主義和生物倫理學，著有*The Sceptical Feminist* (1980), *Philosophical Problems of Equality* (1995), *Human Nature after Darwin* (2000), *The Ethics of Transplants* (2012)。

5 譯按：貝利．馬歇爾（1951-），澳洲醫師，西澳大學臨床微生物學教授，二〇〇五年諾貝爾醫學獎得主，主要成就是證明了幽門螺旋桿菌是造成大多數胃潰瘍和胃炎的原因。

個化約主義的假設存在就行了，重要的是在個別的情況裡想一想，更加全體主義式的思考是否可以增益我們的理解，或者是否更勝於化約主義式的分析。當化約主義成了唯一的思考模式時，我們就化約得太過頭了。

第十五章 小結

「在世上總是會有形上學的。」

史蒂芬．霍金在二〇一一年宣稱「哲學已死」而造成一陣騷動。他說科學家「已經成為在我們對知識的探究中的啟蒙者」，也唯有他們才能回答種種大哉問，諸如「我們為什麼在這裡？」以及「我們從哪裡來的？」哲學家則是瞠乎其後，因為他們「跟不上現代科學的發展，尤其是物理學」。（原注1）

他的一席話的確很冠冕堂皇，不過沒有任何證據或附加的解釋，對於一個鼓吹科學方法的人而言，是有點丈二金剛摸不著腦袋。霍金的意思似乎是，哲學的形上學已死，取而代之的是科學的物理學。在人類知識的進展歷史裡，這種說法似曾相識，其中第一段的反覆（iteration）則是由人類學家弗雷澤（Sir James George Frazer）[1]在《金枝》（*The Golden Bough*, 1890）裡提出來的。起初，我們試圖以神話去理解世界；接著，我們應用我們的理性，試圖以哲學去解釋它；最後，我們發展出實驗和理論的工具，而以科學的方法去研究它。在這個觀點裡，神話和科學的方法只是科學之路上的墊腳石。就連某些科學家也附和這類的說法。例如卡爾．波普（Karl Popper）[2]就把整個形上學混在一起，說那是「科學興起之前的神話」，禁不起經驗性的檢驗。（原注2）

的確，有些傳統的形上學問題，例如時空的本質，最好是交給科學去研究。但是說哲學已死，則未免言過其實，至少有許多重要的哲學問題並不屬於科學的領域。例如道德哲學和政治哲學的問題，就不能以「大強子對撞機」（Large Hadron Vollider）或是核磁共振掃描儀去檢查並解決。

更根本地說，我們也沒有理由把哲學形上學視為業餘的物理學。即使我們不再認為形上學能夠解釋世界本身（許多哲學家相信它可以），但是我們還是必須解釋我們眼前的世界，生活經驗裡的世界。而這其實就是康德所說的形上學探究的合理對象。

我們或許可以稱之為**現象學的形上學**（phenomenological metaphysics）：關於經驗世界的結構的研究。不管我們的科學物理學再怎麼全面，現象學的形上學仍然是合理的研究主題。而現象學的形上學也不一定要和物理學一較高下。例如說，許多物理學家認為大自然裡沒有所謂的「現在」，也沒有過去或未來。但是人類的生活裡當然有時態的問題，而現象學的形上學對此應該有什麼話要說吧。

不管世界各個主要傳統裡的哲學家如何看待他們的形上學，相較於科學的觀點，現在以現象學的形上學的觀點去探討他們的觀念，成果會最為豐碩。當我們以哲學去探討時間的問題，我們關心的是如何思考時間的推移才會最有收穫。**空**的概念的價值不在於它是否呼應量子理論的發現。形上學的價值是在於存在方面的，而不是科學的。這就是為什麼我

1 譯按：詹姆士．弗雷澤（1854-1941），蘇格蘭社會人類學家，現代神話學研究和比較宗教學之先驅。著有 *Totemism* (1887), *The Golden Bough: a Study in Magic and Religion* (1890),*Taboo and the Perils of the Soul* (1911), *Folk-lore in the Old Testament* (1918)。

2 譯按：卡爾．波普（1902-1994），猶太裔英國哲學家，出生於奧地利，是二十世紀最偉大的科學哲學家，在自由民主的捍衛以及社會批判上亦貢獻卓著。著有 *The Logic of Scientific Discovery* (1934), *The Poverty of Historicism* (1936), *The Open Society and Its Enemies* (1945), *Conjectures and Refutations: The Growth of Scientific Knowledge* (1963), *Objective Knowledge: An Evolutionary Approach* (1972), *Unended Quest: An Intellectual Autobiography*(2002)。

們會有各式各樣的形上學體系，因為我們構成經驗的方式有一部分和我們的內在心智結構有關，而另一部分則是取決於心智和社會相互構成的方式。康德說：「但儘管所有獨斷論的形上學崩塌之時無疑已來臨了，」但是他接下來說：「在世界上永遠都會有形上學，並且不僅如此，每個人（特別是好思考的人）都會有形上學。」[3]（原注3）

3 譯按：中譯見《一切能作為學問而出現的未來形上學之序論》頁155-56，李明輝譯注，聯經出版，2008。

第三部

在世界裡的我們是誰

Who in the World Are We?

貝多芬第五號交響曲的開場樂段在西洋音樂史裡是最為人津津樂道的。它可能現在就浮現在你的腦海裡，或是乾脆哼了起來：「登登登登……」你很容易就認出第四個音，那是中音E。但是為什麼偏偏是這個**特別的**中音E呢？

這個問題至少有三種回答的方式。第一，它之所以是中音E而不是其他的E，那是因為它和開場的三個中音G以及交響樂接下來的樂段前後呼應。在不同的樂段裡，情況就會不一樣。這是**就關係的角度**（relationally）去定義E的性質。

第二，它之所以是中音E，只是那個音是E的一個個例，沒有什麼特別的道理，正如一英鎊的銅板只是所有鑄幣的一種而已。這是**就原子論的角度**（atomistically）去定義E的性質。

第三，更極端的回答會是說這個問題有誤導。它就只是個中音E而已，因為它根本沒有任何本質可言。我們可以把它叫作E，在樂譜上指涉它，然後製造一個錯覺，以為真的有個東西存在。在現實世界裡，音符是個瞬息萬變的事件，每次演奏都會有一點點不同。人們以為有個中音E存在，而且可以定義其性質，那其實是個錯覺。

哪一個答案才是正確的呢？也許都對也都不對。每一個對於音符的思考模式都捕捉到一個真理，但都不是唯一正確的思考方式。然而，我們選擇了哪一種思考方式，會決定我們對於音符的看法：它是更廣闊的整體的一部分、它就是它自己，或者它只是在知覺的無常遷流裡的一個現象。

對於我們的自我認知而言，這會是個很實用的類比。在某個意義下，我們的存在都有如原子論所說的那樣。我們每個人都是個生物性的統一體，當我們死了，世上就會少一個這樣的個體。但是我們也在關係之中存在：我們是某個人的兒子、女兒、鄰居、同事、同胞、同袍。而我們的存在也有可能根本沒有什麼本質可言。我們來到這世界上的時候，只是一堆不斷生長的細胞，不斷變化，我們只是經驗之流的場所，當我們的肉體死亡，那些細胞就分解了。

前兩種自我認知的思考方式相當普遍。如果人們既不明白社會成員的個體性，以及他們的身分的相互關係，那麼就不會有任何文化存在。而各個文化之間的差異也在於它們強調的是自我的關係層面或是原子層面。至於第三種思考模式則沒有那麼普遍。主張說自我沒有本質可言，和一般的觀念大相逕庭，人們大多認為人類是有靈魂的生物，死後仍然會以非物質的形式存在。它也挑戰著一般人的直覺認知，也就是以為我們都有個人格本質，一個獨特的「自我性」。

在世界各地的古代哲學傳統的觀點裡都可以看到這些思考模式，而那些觀點也反映了他們所屬的文化。因此，如果我們理解了那些哲學觀點，也可以理解在其他文化以及我們的文化裡，作為一個人究竟是什麼意思。

第十六章 無我

「無我及我所。」

佛洛伊德的「對於微小差異的自戀」（der Narzissmus der kleinen Differenzen）可以用來形容許多跨文化的哲學論辯。從任何傳統的內部去看，那些差異可能只是技術性的問題，外人卻會大驚小怪，這使我想起《福祿雙霸天》（*The Blues Brothers*）裡的台詞，酒吧老闆安撫緊張的樂隊說，那裡的人喜歡各式各樣的音樂，「鄉村音樂**和**西部音樂」。在這個誇大嘲諷的窮鄉僻壤裡，原本只是一體兩面的兩種音樂風格，卻被外人擺在音樂光譜的兩個極端。

在古代印度傳統裡有一組概念，從內部去看，它們似乎是兩個極為不同的選擇。吠陀傳統裡有個「自我」（ātman；巴利文作attā）的概念：使每個人成為他自己的一種存有的個人本質。而佛教和該傳統的決裂，也正是在於它的「無我」（anattā）的概念，它的字面意思就是「無」（an-）「我」（ātman, attā）。其差別就像白天和黑夜一樣判然分明，尤其是因為佛教的立場正是要否定吠陀的說法。

然而在外人眼裡，自我和無我這兩個理論的相似性其實大於差異。他們都和古代西方理念背道而馳，也就是認為一個人的自我才是基本的自我，它植基於心理學裡的人格的個體性。不管是自我和無我，都支持輪迴說，不過那是一種極端非人格的形式；也就是說，流轉生死的主體不能說是人。

在古代印度哲學裡（遮盧婆迦派是個例外），一切都是梵（普遍的自我，「彼之一」）的一部分，包括自我。唯有自我明白其真實自性，回到梵我合一的真實狀態，它才能獲致解脫（mokṣa）。在這個宇宙論裡，大宇宙和小宇宙畢竟無分別可言：整體是部分，部分是整體（一即一切，一切即一）。汝即彼也。《奧義書》說：

> 斯則吾內心之性靈也。
> 其小也，小於穀顆，小於麥粒，小於芥子，小於一黍，小於一黍中之實。
> 是吾內心之性靈也，其大，則大於地，大於空，大於天，大於凡此一切世界。
> 是涵括一切業，一切欲，一切香，一切味，涵括萬事萬物而無言，靜然以定者，是吾內心之性靈者，大梵是也。而吾身蛻之後，將歸於彼焉。[1]（原注1）

雖然說法各異，但是所有吠陀聖典都主張說，「入於」梵意味著不再意識到個體。其究竟旨趣是自我的泯滅，夏瑪說，那是許多印度神話形象的主題：「迦梨（Kali）砍下她的信徒的頭，拎在手裡，濕婆裙子上掛了許多頭顱，以及其他象徵，例如舞神哪吒羅闍（Nataraja）把欲望的惡魔踩在腳底下，生動地表現了自我解消的意義。」（原注2）

為了成就無我的境界，你必須認識到，在深層的意義下，自我本來就不存在，這看起來似乎很弔詭。你如何成就一個本來就存在的東西？但是如果說，自我本身是個幻相，你其實不必改變現實世界，而只是要遮除對它扭曲的觀點，如此或許就不會那麼弔詭了。

1譯按：見《五十奧義書．唱贊奧義書》頁132。

這就是為什麼洞然照見真理就可以獲致解脫。例如勝論派所言，你必須明白自我「非心所有」（原注3），才能成就夏瑪所謂「無作意之所欲境」。（原注4）同理，數論派也說，究竟解脫智是指證悟「無我及我所」之實相。（原注5）正理派則是認為：「生即身、根、境、覺、意之和合，死則為諸法之分離消散。」（原注6）如果要脫離輪迴，自我就必須捨棄作意而斷除無明。

瑜伽是基本的修行法門，以執持和靜慮的身體修行作為解脫的工具。透過瑜伽，修習者可以安住等持（samādhi）甚至是獨存（kevalatva）的境界。（原注7）《瑜伽經》說：「當層層習氣和意識模式被般若澈底化除時，名之為『無種』（nirbīja）三摩地。」（原注8）

印度與佛教裡的「自我」和「無我」

現在我們應該明白了，ātman譯為「自我」或「靈魂」是嚴重的誤導，因為在西方的術語裡，自我或靈魂都被認為是屬於人的。自我或靈魂是人的核心，而正如十七世紀的洛克所說的，所謂的人，「就是有思想，有智慧的一種東西，它有理性，能反省，並且能在異時異地認為自己是自己，是同一的。」（原注9）然而，ātman是去人格化（depersonalised）的自我或靈魂。也就是說，它的定義不同於我們一般對於我們自己的定義：我們的人格、記憶、欲望、信念等等。「說起來有點弔詭，」蘭普拉薩德說：「人的ātman是他真正的自我，但那正是因為真正的自我不只是那個個人，甚至在他死後繼續存在！」（原注10）梵我合一的代價就是失去我們的個體性，而那個個體性正是我們一般認為的自我。解脫「並不是使人不朽，不是使得究竟智者也得到永生」。（原注11）業的前後相續使一切有情流轉生死，但是那不是指一個人的重生。

佛教認為解脫是脫離生死流轉和種種苦患，因而證入涅槃寂靜。至於確切的說法不一而足，但是它的整個概念和印度正統學派非常接近。在佛教的瑜伽行派（Yogācāra）裡，修行者追求空性的境界，也就是內外雙遣，主客互泯。（原注12）這和印度正統的觀點比較接近，而和西方傳統大異其趣。

佛教的殊異處在於它否認有個持存的、永恆存在的、不變易的自我，也就是ātman。相反的，它主張無我，我們以為的自我，其實只是五蘊（skandha）和合：色（rūpa）（物質或身體的形式）、受（vedanā）（知覺或感受）、想（saññā）（認知）、行（sankhāra）（心理活動或形構）、識（viññāṇa）（意識）。並沒有一個自我擁有五蘊；相反的，我們以為的個人只是這些東西的積聚。

關於無我的觀念，西元前一世紀的論著《彌蘭王問經》（*Milindapañha*）有一段著名

2 譯按：見《五十奧義書・唱贊奧義書》頁428。另見《梵我思辨》頁153：「有上行脈管分佈於名為蘇修納（suṣumnā）之上顎內，此為生氣之通路。經由此脈管與呼吸、唵字及意的結合盡力上昇。結合諸根轉舌端於上顎內，作為自我之偉大而認識真我之偉大。如此遂至無我，無苦樂之受而達獨存（kevalatva）之境。」

3 譯按：中譯見《人類理解論》頁369，關文運譯，北京商務印書館，1959。

的解釋。往昔金剛尼於佛前曾經以車喻說：

如零件配合，
乃名為車，
諸蘊生存時，
稱名有情亦復如此。4（原注13）

正如除了車的零件總和以外，並沒有一個叫作車的東西，除了自我的各個部分（五蘊）的和合之外，也沒有一個叫作自我的東西。在主張自我擁有根本的實在性的傳統裡，這個說法當然很激進，在任何主張存在著一個不朽的、非物質的、不可分割的靈魂的傳統裡亦然。但是從科學的、自然主義的觀點來看，它卻是再明顯不過的事。你能想像宇宙裡有任何東西，除了物理的基本元素以外，不「僅僅是」其組成部分的總和嗎？水是H_2O：它是由兩個氫和一個氧構成的，但不是一個有兩個氫原子再加上一個氧原子的東西。我們說一本書「有」書頁和封面，但是我們不會認為有個奇怪的、非物質的、叫作書的東西，它擁有書頁和封面。油墨印在書頁上，然後裝訂成冊，那就成了一本書。

如果anattā乍看下很極端，那是因為我們把它譯成無我。但是它其實是指「沒有」一個ātman：沒有一個永恆的、非物質的、不可分割的自我。它完全不同於否認有任何自我的存在。在無我的觀點裡，有個東西叫作**我**，但是沒有一個獨立的實體叫作**我的自我**。佛陀常常談到觀察我們自己。例如，他在《法句經》裡說：「治水者導水，箭匠之矯箭，木匠之繩木，賢者自調御。」[5]（原注14）但是佛陀不會說智者所調御的那個自我是個獨存的、統一的靈魂。

所以說，儘管無我的學說和自我的學說正好相反，但是許多佛教教派和正統的印度學派在一個更根本的觀點上倒是意見一致：我們在世俗諦上方便施設的自我其實是個幻相，唯有捨棄它而趣入無人我分別的境界，才能得到解脫。

然而在現實裡，就算佛教亦未提到真實的自我和方便施設的自我是否真的那麼不同。有時候它們之間的差別還是很清楚，例如西元五世紀左右的南傳經典《清淨道論》（*Visuddhi-magga*）便說：「有苦而無什麼受苦者，有作而無作者的存在，有滅而無入滅者，有道卻無行者的存在。」[6]（原注15）於此，世俗諦的自我顯然是不存在的。但是在其他方面，個人的自我並不是那麼容易捨棄的。《法句經》說：「現世於此悲，死後他世悲，

4 譯按：本段經文是尊者龍軍和彌蘭王的對話。另見《那先比丘經》：「那先言：『佛經說之如合聚，是諸材木用作車因得車，人亦如是。』」

5 譯按：「班迪達……出家為沙彌……內心如是思惟：『如果沒有心識的水可以任人導引至任何地方；沒有心識且彎曲的竹子可以撫直；沒有心識的木材也可以做成有用的東西。那麼，擁有心識的我，為什麼無法控制我的內心，修行清淨止觀呢？』於是他當下深刻觀身……不久就證得三果。」（《法句經．故事集》，達摩難陀法師著）

6 譯按：中譯見覺音論師《清淨道論．說根諦品》，葉均譯。

造諸惡業者，兩世皆憂悲。見自穢業已，彼悲彼苦惱。現世於此喜，死後他世歡，造諸善業者，兩世皆歡喜。見自淨業已，彼樂彼歡喜。」（原注16）流轉於今生後世的，似乎又是世間意義下的人。

印度的自我的觀念既主張我們對於個人的自我的認知是個幻相，卻又認為在來世再生的其實是另一個我，這兩者之間有著根本的衝突。我在幾年前撰寫關於人格同一性的論文時，有兩次機會遇到圖博上師，而明顯感受到這點。在佛教裡，每個人都在流轉生死，但是上師們卻知道他要轉世成為誰。我不禁納悶這些人如何思考他們和前世的自我的關係？而答案也會在以「非人」以及「人」的角度去思考那個關係之間搖擺。

阿貢仁波切（Akong Tulku）說生死流轉的自我猶如樓房裡的空間。人死了以後，樓房塌了，建了新的樓房，但是它裡面的空間則是一樣的，延續著過去行為留下來的業習。而記憶、知識、信仰或所謂的人格，則不會延續，因為那是另一世裡不同的人格的歷史記錄。比方說，第十三世達賴喇嘛圖登嘉措（Thupten Gyatso）是個雄才大略的政教領袖，整建圖博軍隊，強化軍事力量。他在圓寂前示眾說：「即使在鄰近敵軍的次要邊境上，仍然要佈署有效率且裝備精良的軍隊。這樣的軍隊必須嫻熟戰技以抵禦任何外侮。」（原注17）他以強硬頑固著稱，治下甚嚴。而第十四世達賴喇嘛丹增嘉措的個性則是詼諧活潑且愛好和平，他也知道他和前世的達賴喇嘛有多麼不同。「就算我想要假裝得像十三世達賴喇嘛那樣，我也做不到，」他有一次對訪問者說：「一個人的人格很重要。沒有那樣的人格，

怎麼裝也裝不來。」（原注18）

不過有一次阿貢仁波切無意間提到，人格自我似乎是可以延續的。雖然他說他不記得前世的事，但是他也強調有些人會記得。他說我們也會記得前世的知識。「有六、七個孩子，因為前世的知識，生來就會寫會讀書或詩，」他以蹩腳的英語對我說。但如果輪迴和人格自我的存在延續無關，那麼它有什麼重要性可言呢？

林谷祖谷仁波切（Ringu Tulku）也認為並沒有一個永久不變的自我。「所以你不必害怕你的壞滅，因為並沒有什麼壞滅的東西。」唯一會延續的就只是「我的習氣，我反應和思考的方式」。他也承認他不記得前世的事。「所以我覺得我的例子一定是搞錯了，」他在談到他的轉世尋認時笑說。

他關於前世今生最好的描述，就是把它比喻成沉沉睡去而在另一個身體裡醒來。他強調說，許多人的確聲稱他們記得前世的事。因此，否認生死輪迴裡有個人格的自我作為主體，以及主張說我們某些面向的人格和記憶會延續，這兩種說法一直相持不下。

當我們了解這個衝突，就會更清楚印度一般人關於自我的觀念。佛教和正統學派都說，我們在生活裡都會以為自己有個人格自我。這個幻相根深柢固，因而如果我們看到在一個主張無我的文化裡，他們就像其他地方的人們一樣生活著，也就不會感到訝異了。我們日常的生活是在現象界裡，而不是絕對的實在界。

但是如果人們相信他們真正的自我不同於這副臭皮囊裡短暫而有限的人格，那麼他們的生活應該也會有所不同。在現實生活裡，不存在一個具有人格的自我，並不像老嫗能解的輪迴信仰那麼重要。以蜜拉・班度為例。她認為所謂的業是指：「讓人不會感到後悔。這種事我看多了，我自己也遇過。我聽人說到博大精深的中國哲學，心裡就想：『我真想要研究中國哲學。』但是到頭來我不會心下慊慊，因為我會想：『好吧，下輩子吧。』對我而言，那是想當然耳的事。我母親從來沒出國，但是她不會感到遺憾。她很知足，因為她說：『如果我要出國，那麼下輩子再去吧，也許我的業讓我這輩子沒辦法出國。』」

他們認為輪迴比有沒有一個具有人格的自我更重要。抽象地說，自我的消融並且和梵合一的終極目標，聽起來是個美麗的遠景。我們都是梵的一部分，這個想法或許讓身處於杌隉不安的世界裡的人們感到存在的意義，無論窮通順逆，都能得到慰藉。但是人們似乎還是執著自我，寧可想到他們有個來生，而不願意承認有一天終究會壞滅。

印度和佛教文化對於他們的哲學是有選擇性的，我們從他們對於個人的歌頌就可見一斑。佛教徒都會禮敬諸佛菩薩和上師。在佛教朝聖勝地菩提伽耶，有一尊二十五公尺高的大佛，人們到每一座塔廟都會向佛像頂禮。我們前面談過印度對於權威、仙人和大師的尊重。

雖然各種哲學理論形成一個盤根錯節的整體，其中每個概念都環環相扣，但是它們滲透到更大的社會的方式，卻是東拼西湊而不怎麼理會一致性。哲學理論和宗教教義必須融入社會，不然就只是思想家和神學家的枯坐冥想，終究要枯萎凋零。因此在中國佛教裡，無我就有了不同的形式而附會它的文化。許多人認為佛教之所以會在中國盛行，有部分的原因是它提供了來世的願景，而那是中國傳統所欠缺的。然而為了讓中國人心悅誠服，它必須向當地文化妥協，而以形上學的空性無我附會中國倫理思想裡淑世的「無私」概念。因此，在中國思想裡，對於無我的理解不是要永斷輪迴，而是要在此生成就佛性，蘭普拉薩德把它定義成「倫理的和心靈的淨化的原理，而它就體現在佛陀的一生當中……在一個人的思想、情感和行為裡實現這個原理，使人過著入世而無私的生活。」他說：「這種學說在印度佛教裡並不多見。」（原注19）

如果說認識到無我會使人更加無私，那麼它在中國的迭代（iteration）會比在印度明顯許多。無我落在沃土上，因為在中國歷史裡，個人並不是最重要的。即使是對於孔子的重視，也只是西方人對於他所創立的哲學學派的思考模式。Confucianism（字面意思是「孔子主義」）是十六世紀耶穌會傳教士依據他們自己的慣例而以其創建者命名的。該學派在中國則是叫作「儒家」，儒是學者的意思，並不特指任何個人。如果以中國的方式命名，則應該是Ruism。（原注20）

西方世界的「無我」

在伊斯蘭神祕主義教派蘇菲派中也可以看到無我的觀點，如果要和真主合而為一，自我就必須寂滅（fanā）。在十三世紀波斯詩人魯米（Rumi）的作品裡，這個觀點屢見不鮮。他在《瑪斯納維》（*Masnavi*）裡寫道：「從自己邪念和技藝中獲得安全的無我，是隱匿在主的永恆之中。它就像隱匿在白天的明星。隱匿便能清除災難和危險造成的恐怖。」[7]（原注21）然而蘇菲教派畢竟只是伊斯蘭世界的一隅，而無我的觀點在伊斯蘭教裡也不算是主流。

在另一個主要的哲學傳統裡，無我則是以不同的偽裝出現：現代英美哲學。他們的核心觀念如出一轍，認為並沒有一個恆久不變的自我本質，自我只是經驗、思想、感覺等等的集合，這個觀念始自十八世紀，和佛教的無我完全無關。耐人尋味的是，這個觀念最重要的開展者大衛·休姆，他有可能在耶穌會傳教士德西德里（Ippolito Desideri）[8]在一七二八年關於佛教哲學的著作裡邂逅了無我的理論；這本書被教廷傳信部（Propaganda Fide）列為禁書，手稿始終封存著。但是德西德里是法國拉夫雷（La Flèche）皇家耶穌會學院（Jesuit Royal College）的常客，當時休姆就住在附近，和那裡的僧侶閒聊過幾回。那時候休姆正在動筆寫作他的《人性論》（*A Treatise on Human Nature*），在裡頭提出了他對於自我和同一性問題的獨到解釋。（原注22）

儘管這個故事讓人有無盡的聯想，但是休姆是否間接接觸到佛教思想，終究只是道聽塗說，而他的理論顯然有另一個更明確的來源：十七世紀哲學家洛克。洛克以令人信服的思想實驗為靈魂和自我的觀念抽絲剝繭。他說，假設我們每個人都有個非物質的靈魂蟄伏在思想底下，讓我們可以持續存在。現在我們假設在特洛伊圍城時，在乃斯德（Nestor）

或塞斯德（Thersites）身體裡住著同一個靈魂。如果你什麼都記不得了，你會是其中的任何一個人嗎？洛克假定他的讀者會說不是。[9]（原注23）我們會認為在我們的同一性底下的實體（不管是物質或非物質的）和我們的同一性本身是有分別的。使你成為「你」的，是你的心靈的統一性和延續性，而不是那些構成你的質料。這就是為什麼我們可以想像自己一覺醒來跑到另一個身體裡，或是在死後繼續存在。我們或許（的確）必須有個身體或靈魂才能存在，但是它們只是自我的載具。現代有個最清楚的類比：我們是在大腦和身體的硬體裡面運算的軟體。如果你把一個檔案從硬碟轉存到隨身碟，那個檔案仍然會一直存在著，雖然裝載它的東西完全不同了。

休姆開展了這個觀念，並且回應種種反駁的說法。他認為，如果說我們的同一性在於我們的思想、感覺、記憶、信念，那麼我們就不是一個住在裡頭的單一的東西，而只是「一束束」的知覺。休姆要我們內省自己。觀察你自己，觀察你自己的意識。你都發現了什麼？這裡一個念頭，那裡一個感覺，一個在腦海裡縈迴不去的動人曲調，對於無意中瞥見的那塊蛋糕的欲望。你觀察到的是個別的念頭、知覺和感覺。「任何時候，我總不能抓住一個沒有知覺的我自己……」休姆假定自己沒有什麼特別的地方，他說：「他們都只是

7 譯按：中譯見《瑪斯納維全集（五）》頁63，張暉譯，湖南文藝，2002。
8 譯按：德西德里（1684-1733），耶穌會義大利籍神父，他一七一六年到西藏傳教，是史上第一位到藏區的歐洲人、天主教神父，著有《西藏紀事》（*An Account of Tibet*）。
9 譯按：見《人類理解論》頁375-77。

那些以不能想像的速度互相接續著、並處於永遠流動和運動之中的知覺的集合體，或一束知覺。」10（原注24）

這個說法不僅聽起來和無我極為相似，就連證明的方法也殊途同歸。在佛教裡，等持的目的是要觀照你的意識的本性，明了裡頭並沒有一個自我，而只有遷流不息的念頭和感覺。（在佛教裡，這只是「緣起觀」〔Pratītyasamutpāda〕的一個個例，也就是主張沒有任何東西是獨立存在的。）休姆和佛教的內省的主要差別在於，對休姆而言，你只要思考一兩次，就會明白並沒有一個恆久不變的自我，而對於佛教而言，你必須不斷地觀想它的不存在，才能斷除我執。

這個差別相當值得玩味。在那樣的文化裡，即使所有重要的哲學家們都否認個人自我的實在性，人們仍然會堅持他們的我執。佛教認為勇猛精進才是唯一的答案。也有人說其實不必澈底斷除世俗的我執。休姆並不是說自我不真實，正如金剛尼也沒有說那輛車子是不真實的。只要我們明白並沒有一個恆久不變的自我的本質，我們一如往常的生活又有什麼不對呢？它或許可以使我們對於我們的無常更加樂觀，我執也會少一些。但是那不一定是要顛覆我們的自我以及存在的價值。

自我是一束連續不斷的知覺，這是現在學院派哲學家最流行的說法，更是致力於探討自我感及其根源的心理學家和神經科學家的口頭禪。（原注25）我們對於大腦電路的知識更是支持休姆以及佛教的基本看法，認為並沒有一個自我的控制中樞，也沒有一個意識的場域。相反的，腦部一直在平行處理（parallel process）當中，大部分是無意識的，其他的則是拚命要擠進有意識的覺知裡。其實，意識和無意識的畫分本身就很有問題。例如說，我們在開車時往往會驚覺不記得自己剛才做了什麼，彷彿設定成自動駕駛模式似的。然而，如果在行駛途中有一隻鹿跳到車前，我們應該都會意識到，這證明我們的確是有意識的。我們所謂的「自動駕駛」其實不是真的無意識。那似乎是一種什麼東西都不會保存在意識的狀態，所以我們回想起來彷彿不曾意識到它們似的。

然而「自我只是一束知覺」這個觀點只在學院裡流行，在一般文化裡，原子論（atomistic）的觀點仍然是主流，我們在接下來的章節會加以探討。這不是說「自我只是一束知覺」的觀點對於整個社會沒什麼影響。心理學漸漸形成的共識，以及前述的化約主義觀點，使得「自我是個幻相」的想法越來越普遍。科學家們也支持這個詮釋，例如《自我的錯覺》（*The Self Illusion*）以及《心智科學以及自我的迷思》（*The Science of the Mind and the Myth of the Self*）之類的著作。（原注26）但是如前所述，所謂的錯覺，只是指單一的、統一的自我的本質，而不是作為部分的總和的自我。

然而，在西方世界，人們也漸漸認為同一性是流動的、有延展性的，而不是生下來就確定的。年輕人更是討厭本質化的同一性，他們相信自己不能被定義，或者根本就拒絕定

10 譯按：中譯見休姆《人性論》頁254-55，仰哲，1984。

義自己。有一個引人注目的例子，二〇一五年的一項調查指出，只有半數的年輕人認為自己是異性戀，即使大部分的人們並沒有過著雙性戀或同性戀的生活。（原注27）這不是說他們覺得自己「不是異性戀」，而只是不想在性取向上「被歸類」。在西方世界，無我不再是舶來品，而越來越為大眾所接受。

第十七章「一切都會落入其間。」

在關係中的自我

在離開東京的飛機上，我注意到許多日本旅客在他們的機上娛樂系統裡都挑了同一部電影。我出於好奇也回到座位自己看了起來。《橘色奇蹟》（*Orange*）是改編自高野苺的暢銷系列漫畫的日本青少年奇幻電影。電影也相當賣座，上映的第一週就躍居票房冠軍。劇情描寫一個聰穎的高中少女高宮菜穗收到十年後的自己寄來的一封信，要她想盡辦法阻止新同學成瀨翔的死亡。他的死亡是不可挽回了，但是如果她改變自己的行為，就可以創造另一個平行的未來，在那裡，她會和成瀨翔結婚而從此過著幸福快樂的生活。

這部電影證明日本哲學思想的許多面向其實是主流文化的重要部分，而不僅僅是學術思辨而已。例如說，從開場鏡頭就可以看到他們對於四時變換的著迷，女主角漫步在櫻花樹夾徑的小路上，一封寄自她的未來的信提醒她說：「四月六日，妳會因為欣賞櫻花而差一點上學遲到。」接著，她和同學在聊天時說：「到了春天，我們會到弘法山看櫻花，夏天會到上高地，秋天會到阿爾卑斯公園。」「別忘了還有冬天：「松本的雪景也很美。」」加上兩個自殺者的戲分都很吃重，它顯然不會是美國典型的青少年電影。

最引人入勝的還是戀情發展的方式。焦點幾乎沒有放在他們身上，兩人的單獨相處屈指可數。相反的，電影一直圍繞著一群死黨，而他們只是其中的兩個人。成瀨翔獲救時，所有朋友都在場，正如終場鏡頭，眾人一起看夕陽，而在西方的電影裡，那樣的場景當然會留給小倆口。真愛會找到出路，因為有一大群人會促成他們的曲諧。

整部電影的重點放在對他人的關懷上面。一開始，菜穗注意到成瀨翔沒有帶任何餐點到學校，於是為他做了便當。看到他收下便當時開心的模樣，她幾乎要哭了。成瀨翔的母親自殺時，留下一則影音簡訊，要他別為她的憂鬱症感到內疚。即使是須和弘人，菜穗未來的丈夫，也要她和成瀨翔在未來的平行時空裡比翼雙飛，雖然他深愛著她，而且也是他們孩子的快樂父親，但是他覺得她和成瀨翔才是天造地設的一對。每個人都認為自己要為對方的幸福著想。未來的弘人、菜穗和他們的死黨們，都為了無法阻止成瀨翔的死而感到懊悔，覺得要為他的自殺負責。未來的菜穗哀求年輕時的她說：「我要妳分擔他的憂傷。」所有角色似乎都想這麼做，正如在一個場景裡，死黨們幫忙成瀨翔以及菜穗一起搬體育館的防撞墊。「覺得擔子太重的時候，不必勉強自己去扛的，有我們在。沒事的，大家一起扛就不重了，」其中一個死黨說，他擔心這樣的隱喻不夠清楚，接著又說：「我們和你一起扛。」

《橘色奇蹟》讓我們體會到，在日本、東亞以及其他傳統社會裡，人們基本上是從群己關係去理解自我的。這不是什麼抹滅個體差異的集體主義。當西方人看到諸如東京之類的日本城市生活的影片，總會覺得他們是一群盲從的群眾。人們面無表情、動作拘謹地穿過馬路或是擠進水泄不通的地下鐵。這符合了日本是個從眾的社會的刻板印象，個體性被併入團體的同一性裡，紀律和禮節壓抑了情緒。

日本文化中的「關係性」

我到日本時的感覺卻迥然不同。我接觸到的人們大部分都極為熱情。他們與其說是從眾（conformist），不如說是「利社會」（pro-social）。他們井然有序地搭火車，那是因為每個人都為別人的利益著想，而不是因為他們要「融入」。這種行為模式也感染了我，儘管我在那裡只待上幾天。我發現我在城市散步時習慣會肩膀微微前傾，並不是真的要撞開別人，而是潛意識裡想要搶到一點空間和優先權。於是我試著放鬆肩膀，留意是否侵犯到別人的空間。

哲學家約翰．克魯默在日本長大，母親也是日本人，他同樣承認這一點。「在紐約搭地鐵時，時常會看到乘客把雙腿張開，」他對我說。紐約客自己總算也看到了這個問題，於是在地鐵設置了一個令人沮喪的「岔腿男」（manspreading）的標誌。「在日本，大家都會留意站在身旁的乘客，如果還有一點空間的話，他們會挪出位子來，招呼你坐到他們旁邊。」

東京地鐵站有個標誌，恰如其分地表現了這個習俗。標誌上面畫了兩個人型，一個戴著隨身聽，另一個沒有。它的意思是說，「就算是名曲，從耳機播放出來也都成了擾人的噪音。」戴耳機聽音樂的女生後面畫了幾個音符，而另一個人後面則有兩道鋸齒狀的平行線條，分別代表「名曲」和「噪音」。這個標誌並沒有要求乘客關掉音樂，只是提醒他們耳機聲音流瀉出來的反社會結果。

它似乎起了作用，因為在日本，我從來沒有被其他人的 iPod 發出的惱人聲響打擾過，而我在英國的大眾運輸工具上幾乎沒有例外地必須忍受它們的轟炸。回到家鄉，不想要讓耳朵被騷擾的人必須大費周章才找得到「靜音車箱」（quiet carriage），如果真的有的話。即使如此，如果你友善地提醒旁人說他們會傳出擾人節奏的電子設備在車箱裡是不許可的，通常只會被白眼，彷彿你是個神經質的瘋子，沒有權利干涉他們的享受，即使那妨礙了你的安寧。

「集體主義」（collectivism）似乎不適合用來形容在東亞處處可見的這個利社會的文化。我們必須檢視這個地區據以理解自我的方式，才能更加理解這個文化，而大部分學者則是以「關係性」（relationality）的概念去描述它。任何個人的本性都是取決於那個個人和他人的關係。如果抽離了那個關係，自我不會被剝到只剩下他的本質，而是會被剝除他的本質。

日本是個共融的（syncretic）文化，不同的哲學和宗教熔於一爐。有人說日本人生下來的時候是神道教，過著儒家的生活，命終時則是佛教徒，重點是他們的生活以儒家思想為首，因為在那個哲學裡，社會關係居於首位。然而關係性並不是從中國輸入日本文化的概念。當儒家於西元六世紀傳入日本時，它只是「加深了日本固有的民間習俗而已」，羅伯．卡特指出，從神道教對於祖先、家庭和神的重視顯然可見。（原注1）

著眼於關係的思考模式深植於日本文化當中，也反映在語言裡，日語不怎麼使用代名詞，也不必說明誰是一個動詞的主詞。英語的 I went shopping，在日語裡則一般會使用差不多像是 went shopping 的句構。英語會說 I feel cold，但是日本人通常只會用形容詞說「寒い（さむい）」。英語 excuse me 到了日語就成了「済みません（すみません）」（字面意思是「無法解決或完成」）以及「此方こそ（こちらこそ）」（意思是「該說謝謝的是我這邊」）。（原注2）「說『我』往往既不必要也不禮貌，」哲學家嘉指信雄這麼跟我說。

同時，日本人也相當在意對談者之間的關係。「在大多數的社交場合裡，陌生人會在交換名片或是有人居中介紹之後才開始交談，如此雙方都會明白對方相對的地位，」卡蘇里斯說。（原注3）「我們在語言上一般都會區分兩到三個敬語的層次，」嘉指信雄表示。「在說「我」或「你」時，會依據你和對談者的相對關係選擇不同的語詞。例如說，如果你要說「我」，在正式場合裡要說「私（わたし）」，在沒有那麼正式的場合則會說「僕（ぼく）」或是「俺（おれ）」，如果不是很熟的朋友，說「俺（おれ）」則會有冒犯的感覺。在歐洲語言裡，這種關係式的指示詞若非付之闕如，就是沒有那麼複雜。在法語裡，人們會使用非正式的 *tu* 或禮貌的 *vous* 指稱「你」，在西班牙語裡則是有 *tu* 和 *usted*，但是變化就這麼多了，至於「我」則只有一個選項。

日本人對於自我的思考方式，在語言學上還有另一個線索，雖然有個詞「个人（こじん）」代表「個人」，但是提到個人的本質時，多半會使用「人間（にんげん）」，強調自

我的關係面向，由「人」和「間」（之間）組成。

這些語言上的特徵反映了對於自我的一種思想模式，它不那麼強調「我」，而著眼於「我」的存在背景。日本人的生活和文化幾乎每個面向都反映了這種關係式的思考。在歌舞伎座，最具戲劇性的場景都是集體演出，例如快速的換裝，會有好幾個演員一起演出。至於獨舞則是輕描淡寫，以大師級的演出展現其精準和優雅。有時候觀眾會掌聲雷動，彷彿是在聆賞搖滾吉他獨奏，但其實是約莫十二個人以精湛的默契彈奏傳統弦樂器。

卡特還提到許多其他例子。他們的司法體系是合意式的（consensual），而不是如西方國家的對抗式的（adversarial）。（原注4）在發源自日本的武術合氣道裡，你會有隊友，但不會有對手。（原注5）在企業界也是如此，理光（Ricoh）前執行長濱田廣說他們公司的核心精神是「お役立ち」（有用的）：助人，互助合作，做對他人有助益的事。（原注6）在傳統家庭裡，在固定的牆壁和大門裡頭，還有許多屏風拉門，作為「屋內的隔間」，那是基於「相互的信任以及對於沒有隔間的強烈需求」。（原注7）

我們對此照例不要誇大其詞。關於自我觀念的強調重點的差別，並不等於完全不同的自我。那是中島隆博帶著種種先入為主的成見到西方國家旅行時學到的教訓。「在我到美國、法國、英國等西方國家之前，我以為他們是極為個人主義的人，所以我和他們可有的吵了。但是老實說我根本沒有這種經驗。他們都很客氣，比我所想像的還要重視種種家庭價值。他們在行為上不像是自我中心主義、個人主義的人。」

正如西方人並不因為以「個人主義者」聞名就那麼自私自利，日本人也不會因為以「集體主義者」著稱就欠缺個體性意識。九鬼周造[1]在一九三〇年代的一篇論文〈日本的性格〉[2]裡，以一九三一年奧林匹克運動會的一個場景為例，「有個獲勝的日本田徑選手站在領獎台上，聆聽著日本國歌〈君之代〉，仰望著『旭日旗』，他哭了起來。」德國奧會的一份刊物後來解釋說：「他是出於一種強烈的道德感而哭的，因為他終於實現了對於日本的責任。」九鬼周造並不否認這可能只是他的情緒因素之一。但是還有另一個因素，那就是他剛剛打破世界紀錄，贏得奧運金牌。對於他的情緒的這個舶來品解釋，我們或許比較熟悉一點，但是它不應該取代上一個解釋。（原注8）

關係中的自我是二十世紀初期日本哲學家們所謂的京都學派的核心主題。它的領導者西田幾多郎強調說，這個哲學並不是要反對個人主義，「個人主義和自我中心主義必須嚴格區分」。他更認為，最偉大的人會展現最偉大的個體性，「一個忽視個人的社會怎麼會是個健康的社會呢？」（原注9）的確，《橘色奇蹟》裡的每個角色都有稜有角。而他們的團體歸屬感與其說是壓抑了他們的個體性，不如說是綠燈大開。

如果說在外人眼裡，日本並不是一個多麼重視個體性的文化，有部分原因在於個人主義到頭來無關乎個體性，而是指個人身分的**主張**或**表現**。西方世界大聲疾呼個人主義，那並不一定反映了真正的個人主義。例如說，我問日本哲學家小林康夫是否注意到日本和美國學術界的差別，他說：「美國教授總是要強調他們個人。『我不像這些傢伙。我和他們不一樣。』而日本人或許形形色色，但是他們想『我必須和別人有些一樣』。」

黃百銳（David Wong）[3]懷疑那些鼓勵人們表現其個體性的文化，它們的從眾心態其實更加根深柢固。他在讀過人類學家史黛絲（Arlene Stairs）的評論之後有了這個想法。史黛絲和因努特人（Inuit）相處了一段時間，他們和日本人一樣，不覺得必須在大家面前主張個人的身分。然而在她更加認識他們之後，她覺得他們比大多數西方人更多樣化，西方人想盡辦法要表現他們的個體性，但是在品味、政治觀點、甚至購物習慣上卻極為相似。至於其中是否存在著逆相關，觀察證明我們不應該把主張個體性和擁有個體性混為一談，在喜劇電影《萬世魔鬼》（*Monty Python's Life of Brian*, 1979）裡更是一語道破這個問題，一群烏合之眾聽說他們每個人都是個個體，於是齊聲回答說：「是的，我們都是個體！」（第二個更加令人噴飯的笑點是有個人跳出來說：「我不是。」）

日本哲學反省且開展了這個關係性。在「倫理」一詞裡，「倫」的意思是「同輩」或「同伴」，「理」則是「原理」。[4]因此，卡特說，倫理是「和同伴們的種種關係的理性規

1 譯按：九鬼周造（1888-1941），日本京都學派哲學家，以現象學、存在主義和結構主義研究日本文化。

2 譯按：原載於《思想》第177號（昭和十二年二月）。

3 譯按：黃百銳（1949-），美國哲學家，杜克大學教授，專攻倫理學、道德心理學以及中國哲學，著有*Natural Moralities* (2006)。

4 譯按：《說文解字》：「倫，輩也。从人侖聲。一曰道也。」段注：「軍發車百兩為輩。引伸之同類之次曰輩。鄭注曲禮、樂記曰。倫猶類也。注即夕曰。比也。注中庸曰。猶比也。小雅。有倫有脊。傳曰。倫道、脊理也。論語。言中倫。包注。倫、道也。理也。按粗言之曰道。精言之曰理。凡注家訓倫為理者。皆與訓道者無二。」

範。」倫理這個觀念本身就內建著關係性。

日本哲學在分析這個關係性的本質時，都會認為那是在於日本哲學並沒有自我和他者、主體和客體的根本區分。我們以《碧巖錄》的一則公案為例：

仰山問三聖：「汝名什麼？」

聖云：「惠寂。」

仰山云：「惠寂是我。」

聖云：「我名惠然。」

仰山呵呵大笑。5

這個故事是說，三聖禪師搶了仰山禪師的名字，因而象徵性地泯除了他們之間的分別。不過他們仍然有各自的身分。他們是不一不異的。這是倫理的基礎。如果你在他人裡頭認識到自己，「待人如己」就不再是個抽象的義務，而會習慣成自然。（原注10）例如說，武士們（一直存在到十九世紀的軍官階級）強烈的忠誠，與其說是忠於其信念，不如說是覺得和同袍是一體的。（原注11）那是日本哲學的美感本質的一個例證：它是植根於體悟而不是抽象的認知。

個人和團體的關係

當然，在從事哲學思考時，認知是不可或缺的。但是如前所述，由於知性被認為無法把握到諸法實相，所以東亞哲學往往會以種種弔詭去突顯理性的侷限。最讓人費解的例子或許是關於主體和客體的論述：能知和所知。在哲學裡，關係性的觀念也意味著主客體的分別只是屬於現象界而和實相無關。自我和他者的分別也只是個表象。西元九世紀的中國禪師臨濟在談到開悟的條件時有「四料簡」之說：

有時奪人（主體）不奪境（客體），
有時奪境不奪人，
有時人境兩俱奪，
有時人境俱不奪。[6]（原注12）

5 譯按：「惠寂」是仰山禪師的名字，「惠然」才是三聖禪師的名字。見：《碧巖錄》卷第七：「舉。仰山問三聖：『汝名什麼？』（名實相奪，勾賊破家。）聖云：『惠寂。』（坐斷舌頭，攙旗奪鼓。）仰山云：『惠寂是我。』（各自守封疆。）聖云：『我名惠然。』（鬧市裡奪，去彼此却守本分。）仰山呵呵大笑。（可謂是箇時節，錦上鋪花，天下人不知落處，何故土廣人，稀相逢者少，一似巖頭笑。又非巖頭笑，一等是笑，為什麼却作兩段，具眼者始定當看。）」

這是典型的禪宗思考模式，它肯定所有排列的方式，儘管他們相互矛盾。但是由於矛盾只是存在於知見或表象的層次上，所以它還是前後一致的。如果我們把它放在經驗世界去看，就會明白它有它的道理在。以射箭為例。第一，你必須瞄準箭靶而渾然忘我。接著，你專注於你的任務，把得失成敗拋在腦後。接著你心中既沒有自己也沒箭靶，全神貫注在任務上。如果你都做到了，那麼自我和目標會自然而然地合而為一，你一箭射中靶心而完成任務。

另外還有個弔詭，那就是倫理規範要你陶冶自我，但是你的自我卻不存在。「人只是個表象，而表象的背後什麼也沒有，」西谷啟治[7]寫道。（原注13）關於這個觀念的許多版本在若干世紀以來的日本哲學裡不斷重現。嘉指信雄整理道元禪師的學說，在禪師的代表作《正法眼藏》的扉頁引了他的一段話：「所謂修行佛道，修行自身也。修行自身也，忘我境界是也。忘我境界者，萬法中求是也。」唯有繫心於你的自我，你才會照見它的空性，也才會明白你念住的不是一個獨立的自我，而只是整個世界的一個小宇宙。明白了它的空性，你也就開悟了。

或許這就是為什麼小林康夫不喜歡以「內在性」（interiority）形容日本哲學，那似乎很適合用來形容對於自我和經驗的觀想。「內在性和外在性是不可分割的，」他對我說：「一切都會落入其間。」卡蘇里斯所謂的「親密性」或許比較恰當，我們在下文會仔細檢視它。

不管是在實踐上或理論上，日本都為「關係中的自我」提供了最清楚的例證。但是正如我所說的，關係性在東亞關於自我的概念裡處處可見。中國的儒家以所謂的「五倫」去定義個人：君臣、父子、夫婦、兄弟和朋友。重要的是，除了朋友關係，其他關係都有位階差別。新儒家也強調自我的關係性本質，認為「沒有任何事物可以單獨存在」。（原注14）

抗議作家許知遠認為，中國所強調的關係性自我，和中國歷史裡欠缺有神論有著耐人尋味的關係。「在西方傳統裡，個體性是你和上帝的關係的一部分，」他說。基督教經常會說，所謂的俗世啟蒙運動的種種價值，其實是深植於宗教之中。個人主義源自基督教，它強調個人的救贖、個人和上帝的關係，以及上帝如何眷顧我們每個人。許知遠表示，對於中國人而言，神聖性就在社會以及你的夥伴當中。人們一般認為宗教會有一套信理，但是或許更根本的說，它其實是個超越性的根源：它引領我們超越塵世生活到那更美好的地方。西方人透過對上帝的信仰超越自己；對於中國人而言，超越性源自整個社會和團體。

我們照例也不能把它和把個人的身分歸到團體裡混為一談。謝幼偉[8]甚至主張說：「儒家倫理重視個人更甚於社群。」（原注15）誠如《大學》所說的：「自天子以至於庶人，壹

6 譯按：見《鎮州臨濟慧照禪師語錄》：「師晚參示眾云：『有時奪人不奪境；有時奪境不奪人；有時人境俱奪；有時人境俱不奪。』時有僧問：『如何是奪人不奪境？』師云：『煦日發生鋪地錦，孾孩垂髮白如絲。』僧云：『如何是奪境不奪人？』師云：『王令已行天下遍，將軍塞外絕烟塵。』僧云：『如何是人境兩俱奪？』師云：『并汾絕信獨處一方。』僧云：『如何是人境俱不奪？』師云：『王登寶殿野老謳歌。』」

7 譯按：西谷啟治（1900-1990），日本京都學派哲學家，京都大學文學部教授，師事海德格和西田幾多郎。

是皆以脩身為本。」（原注16）唯有如此，家庭和社會才會枝繁葉茂。身脩而後天下平。

在東亞，個人和團體的深層關係往往令西方人很困惑：個人的過犯和挫敗，整個家族和社群都有責任。那不僅僅是羞恥感的問題，自取其辱的那個人還是會遭到責難。更確切而言，那是更深層的共同責任的感覺。例如說，二〇一四年，南韓渡輪世越號在由仁川港駛往濟州途中翻覆，三百零四位乘客及船員罹難，其中大部分是檀園高中學生。而負責該旅行的副校長姜敏圭雖然獲救，不久後卻上吊自殺，留下遺書說：「所有責任都在於我。」[9]就連許多和該次旅行無關的人也表示羞愧而難辭其咎。一個協助罹難者家屬的志工對記者說：「我們看到這次災難，那顯然是人為的。我覺得很羞恥。」有個報社評論員說：「半個世紀以來，我們的國家一股腦地追求強大富裕，卻對於如何建設一個文明而安全的社會視若無睹。」（原注17）南韓人民認為這場悲劇是整個社會的過錯，而不是任何一個人或是渡輪公司。就關係中的自我的概念而言，他們的想法可以說合情入理，因為在一個相當真實的意義下，那些和我們血濃於水的人正是我們自己的身分的一部分。說也奇怪，西方人似乎也明白這個道理，卻是很片面的：家庭會為了其成員的成就感到驕傲而與有榮焉，但是很少人會覺得要為他們的失敗負責。

關係式的思考也可見於許多口傳哲學之中。史蒂芬・穆克以唐納・史都華（Donald Stuart）[10]的小說《雅拉莉》（*Yaralie*）裡的主角（小說裡只說她是個年輕女孩）為例，她的個人身分還沒有她的社會地位來得重要。（原注18）這不是說傳統社會的人們欠缺個體性。「在澳洲原住民社會裡，人們會對於性格乖僻的人嘖嘖稱奇、品頭論足甚至取笑他們，」穆克說。

這些哲學殊異之處在於關係性往往延伸到人類範圍以外。穆克引用黛博拉．蘿絲（Deborah Bird Rose）[11]的論點說，原住民的認知「體現了一個不以人類為中心的世界觀，也傾向於一個生態的世界觀。『人』只是在眾多星球、動物甚至無生命的環境裡的一種生物，並沒有什麼分別。」（原注19）以下是個現實世界的例子，圖霍伊部落（Tūhoe）的毛利人在二〇一四年獲得他們在尤瑞瓦拉（Te Urewera）國家公園的傳統領域的管理權，其中一個條件是他們並沒有土地所有權，但是那不是問題，因為他們從來就不認為他們擁有任何土地。相反的，土地是授予法人，其實就是土地擁有它自己，而這個法律措施更加貼近圖霍伊部落和尤瑞瓦拉之間的親屬感。（原注20）

正如許多作家指出的，非洲對於自我的固有觀念也是關係式的。（原注21）「從另一個角度看，『我』其實只是『我們』，因此人不會被解釋成原子式的個體，」席根．巴德格辛

---

8 譯按：謝幼偉（1905-1976），字佐禹，曾任中央日報總主筆、政治大學、師範大學、輔仁大學教授，中國文化學院哲學研究所所長、香港中文大學哲學研究所主任。著有：《倫理學大綱》、《當代倫理學說》、《西洋哲學史》、《現代哲學名著述評》、《中西哲學論文集》、《中國哲學論文集》。

9 譯按：副校長在遺書裡說：「兩百多人生死不明，我沒有信心一個人活下去。所有責任都在於我，是我籌劃了此次修學旅行。請把我的骨灰撒在事發海域，讓我和那些屍骨無存的學生們在一起，在陰間繼續做他們的老師。」

10 譯按：唐納．史都華（1913-1983），澳洲小說家，著作多以原住民及其戰俘經驗為題材。

11 譯按：黛博拉．蘿絲（1946-），澳洲人類學家、環境哲學家，澳洲社會科學研究院院士。

（Segun Gbadegesin）[12]在解釋約魯巴族（Yoruba）關於人的概念時說道。（原注22）阿肯族（Akan）有一則格言正好體現了這個概念：「一個人不是一棵必須自給自足的棕櫚樹。」（原注23）南非的「烏班圖」概念也是一個例證。這個語詞沒辦法翻譯，它的意思差不多是「以人道對待他人」或「和所有人休戚與共」的意思。麥克・艾茲（Michael Onyebuchi Eze）[13]說，烏班圖主張「一個人是透過他人才成為人的」。（原注24）烏班圖是個動名詞，動詞性名詞，這也突顯了它的關係性面向。烏班圖蘊含著運動和行動；它不是靜態的「主義」，因此反對任何教條主義。（原注25）它是個人道主義的概念，就像中國的關係性一樣，認為價值的超越性根源是社會而不是神。它對於政治和倫理產生種種影響，其中最大的影響就是在大多數的非洲文化裡，重要的決策理想上都是由全體共識而不是多數意見達成的。（原注26）

關係中的自我在西方並非絕無僅有的東西。美國憲法開頭就是We the People……，強調公民身分的關係而非公民的個體性。西方人的種種身分也往往取決於和社群、地區、信仰團體、運動團隊、政黨的關係。這個世界基本上不是劃分成集體主義和個人主義，而只是在關係性以及個體性之間的強調程度有別而已。

12 譯按：席根・巴德格辛（1945-），美國霍華德大學（Howard University）哲學教授，專攻社會和政治哲學、倫理學和非洲哲學。

13 譯按：阿姆斯特丹大學政治學教授。

第十八章

原子化的我

「我是分開的、獨立的。」

由雅典的亞略巴古山（Areopagus）俯瞰，整個雄偉壯麗的衛城以及雜亂無章的現代城市盡收眼底。一百一十五公尺高的巨大岩石，沒有任何人類建築的遺跡。但是西洋哲學史上最重要的事件卻很可能是在那裡發生的。一塊不起眼的旅遊資訊板告訴遊客說：「亞略巴古議會在山丘上集會審訊一宗被控殺人、褻瀆神明以及縱火的案件。」那可能就是西方哲學之父蘇格拉底的審判，他被控煽惑年輕人以及不敬神明，而以毒酒處死。他似乎接受了這個裁決而沒有選擇流放。

資訊板上沒有提到這個故事。或許雅典人不想提醒遊客說他們害死了這個城市最聲名顯赫的人。也沒有任何證據指出雅典衛城北側的羅馬市集裡的風之塔，是審判和處決蘇格拉底的遺址。關於他的處決唯一可能的證據，或許是菲羅帕波斯山（Filopappou Hill）路旁一處別致的小山洞，外頭有個牌子寫著「蘇格拉底的監獄」，雖然底下也有幾句話提醒人們那可能是穿鑿附會之說。

蒙田（Montaigne）有一篇著名的散文，題為「研究哲學是為了學習死亡」（That to Study Philosophy is to Learn to Die）。如果真是如此，那或許也是因為蘇格拉底樹立了一個典範，他欣然接受他的命運而無所畏懼。我們不是很清楚他在臨死前的細節，但是他的學生柏拉圖寫了三篇對話錄，戲劇性地描寫他的審判和死亡。蘇格拉底之所以如此從容不迫，那是因為他相信靈魂不滅，也會很高興拋掉累贅的臭皮囊，以及它令人厭煩的痛苦和使人心猿意馬的欲望。對於蘇格拉底而言，「他的靈魂是一個無助的囚犯，手腳被捆綁在身體中，只能透過靈魂的囚室間接地看到實體，在無知的泥淖中打滾。」身體是「會死的、多樣的」，而靈魂是「神聖的、不朽的、理智的、統一的、不可分解的」。靈魂很容易「被身體拉入多樣性的領域而迷了路」，但是當它專注在純粹理性時，它就「穿越多樣性而進入純粹、永久、不朽、不變的領域」。哲學家的靈魂明白這點，「這個靈魂通過追隨理性和做哲學的永久同伴來免除欲望」。[1]（原注1）

這個關於靈魂的看法，「統一的」、「不可分解的」、「不朽的」、「神聖的」，形塑了接下來幾千年西方人對於自我的觀念。它對基督教的衝擊更是不容小覷。基督的復活是肉身的復活，這絕對不是枝微末節的信理。耶穌不只是靈魂升天而已，他的肉體也一起升天。靈魂脫離身體的想法是初期基督教思想後來和柏拉圖主義匯流的結果，不過它的影響卻相當深遠。

兩千年後，一個法國哲學家同樣為自我和靈魂的觀念辯護，而他的核心觀念和柏拉圖筆下的蘇格拉底如出一轍。笛卡兒說他知道「除了我是一個思想物之外，根本沒有任何別的東西必然地屬於我的本性或本質……我的本質只在於我是個思想物」。這個自我或心靈是「沒有擴延的」而且「完全不可分的」。笛卡兒說：「因此我（亦即我之所以為我所依據的心靈）是完完全全、確確實實地與我的身體分開的、互相獨立的；沒有身體，我仍然可以存在。」[2]（原注2）

1 譯按：中譯見《柏拉圖全集卷一．斐多篇》頁82-89（79D-84B）。

西方哲學的身心二元論

身心二元論已經成了西方世界理所當然的思考模式，人們會不假思索地以為全世界都是這麼想的。儘管所有文化都會以不同的語詞分別指涉身體和心靈，卻不一定認為它們本質上是不同的兩個東西。我們或許會區分笛子以及用來做笛子的木頭，但是我們不會認為它們是不同種類的實體（都是木頭）。身體和心靈的關係或許也是這麼緊密。東亞的每個地方似乎都是這麼想的。例如說，中島隆博表示，「心」（心靈和心智）是日本哲學的核心概念。「我們有相當久遠的泛靈論傳統，但那不是原始民族的泛靈論，」他說。同樣的，中國的「心」也意指著「心靈」和「心智」。

在西方哲學裡，關於柏拉圖和笛卡兒的自我概念，一直是言人人殊，各執一詞。柏拉圖的學生亞里斯多德第一個就挑戰他的老師，認為「靈魂」是人類天生的一種功能，而不是分離的、非物質的實體。[3]而休姆則是在探討人格同一性的問題時挑戰笛卡兒的說法：「有些哲學家們認為我們每一剎那都親切地意識到所謂我們的自我；認為我們感覺到它的存在和它的存在的繼續，並且超出了理證的證信程度那樣地確信它的完全的同一性和單純性。」相反的，他主張說，「就我而論，當我親切地體會我所謂我自己時，我總是碰到這個或那個特殊的知覺，如冷或熱、明或暗、愛或恨、痛苦或快樂等等的知覺。任何時候，我總不能抓住一個沒有知覺的我自己。」[4]（原注3）

然而，形塑西方哲學想像的，不管是學術或大眾的形式，莫過於柏拉圖和笛卡兒的觀念。那不僅僅在於靈魂不滅的信仰深植於民間，更重要的是，人們一直假定自我是單一的、不可分的、不變的。而笛卡兒和柏拉圖使用的形容詞，原本卻是用來描述原子的。現在我們都知道原子會分裂，但是原子（atomos）這個詞原本的意思其實是指「不可分割的」。最早的原子理論是西元前五世紀的路西帕斯（Leucippus）提出的，接著則是他的學生德謨克里特（Democritus），認為一切事物都是由極微的、堅固的、不可見的、不可壞的元素構成的。[5]

有趣的是，「原子式的個體」（atomic individual）的隱喻越來越流行，人們甚至開始擔心西方的個人主義會不會太激進了。大家也都會談到「原子化的」社會，每個人都彼此隔絕，生活在私人的泡沫裡。但是只要我們以柏拉圖的觀點去思考自我，基本上就會把它原子化。不同於東亞思想的在關係中的自我，這種自我是互不相關的、孤立的。他們或許

2 譯按：中譯見《方法導論．沉思錄》頁230-37。

3 譯按：見《亞里士多德全集卷三．論靈魂》：「靈魂在最首要的意義上乃是我們賴以生存、賴以感覺和思維的東西。……因為這個道理，那些認為靈魂不能脫離軀體的人是對的，但靈魂自身絕不是軀體，它不是軀體，而是依存於軀體。」（頁35）

4 譯按：中譯見休姆《人性論》頁253-54。

5 譯按：見《古希臘羅馬哲學資料選輯》頁96-97：「一切事。世界有無數個，它們是有生有滅的。……原子在大小和數量上都是無限的，它們在整個宇宙中由於一種渦旋運動而運動著，並因此而形成一些複合物：火、水、氣、土。因為這些東西其實也是某些原子集結而成的，這些原子由於它們的堅固，是既不能毀損也不能改變的。」

會有互動和合作，但是每個人都是互不相涉的單位，只面對他自己。

在西方社會裡，個人總是被擺在思想、政治或社會史的中心。基督教是唯一以其創立者為名的世界宗教。（在佛教，任何證道的人就是成佛，而佛陀也只是對於創教者悉達多・喬答摩的一個尊稱而已。）在哲學裡，你可以是個柏拉圖主義者、亞里斯多德主義者、康德主義者、斯賓諾沙主義者，然而在其他文化裡，諸如道家、儒家、數論派、瑜伽派、正理派、吠檀多派、伊斯蘭神學和哲學，都不是以人物為名的。在伊斯蘭教，儘管大家都尊敬穆聖，但是不能膜拜他，這也是為什麼伊斯蘭禁止以形象描繪他。在中國，儘管孔子的地位很重要，歷史上卻很少有人到他的家鄉朝聖，直到現在才成了觀光勝地。即使是他的墳墓，也只是一坏土丘，墳前豎了一塊不起眼的石碑，上頭寫著「萬世師表」。

對於自我的原子論式的思索模式，或許是源自柏拉圖和笛卡兒，但是現在它卻自行其是，不管是否主張不朽的、非物質的心智。早就不相信有靈魂這種東西的西方人，基本上仍然堅持原子論式的自我觀念。我們從西方的權利觀念就可以一窺端倪。說人權是西方才有的觀念，或許太誇張了，甚或是歪曲事實。當聯合國在第二次世界大戰後起草「世界人權宣言」（Universal Declaration of Human Rights）時，許多非西方國家都是它的擁護者，包括阿富汗、印度、伊朗、伊拉克和敘利亞，都投贊成票。中國哲學家張彭春[6]也是宣言主要的起草人，而投棄權票的只有南非、沙烏地阿拉伯，以及六個蘇維埃集團國家。然而，相較於其他國家，西方社會在談權利時更加強調個人主義。因此，當英國前任首相布萊爾（Tony Blair）在一九九〇年代後期提出「沒有責任就沒有權利」的口號時，就連他的支持者也議論紛紛，而不認為那是什麼老生常談。安東尼・紀登斯（Anthony Giddens）[7]是布萊爾政府以及美國柯林頓政府採行的「第三條路」政策的哲學建構者，他認為那必須「重新定義權利和責任」。（原注4）權利一般被認為是無條件的、不可侵犯的、絕對的，只要是人類或公民就可以擁有的。而主張權利以責任的履踐為條件，會被認為是削減了我們的個人權利。

強調個人不表示個人要被孤立

原子論式的思考無所不在，甚至滲透到那些公開反對柏拉圖和笛卡兒的自我觀念的哲學裡。其中最引人注目的是法國存在主義哲學家沙特（Jean-Paul Sartre），他主張說人並沒有既有而固定不變的本質。他著名的口號「存在先於本質」正好說明了，人生到世界上

6 譯按：張彭春（1892-1957），哲學家和劇作家，駐聯合國安全理事會代表、聯合國大會「世界人權宣言」主要起草人之一。

7 譯按：安東尼・紀登斯（1938-），當代社會學大師、英國倫敦政經學院前任院長，劍橋大學社會學教授暨國王學院院士，上議院議員，著有 *Capitalism and Modern Social Theory. An Analysis of the writings of Marx, Durkheim and Max Weber* (1971), *New Rules of Sociological Method: a Positive Critique of interpretative Sociologies* (1976), *Central Problems in Social Theory : Action, Structure and Contradiction in Social Analysis* (1979), *The Third Way. The Renewal of Social Democracy* (1998), *The Politics of Climate Change* (2009)。

來，並沒有任何不變的存有核心，我們必須自己去創造我們的種種身分。（原注5）然而相較於被他置換掉的「我思故我在」（*Cogito ergo sum*）的學說，這個對本質的否定更加強調個人。價值、意義、目的、身分，這一切都必須由個人為他自己決定。

沒有多少人喜歡沙特的理論，但是人們自己可以也應該是自己的生活的唯一作者，就此而論，他的理論其實每天都在上演。（原注6）以宗教信仰為例。西方的自由主義對於宗教信仰很寬容，或者說他們沒有任何信仰，只要信仰不侵犯到其他人的權利和自由。（近年來對於伊斯蘭的仇視或許是個例外，但是那也正是因為一般人都認為它威脅到其他的生活方式。）然而重要的是，不管你信仰什麼，你都必須為自己選擇信仰。即使在團體裡的身分約束了個人，那個身分也應該是個人自主的選擇。團體的價值次於個人選擇的價值，因此，如果人們盲目接受所屬團體的宗教而不加質疑，那會是值得憂心而且錯誤的。

歐文．弗拉納根整理了比較心理學的各種發現，認為西方社會過度強調個人，因而導致嚴重而明顯的錯誤。（原注7）美國人最容易犯這種自利偏誤（self-serving bias），過度相信他們自己的能力。例如說，百分之九十四的美國大學教授相信他們的研究高於一般水準，那意味著至少有百分之四十四的人高估他們自己。（原注8）同樣的，相較於印度人、中國人和韓國人，美國人更容易犯「基本歸因謬誤」（fundamental attribution error），也就是把我們的遭遇都歸因於我們的人格和性格，而不是外在環境的因素。例如說，美國人解釋為什麼拿錢給街友時，他們會認為是自己樂善好施或憐憫的緣故；而印度人則會說是因為乞討者的行為或是他們看起來很窮苦。美國人往往過度相信他們能夠控制一切，例如孩子們的性行為、癌症的預防或是中樂透。大抵而言，所有這些偏誤都是過度強調我們有能力成為自己生活的作者的副產品。

西方人的想像無疑太信任我們的能力，而忽視了我們其實是社會、時代、家庭和家鄉的產物。如果以為我們的身分地位、我們所擁有的一切以及信仰，都只是我們的行為的結果，那未免太狂妄了。如果我們也如此看待他人，那就更難以同理心去接受彼此的差異。例如說，如果我們以為他人的不同信仰都是錯的，那麼我們就不會意識到，倘若我們的生活不是現在這個樣子，或許我們也會有相同的信仰。反過來說，如果我們明白現在我們所擁有的一切很可能只是偶然的結果，或許就會謙虛一點。

我們其實可以避免因為「做自己的作者」（self-authorship）的信念而導致的難題，卻不必完全放棄它背後的觀念。它的根柢是存在主義哲學高唱入雲的一個真實信念，認為我們必須為自己的生命負責，創造屬於我們的意義。和沙特契治苔岑的西蒙．波娃（Simone de Beauvoir）以及卡繆（Albert Camus），看到他們的想法變調成了現在甚囂塵上的個人主義，應該會大吃一驚吧。以前法國存在主義哲學家會在巴黎左岸的咖啡店和大街上聚會、寫作和聊天，現在已經沒有半點他們那種「自反而縮，雖千萬人吾往矣」（moral seriousness）的跡象了。[8]在他們過去時常造訪的地方，花神咖啡館（Café de Flore）、調色盤咖啡館（La Palette）、市政廳咖啡館（Café de la Mairie），遊客們絡繹不絕於途，喝一杯貴得離譜的咖啡，吃一頓不怎麼樣的餐點，既沒時間也沒閒情逸致去討論人類存在的問題。它們四周則是充斥著高檔的精品店以及昂貴的私人畫廊，正好迎合左翼知識分子可能會厭惡的消費主義。

撇開和個人主義掛鉤的膚淺的唯物論形式不談，還有一個比較不為人知的偏離，那就是高估了我們的生活有多少部分是由我們創作的，以及我們是否有辦法獨力完成它。沙特不斷鼓吹的「絕對自由」的觀念雖然振奮人心，卻是錯誤的。然而，以下幾點卻是始終真實不妄的：沒有人可以把我們的意義和價值擺在盤子上端給我們；我們是什麼樣的人，是由我們做了什麼決定的，我們來到世界上的時候，並沒有一個成形的、不變的本質；最後，我們終究都要為我的選擇和行動負責。

我們應該有可能避免極端的原子論，而又不必全盤接受東方風格的那種在關係中的自我。雖然亞里斯多德不像柏拉圖那樣相信靈魂是不可分的、非物質的，但是他也的確說過人是獨立的個體。但是那並不意味著他會是現代意義下的個人主義者。亞里斯多德不斷重申和他人建立關係是最幸福的生活方式。「人是社會的動物」是他的名言。9（原注9）對他而言，倫理學其實是政治學的一部分，因為它並不是探討個人如何獨自生活，而是我們如何共同生活才會最幸福。「一個人獲得善值得嘉獎，一個城邦獲得善卻更加榮耀，更為神聖，」他說。10（原注10）這是許多人都曾經有過的心聲。「就連崇尚個人主義的美國人，也很熟悉這個叫作『人民』的團體，」利夫．韋納（Leif Wenar）11評論說，他說這個語詞在許多重要文件和演說裡出現，更別說是美國憲法了。（原注11）就像世界其他地方，西方人也有為了他人福祉而奮起的集體行動的驕傲故事。民眾遊行抗議、擔任義工，並且為了公義購買貼有「公平交易」標籤的香蕉和咖啡。亞里斯多德的「軟性個人主義」提醒我們，西方社會的突顯個人，並不意味著個人注定要被孤立而原子化。

8 譯按：原文作 moral seriousness，或譯為「道德嚴肅性」，不知所指為何；所謂 moral serious，是指一個人堅持自己的道理原則，無論多麼艱難或是必須捨身取義。

9 譯按：見《亞里士多德全集卷八·尼各馬科倫理學》頁205（1169b16）：「人是政治動物，天生要過共同的生活。」

10 譯按：同前揭書頁4（1094b12）。

11 譯按：倫敦國王學院法律系教授。

第十九章 「親密性或完整性？」

小結

在關係中的自我以及**原子論式的自我**之間的對比，反映了東西方文化範圍更大也更根本的分別，卡蘇里斯把它形容為以「親密性」（intimacy）或「完整性」（integrity）為主要取向的差異。儘管我認為這樣的用詞不很恰當，因為我沒辦法一眼就明白卡蘇里斯要說什麼，但是他的區分的確寓意深遠而且很有用。如果我們以圖像而不是字面的解釋去思考，那會是最好的理解方式。

我們不妨把親密性想像成重疊的圓。當我們以親密性的觀點去看世界，任何事物都不會是那麼判然有別。自我和他者、主體和客體、理性和感性、心智和身體：它們都不是互不相關的對立者，而是同一個整體的部分。因此，我們最好不要把它想像成實線的圓。

接著我們把完整性想像成沒有重疊的、實線的圓。一切都判然有別。每個圓當然和其他圓有關，但是它們的個體同一性和本質才是最重要的。

如此一來，它和自我觀念的關係就很清楚了。在關係中的自我（親密性）的本質就是和他人的自我（以及土地、文化、語言等等）綁在一起，甚至使得人們無法想像獨立的單位是什麼東西。而原子論式的自我（完整性）基本上就是這種單位。

親密性

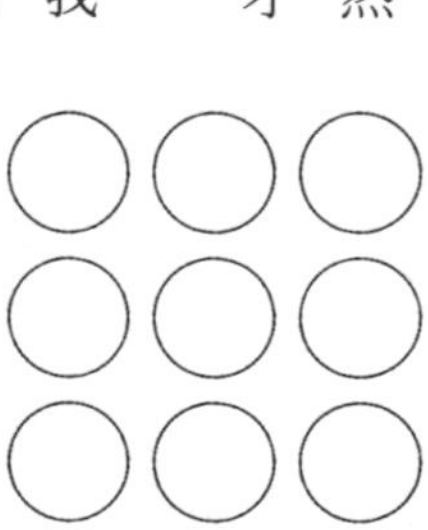
完整性

還有另一個把這個差異視覺化的生動方式：想像一下兩個自我在長期親密關係裡的「重疊」；以親密性或完整性的觀點去看，那會是兩種不同的模樣。

在每個文化裡，我們都會認識到這種親密性的關係，也看到那並未意味著喪失個人的同一性。卡蘇里斯巧妙地指出：「當我在愛的親密關係裡分享自我時，我的同一性並沒有遺落在我的愛人那裡，但是我分享的那個部分卻反映了全部的我。」（原注1）但是如果其中一人死去了呢？根據完整性的觀點，喪偶之慟並不會影響到另一個個人的完整性。但是從親密性的觀點去看，雁行折翼卻會使得倖存者失去了一部分的自我。「一個內心關係的瓦解不僅僅是拆散他們而已：它會真正改變關係人自身的某個面向。」（原注2）

即使是在強調完整性的文化裡，許多人還是以「斷臂之痛」或「我的一部分死去了」來形容這種喪慟。從關係去思考，親密的方式一點也不會格格不入。我們看到它反映在各種談到歸屬感的說法裡。想像一下失去一張具有情感價值的照片與損失金錢有什麼差別。金錢只是**屬於你**的東西，但照片卻是**和你在一起**的東西。雖然你就算用放大鏡端詳那失去的東西還是看不到這樣的差別，但它卻

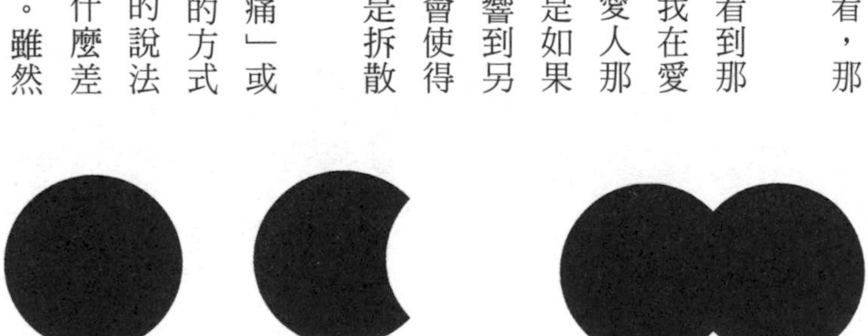

是真實存在著的。（原注3）

文化人類學家曾經觀察日本文化無論在個人或職場關係中重視親密性甚於完整性的現象。如果你問一個日本人的職業，他多半會說「我在某某公司服務」，而美國人則會強調他們的頭銜。日本人很本能地認為他們是整體的一部分，而美國人則會直接想到他們各自不同的功能。（原注4）卡蘇里斯發現，攻讀企管碩士的美國人是想要學習種種原理，而念企管研究所的日本人則是想要認識更多人，拓展未來的職場人脈。（原注5）

講到養育孩子，日本的父母親傾向於教導孩子懂得**尊重他人**；美國的父母則會教導孩子要**對自己負責**。對日本人而言，重要的是洞悉事物的本末始終；對美國人來說，重要的是堅持普遍的原則。（原注6）

卡蘇里斯的觀點很有說服力，他認為這種**互依互存**或是**獨立**的模式，在日本文化的每個層面反覆出現，而不只是關於自我的觀念而已。他以「親密性」一詞形容互依互存的模式，那是因為親密性意指著不分畛域，一種深層的分享，一種深厚的關係。我們會談到親密的連結、親密的理解、親密的關係。「完整性」一詞則是形容獨立的模式，因為它意指保持完整，不為任何可能削減其本質的事物所動。卡蘇里斯強調，每個文化裡既會有親密性也會有完整性的思考，差別只是在於何者占上風而已。

親密性和完整性的取向有各式各樣的呈現方式。在以完整性為取向的西方社會裡，客觀真理或判斷必須是公共性的、和個人無關的。「真理不能取決於是誰去探索或闡述它。」（原注7）而在以親密性為取向的文化裡，就連客觀判斷也往往和個人有關。在西方社會裡，那其實是個矛盾，因為「個人的」就是主觀的意思。卡蘇里斯以體操裁判為例，說明它為什麼未必如此。裁判的評分不只是主觀的意見；他們必須很專業，而且以客觀的角度評分。但是卡蘇里斯表示：「任何公開播放的影片都沒辦法證明選手的表現應該是五點八而不是五點七。」這種親密的客觀性「只存在於那些本來就在親密性場域裡的人們身上，那些經歷多年實務經驗而擁有專案知識的人們」。

同樣的，一個和病人有私交的醫師，「可以同時根據他對病人的私人（親密的）認識以及病理報告的經驗知識做出醫療判斷。」即使是在完整性占上風的文化裡，「人們也往往可以合理信任內線消息（親密性的知識形式），它雖然沒辦法公開證明，卻有相當程度的客觀性。」（原注8）如果我們真的以為只要有一本每個人都可以依樣畫葫蘆的技術手冊，就會得到所有客觀知識的話，我們也就不會那麼重視日積月累的經驗了。（原注9）

在我初次探索比較哲學的過程中，親密性和完整性的區分是我看過最實用的工具。它的價值在於它不僅有助於理解我們的差異，更可以指出其相似之處，而使我們在審視那些差異時更加觀察入微且設身處地。更重要的是，它促使我們反省自己的文化和價值，想一想我們在親密性和完整性方面的思考是否應該多一點或少一點。

我覺得西方社會的種種問題，可以說是親密性和完整性之間的穩定平衡瓦解的緣故。以自主權和歸屬感的分別為例，此消彼長是不可避免的事，而在西方世界，自主權的文化居於主流，因而排擠了歸屬感的空間。

我們看到了太多由於自主權的拓展而掏空了歸屬感的例子。英國社會住宅的銷售使更多人擁有自有住宅，卻也瓦解了住宅區的凝聚力，那裡原本人人立足點是相同的。教育機會也造成城鄉差距的現象，有些地方的高學歷人口特別多，有些地方則是因為年輕人離家念大學且一去不返，而變得漸漸蕭條。我自己就是為了追求個人前途而捨棄家鄉的歸屬感的那群人之一。

在消費文化裡，自主權不斷膨脹，做你想做的事，自己做選擇，那就是最好的人生。這些價值的水漲船高既不容易察覺而又無所不在。歸屬感則因為傳統工業的式微以及階級系統的不斷分裂而被掏空。以前的煤礦和鋼鐵工業城，現在成了英國在經濟和心理上最低落的城市。就連薪資優渥的人，也會感嘆社區的殘破沒落。

歸屬感成了異國文化的東西。數十年來，西方國家的自由派為少數團體發聲，卻對愛國主義感到猜疑，而嘲笑本土意識是本位主義。只想住在出生的家鄉、哪兒也不去的人，他們笑他欠缺遠見和野心。然而西方國家還是有許多人安土重遷而以此為傲。在英國，有六成的人口現在居住的地方距離他們十四歲時的居住地不到二十英里。（原注10）

同時，人們也盲目崇拜偽裝成世界主義（四海為家）的失根感。諷刺的是，世界公民喜歡造訪各個擁有地方特色的景點，而悉心照護那些景點的居民卻只是一個地方的公民。

在西方國家裡，人民主義（populism）[1]和民族主義的崛起，大抵上是對於歸屬感漸漸遭到侵蝕的反挫（backlash）。我認為這個理解問題的方式的優點在於它認為其深層原因是在文化層次上，也就是西方社會太過「西方」了。解鈴還須繫鈴人，以前使它崛起的，現在也要使它沉寂下去。當我們卸下階級和文化的枷鎖，就會展現創造性的能量，但是流浪多年之後，我們卻覺得自己太孤單了。

西方文化需要重新校正平衡。如果貧富差距可以縮小，如果可以強調地方認同卻不因而排擠外地人，如果人們可以主張且分享共同價值，那麼就會創造更多的親密性或歸屬感。如果說這聽起來有點像是圓鑿而方枘，那麼中國和日本關於個人和社會的觀念或許有助於證明其可行性。個體性和親密性並不是對立的。我們之所以是現在的我們，那是因為我們和他人建立的種種關係。我們的種種身分並沒有消融在整體裡，相反的，我們在整體裡找到我們的位置，因而也表現了我們的種種身分。個人需要團體，自主權需要歸屬感。

1 譯按：時下流行把「人民主義」（populism）曲解為「民粹主義」。在民主國家裡，人民主義是指直接訴諸人民，以充分體現民意為訴求，在體制上主張直接民主，例如公投。而「民粹」一詞則被醜化為煽動下層階級反抗資本主義，甚至是反民主的。

第四部

世界如何生活

How the World Lives

《經濟學人》（*The Economist*）政治版主編亞德里安・伍德里吉（Adrian Wooldridge）是個四海為家的人，對於世界各地的價值和風俗的差異如數家珍。他剛下榻孟加拉的一家旅館，「印度人的服務天才馬上就啟動」，對此他倒是一點也不意外。一個英俊瀟灑的服務生站在房間門口，把他沒有穿的所有衣服拿去洗燙。然而到了第二天，那位服務生沒有準時出現，因為該旅館根本沒有這項服務。那個傢伙是詐騙集團的。（原注1）

這個警世故事不只是說給遊客聽的，更包括民俗哲學家，他們也要避免以偏概全地理解一個文化的價值和信念。不可否認，各個文化對於倫理和政治都有迥然不同的觀念。但是每個民族都有其德行和惡習，這也是不爭的事實。如前所述，我們要探究的，不是什麼明確的、本質性的特徵，而是它們的傾向、趨勢和強調重點。

關於它們的線索處處可見。在雅典，你可以造訪以前哲學家和政治家閒聊和公開辯論的市集（Agora），過去在那裡上演著民主精神，雖然不盡完美，因為僅限於自由民，奴隸和婦女則不得與聞。而在中國紫禁城，你可以在內殿到處逛，以前的百姓想都沒想過可以到現在的景山公園俯瞰整個北京城。天子巡狩時，百姓不得翹首張望。現在雅典沒有奴隸了，北京也沒有皇帝了，但是前朝歷史在當代的政治價值仍舊不言而喻。

價值是可以橫跨各洲大陸的，審視其他文化如何生活，也可以據此反省我們自己的生活。那些都是生活的實驗，讓我們明白哪些價值多一點、哪些少一點，會是什麼境況。既然沒有任何文化能夠提出一個生活準則，從我們不同的歷史和哲學得到的教訓就彌足珍貴。

第二十章 和諧

「最美麗的和諧來自對立。」

從上海搭乘中國的子彈列車（世界規模最大的高速鐵路網），我穿越了無數迅速崛起的現代城市，它們似乎是從無到有，錯落在充斥著水泥平房的小鎮和村莊之間，彷彿要取代後者似的。我的目的地是曲阜，至今仍舊是個與世隔絕的僻靜城鎮，居民約莫有六萬人。現在東曲阜已經儼然形成另一個新城市，規模比舊城大得多。

中國經歷過大規模破壞和變化，使得東拼西湊的誠園房地產的廣告招牌顯得有些突兀：「過著儒家的生活，生活就是和諧。」

消除這種突兀感的第一步，就是要知道曲阜是孔子的出生地，大多數居民都姓孔（至少在外地居民湧入之前）。中國是個相當重視歷史的國家，難怪就連現代的房地產公司也要搬出老祖宗的名字來。文化大革命標榜打倒孔家店，但是儒家的價值觀並沒有就此灰飛煙滅，而近年來中國政權也把他們的國寶級哲學家重新搬出來曬太陽。二〇〇四年，中國政府在首爾設立第一所「孔子學院」以推廣中文和中國文化，就像法國文化中心（Institut français）、德國歌德學院（Goethe Institut）或英國文化協會（British Council）一樣。現在全球有五百多家孔子學院，目標計畫到了二〇二〇年要成立兩千家。[1]

現代的公寓生活和和諧很難沾上邊，但是造訪北京紫禁城之後就會明白，建商以儒家的原則蓋房子，並不是什麼別出心裁之舉。紫禁城裡頭販售的導覽手冊說：「它的設計的每個面向，以及裡頭的宮殿設計，都反映了儒家思想，自西元二世紀的漢代以來，它已經成為中國社會和政府的原型和典範。」（原注1）

以幾座主建築為例。走進外朝，你會先穿過太和殿，廣場石階前有兩座銅獅，雄獅子腳下踩著一顆纏繞綬帶的繡球，雌獅子的左前爪則在戲弄著小獅子，它們象徵著陰陽調和。如果說這還不足以強調和諧的重要性的話，你不妨穿過太和殿、中和殿以及保和殿，到內廷瞧瞧。

要理解中國是如何思考和生活的，或許沒有比「和」更重要的概念了。「若要選一個字形容中國的理想生活，那個字會是『和』，」李晨陽在他關於這個主題的著作的第一頁裡說。（原注2）同樣的，吳經熊也寫道：「中華民族最根深柢固的渴望就是和諧。」（原注3）我在到中國之前就讀過關於和諧的探討，心想那或許只是學者的高談闊論，和現實生活沒有什麼關係。但是我的所見所聞正好相反。街談巷議裡充斥著這個語詞，就連房地產也不例外。有個小姐對我說她在愛丁堡（Edinburgh）住了五年，她很喜歡那裡。我問她覺得蘇格蘭的同事以及家鄉的人最大的差別在哪裡，她說中國人總是想取悅別人，而英國人則只會取悅自己。她不假思索地以和諧一詞來形容這個價值。

貝淡寧（Daniel Bell）[2]說，社會學家們支持中國人一般都會謀求和諧的說法。「即使是在香港，中國個人主義最猖獗的地方，根據香港中文大學於二〇一二年的調查，也有百

1 譯按：孔子學院其實是從事統戰和間諜活動、對當地政府進行政治滲透的特務機關，陸續遭到各國勒令關閉。作者把它和法國文化中心、歌德學院或英國文化協會相提並論，顯然引喻失義。

2 譯按：貝淡寧（1964-），加拿大哲學家，北京清華大學哲學系與蘇世民書院教授、博導，美國伯格魯恩哲學與文化研究院（Berggruen Institute of Philosophy and Culture）主任。

分之五十五點三的人認為和諧是人民應該追求的目標，只有百分之十七點八的人認為是民主自由。」

和諧這個價值橫跨了家庭和公民、私人領域和公共領域而大同小異。孟子在描述人的「五倫」時，也強調各自成就和諧的不同方式：「父子有親，君臣有義，夫婦有別，長幼有序，朋友有信。」（原注4）

有分歧才有和諧

「和」（以及「諧」）的意思在翻譯時往往會冤沉海底。西方人每每把它和「順服」以及「從眾」混為一談。十九世紀的翻譯家理雅各也難辭其咎，他說：「他們（中國人）的特色就是望治心切，而容易臣服於『當權者』。外國作者往往注意到這點，認為孔子的學說正是在鼓吹服從。」理雅各反駁這個誤解，但他只說中國人的服從心態其來有自，早在孔子學說之前就深植人心了：「我們應該說是民族性塑造了他的體系而非反之。」[3]（原注5）

理雅各的說法不是完全不對，因為對於和諧的渴望可能導致對於暴君的過度容忍。然而這並非不可避免的事，部分的原因是人們不會不計任何代價地追求和諧。而且和諧也跟拒絕支持任何衝突或抗議完全是兩碼子事。它不是和稀泥式的齊一性（uniformity），而是相互調和的多樣性。孔子在《論語》裡明確指出：「君子和而不同，小人同而不和。」中國也有個說法叫做「一灘死水」，意思是「死氣沉沉的齊一性」。（原注6）的確，關於和諧的種種著名的說法，究其極其實迥然有別。在西元前四、五世紀的《國語》裡，史伯說：「聲一無聽，物一無文，味一無果，物一不講。」[4]（原注7）例如說，一首曲子必須有不同的樂器演奏不同的音調，整首作品才能和諧。一鍋湯必須有風味不同的食材相輔相成，否則就會單調乏味，而且也不健康。左手和右手各有其優點，「把左右手併成一隻『中間手』，並不會使生活更便利，」李晨陽說。（原注8）任何人以和諧為由而要求整齊劃一，那都是誤解了和諧的意思。

其實，有分歧才有和諧。「儒家哲學認為創造性的衝突是世界的多樣性的必要展現，」李晨陽說：「因而把它當作促進和諧的驅力。」（原注9）問題是 harmony 在英語裡「一般被理解為和解或意見一致」。（原注10）中國古代哲學裡偉大的異議者墨子批評儒家的和諧，因為他認為真正的和諧必須是整個國家意見一致。[5]（原注11）弔詭的是，墨子以另一

3 譯按：作者對理雅各的批評有斷章取義之嫌。理氏在該段落是探討孔子關於為政的觀點，指出孔子認為人心望治，只要因勢利導就可以了。接著又提到孟子「人牧」之說，指出為政之道無他，順乎人性而已。最後才提到西方人常見的誤解而加以澄清，認為「徯我后，后來其蘇」的服從心態早在孔子學說之前就存在於中國人的心裡。看不出來與對於「和諧」的誤解有關係。

4 譯按：見《國語．鄭語第十六》：「故王者居九畡之田，收經入以食兆民，周訓而能用之，和樂如一。夫如是，和之至也。於是乎先王聘後於異姓，求財於有方，擇臣取諫工而講以多物，務和同也。聲一無聽，物一無文，味一無果，物一不講。」徐元誥《國語集解》：「講，論校也。俞樾：『講，當讀為構……。鄭箋曰：構，猶合集也。』……物一不構，謂物一則不合集也。」作者引用李晨陽的說法而作 a single thing does not make harmony，顯然過度延伸「講」的意思。

5 譯按：見《墨子．尚同中》：「唯以其能一同天下之義，是以天下治。」

個名字強調和諧的重要性：治。墨家提倡三種基本的善：國家之富、人民之眾、刑政之治。[6]（原注12）

正如李晨陽所說的，西方人往往會把和諧誤解為齊一性，或許是因為西方人的思考方式裡充斥著諸如「深層的、不變的宇宙秩序」或「超越的、靜態的基奠」之類的觀念。（原注13）李晨陽稱之為「天真的和諧」，認為它溯自西元前六世紀希臘的畢達哥拉斯學派（Pythagoreans），他們是第一個把宇宙叫作 cosmos（意即秩序）的學派。畢達哥拉斯學派也主張說，為了成就和諧，我們的生活必須合乎宇宙秩序的既有比例[7]，柏拉圖也呼應這個觀念，把「天真的和諧」奉為圭臬。（原注14）印度思想裡的「秩序」（rta）（宇宙秩序或和諧）也是如此。（原注15）

如果當時（和伊利亞學派）分庭抗禮的赫拉克里特關於和諧的觀念勝出的話，西方傳統或許必須改寫了。赫拉克里特說：「互相排斥的東西結合在一起，不同的音調造成最美的和諧。」[8]（原注16）亞里斯多德也引用赫拉克里特的三條定理說：「對立物相一致。最美麗的和諧來自對立。萬物由鬥爭而生成。」[9]（原注17）諷刺的是，harmony 的字源是出自赫拉克里特而不是柏拉圖，雖然現在的意思比較接近柏拉圖而不是赫拉克里特。在拉丁文和希臘文裡，*harmonia* 的意思是「聲音的協調」。（原注18）

和諧涉及了某種衝突，因此不是那麼容易成就和諧。「除非各方都願意退一步，否則就無法達成和諧，」姚新中說。如果每個人都堅持他們的意圖，那麼衝突就在所難免。和諧是需要妥協和忍讓的。中國有個故事，談到南朝宋宰相張公藝九代同堂。[10]唐高宗很好奇他們家庭是怎麼和諧相處的，於是問他祕訣在哪裡。張公藝要來紙筆，寫了一百多個忍字。自此以後，忍字就成了中國社會裡家庭生活的模範，「百忍」也成了慣用語。（原注19）

由於家庭和諧的維持說多難就有多難，「孝」就成了儒家倫理裡的和諧最耳熟能詳的表現。幾乎每個文化都相當重視家庭的凝聚力以及相對應的義務。例如，「雖然不允許兒子不認父親，父親卻可以不認兒子，」亞里斯多德說：「欠債還錢，兒子對父親所欠的債是還不完的，所以他是一個永遠的負債者。」[11]（原注20）直到現在，世界各地的人們都還會說他們虧欠父母親太多了。而在中國，家庭的凝聚力則是德行和倫理的核心。

人們往往會以為孝是一種奴性的服從，但是西元前四世紀的儒家經典《孝經》則清楚指出：「故當不義，則子不可以不爭於父……從父之令，又焉得為孝乎！」[12]（原注21）但是如果說服從有誇大之嫌，那麼忠誠則永遠不會。「父為子隱，子為父隱」，在中國歷史

---

6 譯按：見《墨子．尚賢上》：「今者王公大人為政於國家者，皆欲國家之富，人民之眾，刑政之治。」

7 譯按：《古希臘羅馬哲學資料選輯》：「美德乃是一種和諧，正如健康、全善和神一樣。」

8 譯按：見《古希臘羅馬哲學資料選輯》頁19。

9 譯按：中譯見《亞里士多德全集卷八．尼各馬科倫理學》頁166（1155b4-5）。

10 譯按：作者應該是引自林語堂《吾國與吾民》：「唐代宰相張公藝以九代同居為世所豔羨。」但是，張公藝既不在唐代做宰相，亦非作者所說的 a prime minister in the Song dynasty（南朝宋宰相）。見《舊唐書》：「鄆州壽張人張公藝，九代同居。北齊時，東安王高永樂詣宅慰撫旌表焉。隋開皇中，大使、邵陽公梁子恭亦親慰撫，重表其門。貞觀中，特敕吏加旌表。麟德中，高宗有事泰山，路過鄆州，親幸其宅，問其義由。其人請紙筆，但書百餘『忍』字。高宗為之流涕，賜以縑帛。」

11 譯按：中譯見《亞里士多德全集卷八．尼各馬科倫理學》頁188（1163b20-22）。

裡，揭發父親的罪行是大逆不道的事。（原注22）

孝不僅僅是父子之間的事，也是每個人待人處世的準則，整個家庭才能和諧有序。儒家倫理的五倫裡，有三倫是和家庭有關的，包括父子、夫妻和兄弟。做哥哥的要友愛弟弟，也就是「良」（賢良或溫良），做弟弟的要敬愛兄長，也就是「悌」。[13]（原注23）這就是為什麼安樂哲會以「對家庭的尊重」（family reverence）取代傳統的孝的譯法。它更加強調家庭凝聚力的重要性，而不只是古代經典、評注和整個中國文化強調的父子關係或子女對父母親的關係。整個孝道的涵蓋範圍可以反映在俗話「家和萬事興」上面。或者如二十世紀哲學家謝幼偉所說的，「如果人們都不喜歡他們的祖先，又怎麼會喜歡街上的人呢？」（原注24）這就是為什麼孟子會說：「謹庠序之教。」接著他特別提到教育要以闡揚孝道以及兄弟之愛為目標（「申之以孝悌之義」）。唯有如此，「頒白者不負戴於道路矣」，這是中國在提到社會崩壞時的慣用意象。（原注25）

李晨陽指出，家庭的和諧對於個人德行的養成也相當重要，然而在西方哲學傳統裡卻正好相反。尼采嘲笑已婚的哲學家說他們都是喜劇裡的人物。[14]（原注26）蘇格拉底在臨終前對他的家人沒什麼話好說的，他們甚至不在床側，他也沒有提到他們（他的遺言是要人替他獻一隻公雞給醫神阿斯克雷皮歐斯〔Asclepius〕）。[15]（原注27）「大抵而言，蘇格拉底的自由就是擺脫家庭的枷鎖的自由，」李晨陽說。在以男性為主流的正典裡，幾乎沒有多少大哲學家會討論到家庭，或讓人覺得家裡的平凡瑣事會妨礙他們嚴肅的思考。

在現代中國裡，經歷了數十年的一胎化政策以及共產黨統治，孝是否仍然那麼重要呢？毛澤東於一九六六年發動文化大革命，猛烈批判傳統儒家的價值，旨在「破四舊」：舊思想、舊文化、舊風俗、舊習慣。而首當其衝的就是對家庭的忠誠。從傳統的觀點去看，毛澤東煽動孩子在眾人面前批鬥自己的父母，是中國人最不能忍受的事。

當然也有中國年輕人接受了更加西方的、個人主義式的價值，而和以往的家庭模式格格不入。「我覺得他們根本不愛對方，」一位女士在和我聊到中國的親子關係時說。「我覺得他們只是負責照顧我，但是沒有真的愛我或是把我當人看。」年輕人想要闖出自己的一片天，而不是克紹箕裘。「父母親要你成就他們的價值，而不是你自己的價值，他們願意掏出他們所有的錢，一生的積蓄，讓他們的孩子實現父母親未完成的夢想，而不是做他們自己想做的事。」

然而，有許多其他跡象證明孝一直存在著，雖然是以現代的形式。我訪談過的每個

12 譯按：見《孝經．諫諍》：「父有爭子，則身不陷於不義。故當不義，則子不可以不爭於父，臣不可以不爭於君；故當不義，則爭之。從父之令，又焉得為孝乎！」「爭」即「諍」。

13 譯按：語出《禮記．禮運》：「何謂人義？父慈、子孝、兄良、弟弟、夫義、婦聽、長惠、幼順、君仁、臣忠十者，謂之人義。」

14 譯按：「哪一個偉大的哲學家曾結過婚？……我堅持一個結過婚的哲學家是屬於喜劇，至於那個偉大的例外，蘇格拉底，似乎是這個惡意的蘇格拉底在一種諷喻的精神下結婚的，確然是為了證明這觀點。」見尼采《道德系譜學》頁106，陳芳郁譯，水牛出版，2003。

15 譯按：「克里同，我們欠阿斯克雷皮歐斯一隻雞，你們要確實還了而且不可忽略。」《米諾篇．費多篇譯注》頁184（118a6-10），徐學庸譯注，臺灣商務印書館，2013。

人，包括北京一家大出版社的年輕編輯，他們都說對父母有責任感，雙親老了以後也會奉養他們。當然，他們可能只是說說場面話，但是他們會覺得該這麼說，這也證明了那個價值本身仍然存在。

還有個更八卦但是一樣震撼的故事，是在中國待了很多年的法國哲學家溫德（Yves Vende）告訴我的。他剛到中國時，遇到一個中國藝術家，她對他說她曾經想要自殺。他問她為什麼沒有那麼做，她回答說：「因為如果我真的自殺了，就沒有人來照顧我父母。」溫德心想：「沒有哪個法國藝術家會這麼回答！」

儘管人們支持孝的價值，但是他們也談到孝的式微。就像許多西方國家的人會歌頌社群的價值，卻也都認為它漸趨沒落。弔詭的是，家庭凝聚力變弱的一些跡象，反而證明了它歷久不衰的重要性。例如說，中國法律規定子女有探望長輩的義務，證明了人們不再那麼自動自發地孝順父母，卻仍然認為孝道的實踐是很重要的事。這也印證了儒家的觀點，也就是說，如果你必須以法律強迫人們行善，那麼這個社會就已經宣告破產了。（原注28）

黃百銳認為孝道的式微有好幾個原因，包括共產主義的經驗以及西方個人主義的衝擊。但是也有社會結構方面的原因，更不用說一胎化政策。「尤其是大城市裡，到處都是小家庭，親子關係已經大不相同了。而隨著經濟改善，家庭的經濟壓力也就減少了，更沒有必要維持一個大家庭。這當然不是說經濟是家庭唯一的存在理由，但是道德理想必須有體制結構或配套措施的推波助瀾，讓人們有各種動機去遵守它。我想這是正在瓦解的部分。」

另外還有個壓力，那就是儒家的家庭和諧的理想在某些方面太過父權主義而冬烘顢頇。就連大多數的儒家都承認他們的傳統並不怎麼尊重女性平權。（原注29）然而，樂觀主義者相信，其基本架構仍舊很穩固，可以和任何更進步的思想兼容並蓄。李晨陽說，關鍵在於「儒家的和諧是以差異為基礎的」，而「差異並不必相互傾軋也可以存在」。（原注30）

理性的階級結構

不過，我們不能誑稱儒家哲學的和諧裡沒有任何階級意識的意味，即使我們不能接受對於女性的階級歧視。例如說，西元前三世紀的儒家荀子在談到「差異化」的需要時，顯然是以階級理念為訴求，「貴賤有等，長幼有差，貧富輕重皆有稱者也。」[16]（原注31）於是君子必須以禮義去控制這些衝突。[17]姚新中說：「一般而言，中國哲學並不反對階級。大部分的哲學家都相信一個理性的階級結構是合乎自然的，猶如天覆地載，你不能把它翻過來說地在天之上。」

16 譯按：見《荀子．禮論》：「君子既得其養，又好其別。曷謂別？曰：貴賤有等，長幼有差，貧富輕重皆有稱者也。」

17 譯按：同前揭書：「禮起於何也？曰：人生而有欲，欲而不得，則不能無求。求而無度量分界，則不能不爭；爭則亂，亂則窮。先王惡其亂也，故制禮義以分之，以養人之欲，給人之求。使欲必不窮乎物，物必不屈於欲。兩者相持而長，是禮之所起也。」

然而儒家也可以挑戰批評者說，當代西方社會的種種問題，難道不是因為他們視階級為洪水猛獸，而忽略了公平公正的階級有助於社會和諧？在關於這個議題的一次學術研討會裡，我明白了它有它的道理在。（原注32）

我們不必太多思考就會明白，我們並不會想要泯除所有階級差異。基於現實的理由，我們需要有管理者和領導者。而我們也會想要找有經驗的醫師就診而不是實習生，找資深的理髮師剪頭髮而不是學徒，找個有證照的水電工來檢查線路而不是打零工的。如果我們打破專業和經驗的階級差異，那意味著每個人的知識和技術都沒有高下之分了。

西方人對於階級的疑慮有兩個主要的原因。其一是基於正義而反對專橫暴虐的政治結構，例如封建制度或君主專制。另一個原因則是擁護啟蒙運動的理想，認為人應該是自律的、自由而理性的行為主體。康德在他影響深遠的論文〈何謂啟蒙？〉裡鼓勵讀者說：「鼓起勇氣使用**你自己**的知性。」唯有如此，人才能擺脫「自己招致的未成年狀態」。所謂未成年狀態，就是「如果沒有他人的指導就無法使用自己的知性的那種無能的狀態」。[18]（原注33）

這種理想導致了一種激進的平等主義，主張人人平等，每個人都可以為自己做決定。這個理想有其務實以及不務實的形式。例如說，如果平等的理想是指價值的平等，使人們在法律之前平等，那麼就挺合理的；但是如果把它解釋成技術、能力或知識的平等，那就太荒謬了。在這個意義下，我們顯然不會是平等的。

其次，如果說理性的自律是指我們自己決定要相信什麼，那麼就完全可以理解。在某個意義下，以下的句子只是同語反覆（tautology）：別人沒辦法替我們做決定。但是如果它的意思是說，我們不需要他人的智慧、知識和專業來幫助我們做決定，那麼這個觀點也會變得很荒謬。只有我自己可以決定要不要聽醫師的建議，但是我需要醫師的建議，才能夠在資訊充足的情況下做那個選擇。

所以說，自律的、自由而理性的行為主體的理想，並不是和階級差異絕對對立的。相反的，它所反對的階級差異，是賦予世族或財閥團體不公平的政治權力或權利，或者讓專家或權威有權做出可能損害理性自主權的決定。而我們所謂公正的階級則有很大的想像空間，它有三個主要特徵。

第一，階級差異是有特定領域的。在醫療裡，醫師的意見比我的意見重要，但是關於政治或運動的問題，則沒有必要服從醫生的意見。

第二，階級差異是動態的。一個人在階級裡的地位是由功績或經驗決定的，那意味著別人也可以獲得這個專業而往上爬，或是失去專業而往下滑。當階級僵化而不再流動，就會變得不公平，例如經由公平選舉而就任的統治者，在任期結束後卻戀棧不去，或者是父母在孩子長大後還想要維持他們對孩子的權威。

18譯按：中譯見《康德歷史哲學論文集》頁25，李明輝譯注，聯經出版，2002。

第三，階級差異是一種授權。老師的地位之所以比學生高，那是因為學生可以在這個關係中學到老師的技術和知識，如果老師什麼也沒教，那麼他們就是尸位素餐，這個階級關係也就失去它的目的。同樣的，父母親的權威也僅僅是在於他們撫養孩子長大成人。凌虐孩子或是疏於管教的父母，地位不會比孩子高到哪裡去。

在儒家和諧理想的關係裡，很可能都找得到這些特徵。和諧是一種授權，因為它使每個人都能各盡所能。沒有和諧，人們就沒辦法實現他們的潛能。儒家也提倡有範圍限定的階級差異，因為關係是由特定角色去定義的。統治者位在臣民之上，但是在家庭的位階裡，他可能在兄長或父親之下。最後，和諧是動態的，因為關係會隨著時間而改變，兒子會變成父親、臣子會變成君王。再者，儒家倫理極為強調德行，在位者是以德服人，而不是因為名氣或出身。因此，儒家的階級差異不是民主的，但它也不是基於世襲的特權，正如中國的科舉制度所反映的，它存在了十三個世紀，直到一九〇五年才廢除。（原注34）這個體系旨在選賢與能，在台灣仍舊延續了修正過的考選體系。

如果說傳統儒家的和諧正是我們現在亟欲提倡的公平階級，那麼未免太樂觀了點。即使真的如此，在許知遠的眼裡，這種階級差異也脫離了儒家的脈絡，而變成了一種習慣。市場的力量和一種社會達爾文主義攜手合作，產生了有錢人和窮人的新階級。它當然有其存在的理由，但是階級的濫用並不意味著階級和諧的架構和正義完全不相容。誠如李晨陽提醒我們的，「支持一個理想並不蘊含著對於它的種種應用也會有共識。」（原注35）一個理想不會因人們的濫用而站不住腳。對於任何階級，儒家都會檢驗它是否促進和諧（要注意，「它是否能夠使所有人都閉嘴？」和「它是否能夠消弭歧見？」是兩個不同的問題）。倘若如許多人批評的，在中國新的貧富階級差異會造成社會的不和諧，那麼它就無法通過檢驗。

大多數人都同意說，在東亞文化裡，階級導致了服從權威的心態。然而過度的俛首貼耳並非不可避免的。例如，我在日本的時候，他們的首相安倍晉三正在訪英，英國有幾個記者評論說，日本隨行媒體對他卑躬屈膝，完全不會挑戰他。我想這或許是日本文化根深柢固的一個面向吧。但是哲學家中島隆博告訴我說，「在安倍上台以前，媒體會對政治人物提出相當尖銳的問題」，問題不在於他們有多麼尊敬安倍，而是政府「干預媒體的生產流程」。以和諧作為核心價值，或許會使東亞文化容易過度服從，但那並不是不可避免的。

古代中國經典並不鼓勵奴性的服從。如前所述，做子女的有義務諫諍父親的過錯。其實，相較於服從在上位者的義務，每個人更有為所當為的義務。孟子就認為人民不應該服從暴君。「如枉道而從彼，何也？且子過矣，枉己者，未有能直人者也。」（原注36）而孟子也的確堅持他的原則，對諸侯犯顏直諫。梁惠王接見孟子，問他說：「叟不遠千里而來，亦將有以利吾國乎？」孟子當下打臉他說：「王何必曰利？亦有仁義而已矣。」（原注37）儒家賢哲是沒有在逢迎拍馬的。

以差異為基礎而且不卑躬屈膝的和諧理念，也適用於跨文化的對話場合。每個人都同意說，這種對話必須有應有的尊重，但是在尊重異國文化的問題上，我們太過一板一眼了。穆克說，其結果就是人類學家都沒有了笑容。相反的，他的原住民朋友告訴他「不要太一本正經，笑聲有助於認識彼此」。

我不知道這本書裡有多少笑點，但是我也不希望它太過嚴肅。很多人以為，對其他文化的尊重往往會阻礙批評。但是聲譽卓著的比較哲學家查爾斯．摩爾說：「理解並不等於贊成或接受：其結果也可能正好相反。」（原注38）過度的尊重不會導致對話，而會變成布魯斯．楊茲（Bruce Janz）[19]所說的「撥號」（dialit），只是交換一下論文，加上禮貌性的點頭讚賞和微笑。（原注39）真正的對話既必須仔細地傾聽，也要相互檢驗和質疑。我甚至會說，在任何情況下都拒絕批評，其實是不尊重的行為，因為那無異於認為「其他」哲學不值一哂，不像我們自己的哲學那樣經得起檢驗。唯有當人們心存傲慢和輕忽，批評或異議才會是不尊重。

人與自然的和諧

現在人們越來越重視和諧的另一個特徵，就是它的環境層面。在西方國家裡，「和大自然和諧相處」往往是對於田園生活理想化的看法，想像著綿羊悠閒地躺在獅子旁邊。然而，誠如李晨陽所說的，中國式的和諧並不一定那麼理想而美好。大自然的和諧可能也包括掠食者和獵物之間的平衡。（原注40）雖然儒家所強調的和諧主要是指人際關係而不是大自然，但是兩者並非完全不相關的。李晨陽認為荀子把兩者連接了起來，「當社會不和諧，自然也會遭到蹂躪，導致資源短缺，而資源的匱乏反過來又會造成社會的不和諧。」（原注41）在這個分析裡，社會的不和諧導致環境惡化，而後者又造成社會不平等。例如說，當供水充足，每個人都有水喝，可是如果水資源短缺，買得起水的人和買不起的人之間就會產生衝突。這意味著是和諧促進平等，而不是平等創造和諧，或者至少可以說，和諧是平等的先決條件，如果沒有和諧，很難成就一個更平等的社會。

跳過儒家去看看道家，就會更豁然明白。如果說儒家的和諧是就人際關係的角度去定義的，那麼道家就是強調人與自然的和諧。李晨陽說，道家要人「和自然和諧共存」，而儒家則是為了人類而「把世界變得更和諧」。（原注42）在現代中文裡，倫理和道德是可以互換的兩個語詞，不過它們可以用來說明儒道兩家的差異。道德的字面意思是「道及其力量」，而倫理則是「人類家族以及種種關係的典範」。王蓉蓉認為這使得它們有不同的意含。「道德是順應世界的典範」，這是比較偏向道家的說法；而「倫理是維繫人際關係的秩序」，則是比較接近儒家。（原注43）

例如，莊子說：「德者，成和之修也。」這句話聽起來似乎可以直接擺在儒家經典

19譯按：佛羅里達州立大學哲學教授。

裡，20（原注44）但是莊子在闡述其意旨時，道家的和諧顯然不在於維繫世界的秩序，反而是要超脫它。他稱讚不介意外界毀譽的人說：「夫復謵不餽而忘人，忘人，因以為天人矣。故敬之而不喜，侮之而不怒者，唯同乎天和者為然。」21（原注45）

相較於強調社會層面的儒家，道家的和諧更著重於個人。卡佩曼表示，「當語言和行為、語言和內在意欲一致，人的內心就不會有衝突」，也就可以實現道家所謂的和諧自我，「和諧」和「合乎自然」的意義匯流，在道家就是「行為的率性自然，社會生活的簡約，以及和宇宙的基本傾向和諧共存」。（原注46）道家把人的現況描述成道的黃金年代的墮落，在那個年代裡，人們遵循著自然狀態不假借任何思考或概念。道的原始和諧是個無為的自然狀態。老子則是鼓勵我們回到那個狀態。（原注47）

地法天，天法道，道法自然。（原注48）

如果要成就道的和諧，我們就必須超越思考和語言範疇的限制。「道隱無名。」（原注49）「多言數窮。」（原注50）這個觀點有個耐人尋味的地方，那就是唯有和自然合而為一的和諧瓦解了，才會出現仁義和奸偽的種種範疇。誠如卡佩曼所說的，「一旦有了德行的概念，邪惡也就有其邏輯空間，真正的奸偽也會接踵而至。」（原注51）於是，《道德經》說：「大道廢，有仁義；智慧出，有大偽。」（原注52）

這有點類似基督教所說的墮落，在樂園裡並沒有善惡之分別。《道德經》所描述的墮落要複雜得多，它分為四個瓦解階段。

故失道而後德，
失德而後仁，
失仁而後義，
失義而後禮。[22]（原注53）

而回返自然的方法則是放棄書本的知識和道德，見素抱樸，少私寡欲。「絕聖棄智，民利百倍；絕仁棄義，民復孝慈。」（原注54）

在陰陽消息中，道家的和諧「昭昭乎若揭日月而行」。「萬物負陰而抱陽，沖氣以為和。」（原注55）雖然陰陽的概念多半會使人想到道家，但是它已然成為「中國諸子百家的共

20 譯按：見《莊子．德充符第五》。（原注所引出處有誤。）

21 譯按：見《莊子．庚桑楚第二十三》：「介者拸畫，外非譽也；胥靡登高而不懼，遺死生也。夫復謵不餽而忘人，忘人，因以為天人矣。故敬之而不喜，侮之而不怒者，唯同乎天和者為然。出怒不怒，則怒出於不怒矣；出為無為，則為出於無為矣。欲靜則平氣，欲神則順心，有為也。欲當則緣於不得已，不得已之類，聖人之道。」

22 譯按：見《道德經》第三十八章：「故失道而後德，失德而後仁，失仁而後義，失義而後禮。夫禮者，忠信之薄，而亂之首。」（原注所引出處有誤。）

同基礎」。（原注56）當代道家哲學家王蓉蓉在其關於陰陽思想的權威研究裡，刻意把陰陽譯成yinyang，而不是yin-yang或yin and yang，反映了中國的習慣用語，「陰陽是直接連讀的，而不會用一個連詞接起來」，這個觀點既莫名其妙卻又看似相當重要。（原注57）在西方人流行的想像裡，陰和陽代表了東方對於對立和衝突的想法，和西方人二元的非此即彼正好相反。它忽略了一個相當諷刺的地方，那就是這種說法本身就創造了一組二元對立，也就是陰和陽。如果人們真的要取代二元邏輯，就不會涇渭分明地劃分兩個概念，而會強調它們的互依互存以及相互詮釋。yingyang一詞有助於我們記得這點。

這不是容易的事，因為陰陽乍看下就是二分法。王蓉蓉從《道德經》裡列出至少三十五組對立的概念，例如美醜、善不善、有無、難易等等。（原注58）可是她堅稱陰陽之類的反義詞並不是以二元論或原子論的眼鏡去看世界。王蓉蓉表示，中文裡的「物」並不是「孤立的實體」，而應該視為「現象、事件，甚至是歷史」，有各個階段而且「變動不居」。（原注59）中國思想裡的原則與其說是「全體大於部分之總和」，不如說是「如果部分脫離了所屬的全體，則會有所減損」。當一個東西的本質只存在於和他者的關係裡，成雙成對的東西就沒辦法被視為互斥或是孤立的。

如果我們要超越那過度的二元性，就必須明白陰和陽既不是什麼事物，也不是事物不變的本質。一個事物是陰或是陽，必須視事物之間的脈絡和關係而定。我們由其字源就可以明白這點，它們原本是指一座山的陽（向陽面）和陰（向陰面），隨著太陽橫越天際而有所變化。（原注60）艾弗列・佛爾克（Alfred Forke）[23]舉了個淺顯易懂的例子：雖然左手為陽，右手為陰，但是雙手都舉起來則為陽，都放下則為陰；而不管左手右手，舉起或放下，雙手都是熱的為陽，冷的則為陰。（原注61）在不同的情況下，一個東西可以同時為陰為陽，這並不悖理。任何關係性的屬性皆是如此：某物可以在一物的左邊，又在另一物的右邊；在一物之上，在另一物之下；比一物熱而比另一物冷。陰陽也是取決於關係，因為它本來就是指涉著各種關係。王蓉蓉說，這些關係有六種形式：矛盾、相依、互涵、交感、互補和轉化。

陰陽的主要功能不是以偽科學或原始科學（proto-science）的方式去描述世界，即使有些思想家時或會躍躍欲試。相反的，它是教我們如何在世界裡無入而不自得。它原本是實踐性的。「陰陽是一種術，」王蓉蓉說：「一種戰術或技術，使我們在任何環境裡都能游刃有餘。」（原注62）西元前七世紀的作品《管子》言簡意賅地問說：「何謂陰陽？」接著回答說：「時也。」[24]（原注63）換言之，陰陽就是「因於時」，審時度勢，它要順應的是當下的境況，既不是過去也不是未來。今天聰明之舉，明天看起來可能是闇昧的。在審度事物之間的關係時，可以因勢利導而令其水到渠成。（原注64）人類生活幾乎每個面向皆如此，包括男

23譯按：艾弗列・佛爾克（1867-1944），德國漢學家，漢堡大學教授。

24譯按：《管子》裡沒有這個說法。它在提到陰陽和時的關係時說：「春秋冬夏，陰陽之推移也。時之短長，陰陽之利用也；日夜之易，陰陽之化也。」（《管子．乘馬》）「是故陰陽者，天地之大理也，四時者，陰陽之大經也。刑德者，四時之合也。」（《管子．四時》）

女之事。男人的生殖器官叫作「陽具」，女人的陰道則叫作「陰戶」。在房中術裡，陽具自陰戶採集陰氣而陽氣「交而不洩」。「這種男女交媾有時候也叫作採陰術。」[25]（原注65）

陰陽是關於「氣」的宇宙論的一部分。氣一般被形容成一種能量，一種大自然的基本力，現在則被斥為缺乏科學根據。雖然關於氣一直有許多偽科學的說法，但是它既是一種理論，也可以說是一種心態。在現代，以氣和陰陽的角度思考，並不是要補充或駁斥牛頓物理學或量子力學。相反的，那是以實踐的角度思考如何使萬物周行而不殆，和他人的關係融融泄泄。

在中國文化和思想裡，和諧一直是最核心且特別的價值，關於這點應該沒什麼爭議。比較有爭議的是如何在政治上實現這個理想。其他的民族或許會更加重視自由和權利，但是沒有人會想要一個**不和諧**的社會。然而在世界各地，和諧一直被用來作為維持現狀的藉口。在一七七〇年，法國佐審官塞吉耶（Antoine-Louis Séguier）指控激進派的啟蒙運動思想家，說他們「意圖破壞社會各階層的緊密和諧」。（原注66）在整個中國歷史裡，極權專制一直是以和諧為名。（原注67）安德魯．蘭伯特（Andrew Lambert）[26]對我說：「那是為了取得正當性的策略。」胡錦濤的中國政府（2002-2012）更是明目張膽地以「和諧社會」作為口號，但是對許多人而言，那只是故弄玄虛的話術，因為它的目的其實是要搞成一言堂罷了。（原注68）和諧變成消除異議的委婉用語。例如說，異議作家許知遠也談到「中國的防火牆」，那是中國的網路審查，以過濾掉任何「不和諧的信息」。[27]（原注69）儒家自己

也知道和諧有被扭曲之虞。荀子說：「以善和人者謂之『順』……以不善和人者謂之『諛』。」[28]（原注70）

許知遠認為，人們把和諧掛在嘴邊，成了一種文化習慣，即使和眼前的事情一點關係也沒有。「人們都說要追求和諧，但是社會其實一點也不和諧，」他對我說：「即使在家庭裡，也有許多怨懟和冷漠。」對他而言，問題核心在於不重視個人的權利，而以和諧為名踐踏它。

有趣的是，許知遠還提到一個例子，說明異議份子也可以體現和諧的德行。中國維權律師許志永並不是為反對而反對，就像他在演講裡所說的，「他們尋求的是團結、共識、參與、貢獻」。[29]（原注71）此外，中國政府以和諧作為話術，說明了它是個核心價值，正如每個可能的美國總統都要把自由掛在嘴邊，不管他們的政策是否真的在促進自由。我們也不必就此認定和諧只是個遁詞。儘管民主派人士不以為然，但是客觀調查顯示中國的政策滿意度相當高。貝淡寧也指出，可信度頗高的「亞洲民主動態調查」（Asian Barometer

25 譯按：見葛洪《抱朴子．內篇》：「房中之法十餘家，或以補救傷損，或以攻治眾病，或以採陰益陽，或以增年延壽，其大要在於還精補腦之一事耳。」另見《雲笈七籤》卷一〇五：「於是男女可行長生之道。其法要秘，非賢勿傳。使男女並取生氣，含養精血，此非外法專採陰益陽也。」

26 譯按：安德魯．蘭伯特（1956-），英國軍事史家，倫敦國王學院戰爭研究系教授。

27 譯按：見《偽裝的盛世》頁39。

28 譯按：見《荀子．脩身篇第二》：「以善先人者謂之教，以善和人者謂之順；以不善先人者謂之諂，以不善和人者謂之諛。」

29 譯按：見《偽裝的盛世》頁189。

Survey）顯示，「相較於調查中的其他八個社會，包括民主的日本、南韓、菲律賓和台灣，中國公民更相信他們的政府。」（原注72）

中國爭議最大的和諧政策，就對是對於少數民族的殘忍迫害。這個國家經常自詡他們在融合少數民族方面的悠久歷史，反映在上海博物館附設的「嘉道理少數民族工藝館」。誠如李晨陽所說的，促進社會的原則或許是「先有差異才有團結」。那不是不分青紅皂白地頌揚差異。「不是所有差異都是好的，」李晨陽說：「例如明顯違反人性的普遍標準的行為。」有些差異值得頌揚，有些則應該接受，即使我們個人不以為然。（原注73）這種並非無政府狀態的多元主義，正是我們在一個複雜而多樣的世界裡所需要的，這個世界大聲疾呼「一個和諧的心態，而不是衝突或霸權的心態」。（原注74）

然而它有個黑暗面，那就是差異必須反映團結，才會受到尊重。我在北京時參觀了北京國家美術館的一個展覽，叫作「中華民族大團結美術作品展」。雖然是在歌頌少數民族「如詩如畫的生活家園與豐富多彩的民族風情」，卻也是在傳達「中國各族人們團結一致」的訊息。由於強調團結，中國任何民族或地區的自主權問題也就永遠不見天日。例如說，中國或許會頌揚圖博少數民族，但前提是他們要接受中國擺布，而代價就是大批漢族移民該地區以消滅圖博文化。近年來，圖博問題日益嚴重，中國政府加強對於漢族（人口占中國百分之九十二）的認同。（原注75）於是，齊一的同質化以儒家的和諧為名四處橫行。

政治上的和諧

撇開現在的中國究竟有多麼和諧不談，關於如何在政治上實現和諧的問題，還有很大的探討空間。儒家關於聖王如何以其盛德典範創造和諧的觀念頗為耐人尋味。在儒家的德行倫理學（virtue ethics）裡，道德典範比法律重要得多。孟子引用古人的說法，認為「徒善不足以為政，徒法不能以自行」。（原注76）法律和德行之間必須有個平衡，如果有什麼法律必須強迫人民服從的，那意味著社會的和諧已經崩壞了。所以說，為政而不必嚴刑峻法會是更理想的，孔子在《論語》裡說：「聽訟，吾猶人也，必也使無訟乎。」（原注77）反之，以強硬手段執法只會破壞和諧。「道之以政，齊之以刑，民免而無恥；道之以德，齊之以禮，有恥且格。」（原注78）

理想上，君子以其盛德風行草偃，自然會創造和諧而不假任何威嚇脅迫。例如說，孟子在談到「經界」（劃正田畝的界限）的問題時說，「出入相友，守望相助，疾病相扶持，則百姓親睦。」[30]（原注79）

即使是標榜任運自然的道家，在《道德經》裡也說：「正善治。」[31]（原注80）道家甚至更強調和諧的自然流動，認為「為無為則無不治」：「其政悶悶，其民淳淳；其政察察，

30譯按：見《孟子．滕文公上》。

其民缺缺。」[32]（原注81）《道德經》裡也有個現代的自由主義者應該會很喜歡的隱喻說：「治大國若烹小鮮。」[33]（原注82）換言之，你干預得越多，國家就越是分崩離析。

雖然大家都不想一天到晚跑法院，不過這個理想和法治傳統或許有所牴觸，它強調法律的平等原則，而不是統治者或是他的代理人說了算數。李晨陽說，儒家所謂的平等價值「在特定境況的法律適用上是有彈性而且可以操縱的」，這個價值正好挑戰了法治原則。（原注83）以一胎化政策為例，中國少數民族就沒有採行。由於他們的人口占少數，而整個社會也需要和諧，所以給他們某些特定的優惠也是合理的。（原注84）李瑾告訴我一個更讓人印象深刻的故事，她家裡有個穆斯林朋友，他們都叫他大叔。從一九五〇年代後期一直到文革，每人每月都會配給一磅的豬肉，但是由於穆斯林不吃豬肉，大叔他們家就另外配給了一磅牛肉。

「權」（權衡或裁量）是這個例外政策背後的儒家原則，它衍生自一個更重要的觀念。（原注85）它的重要性在於中文裡的權利也有個「權」字。這不只是字源學的小把戲。權利涉及權衡，因為權利的行使是視環境背景而定的。（原注86）儘管它看似和西方認為權利是不變且不容侵犯的傳統扞格不入，但是在西方社會裡，也是會考慮到脈絡的問題。即使是生命權，也不是那麼絕對的。

亞里斯多德也有類似「權」的說法：「對於不確定的事物，其準則也不確定。」[34]（原注87）亞里斯多德是法治的忠誠擁護者，認為民主的最大問題是由多數人治理，而不是依法而治。這意味著問題不在於嚴格的法律規定以及執行上的任意性之間的僵化抉擇，而是如何找到一個中庸之道而得以在法律之下做出明確但是可以變通的自由裁量（discretion）。諸如英國之類的國家的法律體系就是如此運作的。「常理」（common sense）和「自由裁量」之類的觀念就是這個流行的想像的一部分。人們（至少是以前）一般都相信英國警察不會盲目執法，如果犯行不嚴重，他們會警告或訓斥一番就把人放走。而基於若干可理解的原因，這個變通性的文化漸漸沒落。如果沒有公告法律規定好讓人遵守，就沒有人真正知道怎麼做才是合法的。《道德經》裡有一段話，或許會讓現代人覺得有點不安：「古之善為道者，非以明民，將以愚之。」（原注88）自由裁量的另一個主要難題在於執法者也必須有足夠的判斷力才行。在現實裡，自由裁量的結果往往意味著看起來正派的人會得到寬大的處置，而膚色或是口音不對的人，則不會得到無罪推定的待遇。

僵硬和變通各有其利弊得失。我認為理想的平衡會是一個透明的權，由於完全公開，

31 譯按：見《道德經》第八章：「上善若水。水善利萬物而不爭，處　人之所惡，故幾於道。居善地，心善淵，與善仁，言善信，正善治，事善能，動善時。夫唯不爭，故無尤。」「正」作「政」。「治，值也，物皆值其所也。」（《釋名‧釋言語》）「政善治」的意思是「為政要像水那樣有條有理」（任繼愈語）。（原注所引出處有誤。）

32 譯按：見《道德經》第五十八章。王弼注：「言善治政者，無形無名，無事無政可舉，悶悶然，卒至於大治，故曰，其政悶悶也。其民無所爭競，寬大淳淳，故曰，其民淳淳也。立刑名，明賞罰，以檢姦偽，故曰察察也。殊類分析，民懷爭競，故曰，其民缺缺也。」「悶悶」，昏暗不明貌。「淳淳」，淳樸的意思。「察察」，嚴明貌。「缺缺」，人心澆薄的意思。（原注所引出處有誤。）

33 譯按：見《道德經》第六十章。（原注所引出處有誤。）

34 譯按：中譯見《亞里士多德全集卷八．尼各馬科倫理學》頁117（1137b）。

自由裁量或許就可以免於濫用。一個司法系統可以容許合理的裁定，雖然不是每個人都會做出相同的結論。法律的適用會有若干程度的可變性，但是不致於危及必要的平等原則。這種變通性早就內建於法律，但是或許還不夠。

最後還要提一下中國興起於戰國時代（475-221 BCE）的法家傳統。儘管到頭來它的影響力遠遜於儒家或道家，卻一直足以和它們分庭抗禮。法家不認為僅憑德行和人格典範就能夠成就和諧。法家當中最著名的哲學家韓非子說：「不務德而務法。」[35]（原注89）顯然「法」可以使一切事物各安其位：「賞莫如厚，使民利之；譽莫如美，使民榮之；誅莫如重，使民畏之；毀莫如惡，使民恥之。然後一行其法，禁誅於私。家不害功罪，賞罰必知之，知之道盡矣。」[36]（原注90）

弔詭的是，韓非子也認為君主必須莫測高深，雖然同時必須賞罰分明。「主道」必須是「無見其所欲」，也就是使下屬無法揣摩上意，因而時時戒慎恐懼。「明君無為於上，群臣竦懼乎下。」[37]（原注91）它的道理在於，如果下屬知道了君主的好惡，就會想辦法迎合他，君主因而無法察知實情。「故曰：去好去惡，群臣見素。群臣見素，則大君不蔽矣。」[38]（原注92）韓非子毫不諱言人君治臣之道：「殺戮之謂刑。」（原注93）「刑」和「德」（慶賞）是人君之「二柄」。[39]然而相較於胡蘿蔔，韓非子還是偏好棒子。「夫嚴家無悍虜，而慈母有敗子，吾以此知威勢之可以禁暴，而德厚之不足以止亂也。」[40]（原注94）

中國歷史裡有好幾個時期，為了治亂世而用重典，以偽託的和諧取代了聖王以及自然和諧的理想。但是若干世紀以來，和諧一直是社會和政治的重心。所有統治者都不得不以和諧為託辭。這個理想的使用或濫用是所有社會都必須記取的教訓。

或許大多數的社會都領教過了。賽德斯・梅茲（Thaddeus Metz）[41]提到南非和中國在和諧問題上顯著的相似性，並引用屠圖大主教（Archbishop Desmond Tutu）的一段話，反映了它如何深植於文化之中：「對我們而言，社會和諧是個至善（*summum bonum*）。」（原注95）和諧也和烏班圖的價值有關，後者強調我們之間的人性絡結。它使得他們在處理社會問題時迥異於已經成為全球標準的西方法治體系。如果種種規定只會治絲益棼，那麼隨時都可以廢除。誠如漢斯布洛克（Pieter Boele Van Hensbroek）所說的，「如果你親眼看到某些通則只會製造更多的仇恨，為什麼還要採用它們？於是他們會說，或許我們不要墨守成規，不妨拐個彎妥協一下。」對於重視法律原則的傳統而言，它看似損害了正義。但是在非洲，拐個彎的規定往往是基於一個深層的道德原則，而不一定是變質。

35 譯按：見《韓非子．顯學第五十》：「夫聖人之治國，不恃人之為吾善也，而用其不得為非也。恃人之為吾善也，境內不什數；用人不得為非，一國可使齊。為治者用眾而舍寡，故不務德而務法。」

36 譯按：見《韓非子．八經第四十八》。

37 譯按：見《韓非子．主道第五》。

38 譯按：見《韓非子．二柄第七》。

39 譯按：同前揭書：「明主之所導制其臣者，二柄而已矣。二柄者，刑、德也。何謂刑德？曰：殺戮之謂刑，慶賞之謂德。為人臣者畏誅罰而利慶賞，故人主自用其刑德，則群臣畏其威而歸其利矣。」

40 譯按：見《韓非子．顯學第五十》。

41 譯按：美國哲學家，南非約翰尼斯堡大學人文科學教授，專攻倫理學、政治哲學和法哲學。

貝淡寧主張說，相較於自由，和諧是更加普世的價值。在受到儒家影響的東亞社會、在大部分的非洲地區、在拉丁美洲的原住民社會、在伊斯蘭哲學的認主獨一的理想裡，你都看得到和諧的蹤影。（原注96）西元前三世紀印度的一位轉輪聖王阿育王（Aśoka）著名的法敕（即摩崖法敕）第十二條說：「故專互為聽法，為敬信此而一致和合為善。」[42]和諧無疑一直是全世界無出其右的政治價值。

42譯按：中譯見《阿育王刻文》第一卷，《漢譯南傳大藏經》N70n0038。

德行

第二十一章

「修身以道。」

比較哲學往往會突顯耐人尋味的對比和差異。其中最令人嘖嘖稱奇的，莫過於古代希臘和中國哲學家驚人的一致性，尤其是亞里斯多德和孔子，他們都把德行放在倫理學的核心。如果你注意到那兩個文明沒有任何交會的機會，你會更加難以置信。大約在同一個時代，相隔五千英里，分別在兩地誕生了完全相同的理念。

在西方哲學裡只要談到德行倫理學（virtue ethics），人們總是會想到亞里斯多德。它的核心理念是，若要擁有美好的生活，我們就必須培養正確的習慣和氣質，而不只是遵守道德律法或原則。好人會有好的品格，因而樂於行善。品行不好的人則容易蕩檢踰閑，不管他們是否在表面上服從道德原則。

人們在形容其道德原則時，往往會談到他們傳統的規定和原則，尤其是宗教上的。然而在歌頌道德價值時，則會提到堪為道德楷模的人們。世人們莫不讚揚曼德拉（Nelson Mandela）、甘地（Mahātmā Gandhi）以及達賴喇嘛，即使他們分屬信仰迥異的宗教傳統。他們卓爾不群的道德品格比他們信仰什麼更加重要。同樣的，民調專家不斷主張說，選舉往往取決於品格的問題，而不是他們擁護的特定政策。

儘管德行倫理學的理念至今猶存，但是「德行」一詞也越來越不合時宜，大多用在諸如「耐心是美德」之類的片語。在當代的用語裡，它的說教意味很濃厚。人們會用它來嘲諷極端的禁欲主義。吃水果而不吃餅乾，也被說成是一種美德。然而在古代希臘，德行（*arete*）並沒有這些道德聯想，這就是為什麼有人會把 *arete* 譯為「優點」（excellence）。

德行指的是優點，因為它是使我們的生活美好的一種技藝或者是訓練出來的氣質，那不只是在和他人相處時行為端正，更意味著作為個人的我們總是要生活富足。

什麼是德行？

亞里斯多德最關心的德行是「倫理的德行」（*ethike arete*），雖然這個譯法有點誤導。亞里斯多德自己指出，「倫理德行是從風俗習慣沿襲而來，因此把『習慣』（*ethos*）一詞的拼寫方法略加改動，就有了『倫理』（*ethike*）這個名稱。」[1]（原注1）所以我們不能說它是「倫理的德行」，而應該說是「倫理的優點」，也就是使我們生活美好的習慣或氣質。德行不是什麼內心狀態之類的東西，而是由正確的行為構成的。亞里斯多德說：「人的善是合乎德行而生成的靈魂的現實活動。」[2]（原注2）

人們常說，亞里斯多德認為德行可以成就幸福，但是用「幸福」（happiness）一詞翻譯希臘文的 *eudaimonia* 本身就很有問題。我們現在所謂的幸福，一般是指一種心境，也就是我們的感受。*eudaimonia* 譯為富足或許比較好。[3]身為一個人，生活富足意味著適性

1 譯按：中譯見《亞里士多德全集卷八．尼各馬科倫理學》頁27（1103a14）。
2 譯按：同前揭書，頁15（1098a15）。
3 譯按：*eudaimonia* 意為繁榮、好運、財富、幸福。

的生活。感覺美好往往是其結果，那比較像是倫理的德行的副作用，而不是其主要目的。當我們生活富足，對美好生活會感到心滿意足，不管心情好不好。這種滿足感是「知足」的更深層的源頭，而不是反覆無常的歡悅快感。反過來說，有些人或許時常會很開心，但並不是真的富足，因為他們的快樂只是表面的，就像是動物很容易感到飽足一樣。

我們可以比較像梵谷（Vincent van Gogh）這樣的藝術家以及諸如電影導演麥可・韋納（Michael Winner）[4]之流的尋歡作樂者（*bon viveur*）。韋納的生活當然優渥得多，他的事業成功，左右逢源，雖然人家都說他很難搞。另一方面，梵谷一生窮途潦倒，因為梅毒而英年早逝。如果我們問誰的生活比較舒適，韋納當然是贏家。但是如果我們問誰的生命比較富足，許多人可能會說是梵谷。他隨便哪一幅畫都比韋納的經典電影《就地正法》（*Death Wish*）還要卓越。以第三者的觀點來看，我們會說梵谷的生活更美好。但是如果我們問自己要過哪一種生活，我想答案會不一樣。許多人認為快樂是生活的最高目標，因而會選擇走韋納的路。但是也有許多人會認為富足是更重要的事，即使必須以快樂為代價。約翰・彌爾著名的主張「寧可做一個不滿足的蘇格拉底，也不要做一個心滿意足的笨蛋」，韋納聽了或許會很刺耳，卻是相當切中要旨。（原注3）

所幸，亞里斯多德相信說，一個有倫理優點的人不至於像梵谷那樣顛沛流離，因為他只是藝術家的技藝（*arete*）典範，而不是倫理的德行的榜樣。他知道怎麼作畫，但不知道如何生活，因此他的富足僅止於一個有限的範圍。一般而言，沿著德行的路，幸福的機會只會有增無減，梵谷的一生只能說是快樂和富足的區分裡罕見的極端例子。

由於德行是指擁有正確的習慣和氣質（*hexis*），所以必須以合宜的行為加以陶冶和培養。儒家也強調修身。「孰不為守？守身，守之本也，」孟子說。（原注4）同理，「故君子不可以不修身。」[5]（原注5）孟子也說過和《中庸》幾乎一模一樣的話：「射有似乎君子，失諸正鵠，反求諸其身。」[6]（原注6）關於修身的問題，荀子有一段話或許是最簡潔而令人難忘的：「見善，脩然必以自存也；見不善，愀然必以自省也。善在身，介然必以自好也；不善在身，菑然必以自惡也。」[7]（原注7）

大多數人都同意說，德行是要努力以致之，但是儒家認為那是每個人都做得到的。顏淵談到聖王時說：「舜何人也？予何人也？有為者亦若是。」（原注8）推託說自己做不到的，只是努力不夠多罷了。孔子的弟子冉求說：「非不說子之道，力不足也。」孔子不喜歡他看似謙虛的自白，於是對他說：「力不足者，中道而廢。今女畫。」（原注9）

雖然古代儒家都很重視修身，但是對於被陶治的自我究竟是性善抑或性惡的問題則言人人殊。關於人類性善與否的問題，孔子並沒有明確的立場。相對的，孟子則挺身支持性

4 譯按：麥可．韋納（1936-2013），英國電影導演，作品有*Bullseye*(1990), *Appointment with Death*(1988), *Death Wish* (1985)。
5 譯按：見《中庸》第二十章。
6 譯按：見《中庸》第十四章。
7 譯按：見《荀子．修身篇第二》。介然，堅固貌。菑然，渾濁貌。見王先謙《荀子集解》。

善說，認為人性是因為社會敗壞才開始墮落的。「仁也者，人也，」孟子說。（原注10）有一次，齊宣王問孟子說：「德何如，則可以王矣？」孟子告訴他說：「保民而王。」齊宣王懷疑自己是否做得到。孟子則提醒齊宣王曾以羊替代公牛獻祭的故事。臣下以為他吝嗇，但是他其實只是不忍見其觳觫。孟子說，可見齊宣王有性善的種子，只要把「見其生不忍見其死」的心擴而充之就行了，既然「恩足以及禽獸」，就不會有「功不至於百姓」的道理。（原注11）

對於孟子而言，修身只是順著人性的原理而已。告子有個比喻說：「性，猶杞柳也；義，猶桮棬也。以人性為仁義，猶以杞柳為桮棬。」孟子很不以為然，他說：「子能順杞柳之性而以為桮棬乎？將戕賊杞柳而後以為桮棬也？如將戕賊杞柳而以為桮棬，則亦將戕賊人以為仁義與？率天下之人而禍仁義者，必子之言夫！」（原注12）

人性固然本善而不是白板一塊，但是我們還是必須「直養而無害」。人類天生的善必須擴而充之，但它也必須是循序漸進的。孟子有個「揠苗助長」的著名故事：「宋人有閔其苗之不長而揠之者，芒芒然歸。謂其人曰：『今日病矣，予助苗長矣。』其子趨而往視之，苗則槁矣。天下之不助苗長者寡矣。以為無益而舍之者，不耘苗者也；助之長者，揠苗者也。非徒無益，而又害之。」（原注13）

宋明理學家大抵上都支持孟子的說法，但是也強調修身的種種理論和實踐。（原注14）荀子的立場則正好相反，他主張說：「人之性惡，其善者偽也……無禮義，則悖亂而不

治。」我們的善行是「化性起偽」的結果，而不是天性使然。（原注15）「君子之與小人，其性一也。」（原注16）

在這個論辯當中，亞里斯多德仍舊是採取中庸的立場，他認為德行「既非出於本性而生成，也非反乎本性而生成，而是自然地接受了它們，通過習慣而達到完滿」。德行不是「出於本性而生成」，因為倫理的善是沿襲自好的習慣，因此，「沒有一種自然存在的東西能夠改變習性」。（原注17）

這個古代的論辯呼應了現代關於我們是天性（nature）或教養（nurture）（基因或環境）的產物的論辯。大部分人們會認為這場論辯已經塵埃落定了，結論則是支持亞里斯多德的看法。我們的確遺傳了很多東西，但是除了極少數的例子，例如眼睛的顏色，我們的基因只是設定了一系列的可能性，而不是確定的結果。教養會實現天性的潛能。

孟子、荀子或亞里斯多德孰是孰非其實沒有你想像的那麼重要，因為在現實裡，所有探討德行理論的人都會擁護同一個主張：唯有透過德行的實踐，人才會擁有美德，不管是摒棄驕奢淫逸，或是脫離他們的劣根性：

故不積蹞步，
無以致千里；
不積小流，

無以成江海。8（原注18）

無論哪一種情況，人性都是必須漸漸培養起來的。誠如荀子所說的，「無性則偽之無所加，無偽則性不能自美。」9（原注19）

在現代西方哲學裡，沒有人談到修身這種玩意兒。「在當代應用倫理學裡，不會有人談到如何改變自己，而那卻是我們在宇宙裡真正能掌握的東西，」歐文．弗拉納根感嘆說。（原注20）對於古代中國哲學家而言，不談修身似乎是難以想像的事。即使是在主張自然無為的道家裡，修身也是很根本的東西。《道德經》的書名就包含了「道」和「德」這兩個傳統概念。莊子說：「德者，成和之修也。」10（原注21）《道德經》則說：

修之於身，其德乃真；
修之於家，其德乃餘。（原注22）

不過，道家對於修身還是有疑慮的，「大道廢，有仁義」，因為在自然裡，善是自存的，如果人們必須陶冶德行，那意味著道之不行。這也和道家強調無為的弔詭概念有關，而我們必須經年累月地實踐，才能如庖丁的技藝一般明白無為之道。我們必須費一番工夫才返回無為的境界，這也意味著我們脫離自然久矣。

「禮」是陶冶德行的必要條件

對於外人而言，德行之有待陶冶，也有助於我們理解儒家倫理學裡陳義甚高的禮的概念。禮是陶冶德行的必要條件。「恭而無禮則勞，慎而無禮則葸，勇而無禮則亂，直而無禮則絞。」（原注23）對於培育社會和諧而言，禮也是很重要的東西。

禮這個字的譯法使人更加難以理解它的概念。它一般譯為ritual，但是它不僅止於西方人所想像的正式禮儀。姚新中解釋說：「禮原本是指祭祀和典禮，但是儒家擴而充之，延伸為道德律和行為法則。它既是你必須遵守的外在規則，也是在你必須培養的內在意識。」

禮的另一個譯法是propriety，似乎準確一點，卻也讓人以為它只不過是禮節而已。還有人把兩者混在一起，譯成ritual propriety，範圍似乎大了一點，不過我們最好還是把禮視為和他人互動的正確方式。李晨陽把禮叫作「文化的語法」（cultural grammar），則比

8 譯按：見《荀子．勸學篇第一》：「積土成山，風雨興焉；積水成淵，蛟龍生焉；積善成德，而神明自得，聖心備焉。故不積蹞步，無以致千里；不積小流，無以成江海。騏驥一躍，不能十步；駑馬十駕，功在不舍。鍥而舍之，朽木不折；鍥而不舍，金石可鏤。」

9 譯按：見《荀子．禮論篇第十九》：「性者、本始材朴也；偽者、文理隆盛也。無性則偽之無所加，無偽則性不能自美。性偽合，然後成聖人之名，一天下之功於是就也。故曰：天地合而萬物生，陰陽接而變化起，性偽合而天下治。」

10 譯按：見《莊子．德充符》。

較沒有那麼高深莫測或像是舶來貨，因為每個文化裡都有一套語法，使你和他人的互動流暢自然。（原注24）例如說，人們會握手寒暄，在許多文化裡，那就是禮的一部分。儘管有時候很繁瑣，但是如果不知道禮節的正確時機或方式，就會得罪別人。川普和別人第一次會晤時的握手都會被人放大檢視，網路上甚至找得到各種剪輯片段。他和法國總統馬克宏握手的畫面，有個記者就形容說是：「用握手的方式惡搞你。」（原注25）英國首相梅伊和引人爭議的美國總統在白宮走廊的短暫握手，也被批評說太過友善了。這就是二十一世紀西方世界的禮。同樣的，現在中國的禮也體現在一般生活的禮貌上，例如和一群人打招呼時必須首先向尊長致意，致贈或收受禮物時必須用雙手。

如果說這類日常生活的細節看起來很瑣碎，那或許是因為我們忘記了生活中點點滴滴的互動對於建立善良的品格、禮節和尊重有多麼重要。而我們的遺忘也證明了我們以前知道：蘭普拉薩德表示，「英語裡有一句話：『不知禮，無以立也。』（manners maketh man）其實就是儒家的原則。」（原注26）禮是自我修煉的工具，用以培養有德者的習性。「性相近也，習相遠也。」孔子說，不過他又補了一句話：「「唯上知與下愚不移。」（原注27）荀子也附和說：「禮義文理之所以養情也……故人一之於禮義，則兩得之矣。」[11]（原注28）

人必須有正確的態度，才能行使禮。孔子有一句如詩歌般的話：「禮云禮云，玉帛云乎哉？樂云樂云，鐘鼓云乎哉？」[12]（原注29）孟子也說過：「恭敬而無實，君子不可虛拘。」[13]（原注30）《荀子》則說：「從道不從君，從義不從父，人之大行也。」[14]（原注31）

禮並沒有屬於自身的價值。孔子說：「今之孝者，是謂能養。至於犬馬，皆能有養；不敬，何以別乎？」[15]（原注32）禮的核心在於對他人的正向態度。孔子說：「修身以道，修道以仁。」（原注33）

人們對於禮的重視往往過猶不及。「質勝文則野，文勝質則史。文質彬彬，然後君子。」（原注34）人們或許會因為拘泥於繁文縟節而遭人譏議。《論語》裡說：「大德不踰閑，小德出入可也。」（原注35）有時候某些重要的德行甚至也可以懸擱。「君子貞而不諒，」孔子說，意味著君子固守正道，而不必拘泥於小信小義。[16]（原注36）

孟子也不贊成拘泥於形式的禮。萬百安說孟子是「個殊主義者」（particularist），「強調德行的脈絡意義」。（原注37）孟子提到舜的故事，說他要討老婆了，卻沒有事先稟報父

---

11 譯按：第二句話其實是在講禮義和情性之間的關係。見《荀子．禮論篇第十九》：「故人一之於禮義，則兩得之矣；一之於情性，則兩喪之矣。故儒者將使人兩得之者也，墨者將使人兩喪之者也，是儒墨之分也。」「一」，專一的意思。

12 譯按：「孔子說：『儘說禮啊禮的，難道說的只是玉帛嗎？儘說樂啊樂的，難道說的只是鐘鼓嗎？』……重要的是禮樂的精神，而不是器物和形式。《正義》：『敬為禮本，和為樂本也。』」見《讀論語學英語》頁362，林宏濤譯注，商周出版，2003。

13 譯按：見《孟子．盡心上》：「食而弗愛，豕交之也；愛而不敬，獸畜之也。恭敬者，幣之未將者也。恭敬而無實，君子不可虛拘。」《孟子正義》：「恭敬貴實，如其無實，何可虛拘致君子之心也？」「拘」作「致」解。只是行禮如儀而不是真心對待，是留不住君子的。

14 譯按：見《荀子．子道篇第二十九》。

15 譯按：見《論語．為政第二》。（作者原注所引出處有誤。）

16 譯按：見《論語．衛靈公第十五》。

母，這是很不孝的事。但是孟子替他辯護說：「告則不得娶。男女居室，人之大倫也。如告，則廢人之大倫，以懟父母，是以不告也。」（原注38）

有時候，填飽肚子比遵守禮法重要得多，然而那不能算是通則。「金重於羽者，豈謂一鉤金與一輿羽之謂哉？」17（原注39）

關於禮的變通性，有個最好的例子：孟子談到男女授受不親的禮法，「嫂溺不援，是豺狼也。」（原注40）禮法不准許男女直接的接觸，但是有時候基於權宜之計，還是不得不踰越禮法。

人們時常以為禮是盲目沿襲舊俗，雖然孔子明確指出並非如此。有時候必須因時制宜，有時候則不妨沿用舊習。「麻冕，禮也；今也純，儉。吾從眾。拜下，禮也；今拜乎上，泰也。雖違眾，吾從下。」（原注41）

直到今天，禮仍然不斷地在演化。以中國新年為例，人們強調幾代同堂一起吃團圓飯。這個禮俗可以加強家庭的凝聚力，因此一直是很重要的環節。至於儀式的形式，近年來則不同於以往，人們會買個「福」字倒貼在門上，而不會自己拿起筆來寫，到了晚上則是闔家觀看中國中央廣播電台的春晚節目（和其他七億人一起收看），而不是圍爐夜語等待新年到來。再古老的習俗也都可以改頭換面。

禮的概念和亞里斯多德的氣質或習慣若合符節。在孔子和亞里斯多德的哲學裡，一個人不斷地端正自己的行為，便能成為更有德行的人。「子服堯之服，誦堯之言，行堯之行，是堯而已矣，」孟子說。（原注42）正如亞里斯多德所說的，一旦習慣內化了，善行就幾乎是自然而然的事。「大人者，言不必信，行不必果，惟義所在。」（原注43）

德行倫理學絕對不可能導致僵化的規定，因為明智的人會培養智慧和感受力，以判斷任何個別的境況。亞里斯多德表示，恐懼、勇氣、欲望或痛苦，有的太多，有的太少，並沒有什麼正確比例的規定。「在應該的時間，應該的境況，應該的關係、應該的目的，以應該的方式，這就是要在中間，這是最好的，它屬於德行。」（原注44）亞里斯多德接著列了一長串「應該」，卻沒有提到任何演算法則以判定什麼才是「應該」的。

對於德行倫理學的批評者而言，這是亞里斯多德的理論的一個弱點。沒有人告訴我們什麼才是應該的，他們只會說，好人看到應該做的事，他自然就會知道，更重要的是他會去做。問題是，如果我們不知道什麼事是應該的，我們又怎麼知道選擇去做的人就是好人呢？德行倫理學家只會聳聳肩反駁說，批評者要求的明確規則並不存在。誠如亞里斯多德所說的：「每個受過教育的人，只能在事物本性所允許的範圍內，去尋求每一種類事物的確切性。」（原注45）

17 譯按：見《孟子．告子下》：「任人有問屋盧子曰：『禮與食孰重？』曰：『禮重。』……曰：『以禮食，則飢而死；不以禮食，則得食，必以禮乎？』……孟子曰：「於答是也何有？……金重於羽者，豈謂一鉤金與一輿羽之謂哉？取食之重者，與禮之輕者而比之，奚翅食重？』」「翅」作「啻」。

過與不及之間的平衡

在西方世界裡，這個強調德行的傳統自亞里斯多德以後就漸漸沒落，而以規則倫理學為主流，直到二十世紀下半葉，學者們才使它起死回生。近年來，它開始滲透到範圍更大的文化裡，尤其是學校重新重視品格教育。然而在整個過渡期裡，德行倫理學還是偶爾會驚鴻一瞥。「習慣是另一個重塑心靈的強大工具，植入好的氣質的傾向，」十八世紀的休姆如是說，或許承襲了孔子以及亞里斯多德的說法。他同樣認為人們必須真積力久，才能真正變化氣質：「如果人們相信美德的生活是他們所要的，如果他的決心不夠，有時候就必須勉強自己；他不必對他的改變感到絕望。」休姆注意到以前的人忽略了一點，那就是願意改變自己的人，其實早已走在改變的半路上。「除非人擁有相當程度的美德，」他說：「否則他不會有這樣的信念和決心。」（原注46）

雖然德行的傳統強調習慣性的行為甚於抽象原則，他們卻堅信理智的重要性。對於亞里斯多德而言，理性的能力是人和動物的差別所在。思辨是人類最高等的活動，因為它是人性特有的活動。（原注47）荀子大抵上同意他的說法：「為之人也，舍之禽獸也。」（原注48）

如果要養成好的習慣，就必須以知性的養成為依歸。亞里斯多德提醒人們靈魂有其理性部分：「因為它要求行為的正當和更加良好。」[18]（原注49）如果沒有一個受過教育的心靈，德行也會蒙上一層陰影。孔子說：「好仁不好學，其蔽也愚；好知不好學，其蔽也

蕩；好信不好學，其蔽也賊；好直不好學，其蔽也絞；好勇不好學，其蔽也亂；好剛不好學，其蔽也狂。」（原注50）

孔子的告誡證明了，如果太極端，善也會變成惡。德行必須在「過」和「不及」之間取得平衡，孔子和亞里斯多德在這個問題上再度不謀而合。他們甚至用了同樣的語詞：「中庸」。亞里斯多德說中庸是一種美德，中庸才是德行，它「在過度和不及之間，在兩種惡事之間。」[19]中庸是大方，過度了就成為無度，不及了則是小氣。勇敢是既不怯懦也不鹵莽。「在感受和行為中都有不及和超越應有的限度，德行則尋求和選取中間。」[20]

中庸是簡單有力的觀念，它挑戰我們在倫理學裡善惡對立的二元論思考。它採取了人的氣質方面的務實觀點，認為人的氣質都有程度上的差別，有時候太少，有時候太多。

儒家的中庸之道也大同小異。《論語》裡有一則故事說：子貢問孔子說，師（子張）或商（子夏）孰賢，孔子沒有直接回答，而只是說：「師也過，商也不及。」子貢便認為子張好一點，孔子則糾正他說：「過猶不及。」（原注51）

中庸是取決於脈絡的。在某個境況下叫作勇敢，到了另一個境況就成了鹵莽。它也是因人而異的。數學上的中間值是和兩個端點等距的點，但是亞里斯多德說，「對我們而

18 譯按：中譯見《亞里士多德全集卷八．尼各馬科倫理學》頁25（1102b15）。
19 譯按：同前揭書，頁36（1107a1）。
20 譯按：同前揭書。

言，卻不能這樣辦。」[21]（原注52）正如對於健身者而言蛋白質含量正確而能量豐富的食物，對於伏案寫作的人來說就太多了；賽車選手的勇敢在計程車司機眼裡也會變成莽撞的行為。在陶冶我們的品格時，尤其要考慮到個人特質的因素。例如，《論語》有一則故事說：「子路問：『聞斯行諸？』子曰：『有父兄在，如之何其聞斯行之？』冉有問：『聞斯行諸？』子曰：『聞斯行之。』公西華曰：『由也問聞斯行諸，子曰「有父兄在」；求也問聞斯行諸，子曰「聞斯行之」。赤也惑，敢問。』子曰：『求也退，故進之；由也兼人，故退之。』」（原注53）在訓練自己如何行為得宜時，有時候要逆向操作，如果我們容易退縮時，那就要推自己一把，如果我們容易躁進時，那就要踩煞車。亞里斯多德也有類似的一段話：「人們說，不得以求其次，這就是兩惡之間取其輕……我們必須把自己拉向兩個對立的方面。因為我們的航線必須避開所面臨的惡事，而航行在中間，這是木工們把曲木裁直所用的方法。」[22]（原注54）

中庸之道和範圍更大的和諧或平衡的觀念有關。《中庸》也闡述了這點，據說《中庸》是孔子口述，由子思寫下來傳給孟子的。[23]「喜怒哀樂之未發，謂之中；發而皆中節，謂之和；中也者，天下之大本也；和也者，天下之達道也。致中和，天地位焉，萬物育焉。」（原注55）

在現實生活裡，我們往往必須把失去平衡的事物拉回到中間點。荀子說：「血氣剛強，則柔之以調和；知慮漸深，則一之以易良；勇膽猛戾，則輔之以道順；齊給便利，則

節之以動止；狹隘褊小，則廓之以廣大……」等等。[24]（原注56）

《荀子》裡有一段深具洞見的話，把這個觀念擴及於哲學本身：「凡人之患，蔽於一曲，而闇於大理。」哲學家往往會認定某個東西是重要的而拘泥其中，卻因而對其他同樣重要的東西視而不見。荀子認為「百家異說」都只是「蔽於一曲，而失正求也」：

> 墨子蔽於用而不知文。宋子蔽於欲而不知得。慎子蔽於法而不知賢。申子蔽於埶而不知知。惠子蔽於辭而不知實。莊子蔽於天而不知人。

「曲知之人，觀於道之一隅，而未之能識也。」[25]（原注57）

孟子對於主張非道德論（amoralist）的楊朱和主張效益論（consequentialist）的墨翟也有類似的批評，他們兩個都是孔子之後的思想家。孟子認為，「楊氏為我，是無君也；

---

21 譯按：同前揭書，頁35（1106b1）。

22 譯按：同前揭書，頁42（1109b5-7）。

23 譯按：《四書章句》：「此篇乃孔門傳授心法，子思恐其久而差也，故筆之於書，以授孟子。」另見《新刊廣解四書讀本》頁44（商周出版，2016）：「清人崔述謂中庸必出孟子後；袁枚謂論孟言山均稱泰山，而中庸獨稱華嶽，疑出於西京儒生依託。」

24 譯按：見《荀子．修身篇第二》：「治氣養心之術：血氣剛強，則柔之以調和；知慮漸深，則一之以易良；勇膽猛戾，則輔之以道順；齊給便利，則節之以動止；狹隘褊小，則廓之以廣大；卑溼重遲貪利，則抗之以高志；庸眾駑散，則劫之以師友；怠慢僄棄，則炤之以禍災；愚款端愨，則合之以禮樂，通之以思索。凡治氣養心之術，莫徑由禮，莫要得師，莫神一好。夫是之謂治氣養心之術也。」

25 譯按：見《荀子．解蔽篇第二十一》。

墨氏兼愛，是無父也。無父無君，是禽獸也。」（原注58）

這幾段話意味著重點不只是找到中道而執持不放。因為中庸是關乎平衡的問題，即使是中庸本身也必須是有彈性的而不可以緊抓著不放。中庸的精神是避免任何極端，執著於任何立場，即使再怎麼溫和，也都是極端主義者。「所惡執一者，為其賊道也，」孟子說：「舉一而廢百也。」26（原注59）

雖說《中庸》是儒家經典，但是它的核心觀念在中國思想裡屢見不鮮。《道德經》也有類似中庸的說法：「天之道，損有餘而補不足。」27（原注60）中的核心概念是不偏不倚，一般解釋為執中或平衡的意思。李晨陽說它是指「反對極端」，或者說是「沒有偏誤」。它有正直和執中的意含。在儒家哲學裡，「執中以及和諧是互相依存的概念」。（原注61）

姚新中認為中庸的信念仍然支配著當代中國。「大部分的中國人都不喜歡偏激，」他對我說。「他們會以鐘擺的意象做比喻。我相信那就是為什麼中國會這麼穩定。他們不會走極端。他們擺盪到某個點，就會往回擺到另一邊。當然，我們有偏激的民族主義、偏激的自由主義、偏激的保守主義，但那都是少數。大多數的人不會走極端。」

那麼又怎麼解釋毛澤東的文化大革命？那是二十世紀史裡的浩劫之一，期間有五十到兩百萬人喪生，中庸的精神顯然蕩然無存。例如說，林彪原本是毛澤東的親密戰友和接班人，後來卻被毛澤東鬥倒，指稱他密謀叛變，在「批林批孔」運動中，批判說他提倡中庸之道，「春秋末期，孔老二為了復辟奴隸制，鼓吹中庸之道。兩千多年之後，林彪妄圖復

辟資本主義，也大肆販賣中庸之道，並且在中庸之道的後面，加上了『合理』二字。」28（原注62）

中庸不是被毛澤東拋棄的唯一傳統信念。更令人髮指的是，他慫恿孩子們批鬥自己的父母親，澈底推翻了儒家的價值觀。雖然沒有人能解釋為什麼，但是我訪談的每個哲學家一般都認為，中國為了它更典型的穩定，不惜以罕見的暴力動亂為代價。中國秦朝第一個皇帝就是著名的例子，他在西元前二一三年下令焚書坑儒，限期民間交出許多中國經典，除了醫藥、卜筮、農業外，一律焚燬，並且在三年後活埋了四百六十名儒生。為了維持和諧，中國似乎偶爾會壓抑必要而漸進的改革，卻不斷累積壓力，導致殘忍的巨大動亂。

德行的陶冶

在所有傳統裡，你都看得到類似的德行。《摩訶婆羅多》裡說：「昔賢有言，人的行為高於所有知識。人的行為是正法的源泉，而正法是延年益壽之本。」29（原注63）然而，在

26 譯按：見《孟子．盡心上》：「楊子取為我，拔一毛而利天下，不為也。墨子兼愛，摩頂放踵利天下，為之。子莫執中，執中為近之，執中無權，猶執一也。所惡執一者，為其賊道也，舉一而廢百也。」
27 譯按：見《道德經》第七十七章。（作者原注所引出處有誤。）
28 譯按：見郭鳳蓮〈大寨之路就是鬥爭之路：狠批林彪販賣孔老二『中庸之道』的反動謬論〉，《人民日報》一九七四年三月七日社論。
29 譯按：中譯見《摩訶婆羅多》〈教誡篇〉第一〇七章，黃寶生等譯，中國社會科學出版社，2005。

印度哲學裡，德行的回報是解脫（mokṣa），而迥異於中國以及亞里斯多德的德行，後者認為美德的生活就是它自身的回報，而不是通往其他地方的道路，此即為什麼它的價值甚至高於生命本身。亞里斯多德說，有德行的人行為高尚，「必要時甚至不惜自己的生命。」[30]（原注64）孟子說：「生，亦我所欲也；義，亦我所欲也，二者不可得兼，舍生而取義者也。生亦我所欲，所欲有甚於生者，故不為苟得也；死亦我所惡，所惡有甚於死者，故患有所不辟也。」孟子相信人性本善，是故「非獨賢者有是心也，人皆有之，賢者能勿喪耳」。（原注65）

如前所述，我們不能以非黑即白的方式去區分各個傳統，它們只是強調的程度有所不同而已。德行的傳統強調習慣，但是並不會完全摒棄規定或原則。差別只是在於這些規定的功能和性質。為了生活，我們必須遵守禮法，但不是為了禮法本身，而是為了促進德行，如果在遵守禮法和行善之間做選擇，我們應該會選擇後者。

強調重點的差異所扮演的角色雖然不容易察覺，卻相當重要，其中最顯著的例子或許是儒家的箴言：「己所不欲，勿施於人。」（原注66）這個黃金律往往被稱為人類道德的普世原理，在許多傳統裡都有不同的說法。耶穌說：「你們願意人怎樣待你們，你們也要怎樣待人。」（原注67）耆那教也有一則箴言說：「不可故意傷害你不喜歡的人。」（原注68）然而，這些說法的差異性和相似性一樣重要。

耆那教的說法強調「不害」，反映了它尊重一切有情眾生的核心教義。它的黃金律在範圍上相當特殊且有限。耶穌是這三個說法當中唯一正面表述的，強調我們有善待他人的義務。不過他不是第一個這麼說的人。西元前四世紀的墨子說：「為彼猶為己也。」[31]（原注69）這是正面地要求你待人如己，而不是儒家「己所不欲，勿施於人」的負面說法。在儒家倫理學裡，只要不對別人做壞事就夠了。[32]對於墨子而言，我們必須更進一步地以「兼愛」的原則待人如己，愛人如愛其身。

在《論語》裡，有人問孔子說：「以德報怨，何如？」這差不多是直接問他對於基督教以下的訓諭有什麼看法：「只是我告訴你們，不要與惡人作對。有人打你的右臉，連左臉也轉過來由他打；有人想要告你，要拿你的裡衣，連外衣也由他拿去。」（原注70）孔子斷然駁斥說這個立場太偏激了。「何以報德？以直報怨，以德報德。」（原注71）又有一次，子貢問孔子說，有沒有一句話可以終身奉行的。孔子說：「其恕乎！己所不欲，勿施於人。」（原注72）

但是恕的條件是什麼，則要是境況而定，而且必須以德行加以判斷。蘭普拉薩德解釋說，儒家所強調的恕並不是以紆尊降貴的角度去思考的，「而是設身處地以他人的需求和環境的角度去思考」。關鍵不在於情感上的同理心，而是更加理智地「為他人設想，站在別人的立場思考我們該怎麼做」。（原注73）現代心理學稱之為認知的同理心（cognitive

30 譯按：中譯見《亞里士多德全集卷八．尼各馬科倫理學》頁204（1169b20）。
31 譯按：見《墨子，兼愛下》。
32 譯按：作者可能忽略了：「夫仁者，己欲立而立人，己欲達而達人。能近取譬，可謂仁之方也已。」

empathy），必須具備倫理上的善巧方便，而不能被化約為善心或是規則的遵守。這也反映了原始佛教的一個觀念，它並沒有區分善和惡，而是區分**善**（kuśala）（善巧）和**不善**（akuśala）。33（原注74）

在中國文化裡，在回應別人時謹慎而善巧，既是一種自制，也可以推動耶穌所提倡的善行。孔子說：「仁者其言也訒。」（原注75）顏淵問孔子仁是什麼，他回答說：「克己復禮為仁。」（原注76）的確，有些德行聽起來很無聊。身為一個士，必須「朋友切切、偲偲，兄弟怡怡」（朋友間相互鼓勵、相互批評，兄弟間和睦相處）。（原注77）

強調德行的傳統和前述的親密性取向很接近。「完整性取向的倫理學主要是一種規則的道德，」卡蘇里斯說。「但是在親密性取向裡的倫理學是一種愛的道德。」（原注78）卡蘇里斯舉了一個著名的故事，提到坦山和尚揹一個婦女渡河，雖然戒律禁止出家人和女人直接接觸。事後他的同伴責備他說：「我不敢相信你居然那麼做。我必須告訴方丈說你犯了戒。」坦山回答他說：「你累不累呀！我揹那婦女過了河以後，就把她放下了。可是你卻一路上揹著她！」卡蘇里斯說：「第一個比丘拘泥於對於規則的完整性服從，而第二個比丘則是以親密性的慈悲回應當下的境況。」（原注79）

在這個親密性的取向裡，我們看到黃金律的另一種說法。道元禪師覺得十重禁戒的「不殺生」34不是作為戒律受持的，其目的是要從此成為一個不忍殺生的人。於是「不殺生」變成「做個不忍殺生的人」。（原注80）在強調德行的傳統裡，我們或許也會看到黃金律類似的變形。相較於做個待人如已的人，循規蹈矩是等而下之的原則。黃金律為沒辦法自己辨認正道的人**指定**一條路，也是為不必它指引自己就會行善的人**描述**那條道路。

我們在佛教裡也可以看到諸如此類的道德律。盤珪永琢禪師[35]說：「不偷盜者何須不偷盜戒，不妄語戒亦無所加於誠實語者。」（原注81）佛陀有個譬喻說，有個人編了排筏渡過湍流，但是他心想「此筏於我有多饒益排筏」，於是「從此筏或以戴於頭，或以擔於肩，如所欲而行」，枉費他善巧聰慧，這時候卻變得闇昧不明了。佛陀說：「予為度脫不令執著而說筏喻法。諸比丘！汝等實從筏喻知法亦應捨離，何況非法耶？」[36]（原注82）

德行傳統最引人矚目的地方，或許是它並不強調大惡大善，而是著眼於行住坐臥之間。德行的陶冶必須注意小地方。相較於中國或希臘，佛教的說法更加一語中的：「莫輕於小惡，謂我不招報，須知滴水落，亦可滿水瓶，愚夫盈其惡，少許少許積。」[37]（原注83）

33 譯按：kuśala有善巧、方便、增益的意思。

34 譯按：《禪戒鈔》：「第一不殺生：生命不殺，佛種增長，可續佛慧命，莫殺生命也。」

35 譯按：盤珪永琢（1622-1693），日本臨濟宗禪師，語錄篇收有《盤珪佛智弘濟禪師御示聞書》二卷、《弘濟禪師法語》二卷。

36 譯按：見《中部．蛇喻經》。

37 譯按：見《法句經．惡品》：「莫輕於小惡，謂我不招報，須知滴水落，亦可滿水瓶，愚夫盈其惡，少許少許積。莫輕於小善，謂我不招報，須知滴水落，亦可滿水瓶，智者完其善，少許少許積。」

第二十二章「內聖外王。」

道德典範

紫禁城的天安門上，掛著毛澤東的巨幅照片。在莫斯科紅場的列寧墓裡，訪客仍然向列寧的遺體致敬。在許多南美國家，不少政治人物都宣稱他們是西蒙・玻利瓦（Simón Bolívar）的繼承人，這位委內瑞拉人是他自己的國家以及玻利維亞、哥倫比亞、厄瓜多爾、祕魯以及巴拿馬的民族解放的重要人物。

像這樣的人物被舉揚為幾乎是神的化身，卻也往往被嘲諷為個人崇拜。雖然人們可能虔誠過了頭，但是對於卓爾不群的人物的景仰，卻是舉世皆然的事。說句不客氣的話，這也是為什麼我們會覺得需要有英雄和救世主的原因。儘管如此，對於道德典範的渴望，其實還有另一個現實的理由。諸如馬丁・路德・金恩博士（Martin Luther King Jr.）、德瑞莎修女（Mother Teresa）、甘地和曼德拉這些模範，我們不只是歌頌他們，更認為他們值得眾人效法。

我們認為偉人和規範以及原則一樣可以提供道德指引，這個想法與德行傳統的強調品格不謀而合。《紐約時報》專欄作家大衛・布魯克斯（David Brooks）的《品格：履歷表與追悼文的抉擇》（*The Road to Character*）之所以洛陽紙貴，並不是偶然的事，它以八個人物傳記為梗概，致力於重振德行的傳統。（原注1）

個人作為道德典範

在中國，「君子」的理想是道德典範的體現。君子一詞原本是指上層統治階級的成員。[1]在孔子的思想裡，它變成了近乎完美人格的理想，在道德和德行上都斐然成章。[2]這樣的人正是「仁」的具體表現，仁有許多翻譯，包括 righteousness（正直）、perfect virtue（德行完美）、benevolence（仁慈）之類的。其譯名不勝枚舉，意味著在英語裡找不到一個對應的同義語。仁和義有關。姚新中說：「仁是內在的東西，是想要做個好人。義則是告訴你如何和他人合理地相處。當你以義待人，那就是德行的展現。」仁可以說是使我們不偏不倚的內在道德力量。所以我們可以把仁說成擁有善良的品格。

現在我們一般會把君子譯為 exemplary person（足為楷模的人）、superior person（優越的人）、person of excellence（傑出人士），但是有時候也會譯為 gentleman（貴族）。孔子說：「聖人，吾不得而見之矣；得見君子者，斯可矣。」[3]但是當時的君子已經是個泛稱，其指謂的判準不再那麼嚴格。從貴族到足為楷模的人是「任人唯賢」（meritocracy）[4]

1 譯按：例如《商書．周書．周官》：「嗚呼！凡我有官君子，欽乃攸司，慎乃出令，令出惟行，弗惟反。」
2 譯按：例如《孔子家語．五儀解第七》：「子曰：『所謂君子者，言必忠信，而心不怨；仁義在身，而色無伐；思慮通明，而辭不專，篤行信道，自強不息，油然若將可越，而終不可及者，此則君子也。』」
3 譯按：見《論語．述而第七》。
4 譯按：meritocracy 一詞，貝淡寧譯為「尚賢」或「賢能政治」。

的趨勢之一，直到現代中國，還是相當強調這一點。雖然姚新中說，偽善和墮落意味著人們對於這個理想多半是陽奉陰違，但是現在的人一般都還是相信「行為決定其權威地位」的準則。[5]例如，新加坡總理李顯龍曾經說道：

在孔子豐富的思想中，有一個仍與新加坡有關，那就是君子治國，治國者有責任為人民做好事，並獲得人民的信任和尊重。[6]（原注2）

君子體現了「卓爾不群的人」的理念，那是他人要效法的典範或模型，在若干傳統裡都不斷出現。君子成就了中國「內聖外王」的理想，那是「放之彌六合」的內在的善。（原注3）在整個世界的思想史裡，一直有個「偉人作為他人的燈塔」的觀念。比爾葛拉米（Akeel Bilgrami）[7]說甘地的哲學裡也有類似觀念，「當一個人為自己做選擇，他就成了他人的表率。」彼得．亞當森也說：「在《古蘭經》裡，穆罕默德被等同於其他穆斯林必須效法的典範。」（原注4）《薄伽梵歌》說：「偉大人物之所做所為，其他之人將遵循之。人們追隨他所設立的典範。」[8]（原注5）《摩訶婆羅多》裡說：「王帥以正，孰敢不正。」[9]（原注6）拉達克里希南和摩爾也說：「佛陀與其說是救世主，不是說是個模範。」（原注7）

強調個人作為道德典範，顯然和以理性和原則為基礎的倫理學體系扞格不入。在那樣的體系裡，以某個人的行為作為例證，是無法支持其道德論證的。你要辯護或反對的是立場而不是人。你「玩的是球而不是人」，否則你就犯了「訴諸人身的謬誤」（hominem fallacy）。但是如果人們重視的是道德典範，那麼真正的謬誤就會是忽略了個人而只著眼於他們主張的原則。

中庸的立場則是兼顧說了什麼以及誰說的。舉例而言，亞里斯多德說，尤多克索斯（Eudoxus）認為快樂是至高善，「人們相信這些說法並不是由於它們本身，而是因為他的人格高尚」。亞里斯多德並不認為這有什麼不對，因為尤多克索斯在道德上的卓越證明了「他在人們看來節制出眾，而不會被認為是個愛享樂的人，既然他也這樣說，事情也許真是這樣吧」。[10]（原注8）在判斷其立場時，那個傢伙本身或許不是最重要的因素，卻是相關的資訊。

在重視德行傳統的地方，作為道德指引的根源，人比原則重要得多。不僅在儒家如此，在道家亦然。《道德經》說：「是以聖人抱一為天下式。」但是他們不會自詡為模

5 譯按：例如《談叢》：「君子有五恥：朝不坐，燕不議，君子恥之；居其位，無其言，君子恥之；有其言，無其行，君子恥之；既得之又失之，君子恥之；地有餘而民不足，君子恥之。」《藝紀》：「孔子曰：『君子恥有其服而無其容，恥有其容而無其辭，恥有其辭而無其行。』」

6 譯按：貝淡寧、李晨陽〈仁慈的精英治國〉，《聯合早報》2013年10月11日。

7 譯按：比爾葛拉米（1950-），印度裔哲學家，著有 *Belief and Meaning, Self-Knowledge and Resentment, Politics and the Moral Psychology of Identity*。

8 譯按：中譯見《薄伽梵歌》頁77。

9 譯按：出自《摩訶婆羅多》〈和平篇〉。

10 譯按：中譯見《亞里士多德全集卷八・尼各馬科倫理學》頁214（1172b10-20）。

範，那只會適得其反。「不自見，故明。」（原注9）道德典範的觀念早在儒家以前就存在了。孟子引述《詩經》說：「《詩》云：『刑於寡妻，至於兄弟，以御於家邦。』」（原注10）對統治者而言，樹立典範更是至關重要。孔子教導為政者說：「先之，勞之。」（原注11）反過來說，君子也應該學而優則仕。君子必須有經綸世務之志，而為政者也必須自詡為君子以「作之君，作之師」。陳榮捷指出，「自董仲舒（c.176-104 BC）至朱熹，一直到康有為（1857-1927），除了少數例外，所有士大夫階級都會從政。」（原注12）反之，許多政治人物也會汲汲於證明自己是個知識份子。毛澤東寫了好幾本哲學作品，而現在的中共總書記習近平也會公開談論馬克思的政治哲學。二〇一六年，習近平在「哲學社會科學工作座談會」發表了一百分鐘的演講，強調它們在「堅持和發展中國特色社會主義」方面具有「不可替代的重要地位」。[11]（原注13）

由於身為楷模的統治者動見觀瞻，因此近年來的貪腐事件對於中共的傷害特別嚴重。二〇一二年中國共產黨十八次全國代表大會之後啟動「反貪倡廉」的「第一個五年」內，中共中央紀律檢查委員審理了一百多萬個案件，對一百二十萬人提出違紀查處。其中大多數人都是低階官員，被指稱是「蒼蠅」，只有二百四十個「老虎」遭到起訴。（原注14）他們被控貪汙了六十三億人民幣。[12]（原注15）

姚新中不認為中國人民會天真到相信他們的領導人是清廉的。如果貪官夠能幹，做事有效率，人民倒願意容忍他們，相較於碌碌自守而一事無成的清官，老百姓甚至更喜歡貪官。什麼事都做不好的德行一點用都沒有，通權達變、奏刀騞然，也算是一種德行。然而被揭露的貪腐程度令人髮指，「人民會想：共產黨或政府裡到底有沒有好人？這會動搖人民對政府的信心。人民再也不相信他們說的話了。」

在中國思想裡，君子不只是必須效法的榜樣。他們的德行也會風行草偃，使得人們的行為變得更好，猶如一種正向的道德感染力，令邪曲乖僻無著力處。《論語》有一則故事說，孔子想住到遙遠偏僻的「九夷」：「或曰：『陋，如之何！』子曰：『君子居之，何陋之有？』」（原注16）此即為什麼艾文賀會建議把「德」譯為 moral charisma（道德魅力）而不是 virtue。（原注17）孔子說：「德之流行，速於置郵而傳命。」（原注18）「君子之德風，小人之德草。草上之風，必偃。」這句話有著清晰明白的政治含意。賢明的君主不必以高壓手段統治人民，因為他們的德政自然會使臣民中心悅而誠服。孔子有兩段著名的話，相當生動地闡明這個觀念：「為政以德，譬如北辰，居其所而眾星共之。」（原注19）「舉直錯諸枉，則民服；舉枉錯諸直，則民不服。」（原注20）

甘地也有類似的觀點，他說：「如果我們盡到自己的義務，別人也會。有一句諺語差

---

11 譯按：「哲學社會科學是人們認識世界、改造世界的重要工具，是推動歷史發展和社會進步的重要力量……堅持和發展中國特色社會主義，需要不斷在實踐和理論上進行探索、用發展著的理論指導發展著的實踐。在這個過程中，哲學社會科學具有不可替代的重要地位，哲學社會科學工作者具有不可替代的重要作用。」（〈習近平在哲學社會科學工作座談會上的講話〉，《人民日報》2016年5月17日）

12 譯按：《新華網》的網站資料並沒有提到這個數字，倒是有提到被追回89.9億人民幣。

不多是這麼說的：如果我們自己變好，整個世界也會變好。」（原注21）然而並不是所有擁護道德典範的人們都那麼樂觀地認為群眾會自然而然地追隨有德行的人。佛教強調一個人必須從心裡轉變，才能領悟外在的教法或模範。《法句經》有一段很優美的經文說：「愚者雖終身，親近於智人，彼不了達摩，如匙嘗湯味。慧者須臾頃，親近於智人，能速解達摩，如舌嘗湯味。」（原注22）在中國，儒家則是強調「其身正，不令而行」，而佛教則是追求內心的轉化以正其行。

西元前三世紀的中國法家韓非子卻對此存疑，也更加憤世嫉俗。他在談到孔子時說：「仲尼，天下聖人也，修行明道以遊海內，海內說其仁，美其義，而為服役者七十人。」尤有甚者，「魯哀公，下主也……仲尼反為臣，而哀公顧為君。仲尼非懷其義，服其勢也。」[13]（原注23）侈言聖王之道固然踔厲風發，但是現實卻更加殘酷。「夫賢之為勢不可禁，而勢之為道也無不禁，以不可禁之勢，此矛楯之說也；夫賢勢之不相容亦明矣。」[14]（原注24）孟子「仁者無敵」（原注25）的天真觀點，韓非子應該會覺得很可笑吧。

韓非子對於世人所謂的智者總是嗤之以鼻。「所謂智者，微妙之言也。微妙之言，上智之所難知也，」他嘲諷說。[15]（原注26）我們甚至不清楚那些智者心裡相信什麼，只是不假思索地接受他們不知道哪裡來的學說。而如果他們真的都是智者，為什麼他們彼此的說法會天差地遠？「故明據先王，必定堯、舜者，非愚則誣也。」[16]（原注27）

然而韓非子是個異數。大部分中國哲學家都會歌頌君王的盛德，認為那是仁政的核心。或許聽起來有點理想主義，彷彿賢明的君主只要樹立一個道德典範讓百姓效法，就可以垂拱而治。但是，如果要樹立一個典範，他當然就必須流風善政，賞罰分明，關心民瘼。誠如孔子所說的：「近者說，遠者來。」（原注28）的確如此。我們想像諸如北歐國家之類最受稱羨的社會，他們的人民比較滿足，而其他國家也一直在思考如何效法他們的成就。

對德行的追求

當代社會心理學的研究也支持這些古老的觀念，證明了我們周遭的人如何影響我們的行為，哪怕只是一個人。有個著名的研究「旁觀者效應」（bystander effect），或許是最清楚的例子。如果有個人等待救助，而附近只有一個人，他一般都會伸出援手。可是如果有好幾個人在現場，其結果是沒有人會挺身而出。沒有人要第一個伸出援手，每個人都不確定是否該那麼做，反而是讓人覺得幫助別人並不是社會要求的事。但是如果有人打破慣例出手相救，其他人往往也會跟著做。

相較於強調個人義務、權利和責任的西方哲學主流，中國倫理思想深知倫理有其強烈

13 譯按：見《韓非子．五蠹第四十九》。

14 譯按：見《韓非子．難勢第四十》。（作者原注所引出處有誤。）

15 譯按：見《韓非子．五蠹第四十九》：「且世之所謂賢者，貞信之行也。所謂智者，微妙之言也。微妙之言，上智之所難知也。今為眾人法，而以上智之所難知，則民無從識之矣。」

16 譯按：見《韓非子．顯學第五十》。

的社會面向。一旦我們認識了社會環境對我們的道德開展和形塑的影響力，我們就必須認真思考一個觀念：我們選擇和誰往來，其實是很重要的事。孔子說：「里仁為美。擇不處仁，焉得知？」（原注29）這或許也是為什麼「德不孤，必有鄰」。（原注30）或者如亞里斯多德引用塞奧哥尼（Theognis）的詩所說的：「近朱者赤。」[17]（原注31）

由此可以推論說，如果社會太腐敗了而無法束身自修，有德者有時候必須避世而居。「邦有道，則仕；邦無道，則可卷而懷之。」（原注32）有多少被視為道德典範的人無法改變他們的社會，不是身陷囹圄就是流放異鄉。例如說，達賴喇嘛必須從西藏出走，而曼德拉二十七年的獄中生涯更是成了傳奇。

有德者必須慎選他們的朋友。孔子說：「益者三友，損者三友。友直，友諒，友多聞，益矣。友便辟，友善柔，友便佞，損矣。」（原注33）荀子甚至認為擇友重於禮。「學莫便乎近其人。禮樂法而不說……學之經莫速乎好其人，隆禮次之。」[18]（原注34）亞里斯多德也有一段話遙相呼應：「善人的友誼是高尚的，它由於接觸而增長。他們在現實活動中，在相互促進中變得越來越好。他們互相把對方當作自己的榜樣，並為此而歡欣。」[19]（原注35）

交友成了一個倫理議題，這也突顯了德行的傳統。當道德是規則和規範的問題時，友誼和「正其性命」一點關係也沒有。然而如果道德是如何做一個好人，如何擁有和諧的生活，友誼就至關重要。無怪乎亞里斯多德要花那麼多篇幅去探討友誼。對於亞里斯多德而言，「善良者的友愛是完美的，而且在德行方面相類似。」[20] 這差不多和孟子的建議如出一

輸：「不挾長，不挾貴，不挾兄弟而友。友也者，友其德也，不可以有挾也。」[21]（原注36）

在道德理想上著眼於個人而非原則，其難題在於我們很難說得清楚善究竟是什麼意思。我們看到了儒家的仁是完美的德行，卻仍然不清楚仁的內容是什麼。在中國和希臘思想裡，有德者（virtue man，唉，為什麼總是man），往往是塵世不染心胸。孟子說：「君子有三樂，而王天下不與存焉。父母俱存，兄弟無故，一樂也。仰不愧於天，俯不怍於人，二樂也。得天下英才而教育之，三樂也。君子有三樂，而王天下不與存焉。」（原注37）如是，有德者在世上也就無入而不自得。「君子不怨天，不尤人。」（原注38）同樣的，《論語》也告訴我們：「子絕四：毋意，毋必，毋固，毋我。」[22]（原注39）孔子也支持該理想，但是他認為自己還不到那個境界。「君子道者三，我無能焉：仁者不憂，知者不惑，勇者不懼。」（原注40）宋朝理學家周敦頤也延續這個主題說，聖人「一為要。一者無欲也，無欲則靜虛」。[23]（原注41）

---

17 譯按：中譯見《亞里士多德全集卷八．尼各馬科倫理學》頁206（1170b12）。

18 譯按：見《荀子．勸學篇》：「學莫便乎近其人。禮樂法而不說，詩書故而不切，春秋約而不速。方其人之習君子之說，則尊以遍矣，周於世矣。故曰：學莫便乎近其人。學之經莫速乎好其人，隆禮次之。」

19 譯按：中譯見《亞里士多德全集卷八．尼各馬科倫理學》頁212（1172a10-15）。

20 譯按：同前揭書，頁169（1156b6）。

21 譯按：見《孟子．萬章下》。挾，倚仗的意思。

22 譯按：見《論語．子罕第九》。（作者原注所引出處有誤。）

23 譯按：周敦頤《通書》：「『聖可學乎』？曰：『可。』曰：『有要乎？』曰：『有。』『請聞焉。』曰：『一為要。一者無欲也，無欲則靜虛、動直，靜虛則明，明則通；動直則公，公則溥。明通公溥，庶矣乎！』」

在和儒家分庭抗禮的傳統裡，也一再出現「無所求」的理想。莊子說：「以瓦注者巧，以鉤注者憚，以黃金注者殙。其巧一也，而有所矜，則重外也。凡外重者內拙。」[24]（原注42）

亞里斯多德也以幾乎一模一樣的口吻描述他所謂的「德行中的一顆明珠」，也就是「大度」（megalopsuchia）[25]。大度的人「對事情很少認真看待」，「不把任何事情看作大事」。「他並不議論別人，因為他既不奉承自己，也不貶低他人（他不是個愛奉承的人）……在困難之中，或者遇到了小麻煩，他從不喊叫，或乞求幫助，因為對付這類事情他已胸有成竹。」[26]（原注43）如果說這種超然的形式近乎傲慢，那或許是因為大度是專屬於貴族的德行吧。

德行一般都會是喜好正義而不喜歡不義，那也意味著沒有太多的欲望。孟子說：「養心莫善於寡欲。其為人也寡欲，雖有不存焉者，寡矣；其為人也多欲，雖有存焉者，寡矣。」[27]（原注44）

德行也蘊含著沒有把世間的名聞利養放在心上。孔子說：「士志於道，而恥惡衣惡食者，未足與議也。」（原注45）「素隱行怪，後世有述焉，吾弗為之矣。」[28]（原注46）孔子不是反對人們得到應有的讚譽。值得注意的是，他也說：「君子疾沒世而名不稱焉。」（原注47）亞里斯多德在世界的另一端唱和說：「一個大度的人與榮譽和恥辱的關係極為密切，他對那些來自賢良人士的器重適度地高興，他認為這是他所固有的，因此並不過分。」[29]（原注48）

得到他該有的榮譽固然是好事，但是人們還是要專注在真正值得去做的事，而不是汲汲於沽名釣譽。榮譽是你行為端正的記號，但不是正當行為的目的本身。

就像讚譽一樣，財富本身沒有什麼不對，但不會是有德者渴求的東西。孔子說：「富與貴是人之所欲也，不以其道得之，不處也；貧與賤是人之所惡也，不以其道得之，不去也。」（原注49）貧富貴賤究竟孰勝孰劣，必須取決於環境以及在你的境況下獲致的手段。「天下有道則見，無道則隱。邦有道，貧且賤焉，恥也；邦無道，富且貴焉，恥也。」（原注50）在諸如挪威之類安和樂利的社會福利國家裡，沒有人必須安貧樂道。但是在石油資源豐富卻腐敗的國家裡，例如赤道幾內亞共和國（Equatorial Guinea），財富無疑是盜取國家自然資源的共犯象徵。

在強調德行的傳統裡，財富本身不是什麼壞事。況且，亞里斯多德也相信，「赤手空

---

24 譯按：見《莊子．外篇達生第十九》。郭象注：「所要愈重，則其心愈矜也。」成玄英疏：「注，射也。用瓦器賤物而戲賭射者，既心無矜惜，故巧而中也。以鉤帶賭者，以其物稍貴恐不中探，故心生怖懼而不著也。用黃金賭者，既是極貴之物，矜而惜之，故心智昏亂而不中也。」（《莊子集釋》頁442）

25 譯按：「倘若一個人把自己看得很重要而高大，實際上也是重要而高大的，那麼他就是真正大度的。」《亞里士多德全集卷八．尼各馬科倫理學》頁79（1123b2-3）。

26 譯按：同前揭書，頁83（1125a5-15）。

27 譯按：見《孟子．盡心下》。蔣伯潛：「心放，故不存。嗜欲多，則心為外物所誘，放而不存。嗜欲寡，則外物不能誘之，故心存而不放也。」（《廣解四書讀本》頁742）

28 譯按：見《中庸》第十一章。朱注：「『素』，按漢書當作『索』……索隱行怪，言深求隱僻之理，而過為詭異之行也。」同前揭書，頁53。

29 譯按：中譯見《亞里士多德全集卷八．尼各馬科倫理學》頁81（1124a5-8）。

拳就不可能或難以做好事情。」30（原注51）他在批評柏拉圖時說：「有的人說，只要一個人是善良的，即或貧困以至於陷於災難，他都是幸福的，這種話不論有意還是無意，都等於不說。」31（原注52）孟子也有類似的看法，他說除非人們衣食無虞，否則沒辦法指望他們為善。「無恆產而有恆心者，惟士為能。若民，則無恆產，因無恆心。」（原注53）所以說，仁政意味著「必使仰足以事父母，俯足以畜妻子，樂歲終身飽，凶年免於死亡」。他勸諫齊宣王說：「王如好貨，與百姓同之，於王何有？」（原注54）

儒家反對為了苦行而苦行。孔子自陳說：「吾嘗終日不食，終夜不寢，以思，無益，不如學也。」（原注55）對於世間的窮通順逆，我們或許太在乎了，或許一點也不在意，各自有其代價。「奢則不孫，儉則固。」但是其中一個代價高了一點：「與其不孫也，寧固。」（原注56）即使是在物質主義當道的現代社會裡，我們的道德典範，從毛澤東、曼德拉、甘地到德瑞莎修女，他們似乎都偏好簡樸的生活。

道德典範的風險在於他們沒辦法做到人們認為他們所體現的道德高度。緬甸國家實質領袖翁山蘇姬即為一例，數十年來，她得到無數世人的讚譽，甚至獲頒諾貝爾和平獎，直到她被質疑共謀屠殺緬甸境內信仰伊斯蘭教的羅興亞人（Rohingya）。德瑞莎修女也遭到類似的議議，有人批評說她是為了天國的救恩才執意於此生守貧。

然而，想要把我們的英雄拉下凡間的欲望，可能和想把他們捧上天的欲望一樣病態。承認有些人在道德上的確優於我們，既是羞辱自己也是激勵我們見賢思齊的動力。認識到他們的人性弱點，不僅是把他們謫降到我們的層次，也提醒自己人不必做到像他們那樣完美。這種模範角色的功能，或許最多只是對我們證明說，比起褊狹地擁護某個宗教或道德哲學，品格其實重要得多。道德典範有時候會被用來分化我們，但是如果他們的德行是真實不妄的，他們也會是使我們團結一心的工具。

30 譯按：同前揭書，頁17（1099b1）。
31 譯按：同前揭書，頁161（1153b18-20）。

第二十三章 解脫

「君宜救出我，我在此生死相續中，如蛙在眢井。」

「在歲月的遞嬗中，古代印度哲學漸漸承認**解脫**（脫離世間生命的種種限制）是至高善。」（原注1）蘭普拉薩德簡明扼要的一段話，總結了在幾乎所有印度思想概論裡都看得到的標準觀點。解脫「是所有不同的印度哲學體系共同的至高善，包括佛教和耆那教」，薩夏那所見略同。（原注2）它似乎也是直接傳承自吠陀聖典。例如，《奧義書》裡有一段話，列舉了梵志應該做的事：研習吠陀，於僻靜處修習奉持，教育其守法之子弟，斂其諸識於自我，不害於一切眾生。「唯如是生活至盡其形壽者，乃臻至大梵世界，不還生矣，不還生矣。」[1]（原注3）

主張說印度哲學基本上是以解脫為主題，這個觀念引起相當大的反彈，認為它太過簡化了，以「印度是個靈性國度」之類的觀念誇大其辭且裝腔作勢。丹尼爾．拉維（Daniel Raveh）[2]是反對者之一。「解脫是他們關心的問題之一，但是他們也關心許多其他問題，」他對我說：「印度思想裡有大量著作論及哲學論證、數學、建築、政治和社會。但是不知怎的，人們眼裡只看到關於解脫的文字，其他著作都被邊緣化了。」

丹尼爾的老師陀耶．克里什那（Daya Krishna）[3]尤其反對把印度哲學化約為追求解脫。「任何講述印度哲學的作品，在第一頁裡都會說它是在探討靈魂的究竟解脫，也就是mokṣa。」他正確地指出他所要反對的那個觀念。（原注4）但是細讀之下，克里什那的反駁看起來更像是有條件的證明該主張。克里什那認為對於解脫的渴望溯自數論派以及非主流派的佛教和耆那教的沙門（śramaṇa）傳統。自此之後，解脫才被附會到正統的吠陀傳統。（原注5）但是它們都是在西元前九到六世紀諸學派興起的時期，所以主張說mokṣa植根於印度古代哲學似乎並不為過。他自己也承認說：「早在《奧義書》和佛陀時期的印度，人們已經普遍認為解脫是人的最高理想。」（原注6）

克里什那和拉維最不以為然的，並不是把解脫視為印度哲學的重要主題，而是更強烈的暗示說它是「整個印度哲學環繞的焦點」。（原注7）克里什那說解脫「不是印度哲學的唯一關懷」，而他無疑是對的，他也指出並不是只有印度人才關心解脫的問題。（原注8）但是當他說「它也不是印度人最關心的主題」，就有點站不住腳了。（原注9）既然他自己也承認，「無論是學者或是庶民」都認為解脫是印度哲學的核心主題，那麼他的說法自然是個異數。（原注10）不過遮盧婆迦派（順世派）依舊是唯一的例外，他們主張隨順世俗，否認輪迴，認為此生的快樂是唯一的目標。

解脫與涅槃

那麼，要怎樣才能獲致解脫？拉達克里希南和查爾斯．摩爾認為，廣義的解脫以及佛

1 譯按：中譯見《五十奧義書》〈唱贊奧義書〉頁229。
2 譯按：以色列特拉維夫大學（Tel Aviv University）印度及比較哲學講師，著有*Exploring the Yogasutra: Philosophy and Translation*。
3 譯按：陀耶．克里什那（1924-2007），二十世紀印度最重要的哲學家之一，他的研究會通了西方哲學和印度哲學，著有*The Nature of Philosophy* (1955), *The Problematic and Conceptual Structure of Classical Indian Thought About Man, Society and Polity* (1996), *Indian Philosophy: a Counter Perspective* (2006)。

教的**涅槃**（nirvāṇa）都有個基本上相同的意義，也就是「斷除煩惱纏縛，永離輪迴而不受後有」。這是推論自許多學派都支持的業的形上學：我們每個人都被困在生死流轉當中，也就是輪迴（saṃsāra）。（原注11）

然而，若深究其細節，其中不乏許多差異，令我們想起克里什那所說的「過度簡化」的疑慮。拉維說：「解脫不只有一種，而且也有許多解脫法門。」

依據傳統，解脫的主要法門在於止息牽引眾生在生死輪迴中流轉的行為（業），並且證得解脫智。耆那教強調前者，主張說苦行可以停止業的積聚，並且永斷輪迴。至於究竟智，則是其果而非其因。

不過一般還是認為解脫是源自證悟。瞿曇仙人的《正理經》概述了從斷除無明到解脫的歷程：「苦、生、行為、過失、虛妄的認識，如果從下往上依次斷滅的話，由這樣的一一斷滅，就可以得到解脫。」[4]（原注12）首先，我們必須拋棄對於世界的錯誤觀點，那會使我們的道德增上，因為一切的過失都是基於對法界實相的妄見。到頭來我們會止息一切造業受果的行為，而不再有生死煩惱。我們在幾乎所有的學派裡都可以看到這個大同小異的次第。

在所有吠檀多派裡，解脫是源自梵我合一的知識，不再妄執此身體為命我（jīva）。在商羯羅的不二論裡，解脫是可即身成就的：「證得真智者得於現身解脫（jīvanmukti）。」[5]（原注13）解脫是和梵融合無別（avibhāga）。商羯羅引述《奧義書》說：「如河流入於海，而失其名色，智者亦失其名色，而入於最高梵。」（原注14）商羯羅解釋說：「此非謂唯自我捨身相始得止息諸見，亦非謂大我斷滅矣。」（原注15）那只是個別自我的消融，而不是梵我的斷滅。

吠檀多派中的制限不二論（Viśiṣṭādvaita）[6]也提到正遍知是解脫之道：「認識梵，其人即為梵。」（原注16）正見使我們領悟到（不管是知見或是實證）諸法實相本質上是一體的。「心識本無差別，一切分別起於自性（prakṛti）（物質性）之自生而入於人天一切有情之身。」（原注17）同樣的，在瑜伽派裡，「如能了知凡夫之心（citta）和神我（puruṣa）心體之差別，行者即得解脫。」（原注18）

許多評論者都認為知識和解脫之間的關係是印度哲學的核心特色。「如果說哲學思考是指探究眼前任何東西的本質，那麼它就和一個人的命運息息相關，」蘇・漢彌頓說：「哲學也不再被視為在休假時可以拋到腦後的學術研究，而是從內心或靈性的追求的角度，試圖理解實在界的真實本質。」（原注19）蘭普拉薩德說，印度「所有派別都有個共同的信念，也就是關於諸法的知識會真的改變認知者本身，改變他的意識和存在境況。」（原注20）卡佩曼也說，西方哲學在思考時會「分割畫面」，把道德和不道德分隔開來，而印度哲學

4 譯按：中譯見《因明學研究》〈正理經〉頁287。
5 譯按：另見《梵我思辨》頁328-29。
6 譯按：制限不二論為羅摩奴闍（Rāmānuja, 1017-1127）的主張。關於羅摩奴闍之學說，見《梵我思辨》頁357-368。另見《印度教導論》頁154-58。

則會提出「關於所有生命抉擇的一個統一的進路」。（原注21）這也和他們沒有明確劃分宗教和哲學有關。它也意味著至高善不是抽象的真理，而在某個意義下，善比真理重要。《摩訶婆羅多．和平篇》說：「說真話是好事，但是說有益的話比說真話更重要。」（原注22）

在佛教裡，我們可以在解脫道上看到**止**和**觀**，那是靜坐的兩個重要法門。止（samatha）（三摩地）是止息一切外境和妄念；觀（vipassana）（毗婆奢那）則是觀察一切真理。止和觀究竟是兩個不同的作用，或是修習時一體之兩面，則是言人人殊。許多經典都會強調三摩地。《中部經典》說：「如何是苦之滅？曰：彼之渴愛完全離滅、捨棄、除去、解脫、無執，此謂苦滅。」[7]（原注23）然而是輪迴的停止斷除了渴愛，或者是因為渴愛止息而永斷輪迴呢？是究竟智使我們般涅槃，或者是涅槃使我們證得究竟智？不同的思想家有不同的答案，或是質疑這些問題本身。

就連涅槃本身也有歧義性。涅槃一般會被比喻為熄滅，那是源自梵文nirvāṇa的字面意思，nis（吹）和va（滅）。在佛教經文裡，證道者有時候會比喻為被風吹熄的火燄。很弔詭地，解脫也是熄滅：「有滅而無入滅者，有道卻無行者的存在。」[8]（原注24）這個弔詭的答案來自佛教的自我無自性的概念。當我們了悟自我如夢幻泡影，那麼熄滅的又是什麼？解脫正是捨棄這種妄想，也意味著不再妄計有我。

至於究竟什麼時候才會般涅槃，也是眾說紛紜，有人說是死後，也有人說當下即是。早期上座部（Theravāda）佛教認為，佛陀證道時即得解脫。後來的大乘佛教傳統則認為證道的菩薩（boddhisattva）要等到度盡眾生才會入滅（parinirvāṇa）。有個比喻說，證道就像是熄掉一盆火，而究竟涅槃則是整盆火冷卻。（原注25）然而這個推遲卻是一種選擇：菩薩為了救度眾生而不願意成佛。（原注26）

另外有一個難題是，在大乘佛教裡，包括藏傳佛教和禪宗，有涅槃即生死，生死即涅槃的說法。（原注27）「在大乘佛教裡，」阿部正雄[9]說：「涅槃的意思，只是透過回到生死本身，了悟生死即是生死。此即為什麼在大乘佛教裡往往會說真正的涅槃是『生死即涅槃』。」（原注28）唐木順三[10]也說：「我們不要以為生死的無常之後就是涅槃的常。相反的，無常即涅槃；生死即涅槃。」（原注29）在這個意義下的涅槃並不是死後才會證入的地方或狀態。誠如蘭普拉薩德所說的：「它**只是**轉換我們對自身以及世界的看法而已。」（原注30）相較於脫離輪迴，從自然主義的觀念去解釋涅槃要容易理解得多。悟入無常和無我即是解脫，這種觀念可以從比較俗世的角度去理解。

涅槃的觀念並不侷限於學院和學者，而是整個印度民間想像的一部分。「即使是現在，當現代生活的壓力和衝突使得這些哲學漸漸黯淡，」薩夏那說：「我們還是很難說一個印度人從出生、結婚到死亡，從來沒有受到這些信仰的影響，這個他憑直覺就知道的真

7 譯按：見《中部．正見經》。（作者原注所引出處有誤。）
8 譯按：中譯見覺音論師《清淨道論．說根諦品》，葉均譯。
9 譯按：阿部正雄（1915-2006），日本佛學大師，禪哲學家，奈良教育大學名譽教授。著有《禪與西方思想》。
10 譯按：唐木順三（1904-1980），日本著名評論家和哲學家，以研究森鷗外聞名。

理。」（原注31）他在一九五七年寫了這段話，但是不管是現在或是六十年前，甚至很久以後，情況一直都是如此。然而，輪迴、涅槃、解脫對現實生活究竟有什麼影響？如前所述，業的形上學使人們更加認命，也沒那麼在意生命以及俗世的成敗得失。在印度哲學裡，他們不認為那是在鄙視世間的名聞利養，只要它們是合度的。《摩訶婆羅多．和平篇》說：「解脫不存在於貧窮當中，也不僅限於富裕。唯有取徑於知識才能獲得解脫，不論一個人是貧是富。」（原注32）

物質的富裕不是壞事，只是無關乎正道：「當人端正思惟……就會明白世間事物如草芥一般毋庸掛懷。」（原注33）古希臘羅馬的斯多噶學派（Stoic）也有類似的看法，他們主張說，財富是「漠不相關」的東西，我們不必怯於利用它，也不必因為貧窮而煩惱。「沒有人判處智者必須終身貧窮，」（很有錢的）西尼加（Lucius Annaeus Seneca, c.4 BC-AD 65）如是說。愛比克泰德（Epictetus, c.55-135 AD）則說我們不妨把財富視為會飲中的美酒：「流觴曲水之際，到了你跟前，就舉止合度地取飲。它會不停流轉，不要留住它。如果它還沒有到你跟前，不要探身去擷取，要耐心等它的到來。」（原注34）

一切作為皆有其業力牽引

然而，印度哲學並不一直主張這個中庸的態度。有時候它會更加重視世間的財富。財富（artha）是聖典所說的四大人生目的（purusa-artha）之一，另外三個則是欲愛（kama）（歡愉）、法（dharma）（正義或德行）和解脫（mokṣa）。[11]（原注35）成書於西元前二、三世紀的《政事論》（*Artha-śāstra*）[12]則把它列為首要的目的。

同時，世間的財富也往往被貶低為眾多執著之一，包括對人的執著。《摩訶婆羅多．和平篇》說：「對世事的執著是諸惡之淵藪。親友、兒子、妻子、色身，以及寶庫裡堆積如山的財物，對來生一點用處也沒有。」（原注36）之所以一點用處都沒有，是因為它們沒辦法跟著你到來生。《摩奴法典》說：「因為父母妻子親族都不是注定要伴他進入來世的，只有功德與他同在。」[13]（原注37）

同樣的，《薄伽梵歌》也警惕世人說：「人若不斷地想著所感覺的事物，就會產生執著，從執著中產生了欲望，從欲望中產生了憤怒。從憤怒中產生了迷惑，從迷惑中失去了記憶，從失去記憶中喪失了分別明辨的力量，一旦失去了分別明辨的力量，就導致他的毀滅。但是一個能完全控制自己的人，能控制感官而行進在各種感覺的事物中，卻不會產生執著和厭惡，他即達到如如不動之境。」[14]（原注38）

在若干非正統教派裡也類似的主張。例如，耆那教說：「在家眾必須愛其妻子而不貪

---

11 譯按：另見《印度教導論》頁74。
12 譯按：《政事論》為印度婆羅門種姓政治家考底利耶（Kautilya, c350-275 BCE）所造。
13 譯按：中譯見《摩奴法典》頁100-101。
14 譯按：中譯見《薄伽梵歌》頁66-67。

著。」（原注39）佛教尤其以主張**無住**（不執著、無染著心）著稱，甚至會以相當激烈的方式表現它。《法句經》說：「彼等諸漏盡，亦不貪飲食，空無相解脫，是彼所行境，如鳥遊虛空，蹤跡不可得。彼諸根寂靜，如御者調馬，離我慢無漏，為天人所慕。」（原注40）又說：「莫貪著世利。」[15]（原注41）

佛教強調的**出離心**，在歷史上使得人們在慈悲的**入世行**以及求證涅槃必須修習的**出世間法**之間爭論不休。早期的一部巴利文經典《犀牛經》強調行者必須離群索居，以生動的方式提醒行者說，和人群太接近會障礙修道因緣：

憐愍友人與親朋，
心被繫縛失所益；
觀察親暱斯怖畏，
應如犀牛任獨行。[16]（原注42）

有時候，對世間的漠不關心以及厭離，會變成真的憤世嫉俗。《法句經》要我們「觀此粉飾身，瘡傷一堆骨，疾病多思惟，絕非常存者」。它提醒我們說：「此衰老形骸，病藪而易壞；朽聚必毀滅，有生終歸死。」不僅如此，「此城骨所建，塗以血與肉，儲藏老與死，及慢並虛偽。」（原注43）

其實，就此而論，佛教只是沿襲了印度正統學派裡屢見不鮮的主題而已。以《奧義書》裡怵目驚心的一段話為例：

> 此骨、皮、筋、髓、肉、精、血、涎、淚、涕、糞、溺、風、膽汁、痰液之所聚集，此臭惡無實之身中，有何欲而可樂耶？欲、嗔、貪、畏、憂、嫉、愛別離、怨憎會、飢、渴、老、死、病、患等所襲，於此身中，有何欲而可樂耶？且吾等見此世一切咸趨壞滅，有如此諸蠅、蚋、草、木等，生長又凋落。……我亦如是而淪茲生死，有何欲而可樂耶？尤以已饜足於是者，又見其反覆還生世間！是故君宜救出我，我在此生死相續中，如蛙在眢井。[17]（原注44）

不過我們還是可以看到其他說法比較溫和的段落，既不會太誘人也不會令人生厭。在巴利文經典裡，佛陀在初轉法輪時明顯避談放蕩不羈的欲樂以及悖於情性的苦行。「如來現已止息二邊，契會中道，以無比智，發現寂滅，清淨安穩等覺涅槃。」[18]（原注45）早期上座部佛教經典裡也都會提到兩種「惡見」，「或者滯著或者過度」。[19]滯著者「即樂於有，

15 譯按：中譯見《法句經》，了參法師譯。
16 譯按：中譯見《經集．蛇品．犀牛經》，雲庵譯。
17 譯按：中譯見《五十奧義書》〈彌勒奧義書〉頁401-402。（作者原注所引出處誤植為「考史多啟奧義書」。）
18 譯按：見《轉法輪經》，岫廬譯。

喜於有及悅於有的天人。若對他們說有之滅的法時，則心不踴躍、不歡欣、不安住、不信解」；然而，過度者則是「為有所逼惱而覺羞慚厭惡、歡喜無有，以為此我於身壞死後，是斷、是滅，死後更無存續，故為寂靜、勝妙、真實」。而「具正道而見者」則是「為它們的厭離、離貪與滅而行道」。[20]（原注46）

對於財富的正確態度，部分取決於你在社會裡扮演的角色，反映在印度教的四個修行期「阿休拿馬」（āśrama）：**梵行期**（brahmacarya）、**家住期**（gārhasthya）、**林棲期**（vānaprastha）和**遁世期**（sunnyāsa）。在第二期中，為了養家活口而積聚財富是正當的行為。然而在第一個孫子誕生時，就到了隱居林間思惟苦行的時候。最後，到了晚年，則要捨棄一切財產，住所不定，任運生活以期解脫。雖然恪遵四期修行的人並不多，它卻代表著印度社會根深柢固的理想，說明了在人生不同的時期裡對於物質財富的態度也會有所差異。但是即使賺錢養家是如法的，卻不能過於貪著這個世界，那會成為人們脫離生死煩惱而究竟解脫的障道因緣。

對於世間財富的不同態度，從澈底捨棄到視之為正當的人生目的，必須視環境而定，而它也反映在現代的印度，世人固然推崇苦行，但是有錢人並不會被鄙視，甚至是欣羨的對象。貧賤富貴本身既非善亦非惡；它們都取決於一個人特定的物質條件以及其理由。這有助於說明為什麼許多上師家中錢財盈箱累篋，卻不致於遭人譏議。許多上師暨企業家（guru-entrepreneur）甚至因為其商業頭腦而成為《經濟學人》專題報導的對象。辛格

（Gurmeet Ram Rahim Singh）[21]開設的「神之信使」（MSG, Messenger of God）公司拍攝寶來塢電影，生產一百五十種消費產品。一個叫作蘭德福（Ramdev）[22]的瑜伽導師擁有一系列阿育吠陀（ayurvedic）的藥品和美容產品，並且跨足食品和清潔產品。他的品牌「巴丹闍黎」（Patanjali）在一個禮拜內買了一萬七千檔電視廣告，二〇一七年一月成為最大的金主。（原注47）只要大家看到這些上師從巨額獲利裡拿出一部分來從事人道工作，他們的種種商業行徑似乎也就沒有人覺得有什麼好驚訝的了。

印度充滿傳奇色彩的「靈修」（spirituality）或許比我們刻板印象所想像的更加入世。解脫似乎指出了出世間法的問題，但是唯有在世間的正行才能獲致出世間法。既然我們的一切作為都會有其業力牽引，那就意味著道德的問題無所不在，而我們的自利和利他須臾不可分離。如果說這個世界觀深植於印度人的心靈，而產生了一個無處不在的靈性和道德的認知，那應該不算是什麼異想天開的說法。

19 譯按：即所謂「常見」和「斷見」。「如果捨此如實之見而執有『有情』者，則認為（自己）有滅或不滅。認為不滅者則墮常見，認為滅者，則墮斷見。何以故？因為沒有為彼（有情）出生的其他之法像從乳出酪那樣的，所以那執『有情為常』者名為滯著，執『有情為斷』者名曰過度。」（《清淨道論．說見清淨品》）

20 譯按：同前揭書。

21 譯按：辛格（1967-），印度邪教上師、音樂製作人、歌曲創作人、演員和電影製片人，也是社會組織「真業之家」（Dera Sscha Sanda, 1990）的領袖，估計有四千萬美元的身價。二〇一七年，辛格被控犯有強姦罪，判處有期徒刑二十年。作者以一個鋃鐺入獄的上師為例證，或許引喻失義。

22 譯按：蘭德福（1953-），印度著名的瑜伽導師，創設名為Bharat Swabhiman的政黨，以及Patanjali Yogpeeth、Patanjali Ayurved等公司，致力推廣瑜伽和阿育吠陀療法。

第二十四章

「在明白自己的生命不可能完美時，想要達成某種程度上的完美。」

一彈指頃

在畫廊看到一群人圍著同一件作品觀賞，並不是很罕見的事。但是在東京出光美術館裡，安靜的觀眾卻不是聚集在任何一件藝術作品前面。他們坐在展場外面觀景窗前的長條椅上，眺望著皇居外苑。他們剛才看了一圈風景畫，現在則是在市中心的帝國劇場大樓默觀眼前的一片大自然。

日本人對於自然以及四時更迭的感懷，不只是一種古色古香的刻板印象而已。然而它的本質和意義卻難以捉摸。那不能算是他們獨特的世界觀，也不像是螺絲一樣固定在他們的傳統上。它是植根在和大自然相處的態度上，而迥異於大多數其他傳統。

我第一次有這個印象，是在和小林康夫談到日本哲學的特色時。「我認為我們可以在日本歷史文化裡找到像哲學這樣的東西，」他對我說：「但那不會是像柏拉圖或亞里斯多德那樣對世界的概念性重構。」相反的，它是「基於一種美學的反應」，置身於「人類與世界之間的介面」。它「非常易感」，有實驗性，探觸到「近在咫尺的事物」。這既是「日本哲學思想的難題」，也是它的「魅力」所在。

當時我有點難以理解（至今仍然似懂非懂），直到最近，我和另一個哲學家嘉指信雄談到日本的傳統思想，才算是豁然開朗。「美學、道德和宗教的東西，它們並沒有涇渭分明的界野。」日本本土的宗教和哲學，神道教，就是個很清楚的例子，「它沒有像十誡那樣的明確戒律，那是對於自然以及人際關係的美感欣賞。」

日本思想的美感本質

身為西方人，我在理解上有個困難，「美感」（aesthetic）一詞的意思原本是和藝術有關，而欣賞大自然的美則是其衍生意義。但是美感原本更廣義的意思，其實是指「和感官經驗有關的」，源自希臘文的*aisthēta*（可知覺的事物）以及*aisthesthai*（知覺）。一直到十九世紀，才開始流行把它理解為「和美感有關的」。說日本哲學主要是美感的而不是概念性的，並不是說它是涉及美的欣賞（不管是藝術或自然），而是說它著眼於經驗性的事物。

我在撰寫初稿時，寫的是「經驗性而非知性的事物」，接著幾乎要加上「基於感受而不是思考」。然而那是個誤解，而且是個發人深省的誤解。心理學和哲學傳統上都會劃分感性和認知，也就是關於情緒以及知性。但是兩者其實沒有那麼鮮明的分別，誠如心理學家安東尼歐・達馬吉歐（Antonio Damasio）[1]所證明的。（原注1）我們的情緒回應往往會夾雜著判斷，例如說，我們會感到擔憂是因為隱隱然判斷到前方有危險；而我們感到沮喪則是因為我們判斷到期望落空了。同樣的，我們的推論往往會受情緒左右，例如說我們心想

1 譯按：安東尼歐・達馬吉歐（1944-），美國南加大大衛・朵瑟夫研究基金會神經科學暨心理學教授。著有*Decartes' Error: Emotion, Reason and the Human Brain*, *The Feeling of What Happens: Body and Emotion in the Making of Consciousness*, *Looking for Spinoza: Joy, Sorrow, and the Feeling Brain*。

或許必須多了解一下某個主題，以免到時候丟人現眼。

日本哲學也會挑戰感性和知性的劃分。小林康夫和嘉指信雄所說「美感的欣賞」，並不是不假思索的本能反應。它是某種「反省的感性」（reflective sensitivity），是仔細地觀照經驗對象。那是一種思考，卻不算是概念性的思考。「重點是去感覺它，而不是把它概念化，」小林康夫說，他是個哲學家，而他的工作就是思考。

對於小林康夫而言，那意味著要接近事物本身。這就是為什麼他說日本哲學是「探觸」。他把時間和空間的意象雜揉在一起說：「最重要的事不是在彼端，而是在當下。」如果我們真正貼近它，就會產生一種難以定義的理解方式。

以萬物的短暫和缺憾為例。每個哲學都會認識到這點，但是大多數的哲學會假設在表象世界背後有個不變易的真實世界。例如柏拉圖，他認為此生只是個瞬息萬變的幻相。但是誠如阿部正雄指出的，他「緊抓著一個觀念不放」，認為在這個世界背後有個不變易的理型的永恆世界。（原注2）在佛教社會裡，**無常**則是更常見的字眼，例如一休宗純在其著名的詩作《骸骨》裡說：

色身虛幻，
朝見此身，
暮成煙雲。

在每個文化裡都有「勿忘汝終有一死」（*momento mori*）的例子，提醒人們生命的脆弱以及死亡的不可避免。佛教所謂「一切有為法，如夢幻泡影」則比人皆有死的老生常談要深刻得多。「如幻翳所見，色身壞死而神識不滅，」一休和尚如是說：「此為大妄見，覺者則謂兩者齊滅。」

佛教哲學會以**空性**（日文作「無」）去分析生命的短暫。但是即使在這些傳統裡，更重要的是真正去感受空、無常或無的意義，而不是以概念去定義或分析它。如果它僅僅是個抽象的觀念，那麼它就一點用處也沒有。但是如果要讓這個觀念影響你的生活，你就必須去感受它。而日本人就是如此身體力行的。當人們簇擁著觀看櫻花落英繽紛而隨風遠颺，他們感受到一種美，這種美本質上是短暫的而不是永恆的。「櫻花美則美矣，但是颳起風來，什麼也留不住，再也看不到花，我們目睹了這種空性，但是我們是在欣賞它，」小林康夫說：「那是個絕無僅有的時刻。」雖然在日本特別顯著，但是它其實是整個東亞的特色。在北京，摩肩接踵的人群湧到玉淵潭公園賞櫻，首爾則是汝矣島，正如京都的圓山公園。

空性首先是一個經驗層面，接著人們才會以哲學思考去分析它。我們不是先有一個空性的哲學概念，然後才套用到我們的經驗上。時間亦復如是。「時間始終是在我們眼前，」小林康夫說，它不是個概念，而是個感受。在每年舉辦的「花見」裡，人們會趕在櫻花凋謝之前，齊聚在樹下吃吃喝喝，引吭高歌，「我們找到了時間的真理。」身為一個哲學家，小林康夫的難題是「我們沒辦法以概念表現這個美感」。

日本思想的美感本質使得他們對於時間的流逝和無常特別敏感。但是它不僅止於此。誠如嘉指道雄所暗示的，日本的倫理學本身植基於美感。他表示「清淨無染、一意專心、當下即是」則是日本美學的核心。它也會表現在藝術上：在俳句裡，每個音節都要推敲斟酌，在畫作裡，沒有任何一筆是多餘的。而這些價值顯然也是倫理價值。例如說，餐桌上的食物絕對不會浪費，而在中國則剛好相反，杯盤狼藉（在日本人眼裡）加上一大堆殘羹冷炙，幾乎都是必要的。那是我在中國親眼目睹的，特別是有次應一份剛剛創刊的中英雙語雜誌之邀前往客座。我和他們的經理吃了好幾頓飯，她總是點了一大堆菜，多到我們都吃不下，而她揀到自己餐盤上的菜也從來不吃完。（我聽說這問題在日本越來越嚴重，許多中國人讓當地人很反感。）

「清淨無染、一意專心、當下即是」似乎又不僅止於孟加拉詩人泰戈爾在一九〇六年造訪日本時觀察到的倫理價值。「日本人不浪費他們的精力在沒有用的叫囂和爭吵上，」他評論說：「因為他們不浪費精力，到了真正重要的關頭就不虞匱乏。身心的冷靜和堅韌正是他們民族的自我實現的一部分。」（原注3）

美感和倫理的關係也挑戰著近代西方哲學的基本教義，也就是所謂「實然和應然的鴻溝」（is/ought gap）。一般認為這個觀念是源自休姆，意思是說，「是什麼」一語並不能告訴我們它「應該是什麼」，或者我們應該怎麼做。事實是事實，價值是價值，你沒辦法以合乎邏輯的方式互換它們。然而那並不能阻止人們跳來跳去。休姆在遇到的每一個道德體系中，「我大吃一驚地發現，我所遇到的不再是命題中通常的『是』（is）與『不是』（is not）等聯繫詞，而是沒有一個命題不是由一個『應該』（ought）或一個『不應該』（ought not）聯繫起來的。這個變化雖是不知不覺的，卻是有極其重大的關係的。」[2]（原注4）這個謬誤最極端的情況，就是人們會根據人類（所謂）自然的行為的事實推論說那是道德上正確的事，或者是依據人類不合乎自然的行為的事實推論說那是道德上錯誤的事。但是雖然報復的欲望是人性裡很自然的事，我們卻不能因此證成說它是合乎道德的；反之，雖然沖馬桶是不自然的事，我們也不能因此就說那是不道德的。

表面上，一個以對於自然秩序的美感欣賞為基礎的倫理學，也犯了同樣的邏輯謬誤。它從我們所認知的自然推論出道德上正確的行為。其實，在這個脈絡下的「實然」和「應然」之間的關係性質迥然不同，因為那根本不是什麼邏輯推論，因此沒有謬誤可言。美感

2譯按：中譯見《人性論》頁505，關文運譯，北京商務印書館，1980。（作者原注所引出處有誤。）

進路的整個重點在於以美感的鑑賞取代理性的演繹。

以對於無常的態度為例。我們沒辦法從「諸行無常」演繹出「我們應該如何如何地生活」的結論。相反的，一個人會因為認識到無常的本質以及它和我們的存在的關係，而明白了怎樣的生活對他是最好的。我們會生起一種態度以回應我們的領悟，而不只是它的邏輯結論。換言之，我們只是更深刻地感悟到無常本身的意義，而不是它的邏輯推論。

再舉另一個例子。我們可能會以對於他人的痛苦的認知作為理性論證裡的一個前提。但是這也可能犯了「實然和應然」的謬誤，「這種行為造成他人的痛苦，所以我不應該那麼做」並不是有效的邏輯演繹，因為結論裡的「應然」並沒有出現在前提裡。當我們修正我們對待他人的行為以回應對於他們的痛苦的認知，我們不算是犯了邏輯謬誤，因為我們的回應是在情感上的，而不是邏輯性的。然而，我要再次重申，那並不意味著它是不假思索的。不是只有理性演繹裡才有思考。思考也包括注意、察覺、關注某些至關重要的事。

如果說有些重要的思考模式並不涉及邏輯推論，那就不宜以系統性的解釋方式去理解以下我要說的東西。如果要領會日本哲學的美感元素的核心性，就必須培養和他們大致相同的鑑賞力。我找到一本很有幫助的作品，那是岡倉天心[3]在一九〇六年寫的《茶之書》。大抵上來說，那是一本很浪漫的書，歌頌當時漸漸沒落的茶道文化，在現在的日本社會，它也乏人問津了。我在日本遇到的人們，不是很多年沒有接觸過茶道，就是從來沒有碰過，例如年輕的一輩。

然而，岡倉天心極其優雅地捕捉到了茶道背後的鑑賞力，雖然茶道沒落了，它卻依然存在著。他證明了那是對於空性和無常的美感領悟，而不是知性的理解。他說：「茶道奠基於日常生活中，可說是對於凡世間美好事物的一種崇拜……它是崇拜『不完全（完美）之物』，即在所謂難以理解、無法忖度的人生中，去努力成就一種可能的小小企圖與嘗試。」[4]（原注5）

茶的一彈指頃讓人想起人生如白駒過隙，而它的價值也不在於什麼超越性或永恆的東西：「在茶會沉靜而漫長的進行過程中，我們可以深切體會，用以享受片刻愉快的茶碗，是何等狹礙之物。在沉澱心靈、啜飲清茶的過程中，是如何教人感動得淚眶滿盈。在無止盡的渴望、追求中，一口氣喝盡小小一杯茶，又是何等舒暢之事。擁有再多茶碗，也不會是過分招搖之事，更不會招致罪業。」（原注6）人類之所以出類拔萃，不是因為他們克服了自然世界，而是因為他們眼裡的大自然不僅僅是個無意義的、功能性的系統。對於岡倉天心而言，靈長類的「智人」（*Homo sapien*）之所以完全成為人類，是因為他們「認知到不必要之物（生活非必需品）微妙的無用之用時，便邁入了藝術的國度。」（原注7）

日本人把這種對於不完美和無常的鑑賞力叫作「物哀」。它有個倫理的向度，因為它會使我們更加謙虛，而以開放的態度面對超越界事物的價值。「那些無法從自身偉大之處

3 譯按：岡倉天心（1863-1913），本名岡倉覺三（Okakura-Kakuzo），是日本近代知名的思想家、美術行政家、美術運動倡導者。著有《東洋的理想》（1903）、《東洋的覺醒》（1901-1902）、《日本的覺醒》（1904），以及《茶之書》（1906）。

4 譯按：中譯見《茶之書》頁26，鄭夙恩譯，遠足文化，2018。

感受渺小的人，很容易忽略他人微小之處的偉大，」岡倉天心說。（原注8）這種態度會讓人產生自嘲的幽默。「茶道乃是正視自我，讓自己沉著平靜之術，但同時也擁有教人莞爾一笑的崇高奧義。因而，它是一種幽默詼諧，同時也是頓悟之際的會心一笑。」（原注9）

遵守紀律、冷靜、井然有序、從容不迫，是我們對於日本人的刻板印象。然而我在日本的所見所聞卻告訴我，他們其實更加和藹可親。溫暖的微笑處處可見，笑聲也此起彼落。禪的傳統尤其反映了這一點。在許多公案故事裡，禪師們往往笑聲爽朗（至少是沒有在棒喝弟子的時候）。「侘寂」的美學原理也和「物哀」的表現有關，儘管酸楚，卻不掩其甜美。

許多西方人對於日本文化相當著迷。一方面，它的下層結構相當西方化且現代化，而它在文化的上層結構卻又充滿異國風情而陌生。儘管它自成一格，相較於其他文化，它的哲學傳統卻有更多可以借鏡之處。它不侷限於任何特定宗教的形上學，而基本上植根於對於內在性的自然世界的欣賞和領悟。它是反省性的，但不僅僅是（或主要是）以邏輯或分析的方式。它的哲學可以開拓其他哲學體系的視野，而不必放棄其基本的元素。

第二十五章 公平

「每個人都只能算作一個，沒有人可以算作一個以上。」

把自己的腎臟捐給完全不認識的人，許多人都會認為那是愛人如己的利他行為。但是對於札爾・克洛文斯基（Zell Kravinsky）而言，不把腎臟捐出去才是最有問題的選擇。他計算出來說，如果他捐贈腎臟，作為一個捐贈者的死亡風險是四千分之一，而如果他不捐的話，可能的受贈者的死亡機率是一。[1] 克洛文斯基的數學頭腦很好，他推論說如果不捐贈他的腎臟，那意味著他認為自己的生命比受贈者的生活貴重了四千倍。而既然所有人的生命其實都是等價的，這個推論就顯得駭人聽聞。身為慈善家的克洛文斯基除了捐贈腎臟，更捐出巨額財產。[2]

有人認為他瘋了，但是克洛文斯基不覺得自己有多麼瘋狂。「我只是在追求道德的生活，」他解釋說：「這意味著如果別人一無所有，我就不能擁有財富或是兩顆腎臟。我沒辦法認為我的生命比別人的生命重要。」（原注1）

克洛文斯基的推論並不是基於任何道德哲學，但是他的邏輯和功利主義若合符節，那是十八世紀下半葉邊沁創立的道德哲學，由他的教子約翰・彌爾發揚光大。當代功利主義巨擘彼得・辛格（Peter Singer）以克洛文斯基為例去證明他的理論。對於功利主義者而言，能夠增進最大多數人的「效益」的行為，就是在道德上正確的，反之則是在道德上錯誤的。各理論家對於效益的定義五花八門，包括幸福（happiness）、快感（pleasure）、福祉（welfare）或偏好滿足（preference satisfaction）。因此，好比說，如果你必須選擇捐一千英鎊去救三條人命，或者是把錢拿去為一個盲人買一隻導盲犬陪他幾個月，你或許會選擇前者。

整體而言，功利主義聽起來既合理又有吸引力。但是就其邏輯推論而言，則顯得太苛求了。好比說，你在考慮要到哪裡繼續讀本書的下一章。你不妨找一家舒適的咖啡店，花個幾英鎊點一杯鮮奶濃縮咖啡；或者你可以把那些錢投入愛心捐款箱裡，然後回家讀書。相較於你喝一杯咖啡的快樂，把錢捐給正派的慈善單位，或許更能造福其他人。有些人每天只靠一英鎊度日，對他們而言，那一點點錢決定了他們晚上要不要挨餓睡覺。但是你購買的東西並不都是生活必需品。如果要把效益極大化，你就應該把維持小康生活所需以外的每一分錢都捐出去。

絕對的公平性

在描述功利主義時，每一本教科書都會強調它著重的是結果。這或許是它有別於西方其他主要的道德哲學傳統的地方：義務論（deontological）倫理學著眼於義務，德行倫理學則注重品格。但是我認為功利主義有別於這些體系、甚至世界其他道德框架之處，其實

1 譯按：見Peter Singer, "What should a billionaire give?" *The New York Times Magazine* (12/17/2006)。另見保羅．布倫（Paul Bloom）《失控的同理心》頁47-48，陳岳辰譯，商周出版，2017。

2 譯按：他在捐贈腎臟之前，總共捐了四千五百萬美元給慈善機構。

是在於它的絕對公平性（impartiality）。它要求我們平等對待每個人的利益，不管我們和他們是什麼關係。其他的道德理論一般都會說我們對他人的義務有遠近親疏之別，尤其是我們的家庭。

以印度哲學為例。儘管許多學派都提倡慈悲或憐憫一切有情，卻不認為人有義務要把全體福祉極大化。他們注重的是行為者的造業受報，而不是他人的實際利益。不管你對別人多麼好，你都沒辦法給他們至高善，也就是解脫或涅槃，永斷生死輪迴。最大多數人的最大善並不是我們所能掌握的，所以把它擺在倫理學的核心是很荒謬的事。

德行的傳統更加公開反對絕對的公平。安樂哲形容說儒家是一種「角色倫理學」，因為它說你的義務因你在社會裡的角色而異。（原注2）父子、夫婦、君臣，他們的道德責任都有所不同。非洲阿肯族的社會亦復如是。彼得・柯慈（Pieter H. Coetzee）[3]說，他們的權利都是角色權利：「權利所有人必須在社會結構裡有個地位，唯有擁有特定社會角色的人，才能擁有且行使權利。」（原注3）大多數傳統社會都是循此途徑。而功利主義之所以驚世駭俗，正是在於它拒絕角色倫理學，主張說不管是遙遠的陌生人或親朋好友，我們都應該平等地思考他們的福祉。

它的邏輯涵蘊令人舌撟不下。克洛文斯基相信「拒絕捐贈腎臟給一個沒有它就會死掉的人，無異於謀殺，你要為他們的死負責」。那意味著如果他太太反對他捐腎，而他也聽她的話，那麼他就是有過失。的確，他甚至說：「我太太反對我捐腎，那簡直就像是蓄意殺人一樣。」他可不是隨口說說而已。有個朋友問他說：「你的意思是說，任何不想捐腎的人都是在奪人性命嗎？」克洛文斯基說是的。他的朋友不喜歡這個言下之意。「所以，根據你的觀點，我也是殺人犯囉？」克洛文斯基沒有回嘴。在這個功利主義的觀點下，我們所有人，我、或許包括你以及幾乎所有你認識的人，都是殺人犯。就算捐贈一顆腎臟，也不會使你免責：除非你幾乎捨棄所有的財產，否則你就是把原本可以救人一命的錢浪擲在你自己、朋友和家庭身上。在功利主義的演算法則裡，已開發國家裡絕大多數的人都是連續殺人犯。

克洛文斯基的立場後來的確有些軟化，承認他對妻子太嚴厲了。「現在我明白她有表達其感受和意見的權利，」他說。但那似乎只是務實地接受人類同情心的侷限性而已。他的原則並沒有改變；他只是不再堅持其邏輯推論，也明白那對大多數人而言太苛求了。

在哲學史裡，絕對的公平是個耐人尋味的議題，因為它至少出現在兩個不同的傳統裡，但是只在一個傳統裡真正盛行。它最早萌芽自西元前五世紀中國的墨子哲學。他的主要信條是「興天下之利，除天下之害」。[4]這和十九世紀的彌爾的效益原則極為類似：「行為的對錯，與它們增進幸福或造成不幸的傾向成正比。」[5]（原注4）然而墨子是更嚴峻的

3 譯按：南非畢勒托利亞（Pretoria）大學哲學系教授。
4 譯按：見《墨子．尚同中第十二》：「故古者聖王，明天鬼之所欲，而避天鬼之所憎，以求興天下之利，除天下之害。」

功利主義者，他似乎認為聲色犬馬、淫逸康樂，對社會並沒有什麼好處。他的功利主義裡沒有音樂演奏的地位，至少是指要花費時間練習的鐘鼓竽瑟之樂。如果君王命令百姓作樂，那意味著他們無暇耕稼樹藝、紡績織紝。[6] 耽於音樂會「虧奪民衣食之財」。（原注5）現在我們也會聽到似曾相識的說法，他們反對政府在醫療和教育資源短缺的情況下以補助挹注藝術。

彌爾和墨子還有另一個主要差異，那就是墨子在其哲學裡更加清楚地抨擊偏私的行為，那是他許多著名段落的主題。「分名乎天下惡人而賊人者，兼與？別與？即必曰別也。然即之交別者，果生天下之大害者與？是故別非也。」他說：「今吾本原兼之所生，天下之大利者也；吾本原別之所生，天下之大害者也。是故子墨子曰：『別非而兼是者，出乎若方也。』」[7]（原注6）

有趣的是，墨子並不認為「兼愛」和傳統上依據人的角色賦予的義務有什麼牴觸。「為人君者之不惠也，臣者之不忠也，父者之不慈也，子者之不孝也，此又天下之害也。」這似乎又意味著我們在關懷和情感上應該有所偏私。但是墨子主張說，真正的孝道到頭來是會支持兼愛的。他的意思是說，如果我們把孝道擴及到其他家庭，那麼我們所有人都會有好處。「以說觀之，即欲人之愛利其親也。」[8]（原注7）他的論證相當聰明：

然即敢問，不識將惡也家室，奉承親戚，提挈妻子，而寄託之？不識於兼之有是乎？

於別之有是乎？我以為當其於此也，天下無愚夫愚婦，雖非兼之人，必寄託之於兼之有是也。此言而非兼，擇即取兼，即此言行費也。9（原注8）

我不相信墨子的兼愛真的保存了孝的價值。他的主張似乎只是一種修辭的策略，試圖重新定義孝順的義務，以說服中國人相信他。他說，你相信孩子應該關心他們的父母，如果那是你要的，那麼若所有孩子平等地關心所有的父母親，豈不是更好？但是這其實完全扭曲了孝的意義，雖然它宣稱保存了孝道。不管平等對待所有父母親是什麼意思，那都不是實踐一個孩子的特定義務。託付陌生人照顧家人，也不會是一個有責任感的孩子想要的；在正常的情況下，他會想要自己照顧他們。

墨子的論證策略是，幾乎所有人都會同意兼愛的某個意義。我們在道德實踐上不能言

5 譯按：見穆勒《功利主義》頁7，徐大建譯，上海人民出版社，2008。另見《效益主義》，邱振訓譯，暖暖書屋，2017。

6 譯按：見《墨子．非樂上第三十二》：「使丈夫為之，廢丈夫耕稼樹藝之時，使婦人為之，廢婦人紡績織紝之事。今王公大人唯毋為樂，虧奪民衣食之財，以拊樂如此多也。是故子墨子曰：『為樂，非也。』」

7 譯按：見《墨子．兼愛下第十六》。「兼」，兼相愛；「別」，別相惡或交相別，意謂有等差。

8 譯按：同前揭書：「然而天下之非兼者之言，猶未止，曰：『意不忠親之利，而害為孝乎？』子墨子曰：『姑嘗本原之孝子之為親度者。吾不識孝子之為親度者，亦欲人愛利其親與？意欲人之惡賊其親與？以說觀之，即欲人之愛利其親也。』」

9 譯按：「費」，即「拂」，違背的意思。「那麼請問，如果要事奉自己的父母，寄頓自己的妻子，究竟是要拜託那兼愛的友人呢？還是別愛的友人呢？我以為當這個時候，無論天下什麼愚夫愚婦，雖然反對兼愛的人，一定要寄託給主張兼愛的友人了。在言論上反對『兼』，而在選擇時倒採取了『兼』，這就是言行相反了。」語譯見《墨子今註今譯》頁121，李漁叔註譯，台灣商務印書館，1974。

行不一。抱怨別人做錯事，而你自己也沒什麼兩樣，那就是偽善，除非情況有重大的差異。但是在大多數的道德體系裡，我們和他人的關係是證成行為的種種差異的理由之一。偏愛自己的孩子並不意味著對其他孩子不公平。在這個情況下，我們唯一需要的公平性，是以我們對待自己孩子的標準去判斷他人如何對待他們的孩子；那並非強調要平等對待別人的孩子。那種絕對的公平性沒有考慮到「人的分離性」（separateness of persons）：我們每個人都有個人的身分以及和他人的關係，當我們在思考如何對待他人時，必須考慮到他們是誰，而非視其為可以任意互換的角色。

墨家從來沒有在中國社會成為主流思想[10]，但是它的確留下了傳承，對於中國古代另一個哲學影響相當深遠，也就是法家，他們也主張絕對的公平性。法家相信，社會必須有嚴刑重罰，如果只依賴君主的德行，那是既幼稚又危險的事。[11] 韓非子說：「今廢勢背法而待堯、舜，堯、舜至乃治，是千世亂而一治也。抱法處勢而待桀、紂，桀、紂至乃亂，是千世治而一亂也。且夫治千而亂一，與治一而亂千也，是猶乘驥駬而分馳也，相去亦遠矣。」他建議君王：「抱法處勢則治。」[12]（原注9）

韓非子舉了幾個生動的譬喻說明這個基本觀念。「今待堯、舜之賢乃治當世之民，是猶待粱肉而救餓之說也。」[13]（原注10）他另外也說了一個守株待兔的譬喻：期待聖王降臨，猶如宋國一個愚蠢的農夫，他看到一隻兔子撞上樹樁，折斷脖子而死，於是每天守著樹，等著兔子來撞樹樁。[14]（原注11）

韓非子強調賞罰分明是絕對必要的。他說了一個故事：「昔者韓昭侯醉而寢，典冠者見君之寒也，故加衣於君之上，覺寢而說，問左右曰：『誰加衣者？』左右對曰：『典冠。』君因兼罪典衣與典冠。其罪典衣、以為失其事也，其罪典冠、以為越其職也。非不惡寒也，以為侵官之害甚於寒。故明主之畜臣，臣不得越官而有功，不得陳言而不當。越官則死，不當則罪，守業其官所言者貞也，則群臣不得朋黨相為矣。」[15]（原注12）

就像墨家一樣，法家從來沒有擠下儒家。[16] 但是它的嚴刑峻法以及強調法度，一直在對於儒家的反動時重新浮上檯面，尤其是在文革之後。堅持絕對的公平性象徵著不合時宜且講究階級差別的儒家的終結。張戎在她的家族回憶錄《鴻：三代中國女人的故事》裡舉了一個再清楚不過的例子。張戎的父親在四川擔任共產黨高幹時，她的母親正懷著第二

---

10 譯按：作者可能不知「聖王不作，諸侯放恣，處士橫議，楊朱、墨翟之言盈天下。天下之言，不歸楊，則歸墨」。（《孟子．滕文公下》）

11 譯按：見《韓非子．姦劫弒臣第十二》：「故其治國也，正明法，陳嚴刑，將以救群生之亂，去天下之禍，使強不陵弱，眾不暴寡，耆老得遂，幼孤得長，邊境不侵，君臣相親，父子相保，而無死亡係虜之患，此亦功之至厚者也。」

12 譯按：見《韓非子．難勢第四十》。（作者原注所引出處有誤。）

13 譯按：同前揭書。（作者原注所引出處有誤。）

14 譯按：見《韓非子．五蠹第四十九》：「宋人有耕田者，田中有株，兔走，觸株折頸而死，因釋其耒而守株，冀復得兔，兔不可復得，而身為宋國笑。今欲以先王之政，治當世之民，皆守株之類也。」

15 譯按：見《韓非子．二柄第七》。韓非主張人不兼官，官不兼職。另見：《韓非子集釋》頁117，陳奇猷校注，華正書局，1977。

16 譯按：作者可能也不知道自漢代以降「陽儒陰法」的政治傳統。另見：王曉波、張純〈漢代陽儒陰法的形成和確立〉，《大陸雜誌》(64:3, 5-24, 1982)。

胎。分娩過程並不順利，她在醫院裡待了好幾天。而她先生正在鄉下推行農業合作化運動。一個禮拜後，她父親的一個同志派了一輛車到醫院載她回家，根據黨的規定，幹部因公外出時，黨會照顧他的妻子。但是她先生回家時，卻狠狠教訓了那個同志一頓，因為黨規定只有在和丈夫一起搭車時才能坐公務車，不管她是不是有病或者她先生因公外出都不是理由。規定就是規定。張戎說當時到處充斥著這種「僵硬的態度」，讓她母親難以接受。[17]（原注13）那並不令人意外，因為它不僅公然挑戰以家庭為重的普世價值，更打臉了中國兩千年的文化。

在中國，這種絕對的公平性只是暫時的歷史脫軌。在它大部分的歷史裡，中國的倫理一直認為「內外有分，親疏有別」是理所當然的事。[18]孔子「父為子隱，子為父隱」的準則一直沿襲到唐朝的「得相容隱」，官府甚至不能傳喚任何家人作證。[19]指控自己的父母親是個重罪，而在文革期間，那卻成了公民義務。（原注14）

西方世界的公平性理想

然而，在西方國家，更加溫和的公平性形式成了倫理學的預設思考模式。在十九世紀，功利主義（英國的墨家）於焉成形。它的創立者有一句簡潔明快的說法，捕捉到它的本質。邊沁概述其核心準則說：「盡妳的能力去創造所有的幸福快樂；盡妳的能力去解除

所有妳能解除掉的不幸。」(原注15)

然而，該體系的主要特色不在於強調「幸福」。功利主義者有時候會不同意以它作為至高善，反而鼓勵我們盡可能追求「福祉」或是「偏好滿足」。然而他們一致認為，行為的對錯僅僅取決於它們是否增進至高善。其中的關鍵是，這裡指的是**全體**的善，而不是**你的**善或朋友和家庭的善。這裡的道德目標完全非關個人，其基本原則是嚴守公平性，誠如邊沁的名言：「每個人都只能算作一個，沒有人可以算作一個以上。」[20](原注16)

這個絕對的公平性不是憑空出現的。如前所述，西方哲學對於客觀性的重視由來已久，而且形形色色。倫理上的公平性只是一體之兩面。以康德為例，他說：「你應該總是依這樣一個格準，即如你同時能意欲其為普遍法則者，這樣一個格準而行。」[21](原注17)這個「定言令式」(categorical imperative)必須具備高度的公平性。它認為行為是否正確和善，僅僅取決於他人在類似的情況下是否也會那麼做。

亞當・斯密（Adam Smith）所謂的「公平的旁觀者」(impartial spectator)是另外一個強調公平性的例子。亞當・斯密認為，在檢驗我們自己的道德行為時，重點在於想像一

17 譯按：見張戎《鴻：三代中國女人的故事》頁163-164，麥田出版，2014。
18 譯按：見《禮記・曲禮》：「夫禮者，所以定親疏、決嫌疑、別同異、明是非也。」
19 譯按：見《唐律疏議・卷第六》：「諸同居、若大功以上親及外祖父母、外孫，若孫之婦、夫之兄弟及兄弟妻，有罪相為隱。」
20 譯按：見穆勒《功利主義》頁66。另見《效益主義》，邱振訓譯，暖暖書屋，2017。
21 譯按：中譯見《康德的道德哲學》頁80，牟宗三譯註，學生書局，1982。

個外在的法官，一個沒有利害關係的旁觀者，他會怎麼想。22（原注18）這個理論還是同樣假定只有從一個絕對公平的觀點，才能真正判斷行為的對錯。

這個假定不斷地重現，甚至延伸到政治理論上。二十世紀影響力最大的政治哲學家，約翰．羅爾斯（John Rawls），即以絕對的公平性為其正義理論的核心。羅爾斯認為，我們在判斷何者為正義時，應該想像我們在「無知之幕」（veil of ignorance）後面會建立什麼樣的社會規則，也就是不知道我們的社會地位，以免偏私影響了我們的判斷過程。如果我們不知道自己是贏家或是輸家，幸或不幸，在判斷什麼是公平的時候，就必須平等考慮每個人的利益。23

雖說絕對的公平性往往和旨在盡可能增進共善的功利主義相提並論，但是它同樣也是另一個相衝突的理論的核心，也就是對於個人權利和自由的信念。它崛起自啟蒙運動時期，研究啟蒙運動時期的史學權威約拿單．以色列羅列了啟蒙運動時期的若干重要原則：「民主；種族和性別的平等；個人生活方式的自由；思想、言論和出版的完全自由；根除立法程序和教育裡的宗教威權；完全的政教分離。」（原注19）這些大多都是個人自由的種種面向，不過也可以視為公平性的各個側面。重讀一遍上述清單，你會發現每一項基本上都和消除公民待遇的不公平情況有關。

耐人尋味的是，儘管普世權利也以共善為其核心，可是當人主張其權利時，他們往往不在意行使該權利是否能夠改善他人的境況。於是乎，西方社會堅持反對國家的大規模干預。根據這個觀點，政府沒有功利主義式的義務要盡可能地增進所有人的共同福祉。相反的，政府的角色是保護所有人的權利，即使會造成不公平，那也是沒辦法的事。不過它還是涉及一個絕對公平性的觀念，那就是我們每個人都擁有相同的權利，不管社會地位、財富、教育等等。在權利方面的公平性也意味著尊重每個人擁有其勞動成果的權利，所以說劫富濟貧就是以不義的偏私去處理貧富問題。

公平性的理想可以同時用以證成政府的干預以及一個自由放任的自由主義國家，這證明了它如何的無遠弗屆。每個立場大相逕庭的人都會想要以它來證明自己的主張，這或許是關於一個哲學假設如何深植於社會的最佳例證。

強調公平性也可以視為卡蘇里斯所謂的「完整性文化」（integrity culture）的另一個面向。在完整性文化裡，所有知識的來源都是透明開放的，而且不會以個人經驗為基礎。因此，不管是強調定言令式、無知之幕或是公平的旁觀者，都是意味著以中立的觀點去獲致真理。

由於絕對的公平性和深植人心的家庭價值扞格不入，在西方社會裡，它幾乎是不入家

22 譯按：中譯見亞當．斯密《道德情感論》頁27，謝宗林譯，五南文化，2018。

23 譯按：「原初狀態的觀念旨在建立一種公平的程序，以使任何被一致同意的原則都將是正義的。其目的在於用純粹程序正義的概念作為理論的一個基礎。……我假定各方是處在一種無知之幕的背後。他們不知道各種選擇對象將如何影響他們自己的特殊情況，他們不得不僅僅在一般考慮的基礎上對原則進行評價。」中譯見《正義論》頁136，何懷宏、何包鋼、廖申白譯，中國社會科學出版社，1988。

門。在公民領域裡，公平性說了就算，但是在家庭關係上，我們愛偏袒誰就偏袒誰。話雖如此，即使是在家的私領域，還是可以感覺到公平性的規則。許多人都覺得有必要承認別人的利益和他們自身的利益一樣重要。慈善捐贈和義工都是人們極力讚許的行為，擁有越多的人被認為要付出更多。雖然我們在待人處世上不一定覺得有義務要依據絕對公平性的觀點，但是它會潛藏在幕後，宛如一種文化的超我（superego），如果我們對他人的福祉不夠尊重，它就會成天嘮叨個不停。

公民生活裡的不公平和家庭關係的不公平，這兩者的衝突也會在政治人物公私不分的時候引爆。二〇一七年法國總統參選人方思華．費雍（François Fillon）被指控說他雇用妻子擔任國會助理而坐領鉅額乾薪。雖然沒有任何違法的證據，他的民調卻一瀉千里，民眾似乎認為這個任命有哪裡不對勁，儘管他是依法行事。倘若費雍覺得很委屈，也是有其道理的。這種任命一直是家常便飯，輿論的反彈讓他大惑不解。二〇〇九年，「若干英國國會議員」涉及範圍更大的支出醜聞，他們同樣雇用了家庭成員。不管是法國或英國，公民領域的公平性和家庭的不公平之間的衝突讓人再也看不下去了，因為公民領域的公平性顯然凌駕在親疏遠近的權利之上。

如果你想要在西方社會裡找尋真正的絕對公平性的展現，你會空手而回。它一直是極為悖於情性的理想，就連它的擁護者也不得不承認這一點。例如，彼得．辛格就被人指摘說是個偽君子，因為有人爆料說他付錢照顧罹患阿茲海默症的母親。從功利主義的立場，以偌大的資源照顧一個人，而同樣的錢卻可以造福更多的人，這樣的資源分配是說不過去的。事件見諸報端後，辛格承認說，「我支配金錢的方式或許不是最好的。」但是他並沒有改變心意，那只是使他更加明白他對公平性的看法有多麼不近人情。「我想這讓我明白遇到這種問題的人有多麼為難，」他對記者麥克·史佩克特（Michael Specter）說。「或許它比我以前想像的還要困難，因為當主角是你母親的時候，情況就不一樣了。」（原注20）大多數的人會說，他的經驗突顯了一個更深層的真理。「任何通情達理的人，都不會想要看到他的世界以非關個人的原則去解決或證成所有道德問題，」歐文·弗拉納根說。「有許多理由，像是愛、友誼、團體的凝聚力，它們都不能說是非關個人的。」（原注21）

然而，在西方世界的道德論戰裡卻充斥著關於絕對公平性的價值的種種假設。它是一條隱形的線，把平等和自由的理想連接在一起。要平等對待每個人，你就必須公平對待他們。為了保障每個人的自由，就必須公平地賦予他們種種權利。然而，西方人的問題在於，他們在某個層次上知道公平性有其侷限，我們和團體、家庭以及朋友的特殊聯結至關重要，我們的行為也應該為此而有所不同。過度強調公平性也導致許多的不滿。歐洲的政治風氣一直有個觀點，不管你是希臘人、德國人、英國人或是荷蘭人；不管你是基督徒、猶太人、無神論者、穆斯林或是印度教徒；不管你是工人階級、中產階級或是貴族階級，大家都一視同仁。人民的自由運動必須有個絕對公平性，賦予每個人相同的權利。其結果卻是一團混亂，而且缺少歸屬感。凝聚團體的，並不是那使人們基本上沒有差別的東西，而是使我們各自有別的東西。於是，人們起而反對公平性，因為它破壞了使人們擁有歸屬感的、在身分上親疏有別的關係。

如果有所謂解答的話，那不會是放棄所有的公平性理想。對於一個公平正義的社會而言，平等的權利以及所有人的平等利益，在政治上的意義是不可或缺的。同時，它也不能妨礙人們「內外有分、親疏有別」的權利。

第二十六章「概念可以旅行，但不會是完好無缺的。」

小結

人們很容易把世界各種哲學視為觀念的超級市場裡的待售商品，喜歡什麼就把它放進你的購物籃裡。然而當你把水果從它生長的樹上摘下來，再怎麼揀選和混合都不管用了。觀念是整個有生命的生態系統的一部分，你把它們擺到一個陌生的環境裡，它可能就會枯萎而壞死。如果我們小心地移植，嫁接在當地強壯結實的樹幹上，它們有時候也會在異鄉發榮滋長而條達暢茂。「概念可以旅行，」布魯斯．楊茲說：「但不會是完好無缺的。」（原注1）

就對於各種價值的跨文化理解而言，我覺得有個很有幫助的譬喻，那就是混音器。在錄音間裡，製作人錄下所有樂器的個別音軌，播放不同的音源，調整增減個別音軌的音量。

道德混音器的功能差不多就是這樣。幾乎在世界各個角落，你都可以聽到相同的音源：公平性、規則、結果、德行、上帝、社會、自律、行動、意圖、和諧、團體、歸屬感等等。各個文化的差別，大抵上就在於這些音源的音量高低。把任何一個音源完全靜音，那是很罕見的事，但是有時候，例如上帝，並不會和它們一起混音。跨文化的思考必須有一對很靈敏的倫理耳朵，而如果你跟不上一整個系列道德概念的音頻，那也無濟於事。我們要有點智慧，才能明白不是所有東西都能把音量調到最大：有些價值會和其他價值相互牴觸，至少在它們的音量一樣大的時候。同樣的，如果把某些價值的音量調低，就會聽不見它們，那或許是為求整體和諧平衡而必須付出的代價。

混音器的譬喻可以用來解釋道德多元論（moral pluralism）：好的生活方式不只一種，強調某個價值可能會忽略了其他價值。多元論往往會被人誤認為自由放任的相對主義，但是就像在錄音間裡，不是怎麼混音都行得通的。合理的道德混音不只一種，但是有更多的混音是行不通的。

聆聽他人的道德音樂，有助於我們反省自己的音樂品質。例如說，如果我們讚賞和諧的價值，或許會疑惑為什麼我們容許它在我們的傳統裡被其他音源淹沒。當我們看到別人更加保守地使用公平性，或許會想到相較之下，我們所強調的公平性會不會是壓倒一切的、沒完沒了的狂轟濫炸。我們在評估自律的價值時，或許會覺得我們的道德節拍太單調了。我們不是想調出一個取悅所有世人的混音，而是要使我們自己的混音盡善盡美。

第五部

總結的思考
Concluding Thoughts

我在書裡提到，諸如阿罕布拉宮、雅典的衛城以及紫禁城之類的建築，如何反映了種種哲學性的價值。我下榻的飯店四周高樓林立，不到二十年前，這裡還是一片沃野平疇。我讀到《上海日報》一個評論員的文章，他的意見原則上和我不謀而合，不過加了個重要的聲明：那些價值正在消失當中。「中國古代住宅的設想和建造，是依據現在早已被遺忘的原理，」萬里新寫道：「好比說，以前的建築會謹慎判斷它和自然環境的和諧關係。相對的，現代建築的構想對這些考量棄如敝屣。的確，我們的現代都會建築都在歌頌著個人主義。」（原注1）

萬里新提出一個直指本書核心的問題。一個文化歷史悠久的價值和哲學，真的可以給現代瞬息萬變的世界什麼啟示嗎？我們真的可以在曲阜的街上找到孔子，或是在雅典市集裡看到亞里斯多德？我知道我們有許多理由可以對此存疑。就在本書竣稿之前，我剛好在巴黎一家最古老的咖啡店*Le Procope*，點了一杯Crozes-Hermitage的葡萄酒，享用我的*Les ravioles du Dauphiné*法國起司餃，那家咖啡店是伏爾泰、雨果以及百科全書學派哲學家們流連忘返的地方，他們在那裡反覆討論出啟蒙運動的原則。但是現在那裡再也看不到任何哲學家了，除非我僭稱自己算是個哲學家。那裡也沒有多少法國顧客。現在的啤酒屋販賣的是一種鄉愁，讓人回味那聰明卻嚴肅的服務生，以及巴黎人早就不吃的風味絕佳的老式法國菜。在快速全球化的世界裡，民族傳統似乎只是為了我以及坐在對面的中國遊客才保存下來的。而一個民族的哲學有什麼理由經霜猶茂呢？

古老秩序的傾圮跡象處處可見。「兩千年來，家庭始終是維繫著中國社會的一個原理，」《經濟學人》在一篇探討社會變遷的特別報導裡說。報導的結論是，兩千年的傳統即將戛然而止：「家庭和身分的觀念再也跟不上國家不斷加速的現代化。」（原注2）此外也提到像是業和種姓的信念在印度如何沒落，非洲的烏班圖的倫理如何面臨威脅，以及傳統社會在都市化的歷程中如何失去和土地的聯繫等等。

然而，在撰寫本書時，我和數十個人聊過，他們都是來自世界各國的哲學學者，也都看到哲學和文化的深層關係。我自己也見證了無數的證據，不管是中國日常生活裡言必稱和諧、伊斯蘭世界的抗拒俗世化、印度的生死輪迴的假設，或是西方社會顯著的個人主義。文化的根柢深不可測，有時候最明顯的變化其實也是最表面的。江戶之子（東京人）和紐約客都會穿休閒棉褲、搭地鐵，但是他們在地鐵裡的行為舉止的明顯差別證明了，儘管他們居住的物質世界幾乎沒什麼兩樣，他們的存在方式卻判若雲泥。在*Le Procope*外面慶祝一年一度的同志遊行（LGBT Pride）的巴黎人，不管他們自己知不知道，其實正在體驗著啟蒙運動時期哲學家們鼓吹的人本主義和個人主義的原則。

然而，我們沒辦法知道的是，全球化的現代性不斷拉扯這些文化根柢，會不會有一天把它們連根拔起；如果真的有那麼一天，又會是在多久之後。我們也不知道傳統會不會因為交叉授粉而演化和突變，以致於幾不可辨。如果真的發生了，我們就更有理由把對於那些失落的東西的領悟放在心裡，留待將來重溫全球哲學史為我們上的珍貴課程。哲學或許不再是探究文化是什麼的窗子，反而是關於文化未來的可能性的印象來源。

不管世界的哲學和文化之間的關係有多麼緊密，世界各個哲學傳統都有自己獨一無二的特徵。這些傳統裡的觀念並不是孤立存在的。它們共同構成一個更大的整體，一個由無數信念構成的網路，它們會相互支持和佐證，也會相互牴觸。這樣的整體形象賦予了每個體系一個概括的性格，如果你細究其主要特徵，會很容易就辨認出來。現在我就要速寫一下世界哲學地圖上的若干主要角色。

我要再說一次，它們並不構成世界哲學的全貌。它們只是概括的描述，也會有許多例外，正如山區國家也會有平原，再嚴肅的人有時候也會捧腹大笑。我用來速寫的筆，只會捕捉到世界每個地區裡的主要思考特徵。

第二十七章

世界如何思考

東亞的哲學特色

我們從東亞開始，將近世界四分之一的人口住在那裡，大部分在中國，其他則分布在台灣、日本和韓國。中國古代哲學的觀念和理想，至今仍然迴盪在整個地區。和諧是其中最重要的觀念，相信一個井然有序的世界是至高善，在其中，家庭、村里和國家之間都有其合宜的關係。不論是泯除所有差異，或是差異過大而沒辦法成就共同的目標，都無法獲致和諧。

為求和諧，每個人都必須演好他自己的角色，所以社會本質上是有階級之分的。然而，那不應該是一個在上位者只知道滿足私利的階級。階級必須有利於所有人，百姓因為君王的德政而獲益，學生因為老師的諄諄教誨而獲益，孝順的孩子因為父母的慈愛而獲益。許多公民階級的開放性也反映在科舉制度的「賢能政治」傳統裡，在其中，出類拔萃的人都可以望重搢紳。

德行使人無入而不自得，在所有關係裡都更加和諧。德行指的是擁有**善**的品格，然而關於善是什麼，並沒有一份說明書。它與其說是一長串的道德規箴，不如說是一種技巧。有德者也善於**權**：權衡每個情況的利弊得失，自由裁量該做什麼。其中並沒有什麼計算公式，因為任何正當的行為都必須視狀況而定。權必須注意到中庸之道：在兩個極端之間而不偏不倚，在鹵莽和怯懦之間、無度和小氣之間，以及奴性和任性之間。

德行是以修身獲致的。**禮**是其主要的工具：行止有度，不管是正式的或非正式的社會行為。禮是德行的內在化習慣，因此為善就成了第二天性。君子克己復禮，成為道德典範，而以自身為榜樣去治理百姓。

道德上的修身也反映了獲致種種優點時必須具備的習慣和氣質。它不會是習得的，而是在行動中嫻熟某些技藝。究其極，它就是無為，一種順其自然的行為，卻必須透過經年累月的砥礪琢磨，直到成為一種本能。虛靜恬淡、寂寞無為的人，不會以言語去形容它，的確，至深的知識往往是言語道斷的。語言是一張有漏洞的漁網，難以捕捉到世界，而實踐也比理論重要得多。

該地區的思考特色是一種形上學的不可知論（metaphysical agnosticism）。我們既不知道究竟實相的本質，而且那也無關宏旨。該傳統與其說旨在探索真理，不如說是求道，關心的主要是如何安時處順，而不在於探究窅冥難測的事物。如果說它有形上學的話，那是一種變易和動力的形上學。**陰陽**的概念反映了森羅萬象互融互攝的觀念，創造了一個任何東西都變動不居的動力系統。**氣**的概念說明了萬物流動的意義，能量不停地在轉移，必須以**術**去疏導和善用它。

他們的宗教渴望不僅表現在諸神以及**天**的方面，也反映在對於祖先和大自然的崇拜，以及「去人欲、存天理」的個人蛻變。他們著眼於俗世，天並不是死後的另一個世界，而是規範這個物質世界且內在於它的一種原理。

由於沒有究竟解脫的觀念，在時間觀上，該傳統認為我們的黃金時代是在從前而不在未來。「法先王」是相當重要的事，因為傳統保存了古代聖賢的智慧。我們的物質和科技或許不斷地在進步，但是在道德倫理方面卻更像是在退化。

以上是東亞哲學的若干特色，在日本思想裡尤其體現得淋漓盡致。其中主要是**在關係中的自我**的觀念：我們究竟是誰，取決於我們和他人的關係。世上並沒有一個可以遺世獨立的**原子論式的自我**。自我是空的，不僅是因為諸法無我。世界是無常的，世間的一切都是朝生暮死的，欠缺一個不變的、固有的本質。因此，對於我們自己以及世界的如實觀照，是探究事物之間以及事物內部的空間，因為關係比關係項本身重要。有個實驗證明，美國人往往只會注意到照片或影片的前景，而東亞人則認為背景同樣重要。

空和**無常**的觀念也顯現在對於四時遞嬗的感觸上，那幾乎成了一種宗教儀式。賞櫻也反映了和大自然和諧相處的觀念，大自然不是和人類文化對立的，而是它的核心。不管我們在使用電腦或是在海邊散步，都和大自然一樣接近，因為矽和鋼鐵、沙子和大海，都是大自然的一部分。

人和大自然的關係主要是美感的而不是知性的。我們在直接觀照世界當中**看到**世界，而不是以抽離推論把它概念化。在這樣的經驗裡，主體和世界的分別也泯沒了。

印度哲學與伊斯蘭哲學

世界有另外四分之一的人口住在印度次大陸，它的傳統哲學對那裡的人們同樣影響甚深。尤甚於其他傳統的是，它有一整套哲學工具：洞見、天啟聖典、繁複的邏輯、傳統以及觀察。我們關於**量**（有效的知識來源）的傳統分類可見一斑：**現量**（知覺）、**比量**（推論）、**譬喻量**（比較或譬喻）、**義準量**（假言推論）、**無體量**（由無法知覺其存在而證明其非有）、**聲量**（某方面的權威的教示）。

其中最重要的應該是現量，也就是對於實在界的直接知覺，往往是一種修證的直覺。它也反映在一個傳統哲學語詞**見**（darśana）的上面。理性有時而窮，我們必須以見才能了知諸法實相。既然那不是人人能及的，聖哲和上師們的現量和聲量就彌足珍貴。這也創造了一種在許多外人眼裡似乎荒誕不經的服從的文化。

不管是正統或非正統的學派，大多數都會以若干經典作為其聖教量，正統學派尤其忠於吠陀聖典，雖然其實並非總是無條件接受。印度的哲學和宗教一直糾纏不清，因此我們沒辦法獨立地探討它們。哲學家們幾乎都自詡紹述某個傳統，他們的角色並不是自出機杼地提出新的觀念，而只是以更好的方式闡述舊有的觀念。然而印度哲學殊勝之處正是在於註釋者以其創意別出心裁地詮釋舊有的經典，使得印度哲學不斷地推陳出新。

救世論是印度哲學的關鍵特徵。每個學派都有關於解脫以及成就之道的自家說法。他們的共同主題是，現象世界並不是究竟實在的世界，我們只是被感官障覆了。藉由禪修，我們可以息心絕慮，更加寂寂惺惺地照見諸法本來面目。禪修包含了調身和調心：如果我們要求真止妄，端坐調息是非常重要的事。

我們在談論究竟實相時會遇一個困難，那就是它是離言絕慮的。語言本身就是對於經驗的框限，就像感官一樣，它會以種種範疇界定經驗，以便我們執持它，卻也因而使它變了個樣而扭曲了。我們只能說，世俗諦的實在界有個堅固性的表象，但是就勝義諦而言，它其實是無常而流轉不息的。

自我的問題是其中最重要的例子。所有學派都承認說，世俗諦的自我，我們一般認知的自我和他人，其實只是個幻相。自我只是經驗之流，一束知覺，並沒有持存不變的自性。大多數學派都相信梵是我們的真實自我，它是周遍一切的自我，而我們只是它的一部分。但是佛教認為就算是梵也是虛妄不實的。然而，相較於在究竟實相上的歧見，他們一致相信世俗的自我是個幻相，則是印度哲學的特色。

印度哲學相當強調宇宙的源起，也就是說，他們的一切學說都植基於宇宙之基本結構的觀念。此即為什麼每個學派都提出一個關於實在界的全體主義觀點，在其中，倫理學、形上學和知識論都被併入一個包羅萬象的解釋體系裡。幾乎所有宇宙源起論都有個重要的角色，那就是業的原理，行為主體的行為、思想或兩者兼具（視學派而定）會產生善惡業報，不管是現世或來生，因為生死流轉的信仰同樣家喻戶曉。

他們相信物質世界是個幻相，也相信有解脫之道，因而促成了一種出世的倫理學。儘管物質上的富裕本身不見得是壞的，在人生的某個時期也往往被認為是合理的，但是過度強調財富或者稍縱即逝的欲樂還是不好的。成就涅槃解脫的人，則會超越種種貪愛執著。

穆斯林占了世界將近四分之一的人口。然而以穆斯林為主的國家，他們彼此的文化差異很大，包括阿拉伯世界、北非、印度次大陸以及東南亞，而印尼則是世界上穆斯林人口最多的國家。「在任何文化裡，只要不牴觸伊斯蘭教義的，都會被整合到該文化的宗教基底，」塔伊克·拉馬丹寫道：「以致於我們很難區分宗教和文化的差別。」（原注1）因此我們也很難概述分布在中東和安達魯斯的古代伊斯蘭哲學對整個穆斯林世界的影響。

大抵上，伊斯蘭哲學和神學是密不可分的。主張說在神學和哲學的論戰中前者勝出的人，對於神學涉入哲學的程度輕描淡寫，也忽略了哲學本身其實也有其不可動搖的宗教觀點。他們也把一般的哲學和使古代希臘思想復甦的伊斯蘭哲學混為一談。我們或許可以把它理解為在伊斯蘭哲學內部關於「伊智提哈德」（理性推斷）的角色的爭論。

在伊斯蘭哲學裡，由於伊斯蘭的統一性和完整性，使得理性推斷處處覺得形格勢禁。《古蘭經》是真主對人類最終的完整降示，不容俗世理性挑戰其權威。對於真主的哲學思辨有其侷限，因為我們只能知道真主決定對我們顯現的部分。真主掌握一切，世間萬事萬物都是祂的意旨，這也導致「信前定」的強烈主張。

對於信士而言，宗教的影響滲透到生活的每個層面。**俗世倫理**這個觀念本身就不成立：道德是來自真主。倫理原本就是宗教性的。即使是自我的定義也是取決於它和真主的關係。「人的自我是建立在和造物主的動態關係之上，奠基於於感恩和互愛，」阿斯瑪‧阿弗薩魯丁（Asma Afsaruddin）[1]如是說。因為不信神而否認這個關係，就是對自己做了不義的事。（原注2）

讀了以上的概述，我們很容易會覺得伊斯蘭哲學是個封閉的、教條式的體系。有時候某個正統教派也的確會打壓異議份子。然而伊斯蘭世界在思想上百家爭鳴的若干時期，證明了現在的情況絕非不可避免的。最明顯的是，據說《古蘭經》是歷經二十三年的降示，由穆聖先後在麥加和麥地那記錄下來。而在麥地那記錄的許多經文似乎是特別對當地早期的穆斯林團體的訓示，意味著現在的我們在應用經文時有多麼困難。（原注3）

歷史悠久的解經傳統提醒我們，如果有人主張伊斯蘭哲學必定支持什麼，我們都要存疑。非穆斯林者必須明白，該傳統有能力演化且接受俗世知識的成果，但是真主和《古蘭經》永遠都會是其核心。

西方的哲學

東亞、印度和伊斯蘭世界的人口遠多於歐洲和北美洲。然而若干世紀以來，我們所謂的西方世界，基於高貴的或不怎麼光彩的理由，一直是主宰著世界各地的強權。許多人相信這個時期沒多久就會中止。西歐和北美洲加起來的人口不到全世界人口的百分之十二，就算把以歐洲移民為主流文化的中南美洲也加進來，也不到百分之二十。西方社會已經習慣把自己的文化視為公認的全球文化，既不覺得有必要多了解一下世界其他地方的文化，也不想知道它們的特色或不尋常的地方。

西方哲學基本上是以探究真理以及宇宙的起源為重心。也就是說，它的開端是假設我們的主要課題是去理解真實的世界。它主張「理性的自律」（autonomy of reason），強調真理和知識具有自身的價值。理性的自律也意味著它是俗世的，不必假借超自然的力量，就能使我們認識世界以及自我。那是因為它假定世界是可以理解的，而且可以用各種定律去描繪它，而不必假設有任何神性存有者的存在。西方哲學的兩個主要學派都有這個基本假設：以細心觀察世界為基礎的經驗論（empiricism），以及以邏輯第一原理的推論為基礎的理性主義（rationalism）。

西方哲學的主要推論模式是以邏輯為基礎。這種模式的哲學是一種**悖謬**（aporetic）：試圖找出我們因為有缺陷的認知而產生的矛盾並且破除它。它首先會尋找準確的定義和衡量標準，接著以種種論理步驟推論出它們的涵蘊。這個方法固然成果豐碩，但也易於導致非此即彼的對立論戰。隱晦而有歧義的東西都被它棄若敝屣，它極力鼓吹一個井然有序的

1譯按：阿斯瑪・阿弗薩魯丁（1958-），印第安納大學布魯明頓校區（Indiana University Bloomington）近東語言文化系教授。

實在界，盡可能提出清晰明白的解釋。這個進路的一個主要展現，就是化約主義的傾向，在理解事物時，把它們分解成極微的單位以作為解釋的基本焦點，而不是自其所屬的整體觀之。

在倫理方面，它傾向於建立一個以規則和原理為基礎的倫理學，以公平性為其核心價值。就像所有西方哲學，這樣的倫理學也被賦予一個虛無縹緲的普遍主義（universalism）光環，以致於「西方」這個限定詞也幾乎被捨棄了。哲學就是哲學，即使在它的傘下，只是歷史和地理上的世界一隅。它的普遍主義的抱負其實只是使它不自覺地變得更加本位主義。加上使得西方國家水漲船高地走在世界前端的進步信念，這樣的本位主義也就雪上加霜。

化約主義的傾向加上對於理性自律的信念，創造了一個自由、理性、自主的自我的觀念，它既是個人主義的，也是原子論式的。在源初狀態下，個人不是社會的一部分，相反的，社會是個人的集合體。由此捲起了平等主義和民主的風潮，卻也因而造成社會的分裂，也不再尊重由專業以及資歷構成的正當的階級差別。

就像所有傳統一樣，西方哲學內部也有種種的變異。其中最容易被忽視的，是美國哲學的特色。它一直不是西方哲學的主流，反而比較像是個局外人。不像諸如柏拉圖或亞里斯多德之類的西方哲學權威，美國的實用主義者並沒有那麼關心建構真理的問題。實用主義強調效益，相較於它的前身，也就是英國經驗論，它的務實取向更加鮮明。它認為真理只不過是各種意見的匯流，使得它具有民主的本質，任何經得起時間考驗的大眾信念，尤其是宗教信仰，都得以正當化。

口傳哲學

全世界的古代哲學文獻遺漏了偌大的板塊，在那些地方，書寫文字其實是晚近才有的東西。它們被統稱為「傳統社會」，然而傳統是什麼，則因地而異。不過，我們在試圖理解那些文化的口傳哲學時，也指認出若干共同的特徵，雖然不能說是普世的。

其中最重要的，或許是關於場所和時間的思考。書寫的哲學主要是抽象和普遍化的工作，追求對於任何時代任何地方的人們都有效的觀念。不管是好是壞，它的副作用是失去和我們的土地以及文化的聯繫。相對的，口傳哲學則看到土地和人的親密關係，兩者甚至沒有什麼分別。最近有個活生生的例子，二〇一七年三月，紐西蘭第三大河旺加努伊河（Whanganui River）被宣佈具有法人地位。當法律承認它是個「有生命的整體」時，它就符合一八四〇年英國政府與十三世紀來到該地的毛利人簽訂的懷唐伊條約（Treaty of Waitangi）所規定的義務。該宣言承認毛利人對於人和土地的關係的信仰，它也反映在一句諺語上：「我就是河，河就是我。」（原注4）土地和海是個人身分的依據，猶甚於我們個人的履歷表或故事。在這個宇宙論裡，相較於線性時間的推移，使我們回到存有的故鄉的周期性時間更加重要。

人和土地的關係也被視為一種親族關係，那是最重要的關係。親屬關係不僅限於家庭和部落，也擴及於場所以及自然世界。那意味著大自然不是外在於人類文化的東西。正如我們的孩子、父母、朋友以及部落的成員，大自然也是人類社群的一部分。

在這樣的文化裡，倫理基本上是社群主義式的（communitarian）。這並不是說個體性就沒有價值可言；它一直都很重要。個體性表現在團體裡，沒有人能自外於它。正如在東亞，自我是在關係中的。在形成決策時，則會傾向於共識決，而不是訴諸權威或多數意志。它之所以行得通，是因為每個人都承認終究沒有人可以離開團體而存在，因此妥協是有必要的，一旦達成協議，就必須全心全意遵守。

社群主義的風氣甚至擴及於對於哲學家的定義。在口說傳統裡，哲人們或許會捍衛傳統，或許會挑戰它。但是哲學也可能是由整個民族集體形塑而成的。哲學家也可能是指整個團體，而不只是個別的思想家。

俄羅斯的哲學傳統

世界還有個主要的部分是我一直沒有討論到的：俄羅斯。那會是很嚴重的缺漏，因為俄羅斯在地緣政治上舉足輕重，而誠如萊斯利・張伯倫（Lesley Chamberlain）[2]所說的，哲學是「揭露那個國家和文化之奧祕的關鍵」。（原注5）然而那是個很難填補的坑，因為俄羅斯哲學是個難以捉摸的主題，儘管近年來張伯倫關於這方面的傑出著作為它注入了一點稀薄的氧氣。有部分是因為分類的問題。張伯倫提到尼古萊・洛斯基（Nikolai Lossky）[3]在一九五三年出版的《俄羅斯哲學史》，當時以撒・柏林（Isaiah Berlin）[4]說它的主要功能是說服「整個英美世界說俄羅斯沒有哲學家，只有大草原上的穆護（magi）[5]而已」。（原注6）

然而，到底什麼是俄羅斯哲學的構成元素，這個難題也是他們自己要問的問題，對於哲學這個標題底下該包括哪些東西，在歷史上始終各執一詞。以撒・柏林的大作《俄國思想家》（*Russian Thinkers*）意在言外，「思想家」這個類別範圍更大也更寬容，迴避了哲學到底是什麼的問題。一般認為，俄羅斯直到十八世紀末才有真正的哲學，主要是受到東正教和德國觀念論的影響。

俄羅斯哲學自許為歐亞之間的橋樑，卻又不屬於它們任何一方。「我們從來不跟著其他民族走，」十九世紀的彼得・恰達耶夫（Pyotr Chaadaev）[6]：「我們不屬於人類任何一

2 譯按：萊斯利・張伯倫（1951-），英國記者，旅行作家。

3 譯按：尼古萊・洛斯基（1870-1965），俄羅斯哲學家，俄羅斯觀念論代表人物，主張位格主義、直觀主義知識論、自由意志論。

4 譯按：以撒・柏林（1909-1997），牛津大學社會和政治理論教授，重要的自由主義思想家。

5 譯按：穆護（magi, magus），又譯為「麻葛」。古波斯祭司階層的稱號，意為「從神那裡得到恩惠或施恩的人」。瑣羅亞斯德沿用此稱。見任繼愈《宗教詞典》頁811-2。

6 譯按：彼得・恰達耶夫（1794-1856），俄羅斯哲學家，謝林主義者。

個大家族；我們既不是西方也不是東方。」（原注7）他們的學術研究主要是針對西方文本，雖然其目的是要駁斥它們。張伯倫認為，它可以概括為「令人咋舌地堅決排斥笛卡兒以及『我思故我在』的價值」。（原注8）笛卡兒的「我思」以作為一個自主的思考主體的個人為首位。這和東正教的「虛己」（kenosis）理想扞格不入，後者是準備接受上主的必要條件。虛己也蘊含著相信個人並不擁有探索究竟真理的資源；認為僅憑著自己的理性就可以臻至真理，那是人的傲慢。因此，我們非但不能舉揚個人，反而要把它砍倒。「一個人必須完全消滅他的自我，」巴枯寧（Mikhail Bakunin）[7]模仿費希特（Johann Gottlieb Fichte）[8]的語氣寫道：「消滅任何形構其生命、希望和個人信仰的東西。」（原注9）

理性在笛卡兒的體系裡的地位，到了俄羅斯哲學裡被直觀給取代了。真理不是透過理解，而是憑著感覺獲致的。「如果要真正認識世界，我們必須在知性方面簡化我們自己，回到一種直接領悟的模式，」俄羅斯神學家霍米雅科夫（Aleksei Khomiakov）說：「以這個直觀的知識，我們可以分辨什麼是真實，什麼是我們心靈的幻想。」（原注10）所以說，哲學和文學以及詩是一脈相承的。以索忍尼辛（Aleksandr Solzhenitsyn）為例，他在家鄉是個哲學家，但是在諸如《大英百科全書》（*Encyclopaedia Britannica*）的國際性工具用書裡，他卻是個小說家和歷史學家。此即為什麼俄羅斯的統治者一直把詩人和藝術家視為洪水猛獸。「詩只有在俄羅斯才會被尊重，」俄羅斯詩人曼德爾斯坦姆（Osip Mandelstam）說：「因為它是會要人命的。」（原注11）西方世界視多愁善感為俄羅斯思想的一種弱點，但是它在自己的家鄉則是被視為一個優點。

同時，個人的地位也是由集體決定的。俄羅斯流傳著**村社**（*obshchina*）的神話，那是安詳和諧的農民公社，那是一群刻意保持民風淳樸的心靈，沒有西方理性所招致的那種腐化人心的無神論、競爭和個人主義。共產黨除了官方的無神論以外，幾乎整個沿襲了這個理想。[9]蘇維埃的藝術和宣傳充斥著幸福而桀驁不馴的農民和工人齊心協力的形象，而把西方人形容成沒有靈魂的、自私的唯物論者。

然而，社會和諧的核心性似乎是植根於俄羅斯對於可能的損失的擔憂，以及它引以為傲的道德優越感。我遇到張伯倫時，她談到俄羅斯哲學的第一件事，就是當代哲學家阿基澤（A. Z. Akhiezer）語出驚人地主張說，俄羅斯思想的主要動力，一直是如何凝聚社會的問題。「俄羅斯哲學的實踐性情操旨在防止部分從整體掉落，」他寫道。（原注12）它是若干世紀以來的俄國知識份子的成見。俄羅斯所謂的和諧不同於儒家的和諧：它渴望齊一性，認為任何異議都是個威脅。

張伯倫認對，對於自我和理性的抗拒是後現代主義的一種雛型。當然，俄羅斯哲學似乎不怎麼關心傳統的真理觀念。在共產黨時期的異議份子裡，顯然沒有幾個是哲學家；一

7 譯按：巴枯寧（1814-1876），俄羅斯重要的無政府主義者。
8 譯按：費希特（1762-1814），德國哲學家，德國唯心主義哲學的主要奠基者。
9 譯按：見以撒．柏林《俄國思想家》頁249以及註釋，彭淮棟譯，譯林出版，2001；聯經出版，1987。另見《馬克思恩格斯文集．政治經濟學批判（1857-1858年手稿）摘選》頁125，人民出版社，2009。

般而言，哲學家似乎樂於以其知識為現狀辯護。就連俄語本身也有助於維持真理的變通性：在俄語裡，有兩個語詞意指**真理**。*istina* 代表自然真理，也就是宇宙不變的真理；*pravda* 則是用以形容人類世界，是人類想像出來的東西。這有助於解釋當共產黨在一九三一年宣稱它自己是哲學真理的最後仲裁者時，沒有人覺得有什麼不對。（原注13）

對於真理漫不在乎的態度、抗拒腐化人心的西方價值、對於凝聚民族的力量的重視、民族例外主義（exceptionalism）的意識、個人命運相對於集體命運的微不足道：這些觀念和俄國政治領袖的行為之間的關係顯而易見。然而，對於俄國哲學的批判性研究屈指可數，是讓人很洩氣的事。我誠心盼望比我有資格的人可以補起這個大洞。

第二十八章

場域感

大家都知道，從字源學來說，「烏托邦」（utopia）的字面意思是「無何有之鄉」（no-place）。在談到哲學的烏托邦時，它應該不只是茶餘飯後的話題。我學習到的西方傳統大張旗鼓地渴求超越一時一地的客觀性。儘管有點太極端了，但是大多數的傳統都會大談整個人類的真理，而不只是屬於他們自己民族的真理。

這樣的普世智慧是比較哲學的終極目標嗎？有一本書的書名叫作《無國界比較哲學》（*Comparative Philosophy without Borders*），似乎就是在暗示這點。編輯查克拉巴提（Arindam Chakrabati）和拉夫．韋伯（Ralph Weber）則是想要拋開「比較的梯子」，只是探討「全球競合批判創意的哲學」。（原注1）

懷有這種抱負的人不勝枚舉。「我假借日本哲學，但是我也以西方哲學為鏡，」約翰．克魯默說。他的同事莉亞．凱曼森也盼望世界各地的哲學家真正攜手合作，如此我們才能夠爬出地域性的豎井（silo）。既說要合作，卻又要保有各自的利基，聽起來或許有些三心兩意，彷彿我們可以相互學習，但只是在某個程度之內。

對於真正的普世哲學是否可能，心存懷疑的人所在多有，因為他們認為主張能夠超越時間和場域的個殊性的人，未免太過狂妄自大了。人們都說西方哲學的缺點就在於歐文．弗拉納根所謂的「先驗的自大狂」（transcendentally pretentious），它企圖「撇開歷史和文化不談，而指出真正的善或真理」。（原注2）任何以客觀性為鵠的的哲學，都會陷入一個永久的衝突：唯有一個處在特定時空的特定的人，才能超越個別思想家的個殊性。我們必須放棄「沒有觀察點的看法」的觀念，接受「任何看法都有個觀察點」的事實。

但是我們不一定會因此就落入褊狹的主觀主義的窠臼。身為哲學的探險家，我們可以為世界建構一個更完整的圖像，以**多重**視角獲得更客觀的理解。觀點的隱喻對此也很有幫助。相較於繪製一張完備的地圖，我們可以從各個場域去觀察某個地形：從它的內部、天空、遠方等等。那不會是沒有觀察點的看法，我們會企圖從許多地方去觀看，或者至少是到得了的每個地方。

我們至少有三種方法可以從多重視角去增益我們的理解。第一是把不同的視角組合起來，以提供相較於單一視角更加豐富的資訊。「許多道德傳統難免都會涉及有選擇性的視野和感知，」卡佩曼說，所以「我們要擔心的是我們有沒有可能看不到或者沒有注意到某個重要的東西」。（原注3）

在各式各樣的印度哲學裡，我們往往會看到盲人摸象的譬喻，其中包括佛教早期巴利文經典《自說經》（*Udāna*）。摸到大象耳朵的生盲說：「象恰如箕。」摸到象牙的生盲則說：「象恰如犁尖。」摸到象尾的人說：「象恰如篲。」等等。[1]（原注4）每個人都看到真理的一個面向，但是我們必須聚集所有視角，才能獲致整個真理。耆那教也以這個譬喻去說明他們的**非一邊說**（anekāntavāda），也就是主張究竟真理具有多重面向的性格。我們不必細究耆那教的教法，就可以接受以下的事實：不同的哲學傳統都碰到若干部分的真理，

1譯按：見《自說經》，悟醒譯。

但是沒有任何傳統曾經發現全部的真理。因此，我們可以形構的最完整的圖像，就會像是立體派的畫，它把若干視角組合起來，而不能在畫布的任何一個觀察點看到全部。我們把這個方法叫作**立體派視角**（cubist perspective）。

多重視角的第二個闡述方法是，當它們展現在眼前時，其實不只探觸到一個議題。關於人或自我的問題，我覺得這是最好的思考方式。其實，在它背後隱藏了如恆河沙一般的無數問題，例如說：自我是由什麼構成的？自我是恆常的嗎？人和他人的關係如何形塑他的自我？我們的認同感是從哪裡來的？在不同的傳統裡，自我的「難題」總會涉及以上某些問題，而捨棄其他的問題。以多重視角觀之，我們可以把種種難題「拆開來看」，把表面上簡單的問題拆解成許多複雜的組件，因而更加客觀地理解它。我們不妨把它叫作**拆解式的視角**（disaggregating perspective）。

採取多重視角的第三個好處，是我們會了解到，不管是理解世界或是建構規範，都不只有一種正當的方式。當我們在探討關於個人或政治上安身立命的問題時，這個多元主義就會更加清楚地浮現。自律、和諧、團體和個體，這些價值都有其正當性，但是我們在生活裡不可能把所有價值都最大化。人的成長有許多方式，而權衡利弊得失則是不可避免的。有時候，我們會導入某個價值，而它也在我們的土地上枝繁葉茂，就好像日本的女貞樹在英國也長得很好。但是，有些價值一出了它的家鄉就跌跌撞撞，就像你沒辦法在英國種植咖啡豆或可可。這就是**多元主義的視角**（pluralistic perspective）。

接受許多不同價值的存在以及各種組合方式，並不意味著自由放任。誠如以撒．柏林所說的，多元主義不等於相對主義。（原注5）它其實是客觀真理的問題，也就是說，每個人都不一樣，環境也會因時因地而異。社會世界不是抽象而既有的東西，彷彿不管任何時間或地點，對每個人都一樣。由此我們可以推論說，關於社會世界的任何觀念，也不能被視為既有的東西，那意味著政治和道德都必須適應環境。

我們列舉了立體派的、拆解式的以及多元主義的視角，只是個方便施設，而不是蓋棺論定的說法。它提出了幾個主要的方法，從世界不同的視角去觀察哲學，並不會要我們放棄追求更加客觀的理解，反而會使我們對於客觀性本身是什麼的看法更加開闊。立體派的視角要我們以各式各樣的觀點去看整個畫面。拆解式的視野使我們明白說，我們原本以為單一的問題，其實是由若干各自不同的問題構成的。至於多元主義的視角則是告訴我們，在遇到倫理或政治的議題時，不會有一個或一套主要的價值可以適用於任何時間和場域。

如果我們不在意家鄉的哲學和世界其他角落的哲學的個殊性，就會把客觀性的追求和「沒有特定場域的普遍性」的偏差理想混為一談。觀念既不會和特定文化緊緊綁在一起，也不會是隨波逐流的、普遍卻沒有特定場域的。就像我們一樣，它是由文化形塑而成的，但是也可以到處旅行。如果我們真的想要更加客觀地理解世界，就必須占領不同的思想場域而善用之。尊重但不拘泥於其他文化的過去和現在，會有助於重新繪製我們的哲學地圖。

原文注釋

導論

1. Maurice Merleau-Ponty, *Phenomenology of Perception*, trans. Colin Smith (Routledge, 2002 [1945]), p.459。感謝 Yves Vende 的指點。
2. 這段話出處可疑，引自 Alasdair MacIntyre, *A Short History of Ethics* (Routledge, 1976), p.182。
3. Jonathan Israel, *A Revolution of the Mind* (Princeton University Press, 2010), p.224.
4. 同前揭書，p.37。
5. Thomas P. Kasulis, *Intimacy or Integrity: Philosophy and Cultural Difference* (University of Hawai'i Press, 2002), p.17.
6. Xu Zhiyuan, *Paper Tiger: Inside the Real China* (Head of Zeus, 2015), p.146.
7. Kasulis, *Intimacy or Integrity*, p.140.
8. 同前揭書，p.17。
9. John E. Carter, *The Kyoto School: An Introduction* (SUNY Press, 2013), p.xi.
10. Xu, *Paper Tiger*, p.xi.

前言

1. Karl Jaspers, *The Origin and Goal of History*, trans. Michael Bullock (Routledge & Kegan Paul, 1953 [1949]).
2. Julian Baggini, *The Edge of Reason* (Yale University Press, 2016).
3. Sarvepalli Radhakrishnan and Charles A. Moore (eds.), *A Sourcebook in Indian Philosophy* (Princeton University Press, 1957), p.xviii.
4. 同前揭書。
5. Plato, *The Republic*, trans. Robin Waterfield (Oxford University Press, 1994), p.90.
6. Joel Kupperman, *Learning from Asian Philosophy* (Oxford University Press, 1999), p.157.
7. 同前揭書p.350。
8. 'Women in Philosophy in the UK: A Report by the British Philosophical Association and the Society for Women in Philosophy UK' (2011), www.bpa.ac.uk/uploads/2011/02/BPA_Report_Women_In_Philosophy.pdf, and Eric Schwitzgebel and Carolyn Dicey Jennings, 'Women in Philosophy: Quantitative Analyses of Specialization, Prevalence, Visibility, and Generational Change', *Public Affairs Quarterly*, 31 (2017), pp.83-105.
9. Thomas P. Kasulis, *Intimacy or Integrity: Philosophy and Cultural Difference* (University of Hawai'i Press, 2002), p.18.
10. Richard Rorty, 'Philosophy as a Kind of Writing', in *Consequences of Pragmatism: Essays 1972-1980* (University of Minnesota Press, 1982), p.92.

11. Kwame Anthony Appiah, *In My Father's House: Africa in the Philosophy of Culture* (Oxford University Press, 1993), pp.26, 91.
12. Mogobe B. Ramose, 'The Philosophy of Ubuntu and Ubuntu as a Philosophy', in P. H. Coetzee and A. P. J. Roux (eds.), *The African Philosophy Reader*, 2nd edn (Routledge, 2003), p.230.
13. 「概括化是組織（論證）的必要元素。概括化不同於全稱量詞（universal quantifier）：僅僅一個反例並不能否定一個概括化。」見：Kasulis, *Intimacy or Integrity*, p.8。
14. 同前揭書p.20。
15. 同前揭書pp.154-6。
16. Carmel S. Saad, Rodica Damian, Verónica Benet- Martínez, Wesley G. Moons and Richard R. Robins, 'Multiculturalism and Creativity: Effects of Cultural Context, Bicultural Identity, and Ideational Fluency', *Social Psychological and Personality Science*, 4 (2013), pp. 369-75.

第一部

第一章

1. James Mill, *The History of British India*, 3rd edn (Baldwin, Cradock and Joy, 1826), Vol. 1, Book I, Chapter 1, p. 3, and Book II, Chapter 6, p.286.
2. Immanuel Kant, 'Physical Geography', in Emmanuel Chukwudi Eze (ed.), *Race and the Enlightenment: A Reader* (Wiley-Blackwell, 1997), p.63.
3. David Hume, 'Of National Characters' (1753).
4. Sarvepalli Radhakrishnan and Charles A. Moore (eds.), *A Sourcebook in Indian Philosophy* (Princeton University Press, 1957), p.xxv.
5. Sue Hamilton, *Indian Philosophy: A Very Short Introduction* (Oxford University Press, 2001), p.9.
6. 同前揭書p.69：以及「sākṣāt-kāra」：Dhirendra Mohan Datta, 'Epistemological Methods in Indian Philosophy', in Charles A. Moore (ed.), *The Indian Mind* (University of Hawai'i Press, 1967), p.124。
7. Radhakrishnan and Moore (eds.), *A Sourcebook in Indian Philosophy*, p.356.
8. *Kaṭha Upaniṣad*, II.23, III.12, ibid., pp.46-7.
9. *Muṇḍaka Upaniṣad*, III.8, ibid., p.54.
10. 同前揭書pp.353-4。
11. 同前揭書p.355。
12. S. K. Saksena, 'Relation of Philosophical Theories to the Practical Affairs of Men', in Moore (ed.), *The Indian Mind*, pp.13-14.
13. *Nyāya Sūtra*, 7, in Radhakrishnan and Moore (eds.), *A Sourcebook in Indian Philosophy*, p.359.
14. Deepak Sarma (ed.), *Classical Indian Philosophy: A Reader* (Columbia University Press, 2011), p.141.
15. Chakravarthi Ram-Prasad, *Eastern Philosophy* (Weidenfeld & Nicolson, 2005), p.140.

16. *The Vedānta Sūtras with commentary by Śaṇkarākārya*, II.i.5, in Radhakrishnan and Moore (eds.), *A Sourcebook in Indian Philosophy*, p.524.
17. 同前揭書p.37。
18. *The Laws of Manu*, II.201, ibid., p.178.
19. *Vaiśeṣika Sūtra*, IX.2.13, ibid., p.397.
20. Uddyotakara's *Nyāya-Vārttika*, in Sarma (ed.), *Classical Indian Philosophy*, p.136.
21. Haribhadra, *aḍdarśana-samuccaya*, ibid., p.3.
22. The *Sarvadarśanasaṃgraha*, in Radhakrishnan and Moore (eds.), *A Sourcebook in Indian Philosophy*, p.234.
23. *The Vedānta Sūtras with commentary byŚaṇkarākārya*, II.i.5, ibid., p.522.
24. *Yoga Sūtra*, 4.1, in Sarma (ed.), *Classical Indian Philosophy*, p. 192。
25. *Vaiśeṣika Sūtra*, IX.2.13, in Radhakrishnan and Moore (eds.), *A Sourcebook in Indian Philosophy*, p.397.
26. *Chāndogya Upaniṣad*, VII.vi.1, in ibid., p.70.
27. Sue Hamilton, *Indian Philosophy: A Very Short Introduction* (Oxford University Press, 2001), p.10.
28. *Yoga Sūtra*, 1.1-2, in Sarma (ed.), *Classical Indian Philosophy*, p.180.
29. Hamilton, *Indian Philosophy*, p.107.
30. *Kauṣītaki Upaniṣads*, VI.18, in Radhakrishnan and Moore (eds.), *A Sourcebook in Indian Philosophy*, p.96.
31. *Bhagavad Gītā* , 6.11-16, ibid., p.124.
32. *Yoga Sūtra*, 3.23-28, 30, 41, in Sarma (ed.), *Classical Indian Philosophy*, pp.189-90.
33. C. D. Sebastian, *Ájnāna*: Retrospectives and Prospects from G. R. Malkani, Rasvihary Das and T. R. V. Murti', paper given at the 90th Session of the Indian Philosophical Congress, Magadh University, Bodh Gaya, 1-4 February 2016.
34. L. N. Sharma, 'The Indian Quest', Presidential Address at the 90th Session of the Indian Philosophical Congress, Magadh University, Bodh Gaya, 1-4 February 2016.
35. Sarvepalli Radhakrishnan, 'The Indian Approach to the Religious Problem', in Moore (ed.), *The Indian Mind*, p.177.
36. Charles A. Moore, Introduction, ibid., p.8.
37. Sarvepalli Radhakrishnan and Charles A. Moore, ibid., p.351.
38. 同前揭書p.506。
39. *The Vedānta Sūtras with commentary by Śaṇkarākārya*, II.i.5, ibid., pp.512-13.
40. 同前揭書p.516。
41. Aristotle, *Nicomachean Ethics*, 1143b11-14, trans. J. A. K. Thomson (Penguin, 1996), p.220.
42. Owen Flanagan, *The Geography of Morals* (Oxford University Press, 2017), p.254.
43. Rene Descartes, *Meditations on First Philosophy*, 2nd Meditation, Section 25, trans. John Cottingham (Cambridge University Press, 1986 [1641]), p.17.
44. Robert E. Carter, *The Kyoto School: An Introduction* (SUNY Press, 2013), p.7.

45. 同前揭書p.2。
46. Nishida Kitarō, 'Pure Experience', in James W. Heisig, Thomas P. Kasulis and John C. Maraldo (eds.), *Japanese Philosophy: A Sourcebook* (University of Hawai'i Press, 2011), pp.647-8.
47. Carter, *The Kyoto School*, p.27.
48. 同前揭書p.23。
49. Quoted by Takeuchi Yoshinori, 'The Philosophy of Nishida', *Japanese Religions*, III:4 (1963), pp.1-32, reprinted in Frederick Franck (ed.), *The Buddha Eye: An Anthology of the Kyoto School and Its Contemporaries* (World Wisdom, 2004), p.190.
50. Hakuin Ekaku, 'Meditation', in Heisig, Kasulis and Maraldo (eds.), *Japanese Philosophy*, p.209.
51. D. T. Suzuki, 'What Is the "I"?', *Eastern Buddhist*, IV:1 (1971), pp. 13-27, reprinted in Franck (ed.), *The Buddha Eye*, p.25.
52. Edward Slingerland, *Trying Not to Try* (Canongate, 2014), p.153.
53. D. T. Suzuki, 'Self the Unattainable', *Eastern Buddhist*, III:2 (1970), pp.1-8, reprinted in Franck (ed.), *The Buddha Eye*, p.7.
54. Suzuki, 'What Is the "I"?', reprinted ibid., pp.31-2.
55. Carter, *The Kyoto School*, p.31.
56. 同前揭書p.28。
57. Tanabe Hajime, 'Philosophy as Metanoetics', in Heisig, Kasulis and Maraldo (eds.), *Japanese Philosophy*, p.689.
58. Carter, *The Kyoto School*, pp.67ff.
59. Thomas P. Kasulis in Heisig, Kasulis and Maraldo (eds.), *Japanese Philosophy*, pp.135-6.

第11章

1. Daodejing, 1.41, in Philip J. Ivanhoe and Bryan W. Van Norden (eds.), *Readings in Classical Chinese Philosophy*, 2nd edn (Hackett, 2005), p.183.
2. 同前揭書1.71, p.198。
3. 同前揭書1.38, p.181。
4. Robin R. Wang, *Yinyang: The Way of Heaven and Earth in Chinese Thought and Culture* (Cambridge University Press, 2012), p.48.
5. Daodejing, 25, in Ivanhoe and Van Norden (eds.), *Readings in Classical Chinese Philosophy*, p.175.
6. 同前揭書1.56, p.190。
7. Joel Kupperman, *Learning from Asian Philosophy* (Oxford University Press, 1999), p.183.
8. Zhuangzi, 26, in Ivanhoe and Van Norden (eds.), *Readings in Classical Chinese Philosophy*, p.250.
9. 同前揭書p. 13, p.245。
10. *Analects*, XVII.ix.3, in James Legge, *The Chinese Classics*, Vol. 1 (Clarendon Press, 1893), p.326.
11. Chakravarthi Ram-Prasad, *Eastern Philosophy* (Weidenfeld & Nicolson, 2005), p.146.
12. Kamo No Mabuchi, 'The Meaning of Our Country', in James W. Heisig, Thomas P. Kasulis and John C. Maraldo (eds.),

Japanese Philosophy: A Sourcebook (University of Hawai'i Press, 2011), p.468.
13. Fujitani Mitsue, 'On Kotodama', ibid., p.501.
14. 同前揭書p.160。
15. Nāgārjuna's Vigrahavyāvartanī, Part 2.29, in Deepak Sarma (ed.), *Classical Indian Philosophy: A Reader* (Columbia University Press, 2011), p.44.
16. Shurangama Sūtra, 2, www.fodian.net/world/shurangama.html.
17. Shidō Bunan, 'This Very Minds Is Buddha', in Heisig, Kasulis and Maraldo (eds.), *Japanese Philosophy*, p.191.
18. D. T. Suzuki, 'Self the Unattainable', *Eastern Buddhist*, III:2 (1970), pp.1-8, reprinted in Frederick Franck (ed.), *The Buddha Eye: An Anthology of the Kyoto School and Its Contemporaries*, pp.6-7.
19. Robert E. Carter, *The Kyoto School: An Introduction* (SUNY Press, 2013), p.19.
20. Suzuki, 'Self the Unattainable', reprinted in Franck (ed.), *The Buddha Eye*, pp.3-4.
21. Musō Soseki, 'Dialogues in a Dream', in Heisig, Kasulis and Maraldo (eds.), *Japanese Philosophy*, p.171.
22. Quoted in Barney Jopson, 'A Pilgrim's Progress', FT Magazine Japan supplement, 10-11 September 2016, pp.16-21.
23. Kena Upani ad, I.1-3, in Sarvepalli Radhakrishnan and Charles A. Moore (eds.), *A Sourcebook in Indian Philosophy* (Princeton University Press, 1957), p.42.
24. *Bṛhadāraṇyaka Upaniṣad*, III.iv, ibid., p.84.
25. *Maitri Upaniṣad*, VI.17, ibid., p.95.
26. *Taittirīya Upaniṣad*, II.8, ibid., p.60.
27. Ram-Prasad, *Eastern Philosophy*, pp.168-9.
28. Rabindranath Tagore, 'Fireflies' (177), at www.tagoreweb.in.
29. Emilie Reas, 'Small Animals Live in a Slow- Motion World', *Scientific American*, 1 July 2014.
30. The Encyclopedia of Diderot & d'Alembert: Collaborative Translation Project, hosted by Michigan Publishing, https://quod.lib.umich.edu/d/did/d'Alembert, 'Preliminary Discourse', https://goo.gl/LmG5Qa.

第三章

1. John Locke, 'A Letter Concerning Toleration' (1689), www.constitution.org/jl/tolerati.htm.
2. Omar Saif Ghobash, *Letter to a Young Muslim* (Picador, 2017), p.168.
3. Peter Adamson, *Philosophy in the Islamic World: A Very Short Introduction* (Oxford University Press, 2015), p.31.
4. Al- Ghazālī, *The Incoherence of the Philosophers*, 'The First Discussion', in Jon McGinnis and David C. Reisman (eds.), *Classical Arabic Philosophy: An Anthology of Sources* (Hackett, 2007), p.241.
5. Al- Kindī, 'The Explanation of the Proximate Efficient Cause for Generation and Corruption', ibid., p.1.
6. Al- Kindī, 'On Divine Unity and the Finitude of the World's Body', ibid., p.22.
7. Qur'ān, 59:2.

8. Ibn Rushd, *The Decisive Treatise*, Chapter 1, in McGinnis and Reisman (eds.), *Classical Arabic Philosophy*, p.309.
9. 同前揭書 p.312。
10. 同前揭書 Chapter 2, pp.318-19。
11. 同前揭書 Chapter 3, p.323。
12. Christopher de Bellaigue, *The Islamic Enlightenment* (The Bodley Head, 2017), p.xxiii.
13. 同前揭書 p.25。
14. Robert E. Carter, *The Kyoto School: An Introduction* (SUNY Press, 2013), p.6.
15. Tanabe Hajime, 'The Philosophy of Dōgen', in James W. Heisig, Thomas P. Kasulis and John C. Maraldo (eds.), *Japanese Philosophy: A Sourcebook* (University of Hawai'i Press, 2011), p.684.
16. Takeuchi Yoshinori, 'Buddhist Existentialism', ibid., p.745.
17. Carter, *The Kyoto School*, p.6.
18. Takeuchi, 'Buddhist Existentialism', in Heisig, Kasulis and Maraldo (eds.), *Japanese Philosophy*, p.746.
19. Carter, *The Kyoto School*, p.8.

第四章

1. The Encyclopedia of Diderot & d'Alembert: Collaborative Translation Project, hosted by Michigan Publishing, https://quod.lib.umich.edu/d/did/, Diderot, 'Encyclopedie', https://goo.gl/cJxiiy.
2. 同前揭 d'Alembert, 'Preliminary Discourse', https://goo.gl/nTPjgv。
3. 同前揭 Diderot, 'Encyclopedie', https://goo.gl/cJxiiy。
4. Thomas P. Kasulis, *Intimacy or Integrity: Philosophy and Cultural Difference* (University of Hawai'i Press, 2002), p.148.
5. G. W. Leibniz, *New Essays on Human Understanding*, Book 4, Chapter 2, Section 1 (362), trans. and ed. Peter Remnant and Jonathan Bennett (Cambridge University Press, 1996 [1704]).
6. Aristotle, *Metaphysics*, Book 4, Part 4, trans. W. D. Ross (Dover Publications, 2018), p.49.
7. *Daodejing*, 42, in Philip J. Ivanhoe and Bryan W. Van Norden (eds.), *Readings in Classical Chinese Philosophy*, 2nd edn (Hackett, 2005), p.184.
8. Chakravarthi Ram-Prasad, *Eastern Philosophy* (Weidenfeld & Nicolson, 2005), p.213.
9. Gongsun Longzi, 'On the White Horse', in Ivanhoe and Van Norden (eds.), *Readings in Classical Chinese Philosophy*, p.365.
10. Ram-Prasad, *Eastern Philosophy*, p.228.
11. Nicholas Rescher, *Philosophical Reasoning: A Study in the Methodology of Philosophising* (Blackwell, 2001), p.93.
12. *Nyāyakusumāñjali*, Chapter 3, Section 8, cited in Bimal Krishna Matilal, *Nyāya-Vaiśeṣika*, Vol. 6, Fasc. 2, of Jan Gonda (ed.), *A History of Indian Literature* (Otto Harrassowitz, 1977), p.97.
13. Gautama, *Nayā ya sūtra*, 1.2.42, in Deepak Sarma (ed.), *Classical Indian Philosophy: A Reader* (Columbia University Press, 2011), p.104.

14. 同前揭書 1.2.43, p.105。
15. 同前揭書 1.2.44, p.105。
16. 同前揭書 1.2.43, p.105。
17. 同前揭書 1.1.32, p.101。
18. Mādhavācarya, *Sarvadarśana-saṃgraha*, in Sarma (ed.), *Classical Indian Philosophy*, 2011, p.7.
19. Ram-Prasad, *Eastern Philosophy*, p.216.
20. Gautama, *Nayāya sūtra*, 1.2.129, in Sarma (ed.), *Classical Indian Philosophy*, p.123.
21. 同前揭書 1.2.51, 53, 55, p.107。
22. Nagarjuna, *Vigrahavyāvartanī*, Part 2 (32), in Sarma (ed.), *Classical Indian Philosophy*, p.45.
23. Gautama, *Nayāya sūtra*, 1.2.118-19, ibid., p.121.
24. Ram-Prasad, *Eastern Philosophy*, p.212.
25. *Hitopadeśa*, Introduction. A more literal translation is in Friedrich Max Muller, *The First Book of the Hitopadeśa* (Longman, Green, Longman, Roberts, and Green, 1864), pp.6-7.

第五章

1. Stephen Hawking, *A Brief History of Time* (Bantam, 1998), p.175.
2. Christopher de Bellaigue, *The Islamic Enlightenment* (The Bodley Head, 2017), p.xxxiii.
3. Baruch Spinoza, *Ethics*, Part 1, Axiom 3 and Proposition 8, in *The Ethics and Selected Letters*, trans. Samuel Shirley (Hackett, 1982 [1677]), pp.32, 34.
4. Rene Descartes, *Meditations on First Philosophy*, 3rd Meditation, Section 40, trans. John Cottingham (Cambridge University Press, 1986 [1641]), p.28.
5. David Hume, *An Enquiry Concerning Human Understanding* (1748), Section VII, Part I.
6. *Mozi*, 35, in Philip J. Ivanhoe and Bryan W. Van Norden (eds.), *Readings in Classical Chinese Philosophy*, 2nd edn (Hackett, 2005), p.111.
7. Henri Poincare, quoted in 'The French University Conflict', *The Nation*, 97 (11 September 1913), p.231.
8. Seyyed Hossein Nasr, *Islam in the Modern World* (HarperOne, 2012), pp.191-2.
9. William Jennings Bryans, *Bryan's Last Speech* (Sunlight Publishing Society, 1925).
10. Winston Churchill, speech to the Royal College of Physicians, 10 July 1951.
11. Fritjof Capra, *The Turning Point (Bantam*, 1983), p.87.
12. Arthur C. Clarke, *Voices from the Sky: Previews of the Coming Space Age* (Pyramid Books, 1967), p.156.

第六章

1. WIN/Gallup International End of Year Survey 2016, www.wingia.com/web/files/news/370/file/370.pdf.

2. William James, 'Philosophical Conceptions and Practical Results', in Robert B. Talisse and Scott F. Aikin (eds.), *The Pragmatism Reader: From Peirce through the Present* (Princeton University Press, 2011), p.76.
3. Charles Sanders Peirce, *The Collected Papers of Charles Sanders Peirce: Volumes V and VI*, ed. Charles Hartshorne and Paul Weiss (Harvard University Press, 1931-58), p.293.
4. John Dewey, 'The Need for a Recovery of Philosophy', in Talisse and Aikin (eds.), *The Pragmatism Reader*, p.129.
5. 同前揭 p.132。
6. William James, 'Pragmatism's Conception of Truth', in Talisse and Aikin (eds.), *The Pragmatism Reader*, p.80.
7. Charles Sanders Peirce, 'How to Make Our Ideas Clear', ibid., pp.55-6.
8. James, 'Philosophical Conceptions and Practical Results', ibid., p.66.
9. John Dewey, 'The Influence of Darwinism on Philosophy', ibid., p.148.
10. James, 'Philosophical Conceptions and Practical Results', ibid., p.78.
11. Peirce, 'How to Make Our Ideas Clear', ibid., p.61.
12. Dewey, 'The Need for a Recovery of Philosophy', ibid., p.138.
13. Charles Sanders Peirce, 'Some Consequences of Four Incapacities', ibid., p.12.
14. Dewey, 'The Influence of Darwinism on Philosophy', ibid., p.148.
15. Robert E. Carter, *The Kyoto School: An Introduction* (SUNY Press, 2013), pp.18-19.
16. Dewey, 'The Need for a Recovery of Philosophy', in Talisse and Aikin (eds.), *The Pragmatism Reader* (Princeton University Press, 2011), p. 132。
17. Peirce, 'How to Make Our Ideas Clear', ibid., p.63.
18. Peirce, 'Some Consequences of Four Incapacities', ibid., p.13.
19. Richard Rorty, 'Solidarity or Objectivity?', ibid., p.369.
20. James, 'Pragmatism's Conception of Truth', ibid., p.87.
21. Rorty, 'Solidarity or Objectivity?', ibid., p.370.
22. Peirce, 'How to Make Our Ideas Clear', ibid., p.65.
23. Rorty, 'Solidarity or Objectivity?', ibid., p.370.
24. James, 'Pragmatism's Conception of Truth', ibid., p.81.
25. Dewey, 'The Need for a Recovery of Philosophy', ibid., p.136.
26. James, 'Pragmatism's Conception of Truth', ibid., p.80.
27. Peirce, 'Some Consequences of Four Incapacities', ibid., p.13.
28. Carlin Romano, *America the Philosophical* (Vintage, 2013), p.65.
29. James, 'Philosophical Conceptions and Practical Results', Talisse and Aikin (eds.), *The Pragmatism Reader*, p.74.
30. William James, 'Will to Believe', ibid., pp.104-5.
31. Rorty, 'Solidarity or Objectivity?', ibid., p.373.

第七章

1. Charles A. Moore, 'Introduction: The Humanistic Chinese Mind', in Charles A. Moore (ed.), *The Chinese Mind* (University of Hawai'i Press, 1967), p.3.
2. *Analects*, VII.ii, in James Legge, *The Chinese Classics*, Vol. 1 (Clarendon Press, 1893), p.195.
3. Chan Wing-Tsit, 'Syntheses in Chinese Metaphysics', in Moore (ed.), *The Chinese Mind*, p.144.
4. Chan Wing-Tsit, 'Chinese Theory and Practice, with Special Reference to Humanism', ibid., p.12.
5. John C. H. Wu, 'Chinese Legal and Political Philosophy', ibid., p.233.
6. Shimomura Torarar , 'The Logic of Absolute Nothingness', in James W. Heisig, Thomas P. Kasulis and John C. Maraldo (eds.), *Japanese Philosophy: A Sourcebook* (University of Hawai'i Press, 2011), p.734.
7. Both cited in Mogobe B. Ramose, 'The Struggle for Reason in Africa', in P. H. Coetzee and A. P. J. Roux (eds.), *The African Philosophy Reader*, 2nd edn (Routledge, 2003), pp.13-14. See also Walter J. Ong, *Orality and Literacy* (Routledge, 1982).
8. 同前揭書p.6。
9. Moya Deacon, 'The Status of Father Tempels and Ethnophilosophy in the Discourse of African Philosophy', in Coetzee and Roux (eds.), *The African Philosophy Reader*, p.98.
10. Placide Tempels, *Bantu Philosophy* (Presence Africaine, 1959), p.36.
11. Quoted in Deacon, 'The Status of Father Tempels and Ethnophilosophy in the Discourse of African Philosophy', in Coetzee and Roux (eds.), *The African Philosophy Reader*, p.108.
12. H. Odera Oruka, *Sage Philosophy: Indigenous Thinkers and Modern Debate on African Philosophy* (African Center for Technological Studies, 1991), p.150.

第八章

1. *Cūla-Māluṇkya Sutta*, MN 63, quoted in Rupert Gethin, *Sayings of the Buddha: New Translations from the Pali Nikayas* (Oxford World's Classics, 2008), p.172.
2. Chenyang Li, *The Confucian Philosophy of Harmony* (Routledge, 2014), pp.20-21.
3. Robin R. Wang, *Yinyang: The Way of Heaven and Earth in Chinese Thought and Culture* (Cambridge University Press, 2012), pp.120, 123.
4. 同前揭書p.125。
5. Owen Flanagan, *The Geography of Morals* (Oxford University Press, 2017), p.12.
6. Edward Slingerland, *Trying Not to Try* (Canongate, 2014), p.214.
7. Chakravarthi Ram-Prasad, *Eastern Philosophy* (Weidenfeld & Nicolson, 2005), p.145.
8. 同前揭書p.153。
9. Charles A. Moore, 'Introduction: The Comprehensive Indian Mind', in Charles A. Moore (ed.), *The Indian Mind* (University of Hawai'i Press, 1967), p.1.

10. Chakravarthi Ram-Prasad, *Eastern Philosophy* (Weidenfeld & Nicolson, 2005), p.179.

第二部

第九章

1. Book of Revelation 22:13 (King James Version).
2. Sarvepalli Radhakrishnan and Charles A. Moore (eds.), *A Sourcebook in Indian Philosophy* (Princeton University Press, 1957), p.354.
3. *Ṛg Veda*, I.185, ibid., p.11.
4. *Zhuangzi*, 18, in Philip J. Ivanhoe and Bryan W. Van Norden (eds.), *Readings in Classical Chinese Philosophy*, 2nd edn (Hackett, 2005), p.247.
5. James Legge, *The Chinese Classics*, Vol. 1 (Clarendon Press, 1893), p.95.
6. *Mencius*, Book 4, Part 1, Chapter 1.2, in Legge, *The Chinese Classics*, Vol. 2 (Clarendon Press, 1895), p.289.
7. 同前揭書Book 7, Part 2, Chapter 37.13, p.501。
8. Seyyed Hossein Nasr, *Islam in the Modern World* (HarperOne, 2012), p.120.
9. David Maybury-Lewis, *Millennium* (Viking, 1992).
10. Stephen Muecke, *Ancient & Modern: Time, Culture and Indigenous Philosophy* (UNSW Press, 2004), p. 2, and see p.15.
11. 同前揭書p. 118。
12. 同前揭書p. 174。
13. 同前揭書p. 172。
14. 同前揭書p. 63。
15. 同前揭書p. 104。
16. David Goodhart, *The Road to Somewhere* (C. Hurst & Co., 2017), p.36.
17. Kwame Anthony Appiah, *In My Father's House: Africa in the Philosophy of Culture* (Oxford University Press, 1993), p.58.
18. Jay L. Garfield and Bryan W. Van Norden, 'If Philosophy Won't Diversify, Let's Call It What It Really Is', *The Stone*, 11 May 2016, www.nytimes.com/2016/05/11/opinion/if-philosophy-wont-diversify-lets-call-it-what-it-really-is.html.
19. A point made by Thomas P. Kasulis, *Intimacy or Integrity: Philosophy and Cultural Difference* (University of Hawai'i Press, 2002), pp.7, 16.
20. Cited in Appiah, *In My Father's House*, p.58.
21. Gandhi, *Young India*, 1 June 1921, p.170.
22. Anthony Kenny, *The Enlightenment: A Very Brief History* (SPCK Publishing, 2017), pp.125-6.
23. John Gray, *Gray's Anatomy* (Allen Lane, 2009), pp.298-9.
24. Jonathan Israel, *A Revolution of the Mind* (Princeton University Press, 2010), p.3.
25. 見*The Gilded Age: A Tale of Today* (1874)，作者和鄰居華納（Charles Dudley Warner）合寫的導論。

第十章

1. Sue Hamilton, *Indian Philosophy: A Very Short Introduction* (Oxford University Press, 2001), p.11.
2. 同前揭書 p.12。
3. Deepak Sarma (ed.), *Classical Indian Philosophy: A Reader* (Columbia University Press, 2011), p.51.
4. *Dhammapada*, I.1, in Sarvepalli Radhakrishnan and Charles A. Moore (eds.), *A Sourcebook in Indian Philosophy* (Princeton University Press, 1957), p.292.
5. *The Laws of Manu*, XII.9, ibid., p.173.
6. Galatians 6:7 (King James Version).
7. *Mozi*, 26, in Philip J. Ivanhoe and Bryan W. Van Norden (eds.), *Readings in Classical Chinese Philosophy*, 2nd edn (Hackett, 2005), p.92.
8. S. K. Saksena, 'Relation of Philosophical Theories to the Practical Affairs of Men', in Charles A. Moore (ed.), *The Indian Mind* (University of Hawai'i Press, 1967), p.38.
9. *The Laws of Manu*, X.1-4, in Radhakrishnan and Moore (eds.), *A Sourcebook in Indian Philosophy*, p.176。
10. 同前揭書 p.177。
11. *The Laws of Manu*, II.168, www.sacred- texts.com/hin/manu/manu02.htm.
12. 同前揭 X.65, www.sacred-texts.com/hin/manu/manu10.htm.
13. Analabha Basu, Neeta Sarkar-Roy and Partha P. Majumder, 'Genomic Reconstruction of the History of Extant Populations of India Reveals Five Distinct Ancestral Components and a Complex Structure', *Proceedings of the National Academy of Sciences*, 113:6 (9 February 2016), pp.1594-9, reported in Subodh Varma and Sharon Fernandes, '70 Generations Ago, Caste Stopped People Inter-mixing', *Times of India*, 5 February 2016.
14. Somini Sengupta, *The End of Karma: Hope and Fury Among India's Young* (Norton, 2016).

第十一章

1. 'Enduring Power', *The Economist*, 11 March 2017, p.88.
2. Robert E. Carter, *The Kyoto School: An Introduction* (SUNY Press, 2013), p.47.
3. Dōgen, 'Temporality', in James W. Heisig, Thomas P. Kasulis and John C. Maraldo (eds.), *Japanese Philosophy: A Sourcebook* (University of Hawai'i Press, 2011), p.149.
4. Takuan Sōhō, 'Undisturbed Wisdom', ibid., p. 180。
5. *Chāndogya Upaniṣad*, IV.x.4-5, in Sarvepalli Radhakrishnan and Charles A. Moore (eds.), *A Sourcebook in Indian Philosophy* (Princeton University Press, 1957), p. 66。
6. Sue Hamilton, *Indian Philosophy: A Very Short Introduction* (Oxford University Press, 2001), pp. 73, 76。
7. S. K. Saksena, 'Philosophical Theories and the Affairs of Men', in Charles A. Moore (ed.), *The Indian Mind* (University of Hawai'i Press, 1967), p. 129。

8. David Ross Komito, *Na· ga· rjuna's Seventy Stanzas* (Snow Lion Publications, 1987), Stanza 3, p. 79。
9. 同前揭 Stanza 35, p. 88。
10. 同前揭 Stanza 35,p. 148。
11. 同前揭 Stanza 29, p. 86。
12. 同前揭 Stanza 50, p. 91。
13. Nagarjuna, *Vigrahavyāvartanī*, Part 2 (22), in Deepak Sarma (ed.), *Classical Indian Philosophy: A Reader* (Columbia University Press, 2011), p.44.
14. *Aṇguttara-nikāya*, III.134, in Radhakrishnan and Moore (eds.), *A Sourcebook in Indian Philosophy* (Princeton University Press, 1957), p.273.
15. Komito, *Nagarjuna's Seventy Stanzas*, Stanza 73, p.95.
16. 謝謝溫海明先生提醒我這點。
17. D. T. Suzuki, 'The Buddhist Conception of Reality', *Eastern Buddhist*, VII:7 (1974), pp.1-21, reprinted in Frederick Franck (ed.), *The Buddha Eye: An Anthology of the Kyoto School and Its Contemporaries* (World Wisdom, 2004), p.98.
18. 同前揭書 p.86。
19. Matsuo Bashō, *Narrow Road to the Interior*, trans. Sam Hamill (Shambhala, 1991), pp.35-6.
20. Carter, *The Kyoto School: An Introduction*, p.130.

第十二章

1. Joel Kupperman, *Learning from Asian Philosophy* (Oxford University Press, 1999), p.61.
2. Charles A. Moore, 'Introduction: The Humanistic Chinese Mind', in Charles A. Moore (ed.), *The Chinese Mind* (University of Hawai'i Press, 1967), p.1.
3. *Mencius*, Book 4, Part 2, Chapter 26.1, in James Legge, *The Chinese Classics*, Vol. 2 (Clarendon Press, 1895), p.331.
4. 姚新中的看法對於本章有很大的啟發。
5. Philip J. Ivanhoe and Bryan W. Van Norden (eds.), *Readings in Classical Chinese Philosophy*, 2nd edn (Hackett, 2005), p.392.
6. *The Doctrine of the Mean*, 14.4, in Legge, *The Chinese Classics*, Vol. 1 (Clarendon Press, 1893), p.396.
7. *Xunzi*, 17, in Ivanhoe and Van Norden (eds.), *Readings in Classical Chinese Philosophy*, p.272.
8. Chan Wing-Tsit, 'Chinese Theory and Practice, with Special Reference to Humanism', in Moore (ed.), *The Chinese Mind*, p.20.
9. Y. P. Mei , 'The Status of the Individual in Chinese Ethics', ibid., p.325.
10. Legge, *The Chinese Classics*, Vol. 1, p.97.
11. *Analects*, 5.13, in Ivanhoe and Van Norden (eds.), *Readings in Classical Chinese Philosophy*, p.15.
12. *Analects*, XI.xi, in Legge, *The Chinese Classics*, Vol. 1, pp.240-41.
13. *Xunzi*, 9, in Ivanhoe and Norden (eds.), *Readings in Classical Chinese Philosophy*, pp.270-71.
14. *Xunzi*, 8, ibid., p.267.

15. 同前揭書 17, p.273.
16. Stephen C. Angle and Justin Tiwald, *Neo-Confucianism: A Philosophical Introduction* (Polity, 2017), p.71.
17. Chakravarthi Ram-Prasad, *Eastern Philosophy* (Weidenfeld & Nicolson, 2005), p.72.
18. 同前揭書 pp.13, 15, 16。
19. *Zhuangzi*, 6, in Ivanhoe and Van Norden (eds.), *Readings in Classical Chinese Philosophy*, p.236.
20. Robin R. Wang, *Yinyang: The Way of Heaven and Earth in Chinese Thought and Culture* (Cambridge University Press, 2012), p.59.
21. *Zhuangzi*, 3, in Ivanhoe and Van Norden (eds.), *Readings in Classical Chinese Philosophy*, p.225.
22. 同前揭書 p.228。
23. 同前揭書 p. 224。
24. 同前揭書 p. 223。
25. Thomas P. Kasulis, *Shinto: The Way Home* (University of Hawai'i Press, 2004), p.43.
26. Stephen Muecke, *Ancient & Modern: Time, Culture and Indigenous Philosophy* (UNSW Press, 2004), p.49.
27. Kasulis, *Shinto*, p.54.
28. 同前揭書 p. 43。
29. Lebisa J. Teffo and Abraham P. J. Roux, 'Themes in African Metaphysics', in P. H. Coetzee and A. P. J. Roux (eds.), *The African Philosophy Reader*, 2nd edn (Routledge, 2003), p.168.
30. 'Realistic Monism: Why Physicalism Entails Panpsychism', in Galen Strawson, *Real Materialism and Other Essays* (Oxford University Press, 2008).
31. Mādhavācarya, *Sarvadarśana-saṃgraha*, in Deepak Sarma (ed.), *Classical Indian Philosophy: A Reader* (Columbia University Press, 2011), pp.5-6.

第十三章

1. Robert Irwin, *The Alhambra* (Profile, 2005), p.20.
2. Seyyed Hossein Nasr, *Islam in the Modern World* (HarperOne, 2012), p.246.
3. 同前揭書 p.217。
4. Irwin, *The Alhambra*, p.88.
5. Nasr, *Islam in the Modern World*, p.213.
6. Irwin, *The Alhambra*, p.114.
7. 同前揭書 p.99。
8. John Renard (ed.), *Islamic Theological Themes: A Primary Source Reader* (University of California Press, 2014), p. 135. See also p.4.
9. Nasr, *Islam in the Modern World*, p.167.

10. Īśā *Upaniṣad*, 1.4-5, in Sarvepalli Radhakrishnan and Charles A. Moore (eds.), *A Sourcebook in Indian Philosophy* (Princeton University Press, 1957), p.40.
11. *Chāndogya Upaniṣad*, VI.ix.4, ibid., p.69.
12. *Bṛhadāraṇyaka Upaniṣad*, IV.v.15, ibid., pp.88-9.
13. 同前揭書II.iv.14, p. 82。
14. Sue Hamilton, *Indian Philosophy: A Very Short Introduction* (Oxford University Press, 2001), pp. 64-5, and Dhirendra Mohan Datta, 'Indian Political, Legal, and Economic Thought', in Charles A. Moore (ed.), *The Indian Mind* (University of Hawai'i Press, 1967), p.286.
15. *Zhuangzi*, 2, in Philip J. Ivanhoe and Bryan W. Van Norden (eds.), *Readings in Classical Chinese Philosophy*, 2nd edn (Hackett, 2005), p.218.
16. *Analects*, 4.15, ibid., p.12。另見15.3, p.44。
17. *Analects*, VII.viii, in James Legge, *The Chinese Classics*, Vol. 1 (Clarendon Press, 1893), p.197.
18. 'Al- Ghazālī, Ash'ari Creed', in Renard (ed.), *Islamic Theological Themes*, p.109.
19. Jon McGinnis and David C. Reisman (eds.), *Classical Arabic Philosophy: An Anthology of Sources* (Hackett, 2007), pp.xxvi–xxvii.
20. Peter Adamson, *Philosophy in the Islamic World: A Very Short Introduction* (Oxford University Press, 2015), p.6.
21. 同前揭書p.47。
22. 同前揭書p.58。
23. 'Al- Ghazālī, Ash'ari Creed', in Renard (ed.), *Islamic Theological Themes*, p.112.
24. Nasr, *Islam in the Modern World*, p.130.
25. 同前揭書p.4。
26. 同前揭書p.38。
27. Tariq Ramadan, *Islam: The Essentials* (Penguin Random House, 2017), p.61.
28. Ibn Rushd, *The Decisive Treatise*, Chapter 2, in McGinnis and Reisman (eds.), *Classical Arabic Philosophy*, p.313.
29. 同前揭書。
30. Letter of the Pontifical Biblical Commission to the Archbishop of Paris, 1948.
31. Nasr, *Islam in the Modern World*, p.200.
32. 同前揭書p.265。
33. Qur'a¯n 49:12, trans. M. A. S. Abdel Haleem (Oxford University Press, 2010), p.339.
34. *Al-Mustadrak 'ala as- Saheehain*, 8198.
35. Nasr, *Islam in the Modern World*, pp. 152, 155。
36. 同前揭書p.183。
37. 同前揭書pp.141-2。

38. Al- Ghazālī, 'Concerning That on Which True Demonstration Is Based', in McGinnis and Reisman (eds.), *Classical Arabic Philosophy*, p.239.
39. Nasr, *Islam in the Modern World*, p.6.
40. 同前揭書pp.177-8。
41. 同前揭書p.72。.
42. Ramadan, *Islam*, p.225.
43. An- Nawawi, *Forty Hadith*, Hadith 4, quoted in Renard (ed.), *Islamic Theological Themes*, p.14.
44. *Sahih Muslim Book of Destiny*, Vol. 6, Book 33, Hadith 6392, https://muflihun.com/muslim/33/6392.
45. Qur'ān 13:27, trans. Haleem, p.155.
46. 同前揭書61:5, p.370。
47. 同前揭書14:27, p.160。
48. B. K. Paul and M. Nadiruzzaman, 'Religious Interpretations for the Causes of the 2004 Indian Ocean Tsunami', *Asian Profile*, 41:1 (2013), pp.67-77.
49. Qur'ān 7:96–9, as translated on Islam21C.com.
50. Shaikh Haitham Al- Haddad, 'Reasons behind the Japanese Tsunami', 15 March 2011, www.islam21c.com/islamic-thought/2387-reasons-behind-the-japanese-tsunami/.
51. Sanā'ī, 'On the Intimate/Experiential Knowledge [of God, ma'rifat]', in Renard (ed.), *Islamic Theological Themes*, p.273.
52. Adamson, *Philosophy in the Islamic World*, p.42.
53. 同前揭書p.89。
54. 同前揭書p.91。
55. Nasr, *Islam in the Modern World*, p.140.
56. Ramadan, *Islam*, p.196.
57. Christopher de Bellaigue, *The Islamic Enlightenment* (The Bodley Head, 2017).
58. Ramadan, *Islam*, pp.90, 253.

第十四章

1. Thomas P. Kasulis, *Intimacy or Integrity: Philosophy and Cultural Difference* (University of Hawai'i Press, 2002), p.95.
2. The Encyclopedia of Diderot & d'Alembert: Collaborative Translation Project, hosted by Michigan Publishing, https://quod.lib.umich.edu/d/did/, d'Alembert, 'Preliminary Discourse', https://goo.gl/nTPjgv.
3. Harry G. Frankfurt, 'On Bullshit', in his *The Importance of What We Care About: Philosophical Essays* (Cambridge University Press, 1998), p.117.
4. This is in Chapter IV of *An Introduction to the Principles of Morals and Legislation* (1781), called 'Value of a Lot of Pleasure or Pain, How to be Measured'.

5. E. H. Rosch, 'Natural Categories', *Cognitive Psychology*, 4:3 (1973), pp.328-50.
6. Janet Radcliffe Richards, *Human Nature after Darwin* (Routledge, 2000), p.179.
7. 同前揭書p.180。

第十五章

1. Google European Zeitgeist conference, www.youtube.com/watch?v=r4TO1iLZmcw.
2. Karl Popper, 'Replies to My Critics', in Paul Arthur Schilpp (ed.), *The Philosophy of Rudolf Carnap* (Open Court, 1963), p.980.
3. Immanuel Kant, *Prolegomena to Any Future Metaphysics*, 4:367, trans. Gary Hatfield (Cambridge University Press, 2004), p.118.

第三部

第十六章

1. *Chāndogya Upaniṣad*, III.xiv.2, 4, in Sarvepalli Radhakrishnan and Charles A. Moore (eds.), *A Sourcebook in Indian Philosophy* (Princeton University Press, 1957), p.65.
2. L. N. Sharma, 'The Indian Quest', Presidential Address at the 90th Session of the Indian Philosophical Congress, Magadh University, Bodh Gaya, 1-4 February 2016.
3. *Padārthadharmasaṃgraha*, Chapter 5, III.i.19, III.ii.1, in Radhakrishnan and Moore (eds.), *A Sourcebook in Indian Philosophy*, pp.405, 406.
4. Deepak Sarma (ed.), *Classical Indian Philosophy: A Reader* (Columbia University Press, 2011), p.141.
5. *Sāṃkhya-Kārikā*, LXIV, in Radhakrishnan and Moore (eds.), *A Sourcebook in Indian Philosophy*, p.444.
6. Gautama, *Nayāya sūtra*, 1.1.19, in Sarma (ed.), *Classical Indian Philosophy*, p.100.
7. Sarma (ed.), *Classical Indian Philosophy*, pp.179-80.
8. Patanjali, *Yoga Sūtras*, I.51, in Sarma (ed.), *Classical Indian Philosophy*, p.184.
9. John Locke, *An Essay Concerning Human Understanding* (1689), Book II, Chapter XXVII, Para.9.
10. Chakravarthi Ram-Prasad, *Eastern Philosophy* (Weidenfeld & Nicolson, 2005), pp.57-8.
11. 同前揭書p.133。
12. Sarma (ed.), *Classical Indian Philosophy*, p.21.
13. *Milindapanha*, 251, in Radhakrishnan and Moore (eds.), *A Sourcebook inIndian Philosophy*, p.284.
14. *Dhammapada*, Verse 80, ibid., p.298.
15. *Visuddhi-magga*, XVI, ibid., p.289.
16. *Dhammapada*, Verses 15-16, ibid., p.293.
17. http://info-buddhism.com/13th_Dalai_Lama_Tubten_Gyatso_Tsering_Shakya.html

18. Quoted in Melvyn C. Goldstein, *A History of Modern Tibet, Volume 2: The Calm Before the Storm: 1951-1955* (University of California Press, 2007), p.200.（以英語對談。）
19. Ram-Prasad, *Eastern Philosophy*, pp.84-5.
20. Chenyang Li, *The Confucian Philosophy of Harmony* (Routledge, 2014), p.18.
21. Maulana Jalalu-'d-din Muhammad Rumi, *The Masnavi I Ma'navi*, abridged and trans. E. H. Whinfield (1898), Book V, Story III, 'The Sage and the Peacock', www.sacred- texts.com/isl/masnavi/.
22. Alison Gopnik, 'How an 18th-Century Philosopher Helped Solve My Midlife Crisis', *The Atlantic*, October 2015.
23. John Locke, *An Essay Concerning Human Understanding* (1689), Book II, Chapter XXVII, Para.13.
24. David Hume, *A Treatise of Human Nature* (1739), Book I, Part IV, Section VI.
25. 另見Todd E. Feinberg, *Altered Egos: How the Brain Creates the Self* (Oxford University Press, 2001), and *From Axons to Identity: Neurological Explorations of the Nature of the Self* (W. W. Norton, 2009)。
26. Bruce Hood, *The Self Illusion* (Oxford University Press, 2012), and Thomas Metzinger, *The Ego Tunnel* (Basic Books, 2009).
27. YouGov survey https://goo.gl/yKiuJh.

第十七章

1. Robert E. Carter, *The Kyoto School: An Introduction* (SUNY Press, 2013), p.139.
2. Thomas P. Kasulis, *Zen Action, Zen Person* (University of Hawai'i Press, 1986), p.7.
3. 同前揭書p.8。
4. Carter, *The Kyoto School*, p.141.
5. 同前揭書p.147。
6. 同前揭書p.149。
7. 同前揭書pp.130-31。
8. Kuki Shuzō, 'Regarding the Japanese Character', unpublished translation by Leah Kalmanson.
9. Carter, *The Kyoto School*, p.51.
10. 同前揭書pp.121-2。
11. 同前揭書pp.130-31。
12. Takeuchi Yoshinori, 'The Philosophy of Nishida', *Japanese Religions*, III:4 (1963), pp. 1-32, reprinted in Frederick Franck (ed.), *The Buddha Eye: An Anthology of the Kyoto School and Its Contemporaries* (World Wisdom, 2004), p.193.
13. Nishitani Keiji, 'Nihility and Nothingness', in James W. Heisig, Thomas P. Kasulis and John C. Maraldo (eds.), *Japanese Philosophy: A Sourcebook* (University of Hawai'i Press, 2011), p.725.
14. Chan Wing-Tsit, 'Chinese Theory and Practice, with Special Reference to Humanism', in Charles A. Moore (ed.), *The Chinese Mind* (University of Hawai'i Press, 1967), p.59.
15. Hsieh Yu-Wei, 'The Status of the Individual in Chinese Ethics', ibid., p.318.

16. Confucius, *The Great Learning*, Verse 6, trans. Y. P. Mei, in William T. de Bary (ed.), Sources of Chinese Tradition (Columbia University Press, 1960), p.129.
17. 引自：Chico Harlan, 'After Ferry Disaster, a Katrina-like Reckoning in South Korea', *Washington Post*, 27 April 2014。
18. Stephen Muecke, *Ancient & Modern: Time, Culture and Indigenous Philosophy* (UNSW Press, 2004), p.98.
19. 同前揭書p.70。
20. 'Māori Resistance Results in Te Urewera Gaining Legal Personality', Environmental Justice Atlas, https://goo.gl/V51Pm4.
21. Lebisa J. Teffo and Abraham P. J. Roux, 'Themes in African Metaphysics', in P. H. Coetzee and A. P. J. Roux (eds.), *The African Philosophy Reader*, 2nd edn (Routledge, 2003), p.171.
22. Segun Gbadegesin, 'The Yoruba Concept of a Person', ibid., p.191.
23. Kwame Gyeke, 'Person and Community in African Thought', ibid., p.300.
24. Michael Onyebuchi Eze, *Intellectual History in Contemporary South Africa* (Palgrave Macmillan, 2010), pp.190-91.
25. 這個觀點在以下著作裡處處可見：Coetzee and Roux (eds.), *The African Philosophy Reader*：例如：Mogobe B. Ramose, 'Globalisation and *Ubuntu*', p.643。
26. Kwasi Wiredu, 'The Moral Foundations of an African Culture', ibid., p.295.

第十八章

1. Plato, *Phaedo*, 79c-84a, in *The Last Days of Socrates*, trans. Hugh Tredennick (Penguin, 1959), pp.132-7.
2. Rene Descartes, *Meditations on First Philosophy*, 6th Meditation, Sections 78 and 85, trans. John Cottingham (Cambridge University Press, 1986 [1641]), pp.54, 59.
3. David Hume, *A Treatise of Human Nature* (1739), Book I, Part IV, Section VI.
4. Anthony Giddens, *The Third Way: The Renewal of Social Democracy* (Polity, 1998), p.65.
5. Jean-Paul Sartre, 'Existentialism and Humanism', in Stephen Priest (ed.), *Jean-Paul Sartre: Basic Writings*, (Routledge, 2001 [1945]), p.24.
6. Julian Baggini, 'Our Common Creed: The Myth of Self-Authorship', Theos, 31 January 2017, https://www.theosthinktank.co.uk/comment/2017/01/31/common-creed-the-myth-of-self-authorship.
7. Owen Flanagan, *The Geography of Morals* (Oxford University Press, 2017), pp.230-31.
8. P. Cross, 'Not Can but Will College Teaching Be Improved?', *New Directions for Higher Education*, 17 (1977), pp.1-15.
9. Aristotle, *Nicomachean Ethics*, 1169b11-35, trans. J. A. K. Thomson (Penguin, 1996), p.304.
10. 同前揭書1094a22-b12, p.64。
11. Leif Wenar, *Blood Oil* (Oxford University Press, 2016), p.221.

第十九章

1. Thomas P. Kasulis, *Intimacy or Integrity: Philosophy and Cultural Difference* (University of Hawai'i Press, 2002), p.99.

2. 同前揭書 p.37。
3. 同前揭書 p.38。
4. 同前揭書 pp.97-8。
5. 同前揭書 pp.103-4。
6. 同前揭書 p.4。
7. 同前揭書 p.57。
8. 同前揭書 p.35。
9. 同前揭書 p.50。
10. Ludi Simpson and Nissa Finney, 'How Mobile Are Immigrants, After Arriving in the UK?', in *Understanding Society: Findings 2012*, p. 19, www.understandingsociety.ac.uk/research/publications/findings/2012: cited in David Goodhart, *The Road to Somewhere* (C. Hurst & Co., 2017), p.38.

第四部

1. Adrian Wooldridge, 'The Service Economy', *1843*, October/November 2016.

第二十章

1. Anthony White, *The Forbidden City* (Great Wall Publishing, 2002), p.2.
2. Chenyang Li, *The Confucian Philosophy of Harmony* (Routledge, 2014), p.1.
3. John C. H. Wu, 'Chinese Legal and Political Philosophy', in Charles A. Moore (ed.), *The Chinese Mind* (University of Hawai'i Press, 1967), p.226.
4. *Mencius*, Book 3, Part 1, Chapter 4.8, in James Legge, *The Chinese Classics*, Vol. 2 (Clarendon Press, 1895), p.252.
5. James Legge, *The Chinese Classics*, Vol. 1 (Clarendon Press, 1893), p.102.
6. Li, *The Confucian Philosophy of Harmony*, p.12.
7. 同前揭書 p.25。
8. 同前揭書 p.22。
9. 同前揭書 p.1。
10. 同前揭書 p.8。
11. 同前揭書 p.37。
12. Philip J. Ivanhoe and Bryan W. Van Norden (eds.), *Readings in Classical Chinese Philosophy*, 2nd edn (Hackett, 2005), p.60.
13. Li, *The Confucian Philosophy of Harmony*, p.1.
14. 同前揭書 pp.29-30。
15. Dhirendra Mohan Datta, 'Indian Political, Legal, and Economic Thought', in Charles A. Moore (ed.), *The Indian Mind* (University of Hawai'I Press, 1967), p.286.

16. Li, *The Confucian Philosophy of Harmony*, p.27.
17. Aristotle, *Nicomachean Ethics*, 1155a24-b8, trans. J. A. K. Thomson (Penguin, 1996), p.259.
18. Li, *The Confucian Philosophy of Harmony*, p.27.
19. Lin Yutang, 'The Chinese People', *The China Critic*, IV:15 (9 April 1931), pp.343-7.
20. Aristotle, *Nicomachean Ethics*, 1163b7-28, p.285.
21. Li, *The Confucian Philosophy of Harmony*, p.106.
22. Chakravarthi Ram- Prasad, *Eastern Philosophy* (Weidenfeld & Nicolson, 2005), p.102.
23. Li, *The Confucian Philosophy of Harmony*, p.107.
24. Hsieh Yu-Wei, 'The Status of the Individual in Chinese Ethics', Moore (ed.), *The Chinese Mind*, p.185.
25. *Mencius*, Book 1, Part 1, Chapter 7.24, in Legge, *The Chinese Classics*, Vol. 2, p.149.
26. Friedrich Nietzsche, *On the Genealogy of Morals*, Third Essay, Section 7, in Friedrich Nietzsche, *On the Genealogy of Morals/ Ecce Homo*, trans. Walter Kaufmann (Vintage, 1969), p.107.
27. Plato, *Phaedo*, 117a-118a, in *The Last Days of Socrates*, trans. Hugh Tredennick (Penguin, 1959), p.183.
28. Li, *The Confucian Philosophy of Harmony*, pp.101-3.
29. 同前揭書p.109。
30. 同前揭書p.112。
31. *Xunzi*, 19, in Ivanhoe and Van Norden (eds.), *Readings in Classical Chinese Philosophy*, pp.274-5.
32. Berggruen Institute Worskhop on Hierarchy and Equality, Stanford, California, 11-12 March 2016. See 'In Defence of Hierarchy' by workshop participants Stephen Angle, Kwame Anthony Appiah, Julian Baggini, Daniel Bell, Nicolas Berggruen, Mark Bevir, Joseph Chan, Carlos Fraenkel, Stephen Macedo, Michael Puett, Jiang Qian, Mathias Risse, Carlin Romano, Justin Tiwald and Robin Wang, *Aeon*, 22 March 2017, https://aeon.co/essays/hierarchies-have-a-place-even-in-societies-built-on-equality。
33. Immanuel Kant, *An Answer to the Question: What is Enlightenment?* (Penguin, 2009 [1784]), p.1.
34. Legge, *The Chinese Classics*, Vol. 1, p.93.
35. Li, *The Confucian Philosophy of Harmony*, p.166.
36. *Mencius*, Book 3, Part 2, Chapter 1.5, in Legge, *The Chinese Classics*, Vol. 2, p.264.
37. 同前揭書Book 1, Part 1, Chapter 1.3, p.126。
38. Charles A. Moore, 'Introduction: The Comprehensive Indian Mind', in Moore (ed.), *The Indian Mind*, p.3.
39. Bruce B. Janz, 'Philosophy- in- Place and the Provenance of Dialogue', *South African Journal of Philosophy*, 34:4 (2015), pp. 480-90, DOI:10.1080/02580136.2015.1105507.
40. Li, *The Confucian Philosophy of Harmony*, p.13.
41. 同前揭書p.157。
42. 同前揭書p.36。

43. Robin R. Wang, *Yinyang: The Way of Heaven and Earth in Chinese Thought and Culture* (Cambridge University Press, 2012), p.129.
44. *Zhuangzi*, 3, in Ivanhoe and Van Norden (eds.), *Readings in Classical Chinese Philosophy*, p.234.
45. 同前揭書23, p.249。
46. Joel Kupperman, *Learning from Asian Philosophy* (Oxford University Press, 1999), pp.28-9.
47. Ivanhoe and Van Norden (eds.), *Readings in Classical Chinese Philosophy*, p.162.
48. *Daodejing*, 1.25, ibid., p.175.
49. 同前揭書1.41, p.183。
50. 同前揭書1.5, p.165。
51. Kupperman, *Learning from Asian Philosophy*, p.63.
52. *Daodejing*, 1.18, in Ivanhoe and Van Norden (eds.), *Readings in Classical Chinese Philosophy*, p.171.
53. 同前揭書1.5, p.165。
54. 同前揭書1.19, p.171。
55. 同前揭書1.42, p.183。
56. Chan Wing-Tsit, 'Chinese Theory and Practice, with Special Reference to Humanism', in Moore (ed.), *The Chinese Mind*, p.51.
57. Wang, *Yinyang*, p.6.
58. 同前揭書p.30。
59. 同前揭書p.49。
60. 同前揭書p. 24。
61. 同前揭書p.7。
62. 同前揭書pp.120, 123。
63. 同前揭書p.139。
64. 同前揭書p.137。
65. 同前揭書p.160。
66. 同前揭書p.103。
67. Li, *The Confucian Philosophy of Harmony*, p.167.
68. Wang, *Yinyang*, p.15.
69. Xu Zhiyuan, *Paper Tiger: Inside the Real China* (Head of Zeus, 2015), p.46.
70. *Xunzi*, 2, in Ivanhoe and Van Norden (eds.), *Readings in Classical Chinese Philosophy*, p.262.
71. Xu, *Paper Tiger*, p.196.
72. Daniel Bell, The China Model (Princeton University Press, 2015), p.137.
73. Li, *The Confucian Philosophy of Harmony*, pp.144-5.
74. 同前揭書p.147。

75. 'The Upper Han', *The Economist*, 19 November 2016.
76. *Mencius*, Book 4, Part 1, Chapter 1.3, in Legge, *The Chinese Classics*, Vol. 2, p.289.
77. *Analects*, 12.13, in Ivanhoe and Van Norden (eds.), *Readings in Classical Chinese Philosophy*, p.36.
78. 同前揭書2.3, p.5。
79. *Mencius*, Book 3, Part 1, Chapter 3.18, in Legge, *The Chinese Classics*, Vol. 2, p.245.
80. *Daodejing*, 1.7, in Ivanhoe and Van Norden (eds.), *Readings in Classical Chinese Philosophy*, p.166.
81. 同前揭書1.60, p.192。
82. 同前揭書1.41, p.183。
83. Li, *The Confucian Philosophy of Harmony*, pp.120-21.
84. 同前揭書p.124。
85. 同前揭書p.128。
86. 同前揭書pp.132-3。
87. 同前揭書pp.120-21。另見 Aristotle, *Nicomachean Ethics*, 1137b, trans. Martin Oswald (The Bobbs- Merrill Company, 1962), p.142。
88. *Daodejing*, 2.65, in Ivanhoe and Van Norden (eds.), *Readings in Classical Chinese Philosophy*, p.195.
89. *Han Feizi*, 50, ibid., p.357.
90. 同前揭書49, p.343。
91. 同前揭書5, p.315。
92. 同前揭書7, p.327。
93. 同前揭書7, p.323。
94. 同前揭書50, p.357。
95. Thaddeus Metz, 'Harmonising Global Ethics in the Future: A Proposal to Add South and East to West', *Journal of Global Ethics*, 1:2 (2014), pp. 146-55, quoting Desmond Tutu, *No Future Without Forgiveness* (Random House, 1999), p.35.
96. Bell, *The China Model*, pp.55-6.

第二十一章

1. Aristotle, *Nicomachean Ethics*, 1103a14, trans. J. A. K. Thomson (Penguin, 1996), p.91.
2. Ibid., 1098a15, p.76.
3. John Stuart Mill, *Utilitarianism* (1863), Chapter 2.
4. *Mencius*, Book 4, Part 1, Chapter 19.2, in James Legge, *The Chinese Classics*, Vol. 2 (Clarendon University Press, 1895), p.309.
5. *The Doctrine of the Mean*, 20.7, in James Legge, *The Chinese Classics*, Vol. 1 (Clarendon Press, 1893). p.406.
6. 同前揭書14.5, p.396; *Mencius*, Book 2, Part 1, Chapter 7.5, ibid., p.205。

7. *Xunzi*, 2, in Philip J. Ivanhoe and Bryan W. Van Norden (eds.), *Readings in Classical Chinese Philosophy*, 2nd edn (Hackett, 2005), p.261.
8. *Mencius*, Book 3, Part 1, Chapter 1.4, in Legge, *The Chinese Classics*, Vol. 2, p.235.
9. *Analects*, 6.2, in Ivanhoe and Van Norden (eds.), *Readings in Classical Chinese Philosophy*, p.50.
10. *Mencius*, Book 7, Part 2, Chapter 16, in Legge, *The Chinese Classics*, Vol. 2, p.485.
11. *Mencius*, Book 1, Part 1, Chapter 7, in Ivanhoe and Van Norden (eds.), *Readings in Classical Chinese Philosophy*, pp.120-21.
12. *Mencius*, Book 6, Part 1, Chapter 1.2, in Legge, *The Chinese Classics*, Vol. 2, p.395.
13. *Mencius*, Book 2, Part 1, Chapter 2, in Ivanhoe and Van Norden (eds.), *Readings in Classical Chinese Philosophy*, p.127.
14. Stephen C. Angle and Justin Tiwald, *Neo-Confucianism: A Philosophical Introduction* (Polity, 2017), pp.50-51, 133.
15. *Xunzi*, 23, in Ivanhoe and Van Norden (eds.), *Readings in Classical Chinese Philosophy*, pp.298-9.
16. 同前揭書23, p.303。
17. Aristotle, *Nicomachean Ethics*, 1103a14-b1, trans. Thomson, p.91.
18. *Xunzi*, 1, in Ivanhoe and Van Norden (eds.), *Readings in Classical Chinese Philosophy*, p.257.
19. 同前揭書19, p. 281。
20. Owen Flanagan, *The Geography of Morals* (Oxford University Press, 2017), p.11.
21. *Zhuangzi*, 5, in Ivanhoe and Van Norden (eds.), *Readings in Classical Chinese Philosophy*, p.234.
22. *Daodejing*, 1.54, ibid., p.188.
23. *Analects*, 8.2, ibid., p.24.
24. Chenyang Li, *The Confucian Philosophy of Harmony* (Routledge, 2014), p.66.
25. Comment by a colleague of BBC News Europe producer Piers Scholfield, reported on his Twitter feed @inglesi, 25 May 2017.
26. Chakravarthi Ram- Prasad, *Eastern Philosophy* (Weidenfeld & Nicolson, 2005), p.91.
27. *Analects*, 17.2, in Ivanhoe and Van Norden (eds.), *Readings in Classical Chinese Philosophy*, p.48.
28. *Xunzi*, 19, ibid., p.275.
29. *Analects*, 17.11, ibid., p.49.
30. *Mencius*, Book 7, Part 1, Chapter 37.3, in Legge, *The Chinese Classics*, Vol. 2, pp.471-2.
31. *Xunzi*, 29, in Ivanhoe and Van Norden (eds.), *Readings in Classical Chinese Philosophy*, 2005), p.307.
32. *Analects*, XXVI, in Legge, *The Chinese Classics*, Vol. 1, p.148.
33. *The Doctrine of the Mean*, 20.4, ibid., p.405.
34. *Analects*, 6.18, in Ivanhoe and Van Norden (eds.), *Readings in Classical Chinese Philosophy*, p.18.
35. 同前揭書19.11, p.54。
36. 同前揭書15.37, p.46。
37. Ivanhoe and Van Norden (eds.), *Readings in Classical Chinese Philosophy*, p.117.
38. *Mencius*, Book 5, Part 1, Chapter 2.1, in Legge, *The Chinese Classics*, Vol. 2, p.346.

39. 同前揭書 Book 6, Part 2, Chapter 1.6, p.423。
40. 同前揭書 Book 4, Part 1, Chapter 17, in Ivanhoe and Van Norden (eds.), *Readings in Classical Chinese Philosophy*, p.138。
41. *Analects*, 9.3, in Ivanhoe and Van Norden (eds.), *Readings in Classical Chinese Philosophy*, p.25.
42. *Mencius*, Book 6, Part 2, Chapter 2.5, in Legge, *The Chinese Classics*, Vol. 2, p. 426。
43. 同前揭書 Book 4, Part 2, Chapter 11, pp.321-2。
44. Aristotle, *Nicomachean Ethics*, 1106b9-1107a1, trans. Thomson, p.101.
45. 同前揭書 1094b1-20, p.65。
46. David Hume, 'The Sceptic' (1742), www.econlib.org/library/LFBooks/Hume/hmMPL18.html.
47. Aristotle, *Nicomachean Ethics*, 1138b35-1139a16 and b1178b7-29, trans. Thomson, pp.204, 333.
48. *Xunzi*, 1, in Ivanhoe and Van Norden (eds.), *Readings in Classical Chinese Philosophy*, p.258.
49. Aristotle, *Nicomachean Ethics*, 1102b15, trans. Thomson, p. 89。
50. *Analects*, XVII.viii.3, in Legge, *The Chinese Classics*, Vol. 1, p. 322。
51. 同前揭書 XI.xv, p. 242。
52. Aristotle, *Nicomachean Ethics*, 1106a20-b9, trans. Thomson, p.100.
53. *Analects*, 11.22, in Ivanhoe and Van Norden (eds.), *Readings in Classical Chinese Philosophy*, p.31.
54. Aristotle, *Nichomachean Ethics*, 1109a25- b15, trans. Thomson, p.109.
55. *The Doctrine of the Mean*, 1.4, in Legge, *The Chinese Classics*, Vol. 1, p.384.
56. *Xunzi*, 2, in Ivanhoe and Van Norden (eds.), *Readings in Classical Chinese Philosophy*, p.263.
57. 同前揭書 21, p.287.
58. *Mencius*, Book 3, Part 2, Chapter 9.9, in Legge, *The Chinese Classics*, Vol. 2, p.282.
59. 同前揭書 Book 7, Part 1, Chapter 26.3- 4, p.465.
60. *Daodejing*, 1.73, in Ivanhoe and Van Norden (eds.), *Readings in Classical Chinese Philosophy*, p.200.
61. Li, *The Confucian Philosophy of Harmony*, pp.72-3.
62. Chiang Yu-ping, 'The Philosophy of the Communist Party Is the Philosophy of Struggle', P*eking Review*, 12, 22 March 1974.
63. *Anuśāsanaparva*, 104.155-7, in Sarvepalli Radhakrishnan and Charles A. Moore (eds.), *A Sourcebook in Indian Philosophy* (Princeton University Press, 1957), p.167.
64. Aristotle, *Nicomachean Ethics*, 1168b32-1169a23, trans. Thomson, p.302.
65. *Mencius*, Book 6, Part 1, Chapter 10.2-5, in Legge, *The Chinese Classics*, Vol. 1, pp.411-12.
66. *Analects*, 12.2 and 15.24, in Ivanhoe and Van Norden (eds.), *Readings in Classical Chinese Philosophy*, pp.34, 45-6.
67. Matthew 7:12 (New International Version)。
68. Hemacandra, *Yogaśāstra*, Chapter 2 (20), in Deepak Sarma (ed.), *Classical Indian Philosophy: A Reader* (Columbia University Press, 2011), p.61.
69. *Mozi*, 16, in Ivanhoe and Van Norden (eds.), *Readings in Classical Chinese Philosophy*, p.68.

70. Matthew 5:39-40 (King James Version) .
71. *Analects*, 14.34, in Ivanhoe and Van Norden (eds.), *Readings in Classical Chinese Philosophy*, p.43.
72. 同前揭書 15.24, p.46。
73. Ram-Prasad, *Eastern Philosophy*, pp.116, 119.
74. Thomas P. Kasulis, *Intimacy or Integrity: Philosophy and Cultural Difference* (University of Hawai'i Press, 2002), p.118.
75. *Analects*, XII.iii, in Legge, *The Chinese Classics*, Vol. 1, p.252.
76. *Analects*, 12.1, in Ivanhoe and Van Norden (eds.), *Readings in Classical Chinese Philosophy*, p.34.
77. *Analects*, XIII.xxvii, in Legge, *The Chinese Classics*, Vol. 1, p.274.
78. Kasulis, *Intimacy or Integrity*, p.120.
79. 同前揭書 p.119。
80. Thomas P. Kasulis, *Zen Action, Zen Person* (University of Hawai'i Press, 1986), p.96.
81. Bankei Yōtaku, 'The Unborn', in James W. Heisig, Thomas P. Kasulis and John C. Maraldo (eds.), *Japanese Philosophy: A Sourcebook* (University of Hawai'i Press, 2011), p.199.
82. *Majjhima Nikāya*, 22, https://suttacentral.net/mn.
83. *Dhammapada*, IX.6, in Radhakrishnan and Moore (eds.), *A Sourcebook in Indian Philosophy*, p.301.

第二十二章

1. David Brooks, *The Road to Character* (Random House, 2015).
2. In Daniel Bell, *The China Model* (Princeton University Press, 2015), p. 32, quoting Edwin Lee, *Singapore: The Unexpected Nation* (ISEAS, 2008), p.547.
3. Charles E. Moore, 'Introduction: The Humanistic Chinese Mind', in Charles A. Moore (ed.), *The Chinese Mind* (University of Hawai'i Press, 1967), p.5.
4. Peter Adamson, *Philosophy in the Islamic World: A Very Short Introduction* (Oxford University Press, 2015), p.2.
5. *Bhagavad Gītā* , 3.21, in Sarvepalli Radhakrishnan and Charles A. Moore (eds.), *A Sourcebook in Indian Philosophy* (Princeton University Press, 1957), p.114.
6. *Mahābhārata*, Book 12: Santi Parva, Section 75, www.sacred-texts.com/hin/m12/m12a074.htm.
7. Radhakrishnan and Moore (eds.), *A Sourcebook in Indian Philosophy*, p.273.
8. Aristotle, *Nicomachean Ethics*, 1172b1-23, trans. J. A. K. Thomson (Penguin, 1996), p.313.
9. *Daodejing*, 1.22, in Philip J. Ivanhoe and Bryan W. Van Norden (eds.), *Readings in Classical Chinese Philosophy*, 2nd edn (Hackett, 2005), p.173.
10. *Mencius*, Book 1, Part 1, Chapter 7, ibid., p.121.
11. *Analects*, XIII.i.1, in James Legge, *The Chinese Classics*, Vol. 1 (Clarendon Press, 1893), p.262.
12. Chan Wing-Tsit, 'Chinese Theory and Practice, with Special Reference to Humanism', in Moore (ed.), *The Chinese Mind*, p.17.

13. Wu Jiao, 'Xi Says It's Time for Philosophy to Flourish', *China Daily*, 18 May 2016, www.chinadaily.com.cn/china/2016-05/18/content_25333404.htm.
14. 'Factbox: Seven Facts of China's Anti-corruption Campaign', XinhuaNet, 4 July 2017, http://news.xinhuanet.com/english/2017- 07/04/c_136416939.htm.
15. 'Portrait of a Purge', *The Economist*, 13 February 2016.
16. *Analects*, IX.xiii.2, in Legge, *The Chinese Classics*, Vol. 1, p.221.
17. Chenyang Li, *The Confucian Philosophy of Harmony* (Routledge, 2014), p.137.
18. *Mencius*, Book 2, Part 1, Chapter 1.12, in James Legge, *The Chinese Classics*, Vol. 2 (Clarendon Press, 1895), p.184.
19. *Analects*, 2.1, in Philip J. Ivanhoe and Bryan W. Van Norden (eds.), *Readings in Classical Chinese Philosophy*, 2nd edition (Hackett, 2005), p.5.
20. 同前揭書2.19, p.7。
21. Mahātmā Gandhi, 'Letter to Ramachandra Kahre', 11 February 1932, cited in *Collected Works of Mahatma Gandhi*, Vol. 55. Thanks to Akeel Bilgrami.
22. *Dhammapada*, V.5-6, in Radhakrishnan and Moore (eds.), *A Sourcebook in Indian Philosophy*, p.297.
23. *Han Feizi*, 49, in Ivanhoe and Van Norden (eds.), *Readings in Classical Chinese Philosophy*, p.342.
24. 同前揭書8, p.330。
25. *Mencius*, Book 1. Part 1, Chapter 5.6, in Legge, *The Chinese Classics*, Vol. 2, p.136.
26. *Han Feizi*, 49, in Ivanhoe and Van Norden (eds.), *Readings in Classical Chinese Philosophy*, p.345.
27. 同前揭書50, p.352。
28. *Analects*, XIII.xvi.2, in Legge, *The Chinese Classics*, Vol. 1, p.269.
29. *Analects*, 4.1, in Ivanhoe and Van Norden (eds.), *Readings in Classical Chinese Philosophy*, p.10.
30. 同前揭書4.25, p.13。
31. Aristotle, *Nicomachean Ethics*, 1169b35-1170a24, trans. Thomson, p.305.
32. *Analects*, XV.vi.2, in Legge, *The Chinese Classics*, Vol. 1, p.296.
33. *Analects*, 16.4, in Ivanhoe and Van Norden (eds.), *Readings in Classical Chinese Philosophy*, p.47.
34. *Xunzi*, 1, ibid., p.259.
35. Aristotle, *Nicomachean Ethics*, 1172a6-15, trans. Thomson, p.311.
36. *Mencius*, Book 5, Part 2, Chapter 3.1, in Legge, *The Chinese Classics*, Vol. 2, p.376.
37. 同前揭書Book 7, Part 1, Chapter 20.1-4, pp.458-9。
38. 同前揭書Book 2, Part 2, Chapter 13.1, p.232。
39. *Analects*, XIX.iv, in Legge, *The Chinese Classics*, Vol. 1, p.217.
40. 同前揭書XIV.xxx.1, p.286。
41. Stephen C. Angle and Justin Tiwald, *Neo-Confucianism: A Philosophical Introduction* (Polity, 2017), p.96.

42. *Zhuangzi*, 19, in Ivanhoe and Van Norden (eds.), *Readings in Classical Chinese Philosophy*, p.248.
43. Aristotle, *Nicomachean Ethics*, 1123b35-1125a20, trans. Thomson, pp.155-8。
44. *Mencius*, Book 7, Part 2, Chapter 35, in Legge, *The Chinese Classics*, Vol. 2, p.497.
45. *Analects*, 4.9, in Ivanhoe and Van Norden (eds.), *Readings in Classical Chinese Philosophy*, p.11.
46. *The Doctrine of the Mean*, 11.1, in Legge, *The Chinese Classics*, Vol. 1, p. 391。
47. *Analects*, XV.xix, in Legge, *The Chinese Classics*, Vol. 1, p.300.
48. Aristotle, *Nicomachean Ethics*, 1123b13-35, trans. Thomson, p.154.
49. *Analects*, 4.5, in Ivanhoe and Van Norden (eds.), *Readings in Classical Chinese Philosophy*, p.11.
50. *Analects*, VIII.xiii.3, in Legge, *The Chinese Classics*, Vol. 1, p.212.
51. Aristotle, *Nicomachean Ethics*, 1099a32, trans. Thomson, p.80.
52. 同前揭書1153b11-35, p.254。
53. *Mencius*, Book 1, Part 1, Chapter 7, in Ivanhoe and Van Norden (eds.), *Readings in Classical Chinese Philosophy*, p.122.
54. *Mencius* Book 1, Part 2, Chapter 5.4, in Legge, *The Chinese Classics*, Vol. 2, p.163.
55. *Analects*, 15.31, in Ivanhoe and Van Norden (eds.), *Readings in Classical Chinese Philosophy*, p.46.
56. *Analects*, V.xxxv, in Legge, *The Chinese Classics*, Vol. 1, p.207.

第二十三章

1. Chakravarthi Ram-Prasad, *Eastern Philosophy* (Weidenfeld & Nicolson, 2005), p.132.
2. S. K. Saksena, 'Philosophical Theories and the Affairs of Men', in Charles A. Moore (ed.), *The Indian Mind* (University of Hawai'i Press, 1967), p.30.
3. *Chāndogya Upanis·ad*, VIII.15, in Sarvepalli Radhakrishnan and Charles A. Moore (eds.), *A Sourcebook in Indian Philosophy* (Princeton University Press, 1957), p.77.
4. Daya Krishna, *Indian Philosophy: A Counter Perspective* (Oxford University Press, 1996), p.16.
5. 同前揭書p.6。
6. 同前揭書p.26。
7. 同前揭書p.16。
8. 同前揭書p.48。
9. 同前揭書p.32。
10. 同前揭書p.16。
11. Radhakrishnan and Moore (eds.), *A Sourcebook in Indian Philosophy*, p.xxviii.
12. Gautama, *Nayāya sūtra*, 1.1.2, in Deepak Sarma (ed.), *Classical Indian Philosophy: A Reader* (Columbia University Press, 2011), p.96.
13. *The Vedānta Sūtras with commentary by Śan·karākārya*, XXIV, in Radhakrishnan and Moore (eds.), *A Sourcebook in Indian*

Philosophy, pp.512-13.
14. 同前揭書p.517。
15. 同前揭書p.519。
16. Rāmāanujācārya, *Vedārthasaṃgraha*, Section 144, in Sarma (ed.), *Classical Indian Philosophy*, p.221.
17. 同前揭書Sections 4-5, p.216。
18. Patanjali, *Yoga Sūtras*, III.55, ibid., p.192.
19. Sue Hamilton, *Indian Philosophy: A Very Short Introduction* (Oxford University Presss, 2001), p.1.
20. Ram-Prasad, *Eastern Philosophy*, p.180.
21. Joel Kupperman, *Learning from Asian Philosophy* (Oxford University Press, 1999), p.124.
22. *Śāntiparva*, 329.13, in Radhakrishnan and Moore (eds.), *A Sourcebook in Indian Philosophy*, p.166.
23. *Majjhima-nikāya*, II.248-52, ibid., p.275.
24. *Visuddhi-magga*, XVI, ibid., p.289.
25. Ram-Prasad, *Eastern Philosophy*, p. 129。
26. 同前揭書p.128。
27. Robert E. Carter, *The Kyoto School: An Introduction* (SUNY Press, 2013), p.57.
28. Abe Masao, 'God, Emptiness, and the True Self', *Eastern Buddhist*, II:2 (1969), pp.15-30, reprinted in Frederick Franck (ed.), *The Buddha Eye: An Anthology of the Kyoto School and Its Contemporaries* (World Wisdom, 2004), p.59.
29. Karaki Junzō, 'Metaphysical Impermanence', in James W. Heisig, Thomas P. Kasulis and John C. Maraldo (eds.), *Japanese Philosophy: A Sourcebook* (University of Hawai'i Press, 2011), p.231.
30. Ram- Prasad, *Eastern Philosophy*, p.130.
31. Saksena, 'Philosophical Theories and the Affairs of Men', in Moore (ed.), *The Indian Mind*, p.36.
32. *Śāntiparva*, 321.50, in Radhakrishnan and Moore (ds.), *A Sourcebook in Indian Philosophy*, p.169.
33. 同前揭書174.4, p.170。
34. Epictetus, *Handbook*, Section 15, in Epictetus, *The Discourses, The Handbook, Fragments*, ed. Christopher Gill (Everyman, 1995), pp.291-2.
35. Ram-Prasad, *Eastern Philosophy*, p.112.
36. *Śāntiparva*, 329.29, 32, in Radhakrishnan and Moore (eds.), *A Sourcebook in Indian Philosophy*, p.167.
37. *The Laws of Manu*, IV.239, ibid., p. 174。
38. *Bhagavad Gītā* , 2.62-4, ibid., p.111.
39. Hemacandra, *Yogaśāstra*, Chapter 2 (93), in Sarma (ed.), *Classical Indian Philosophy*, p.67.
40. *Dhammapada*, VII.4-5, in Radhakrishnan and Moore (eds.), *A Sourcebook in Indian Philosophy*, p.305.
41. 同前揭書XIII.1, p.29。
42. www.hermitary.com/solitude/rhinoceros.html。

43. *Dhammapāda*, 11, trans. Gil Fronsdal (Shambhala, 2005), pp.39-40.
44. *Kauṣītaki Upaniṣad*, I.3-4, in Radhakrishnan and Moore (eds.), *A Sourcebook in Indian Philosophy*, p.93.
45. *Dhammacakkappavattana Sutta*, part of *Saṃyutta Nikāya*, 56.11, in Bikkhu Bodhi (ed.), *In the Buddha's Words: An Anthology of Discources from the Pāli Canon* (Wisdom Publications, 2005), p.75.
46. *Visuddhi-magga*, XVIII, in Radhakrishnan and Moore (eds.), *A Sourcebook in Indian Philosophy*, p.285.
47. 'Holy Noodle', *The Economist*, 12 March 2016, p.56.

第二十四章

1. Antonio Damasio, *Descartes' Error: Emotion, Reason, and the Human Brain* (Putnam Publishing, 1994).
2. Abe Masao, Ś*ūnyatā* as Formless Form', in James W. Heisig, Thomas P. Kasulis and John C. Maraldo (eds.), *Japanese Philosophy: A Sourcebook* (University of Hawai'i Press, 2011), pp.754-5.
3. Rabindranath Tagore, *A Tagore Reader*, ed. Amiya Chakravarty (Macmillan, 1961), p.4.
4. David Hume, *A Treatise of Human Nature* (1739), Book II, Part I, Section I.
5. Okakura Kakuzō, *The Book of Tea* (Penguin, 2016 [1906]), pp.3-4.
6. 同前揭書p.4。
7. 同前揭書p.85。
8. 同前揭書p.5。
9. 同前揭書p.12。

第二十五章

1. Charles Laurence, 'I Feel Better for Giving Everything – Whether My Money or My Organs', *Daily Telegraph*, 8 August 2004.
2. Roger T. Ames, *Confucian Role Ethics* (University of Hawai'i Press, 2011).
3. Pieter H. Coetzee, 'Particularity in Morality and Its Relation to Community', in P. H. Coetzee and A. P. J. Roux (eds.), *The African Philosophy Reader*, 2nd edn (Routledge, 2003), p.277.
4. John Stuart Mill, Utilitarianism (1861), Chapter 2.
5. *Mozi*, 632, in Philip J. Ivanhoe and Bryan W. Van Norden (eds.), *Readings in Classical Chinese Philosophy*, 2nd edn (Hackett, 2005), pp.105-7.
6. 同前揭書16, p.68。
7. 同前揭書p.74。
8. 同前揭書p.70。
9. *Han Feizi*, 6, ibid., p.319.
10. 同前揭書8, p.331。
11. 同前揭書49, p.340。

12. 同前揭書7, p.325。
13. Jung Chang, *Wild Swans* (HarperCollins, 1991), p.193.
14. John C. H. Wu, in Sarvepalli Radhakrishnan and Charles A. Moore (eds.), *A Sourcebook in Indian Philosophy* (Princeton University Press, 1957), p.347.
15. Jeremy Bentham, 'Advice to a Young Girl', 22 June 1830.
16. John Stuart Mill in *Utilitarianism* (1863), Chapter 5（邊沁語）。
17. Immanuel Kant, *Groundwork of the Metaphysics of Morals*, trans. Mary Gregor (Cambridge University Press, 1993 [1785]), p.15.
18. Adam Smith, *The Theory of Moral Sentiments* (1759), Part III, Chapter 1.6.
19. Jonathan Israel, *A Revolution of the Mind* (Princeton University Press, 2010), p.viii.
20. Michael Specter, 'The Dangerous Philosopher', *New Yorker*, 6 September 1999.
21. Owen Flanagan, *The Geography of Morals* (Oxford University Press, 2017), p.53.

第二十六章

1. 二〇一六年東西方哲學家會議（East-West Philosophers' Conference）中的評論。

第五部

1. Wan Lixin, 'Intangible Culture Key to Modern Identity', *Shanghai Daily*, 20 January 2016, p.A7.
2. 'Chinese Society', *The Economist* Special Report, 9 July 2016, p.6.

第二十七章

1. Tariq Ramadan, *Islam: The Essentials* (Penguin Random House, 2017), p.24.
2. Asma Afsaruddin, 'The Qur'ān and Human Flourishing: Self, God-Consciousness and the Good Society from an Islamic Perspective'（未出版）。
3. Ramadan, *Islam*, pp.33-4.
4. 'Try Me a River', *The Economist*, 25 March 2017.
5. Lesley Chamberlain, *Motherland: A Philosophical History of Russia* (Atlantic Books, 2004), p.x.
6. 同前揭書p.92。
7. 同前揭書p.17。
8. 同前揭書p.xiv。
9. 同前揭書p.116。
10. 同前揭書p.41
11. Eimear McBride, 'Stalin and the Poets', *New Statesman*, 5-11 May 2017.

12. Chamberlain, *Motherland*, p.166.
13. 同前揭書 p.203。

第二十八章

1. Arindam Chakrabati and Ralph Weber, 'Afterword/Afterwards', in Arindam Chakrabati and Ralph Weber (eds.), *Comparative Philosophy without Borders* (Bloomsbury, 2015), p.238.
2. Owen Flanagan, *The Geography of Morals* (Oxford University Press, 2017), p.7.
3. Joel Kupperman, *Learning from Asian Philosophy* (Oxford University Press, 1999). p.138.
4. *Udāna*, 6.4, *Tittha Sutta*, trans. Thanissaro Bhikkhu, www.accesstoinsight.org/lib/authors/thanissaro/udana.pdf.
5. Isaiah Berlin, 'My Intellectual Path', in *The Power of Ideas* (Princeton University Press, 2001), pp.1-23.

深入閱讀

由本書可以開啟許多精彩的知性之旅，以下是最佳導讀書籍的精選，這些書對我頗有助益。其他參考引用書目請見前引注釋。

主要參考資料

Coetzee, P. H., and Roux, A. P. J. (eds.), *The African Philosophy Reader*, 2nd edn (Routledge, 2003)
Cooper, David E., and Fosl, Peter S., *Philosophy: The Classic Readings* (Wiley-Blackwell, 2009)
Franck, Frederick (ed.), *The Buddha Eye: An Anthology of the Kyoto School and Its Contemporaries* (World Wisdom, 2004)
Heisig, James W., Kasulis, Thomas P., and Maraldo, John C. (eds.), *Japanese Philosophy: A Sourcebook* (University of Hawai'i Press, 2011)
Ivanhoe, Philip J., and Van Norden, Bryan W. (eds.), *Readings in Classical Chinese Philosophy*, 2nd edn (Hackett, 2005)
McGinnis, Jon, and Reisman, David C. (eds.), *Classical Arabic Philosophy: An Anthology of Sources* (Hackett, 2007)
Radhakrishnan, Sarvepalli, and Moore, Charles A. (eds.), *A Sourcebook in Indian Philosophy* (Princeton University Press, 1957)

Renard, John (ed.), *Islamic Theological Themes: A Primary Source Reader* (University of California Press, 2014)
Sarma, Deepak (ed.), *Classical Indian Philosophy: A Reader* (Columbia University Press, 2011)
Talisse, Robert B., and Aikin, Scott F. (eds.), *The Pragmatism Reader* (Princeton University Press, 2011)

次要參考資料

Adamson, Peter, *Philosophy in the Islamic World: A Very Short Introduction* (Oxford University Press, 2015)
Angle, Stephen C., and Tiwald, Justin, *Neo-Confucianism: A Philosophical Introduction* (Polity, 2017)
Chamberlain, Lesley, *Motherland: A Philosophical History of Russia* (Atlantic Books, 2004)
Cooper, David E., *World Philosophies: An Historical Introduction*, 2nd edn (Blackwell, 2003)
Flanagan, Owen, *The Geography of Morals* (Oxford University Press, 2017)
Hamilton, Sue, *Indian Philosophy: A Very Short Introduction* (Oxford University Press, 2001)
Israel, Jonathan, *A Revolution of the Mind* (Princeton University Press, 2010)
Kasulis, Thomas P., *Zen Action, Zen Person* (University of Hawai'i Press, 1986)
Kasulis, Thomas P., *Intimacy or Integrity: Philosophy and Cultural Difference* (University of Hawai'i Press, 2002)

Krishna, Daya, *Indian Philosophy: A Counter Perspective* (Oxford University Press, 1996)
Kupperman, Joel, *Learning from Asian Philosophy* (Oxford University Press, 1999)
Li, Chenyang, *The Confucian Philosophy of Harmony* (Routledge, 2014)
Muecke, Stephen, *Ancient & Modern: Time, Culture and Indigenous Philosophy* (UNSW Press, 2004)
Slingerland, Edward, *Trying Not to Try* (Canongate, 2014)
Wang, Robin R., *Yinyang: The Way of Heaven and Earth in Chinese Thought and Culture* (Cambridge University Press, 2012)

國家圖書館出版品預行編目資料

世界是這樣思考的：寫給所有人的全球哲學巡禮
朱立安・巴吉尼 JULIAN BAGGINI 著　林宏濤 譯
初版 . -- 臺北市 : 商周出版 : 家庭傳媒城邦分公司發行
2019.01　面；　公分

譯自 : How the World Thinks: A Global History of Philosophy
ISBN　978-986-477-569-9 (精裝)

1. 哲學史

109　107019148

世界是這樣思考的：寫給所有人的全球哲學巡禮

原著書名／How the World Thinks: A Global History of Philosophy
作　　者／朱立安・巴吉尼JULIAN BAGGINI
譯　　者／林宏濤
責任編輯／陳玳妮

版　　權／林心紅
行銷業務／李衍逸、黃崇華
總 編 輯／楊如玉
總 經 理／彭之琬
發 行 人／何飛鵬
法律顧問／元禾法律事務所 王子文律師
出　　版／商周出版
台北市104民生東路二段141號9樓
電話:(02) 25007008　傳眞:(02)25007759
E-mail:bwp.service@cite.com.tw
Blog:http://bwp25007008.pixnet.net/blog
發　　行／英屬蓋曼群島商家庭傳媒股份有限公司城邦分公司
台北市中山區民生東路二段141號2樓
書虫客服服務專線:(02)25007718;(02)25007719
服務時間：週一至週五上午 09:30-12:00；下午 13:30-17:00
24 小時傳眞專線：(02)25001990；(02)25001991
劃撥帳號：19863813；戶名：書虫股份有限公司
讀者服務信箱：service@readingclub.com.tw
城邦讀書花園：www.cite.com.tw
香港發行所／城邦(香港)出版集團有限公司
香港灣仔駱克道193號東超商業中心1樓
E-mail:hkcite@biznetvigator.com
電話:(852) 25086231 傳眞:(852) 25789337
馬新發行所／城邦(馬新)出版集團【Cite (M) Sdn. Bhd. 】
41, Jalan Radin Anum, Bandar Baru Sri Petaling,
57000 Kuala Lumpur, Malaysia.
Tel: (603) 90578822　Fax: (603) 90576622
Email: cite@cite.com.my

封面設計／李東記
排　　版／極翔企業有限公司
印　　刷／卡樂彩色製版印刷有限公司
經 銷 商／聯合發行股份有限公司
電話:(02) 2917-8022　Fax: (02) 2911-0053
地址:新北市231新店區寶橋路235巷6弄6號2樓

■2019年1月3日初版
■2021年10月7日初版4.5刷
定價650元

Printed in Taiwan

城邦讀書花園
www.cite.com.tw

ISBN 978-986-477-569-9

商周出版

廣 告 回 函
北區郵政管理登記證
北臺字第000791號
郵資已付，免貼郵票

104 台北市民生東路二段141號2樓

英屬蓋曼群島商家庭傳媒股份有限公司城邦分公司 收

請沿虛線對摺，謝謝！

商周出版

書號：BP6028C　　書名：世界是這樣思考的　　編碼：

請於此處用膠水黏貼

商周出版

讀者回函卡

感謝您購買我們出版的書籍！請費心填寫此回函卡，我們將不定期寄上城邦集團最新的出版訊息。

不定期好禮相贈！
立即加入：商周出版
Facebook 粉絲團

姓名：______________________ 性別：□男 □女

生日：西元__________年__________月__________日

地址：______________________

聯絡電話：__________________ 傳真：__________________

E-mail ：

學歷：□ 1. 小學 □ 2. 國中 □ 3. 高中 □ 4. 大學 □ 5. 研究所以上

職業：□ 1. 學生 □ 2. 軍公教 □ 3. 服務 □ 4. 金融 □ 5. 製造 □ 6. 資訊
□ 7. 傳播 □ 8. 自由業 □ 9. 農漁牧 □ 10. 家管 □ 11. 退休
□ 12. 其他______________________

您從何種方式得知本書消息？

□ 1. 書店 □ 2. 網路 □ 3. 報紙 □ 4. 雜誌 □ 5. 廣播 □ 6. 電視
□ 7. 親友推薦 □ 8. 其他______________________

您通常以何種方式購書？

□ 1. 書店 □ 2. 網路 □ 3. 傳真訂購 □ 4. 郵局劃撥 □ 5. 其他______

您喜歡閱讀那些類別的書籍？

□ 1. 財經商業 □ 2. 自然科學 □ 3. 歷史 □ 4. 法律 □ 5. 文學
□ 6. 休閒旅遊 □ 7. 小說 □ 8. 人物傳記 □ 9. 生活、勵志 □ 10. 其他

對我們的建議：______________________
____
____

請於此處用膠水黏貼